AS CONSEQUÊNCIAS DA COVID-19 NO DIREITO BRASILEIRO

WALFRIDO WARDE
RAFAEL VALIM
(*Coordenadores*)

AS CONSEQUÊNCIAS DA COVID-19 NO DIREITO BRASILEIRO

São Paulo

2020

CONTRACORRENTE

Copyright © **EDITORA CONTRACORRENTE**
Rua Dr. Cândido Espinheira, 560 | 3º andar
São Paulo – SP – Brasil | CEP 05004 000
www.editoracontracorrente.com.br
contato@editoracontracorrente.com.br

Editores

Camila Almeida Janela Valim
Gustavo Marinho de Carvalho
Rafael Valim

Conselho Editorial

Alysson Leandro Mascaro
(*Universidade de São Paulo – SP*)

Augusto Neves Dal Pozzo
(*Pontifícia Universidade Católica de São Paulo – PUC/SP*)

Daniel Wunder Hachem
(*Universidade Federal do Paraná – UFPR*)

Emerson Gabardo
(*Universidade Federal do Paraná – UFPR*)

Gilberto Bercovici
(*Universidade de São Paulo – USP*)

Heleno Taveira Torres
(*Universidade de São Paulo – USP*)

Jaime Rodríguez-Arana Muñoz
(*Universidade de La Coruña – Espanha*)

Pablo Ángel Gutiérrez Colantuono
(*Universidade Nacional de Comahue – Argentina*)

Pedro Serrano
(*Pontifícia Universidade Católica de São Paulo – PUC/SP*)

Silvio Luís Ferreira da Rocha
(*Pontifícia Universidade Católica de São Paulo – PUC/SP*)

Equipe editorial

Denise Dearo (design gráfico)
Maikon Nery (capa)
Juliana Daglio (revisão)

Dados Internacionais de Catalogação na Publicação (CIP)
(Ficha Catalográfica elaborada pela Editora Contracorrente)

W265   WARDE, Walfrido; VALIM, Rafael; et al.
      As consequências da COVID-19 no Direito brasileiro | Walfrido Warde; Rafael Valim (coordenadores) – São Paulo: Editora Contracorrente, 2020.

      ISBN: 978-65-9903444-2

      1. Direito Brasileiro. 2. Direito Público. 3. Direito Privado. 4. COVID-19.

                                                                 CDD: 303.485   CDU: 340

Impresso no Brasil
Printed in Brazil

SUMÁRIO

APRESENTAÇÃO 9

SOBRE OS AUTORES 11

PARTE I - DIREITO ADMINISTRATIVO

A PANDEMIA E OS EFEITOS NOS CONTRATOS ADMINISTRATIVOS
Silvio Luís Ferreira da Rocha 19

ESCASSEZ GERAL NAS CATÁSTROFES: CIDADÃOS SUFOCADOS PELAS PRERROGATIVAS DA ADMINISTRAÇÃO PÚBLICA
Georghio Alessandro Tomelin 35

A ATIVIDADE ADMINISTRATIVA DE FOMENTO NO CONTEXTO DA COVID-19: EM DEFESA DA RENDA BÁSICA UNIVERSAL
Rafael Valim 67

PARTE II – DIREITO AMBIENTAL

COVID-19 À LUZ DO DIREITO AMBIENTAL
Solange Teles; Marcia Dieguez Leuzinger 81

COVID-19, MEIO AMBIENTE, ASPECTOS PROCESSUAIS E ADMINISTRATIVOS
Werner Grau; André Marchesin 109

PARTE III – DIREITO CIVIL

AS IMPLICAÇÕES DA COVID-19 NO DIREITO CIVIL

Maria Helena Marques Braceiro Daneluzzi 125

PARTE IV – DIREITO CONCORRENCIAL

AS CONSEQUÊNCIAS DA COVID-19 NO DIREITO BRASILEIRO

Eduardo Caminati Anders; Guilherme Teno Castilho Misale ... 141

PARTE V – DIREITO CONSTITUCIONAL

LEGALIDADE EXTRAORDINÁRIA E CONSTITUIÇÃO

Pedro Estevam Alves Pinto Serrano; Anderson Medeiros Bonfim; Juliana Salinas Serrano 157

PARTE VI – DIREITO DO CONSUMIDOR

IMPACTOS DA COVID-19 NAS RELAÇÕES DE CONSUMO BRASILEIRAS

Renato Afonso Gonçalves 193

PARTE VII – DIREITO ECONÔMICO

O DIREITO ECONÔMICO E A PANDEMIA: A DISCIPLINA JURÍDICA COM DIMENSÃO DE TEMPO, ESCALA E ESCOPO PARA RESOLVER SITUAÇÕES DE COMPLEXIDADE SISTÊMICA

Alessandro Octaviani 219

COVID-19, O DIREITO ECONÔMICO E O COMPLEXO INDUSTRIAL DA SAÚDE

Giberto Bercovici 239

PARTE VIII – DIREITO EMPRESARIAL

OS NOVOS RUMOS DO DIREITO SOCIETÁRIO

Walfrido Warde 265

PARTE IX – DIREITO DO SEGURO

REFLEXÕES SOBRE O CORONAVÍRUS E OS SEGUROS PRIVADOS
Ernesto Tzirulnik 325

PARTE X – DIREITO DO TRABALHO

COVID-19 E AS RELAÇÕES DE TRABALHO NO BRASIL: BREVES CONSIDERAÇÕES
Renata Marcheti; Ricardo de Arruda Soares Volpon;
Heloísa Barcellos Polo 351

PARTE XI – DIREITO TRIBUTÁRIO

EFEITOS DA PANDEMIA NO DIREITO TRIBUTÁRIO BRASILEIRO EM 2020 E DEPOIS
Tácio Lacerda Gama 395

PARTE XII – DIREITO URBANÍSTICO

PANDEMIA COMO FATO URBANO
Daniela Campos Libório 417

PARTE XIII – FILOSOFIA DO DIREITO

POLÍTICA E DIREITO DA PANDEMIA
Alysson Leandro Mascaro 431

APRESENTAÇÃO

Na qualidade de coordenadores desta obra, devemos reconhecer que os textos nela reunidos nos surpreenderam por completo e superaram as nossas já altas expectativas.

Os experimentados autores Anderson Bonfim, André Marchesin, Alessandro Octaviani, Alysson Leandro Mascaro, Daniela Campos Libório, Eduardo Caminati Anders, Ernesto Tzirulnik, Georghio Tomelin, Giberto Bercovici, Guilherme Teno Castilho Misale, Heloísa Barcellos Polo, Juliana Salinas Serrano, Maria Helena Daneluzzi, Marcia Dieguez Leuzinger, Pedro Serrano, Silvio Luís Ferreira da Rocha, Solange Teles, Renata Marcheti, Renato Afonso Gonçalves, Ricardo de Arruda Soares Volpon e Tácio Lacerda Gama produziram trabalhos notáveis que desvelam, com densidade teórica e senso prático, as consequências da Covid-19 nos mais diversos ramos do Direito brasileiro.

Em um momento de tamanha incerteza, em que uma pandemia, parafraseando Camus, suprime o nosso futuro, sobreleva a importância de um debate público qualificado, a partir do qual possamos construir um novo horizonte de possibilidades.

Podemos afirmar, nesse sentido, que este livro representa uma contribuição fundamental para o pensamento jurídico brasileiro, produzido por estudiosos que venceram com grande valentia as atribulações conaturais a uma situação tão excepcional para entregar à sociedade brasileira o resultado de suas atiladas reflexões.

Boa leitura!

Walfrido Warde e Rafael Valim

SOBRE OS AUTORES

SILVIO LUÍS FERREIRA DA ROCHA

Mestre e Doutor em Direito Civil pela PUC-SP. Doutor e Livre-Docente em Direito Administrativo pela PUC-SP. Professor dos cursos de Graduação e Pós-Graduação em Direito da PUC-SP. Juiz Federal em São Paulo.

GEORGHIO ALESSANDRO TOMELIN

Doutor em direito do Estado pela USP, professor de Pós-graduação da Unisa e da ITE-Bauru.

RAFAEL VALIM

Doutor e Mestre em Direito Administrativo pela PUC-SP, onde lecionou de 2015 a 2018, atualmente é professor visitante na University of Manchester (Inglaterra), na Université Le Havre Normandie (França), na Universidad Panamericana (México) e na Universidad de Comahue (Argentina). É membro do Instituto Internacional de Derecho Administrativo, do Foro Iberoamericano de Derecho Administrativo e do Instituto Brasileiro de Direito Administrativo. Advogado.

SOLANGE TELES DA SILVA

Professora de Direito da Faculdade de Direito da Universidade Presbiteriana Mackenzie – Graduação e Pós-graduação Stricto Sensu em

Direito Político e Econômico. Líder do Grupo de Pesquisa CNPq Direito e Desenvolvimento Sustentável. Bolsista de produtividade em pesquisa CNPq.

MARCIA DIEGUEZ LEUZINGER

Professora de Direito Ambiental da Faculdade de Direito do Uniceub – Graduação e Pós-graduação em Direito Stricto Sensu em Direito e Políticas Públicas. Líder do Grupo de Pesquisa CNPq Direito Ambiental e Desenvolvimento Sustentável.

WERNER GRAU

Advogado, especialista em Direito Ambiental, Mestre em Direito Internacional, Doutor em Direito Tributário, sempre pela USP. Professor.

ANDRÉ MARCHESIN

Advogado especialista em Direito Ambiental e Processual Civil (PUC-SP) e Conformidade Ambiental com Requisitos Técnicos e Legais (CETESB).

MARIA HELENA MARQUES BRACEIRO DANELUZZI

Bacharel em Direito pela Pontifícia Universidade Católica de São Paulo – PUC-SP. Doutora e Mestre em Direito pela Pontifícia Universidade Católica de São Paulo – PUC-SP. Procuradora do Estado de São Paulo aposentada. Coordenadora acadêmica e professora do Curso de Pós-Graduação Lato Sensu em Direito de Família e Sucessões do COGEAE (PUC-SP). Professora de Direito Civil dos Cursos de Graduação e Pós-graduação em Direito da Pontifícia Universidade Católica de SãoPaulo – PUC-SP. E-mail: hdaneluzzi@uol.com.br.

EDUARDO CAMINATI ANDERS

Sócio Líder de Caminati Bueno Advogados. Pós-graduado em Direito Administrativo pela Pontifícia Universidade Católica de São Paulo e em Processo Administrativo pelo CEU Law School. Graduado em Direito pela Faculdade de Direito da Universidade de São Paulo. Atual Presidente da

Comissão de Concorrência da International Chamber of Commerce – ICC do Brasil. Presidente do IBRAC (2016-2017) e da Comissão de Concorrência da OAB-SP (2010-2012).

GUILHERME TENO CASTILHO MISALE

Sócio de Caminati Bueno Advogados. Mestre em Direito Comercial pela Faculdade de Direito da Universidade de São Paulo e graduado pela mesma instituição. Especialista em Compliance pela Fundação Getúlio Vargas/São Paulo. Participou do programa de intercâmbio do CADE. Atual Secretário Executivo da Comissão de Concorrência da International Chamber of Commerce – ICC no Brasil.

PEDRO ESTEVAM ALVES PINTO SERRANO

Mestre e Doutor em Direito do Estado pela PUC-SP. Pós-Doutoramento em Teoria Geral do Direito na Faculdade de Direito da Universidade de Lisboa. Pós-doutorando em Ciência Política pelo Institut Catholique de Paris. Pós-doutorando em Direito Público pela Université Paris Nanterre. Professor de Direito Constitucional da Faculdade de Direito e de Teoria Geral do Direito da Pós-Graduação da PUC-SP.

ANDERSON MEDEIROS BONFIM

Bacharel e mestrando em Direito Administrativo pela PUC-SP.

JULIANA SALINAS SERRANO

Bacharel em Direito pela Universidade Presbiteriana Mackenzie. Pós-graduada em Direito Administrativo pela Coordenadoria Geral de Especialização, Aperfeiçoamento e Extensão (COGEAE – PUC-SP). Mestre em Direito Administrativo pela PUC-SP. Professora assistente de Direito Administrativo da PUC-SP. Professora assistente de Direito Administrativo da COGEAE – PUC-SP.

RENATO AFONSO GONÇALVES

Advogado em São Paulo e Lisboa. Professor da Universidade Paulista – UNIP. Professor no curso de especialização em dados pessoais da PUC-SP/

COGEAE. Mestre em Direito das Relações Sociais pela PUC-SP. Doutorando em Ciências Histórico-Jurídicas na FADUL, Faculdade de Direito da Universidade de Lisboa – Portugal.

ALESSANDRO OCTAVIANI

Professor de Direito Econômico e Economia Política da Faculdade de Direito da USP, Largo São Francisco. Mestre em Ciência Política pela Universidade de São Paulo. Doutor em Direito Econômico pela Universidade de São Paulo. Ex-membro do Tribunal do Conselho administrativo de Defesa Econômica - CADE. Autor de diversos artigos e livros, como "Recursos genéticos e desenvolvimento" (Saraiva, 2013), "Estatais" (com Irene Nohara; RT, 2019). Parecerista e Árbitro.

GILBERTO BERCOVICI

Professor Titular de Direito Econômico e Economia Política da Faculdade de Direito da Universidade de São Paulo. Professor do Programa de Mestrado em Direito da Universidade Nove de Julho – UNINOVE e Professor do Programa de Pós-Graduação em Direito Político e Econômico da Universidade Presbiteriana Mackenzie. Doutor em Direito do Estado e Livre Docente em Direito Econômico pela Universidade de São Paulo.

ERNESTO TZIRULNIK

Advogado, doutor em Direito Econômico pela Faculdade de Direito da USP e Presidente do IBDS – Instituto Brasileiro de Direito do Seguro, coordenou a Comissão de juristas e técnicos que elaborou os anteprojetos de lei de contrato de seguro (PL 3.555/2004 ao PLC 29/2017).

RENATA MARCHETI

Diretora Jurídica do Grupo WTorre e Grupo Monto, Professora Doutora de Direito da FEA-RP/USP, Ph. D. pela HSL, Boston, Especialista em Digital Transformation: From AI and IoT to Cloud, Blockchain, and Cybersecurity pelo MIT Professional Education, Membro da Comissão Especial de Infraestrutura da OAB nacional, sócia da AiresVigo Advogados, Consultora e Conselheira em grandes grupos empresariais.

RICARDO DE ARRUDA SOARES VOLPON

Advogado sócio fundador do Laure, Volpon e Defina sociedade de advogados. Habilitação em Direito do Estado, atuando desde 1998 na área do Direito do Trabalho.

HELOÍSA BARCELLOS POLO

Coordenadora da área trabalhista do escritório Laure, Volpon e Defina sociedade de advogados. Graduada pela Faculdade de Direito de Franca e Universidade de Coimbra, Portugal. Pós-graduada em Direito do Trabalho e Processo do Trabalho pela Escola Superior de Direito de Ribeirão Preto.

TÁCIO LACERDA GAMA

Professor de Direito Tributário e Teoria do Direito nos cursos de graduação, mestrado e doutorado da PUC-SP. Presidente do Instituto de Aplicação do Tributo – IAT e Advogado.

DANIELA CAMPOS LIBÓRIO

Advogada, presidente da Comissão Especial de Direito Urbanístico do CFOAB, conselheira federal por São Paulo no CFOAB, professora da PUC-SP, Mestre e Doutora pela PUC-SP em direito urbanístico ambiental, especialista em Políticas ambientais pela Unversidad Castilla La Mancha (ES), pós-doutora em Gestão de águas para consumo humano, pela Universdad de Sevilla (ES). Presidente do Instituto Brasileiro de Direito Urbanístico (IBDU) entre 2013-2017.

ALYSSON LEANDRO MASCARO

Advogado. Professor da Faculdade de Direito da USP (Largo São Francisco). Doutor e Livre-Docente em Filosofia e Teoria Geral do Direito pela USP. Autor, dentre outros, de "Crise e Golpe" (Boitempo).

Parte I
DIREITO ADMINISTRATIVO

A PANDEMIA E OS EFEITOS NOS CONTRATOS ADMINISTRATIVOS

SILVIO LUÍS FERREIRA DA ROCHA

1. CONSIDERAÇÕES GERAIS

Normalmente, ocorre a extinção do contrato pelo cumprimento voluntário das prestações assumidas pelas partes, situação que designamos de adimplemento ou cumprimento, de modo que a execução das obrigações assumidas no contrato representa a maneira corriqueira de extinção do contrato.

A extinção anormal do contrato é hipótese excepcional e deriva de causas anteriores à formação do contrato, como no caso de vício que o torne nulo ou anulável, ou de causas posteriores à formação do contrato, como o inadimplemento e o distrato. Existem, no entanto, outras causas que podem causar a extinção anormal do contrato ou a sua revisão que estão relacionadas a situações externas, graves, indicadoras de uma anormalidade, denominadas juridicamente como *imprevisão, onerosidade excessiva ou caso fortuito*.

Esta parece ser a situação de pandemia que se instaurou não apenas no Brasil, mas no mundo, por conta da COVID-19, doença causado por um vírus, chamado de coronavírus, que impactou negativamente não apenas a saúde da população, mas as economias públicas e privadas, internas e externas, por conta das medidas de isolamento social. No presente artigo, em que nos propomos a analisar o impacto da COVID-19 nas relações jurídicas contratuais administrativas, interessam-nos as chamadas *causas anormais* de extinção dos contratos, especialmente as *causas supervenientes* constituídas por situações que denominados acima de imprevisão, onerosidade excessiva ou caso fortuito que, presentes, podem levar à resolução do contrato; sua suspensão ou à modificação superveniente.

2. CASO FORTUITO OU FORÇA MAIOR

O descumprimento absoluto encobre diversas situações. Analisado sob os motivos ou as razões que levaram o devedor a descumprir a prestação à qual estava obrigado, o descumprimento divide-se em não imputável (não culpável) ou em imputável (culpável) ao devedor.

O inadimplemento não imputável é aquele que não pode ser atribuído ao devedor. É o inadimplemento alheio à conduta do devedor. Quer dizer, o descumprimento da prestação não pode ser atribuído a ato comissivo ou omissivo do devedor. O inadimplemento inimputável pode ocorrer por diversas causas, entre elas circunstâncias definidas legalmente como caso fortuito ou de força maior.

O caso fortuito e força maior não são fatos distintos. As expressões são sinônimas e expressam fatos inevitáveis, não imputáveis ao devedor, que impossibilitam total ou parcialmente o cumprimento da obrigação.

Muitos, no entanto, procuram estabelecer diferenças entre um e outro. Washington de Barros Monteiro[1] discorre sobre as várias teorias que procuraram sublinhar os traços distintivos, segundo diversos critérios. Para a *teoria da extraordinariedade* há fenômenos que são previsíveis, exceto quanto ao momento, ao lugar e ao modo de sua verificação. Qualquer pessoa pode prevê-lo, mas ninguém pode precisar quando, em que ponto e com que intensidade. Em tal hipótese, este fenômeno entra na categoria

---

[1] BARROS MONTEIRO, Washington de. *Curso de direito civil*, vol. 4. Direito das obrigações, 1ª parte, pp. 331-332.

do *caso fortuito*. Por outro lado, existem acontecimentos que são absolutamente inusitados, extraordinários e imprevisíveis, como o terremoto e a guerra. Defrontamo-nos então com os casos de força maior. Segundo *a teoria da previsibilidade e da irresistibilidade*, caso fortuito é o acontecimento de todo imprevisto, enquanto força maior é aquele fato previsível, mas inevitável. Observem que esta teoria quanto à previsibilidade é contrária à teoria da extraordinariedade. A *teoria das forças naturais e do fato de terceiro* reputa ao caso fortuito como fato humano, mas alheio ao devedor, que não pode evitá-lo, nem superá-lo, como a guerra, o motim, a greve. A força maior resulta de eventos físicos ou naturais, de índole ininteligente, como o terremoto, a tempestade e a inundação. A *teoria da diferenciação quantitativa* admite o caso fortuito quando o acontecimento não pode ser previsto com diligência comum; e a força maior, quando o acontecimento não pode ser previsto, ainda que com diligência excepcional. Seria fato absolutamente imprevisível. A *teoria do conhecimento* define o caso fortuito como o fato desconhecido do homem e identifica a força maior com as forças naturais conhecidas, como o terremoto e a tempestade.

O Código Civil não distingue entre caso fortuito e força maior. São termos equivalentes. Às vezes o Código Civil usa somente a expressão "caso fortuito" e outras vezes a expressão "força maior". Ele os conceitua no art. 393, parágrafo único: "o caso fortuito ou de força maior verifica-se no fato necessário, cujos efeitos não era possível evitar ou impedir". Assim, "fato necessário" corresponde ao acaso, ao destino, à Providência, isto é, fato que não foi provocado pelo devedor e cujos efeitos inevitáveis não se podem evitar ou impedir.

Duas correntes tentam conceituar "caso fortuito": a objetiva, para quem o caso fortuito exige a impossibilidade ou a irresistibilidade do evento, tão somente; a subjetiva, que equipara ou iguala o caso fortuito à ocorrência de não culpa. Arnoldo Medeiros da FONSECA,[2] ao nosso ver com razão, diferencia ausência de culpa de *caso fortuito*. Ausência de culpa é uma noção mais ampla; *caso fortuito* é um conceito bem mais restrito. E embora sempre que se verifique um *caso fortuito* deva haver ausência de

---

[2] FONSECA, Arnoldo Medeiros da. *Caso fortuito ou força maior*. Rio de Janeiro: Forense, 1943, p. 166.

culpa, porque esta é um dos elementos daquele, todavia não basta que o devedor não seja culpado para que se caracterize o fortuito. Aqui, a inevitabilidade do evento deve também coexistir como requisito essencial. A extensão da ideia de *caso fortuito* é, assim, bem menos ampla do que a de ausência de culpa, pelo que as duas noções não podem ser confundidas.

Os fatos atuais relacionados a pandemia da COVID-19 servem para explicar as duas posições acima. Para a teoria objetiva a simples circunstância da pandemia da COVID-19 caracterizaria o caso fortuito ou a força maior na medida em que a contaminação se apresenta como irresistível, inevitável, enquanto para a teoria subjetiva o comportamento culposo da parte poderia afastar a caracterização do caso fortuito ou da força maior, o que ocorreria, por exemplo, com aquela empresa ou empresário que, deliberadamente, descumpriu as normas de isolamento social e ordenou o funcionamento da empresa durante o período de isolamento, tendo, com isso, contaminado seus empregados, o que a impediria, então, de alegar a contaminação dos empregados como razão para o descumprimento de suas obrigações contratuais.

Para nós, o caso fortuito *pressupõe a inevitabilidade*, que se apresenta como objetiva, abstrata; não se preocupa com as particularidades do devedor. O fato seria inevitável para qualquer pessoa que se encontrasse em idênticas circunstâncias. A inevitabilidade decorre da imprevisibilidade do acontecimento, isto é, o fato ocorre de modo súbito e inesperado e, portanto, torna-se inevitável ou decorre da irresistibilidade do acontecimento, isto é, ele é previsível, mas irresistível, mas *pressupõe*, também, *a ausência de culpa do devedor*; os fatos não devem provir de ato culposo do devedor, nem o devedor deve culposamente expor-se aos seus efeitos ou agravar-lhe as consequências. Portanto, observar ou não observar as regras de isolamento social imposta pelo Poder Público não constitui um indiferente jurídico e pode trazer consequências na configuração da situação como caso fortuito ou força maior.

3. A IMPREVISÃO E A RESOLUÇÃO POR ONEROSIDADE EXCESSIVA

Nos contratos comutativos nos quais há equivalência das prestações, de execução diferida, continuada ou periódica, a excessiva onerosidade imposta a uma das partes por acontecimento extraordinário e imprevisível, que dificulte sobremaneira o cumprimento da obrigação, pode ser considerada causa de resolução, desde que preencha alguns requisitos. Com efeito, dispõe o artigo 478 do Código Civil que "nos contratos de execução continuada ou diferida, se a prestação de uma das partes se tornar excessivamente onerosa, com extrema vantagem para a outra, em virtude de acontecimentos extraordinários e imprevisíveis, poderá o devedor pedir a resolução do contrato..."

Em primeiro lugar, o instituto aplica-se aos contratos comutativos. Nos contratos comutativos as prestações de ambas as partes são conhecidas de antemão desde o momento da formação do contrato e, na medida do possível, equivalentes entre si. A equivalência, segundo a doutrina, não precisa ser objetiva – as vantagens procuradas pelos contratantes serem proporcionalmente as mesmas –, basta à equivalência subjetiva (a parte sente-se satisfeita conforme suas conveniências e interesses) e a certeza das prestações.

O instituto da imprevisão e onerosidade excessiva não se aplicaria aos contratos aleatórios. Os contratos aleatórios são contratos bilaterais, nos quais uma das prestações está sujeita a risco. Nos contratos aleatórios a prestação de uma das partes não é precisamente conhecida e sujeita a estimativa prévia, inexistindo equivalência com a da outra parte (art. 458 e ss. do Código Civil). Cria-se, com isso, uma incerteza para as partes sobre se a vantagem almejada será proporcional à contrapartida esperada. Os contratos aleatórios sujeitam os contraentes à alternativa de ganho ou perda.

Os contratos aleatórios, que envolvem risco e uma incerteza em relação ao equilíbrio entre as prestações, foram excluídos do instituto. Assinale-se, no entanto, posição diversa adotada pelo enunciado 440 das Jornadas de Direito Civil que considera ser "possível à revisão ou resolução por excessiva onerosidade em contratos aleatórios, desde que o evento superveniente, extraordinário e imprevisível não se relacione com a álea assumida no contrato".

Os contratos comutativos necessitam ser de execução diferida ou trato sucessivo, porque inerente ao próprio instituto à existência de um intervalo de tempo entre a celebração do contrato e sua execução, dentro do qual se possa perceber uma alteração das condições levadas em consideração pelas partes na celebração do contrato.

Os contratos unilaterais, aqueles em que apenas uma das partes assume obrigações porque as obrigações da outra representam condição para o aperfeiçoamento do contrato, como no caso do empréstimo, também foram contemplados não com resolução, mas com a possibilidade de sua alteração ou redução, conforme determina o artigo 480 do Código Civil.

Em segundo lugar, deve ocorrer um fato superveniente a celebração, qualificado de extraordinário e imprevisível, isto é, não previsto ou previsível pelas partes, de modo que o fato não possa enquadrar-se naquilo considerado como "risco normal do contrato".

Em terceiro lugar, o fato extraordinário e imprevisível deve provocar alterações significativas no âmbito contratual, de modo que a execução do contrato, nas bases pactuadas, representará o empobrecimento do devedor e o enriquecimento sem causa do credor. Existe, nesse caso, uma ruptura superveniente do equilíbrio contratual inicialmente estabelecido.

A previsão no Código Civil da resolução por onerosidade excessiva atende ao princípio da justiça contratual, que requer o equilíbrio das prestações nos contratos comutativos, com o propósito de que os benefícios de cada contratante sejam proporcionais aos seus sacrifícios.

Deve haver excessiva diferença de valor da prestação ou do objeto da prestação entre o momento da perfeição do contrato e o momento da execução do contrato, de modo que o prejuízo para o devedor, caso cumpra a obrigação, seja visível. De acordo com o enunciado 365 das Jornadas de Direito Civil "a extrema vantagem deve ser interpretada como elemento acidental da alteração de circunstâncias, que comporta a incidência da resolução ou revisão do negócio por onerosidade excessiva, independentemente de sua demonstração plena".

A oneração excessiva no cumprimento do contrato deve resultar de acontecimentos extraordinários e imprevisíveis, isto é, anormais e insuscetíveis de previsão, segundo a diligência ordinária, comum, exigida para os negócios. Segundo o enunciado 366 das Jornadas de Direito Civil "o fato extraordinário e imprevisível causador de onerosidade excessiva é aquele que não está coberto objetivamente pelos riscos próprios da contratação".

4. TEORIA DA IMPREVISÃO NOS CONTRATOS ADMINISTRATIVOS

A teoria da imprevisão se aplica tanto aos contratos privados como aos contratos administrativos. Alcino Salazar (*RDA* 31/306-307), em comentário a acórdão sobre a cláusula *rebus sic stantibus* no Direito Brasileiro, afirma, em uma passagem, que a teoria da imprevisão há de se aplicar também "aos contratos administrativos ou de direito público. Aí, a preeminência do interesse público, consistindo frequentemente na continuidade e regularidade da execução do serviço ou da obra contratados com terceiros, atua inelutavelmente em favor da composição de interesses a que visa a cláusula *rebus sic stantibus*. Ainda outra razão preponderante: a decorrente do princípio da igualdade na distribuição dos encargos do serviço público. Se acontecimentos imprevisíveis e extraordinários impõem ao particular um ônus excessivo na execução de serviço contratado com a Administração Pública, justo é que o sacrifício seja suportado pela coletividade que dele é beneficiária. É este um remédio que não pode ser empregado para reparar o desequilíbrio verificado na execução do contrato particular".

Assim, nos contratos administrativos de natureza comutativa, nos quais há equivalência das prestações, de execução continuada, acontecimento extraordinário, imprevisível, que dificulte o cumprimento da obrigação, pode resultar numa onerosidade excessiva para uma das partes, que, por isso, pode ter dificuldades para cumprir as obrigações contratualmente assumidas e, por isso, constituir motivo fático e jurídico para: a) a resolução do contrato; b) para o reequilíbrio do contrato; c) para a suspensão do contrato; ou d) para a prorrogação de prazo contratual (art. 57, § 1º, II, da Lei 8.666/1993).

Cabe recordar que, para a doutrina administrativista, a *teoria da imprevisão* teve sua *origem remota* na denominada cláusula *rebus sic stantibus* da doutrina medieval e sua *origem próxima* nas decisões do Conselho de Estado da França. Conforme Celso Antônio Bandeira de Mello,[3] "de acordo com a teoria da imprevisão, as obrigações contratuais hão de ser entendidas em correlação com o estado de coisas ao tempo em que se contratou. Em consequência, a mudança acentuada dos pressupostos de fato em que se embasaram implica alterações que o Direito não pode desconhecer. É que as vontades se ligaram em vista de certa situação, e na expectativa de determinados efeitos, e não em vista de situação e efeitos totalmente diversos, surdidos à margem do comportamento dos contraentes". De acordo com Marcel Waline[4] um dos casos marcantes dessa teoria foi o da Companhia Geral de Iluminação de Bordeaux que recorreu ao Conselho de Estado contra a decisão da Administração de Bordeaux de lhe negar autorização para aumentar as tarifas e uma indenização pelos prejuízos experimentados pela alta do preço da tonelada do carvão, que passou de 23 Francos para 60 Francos a partir do mês de agosto/1914. O Conselho de Estado negou o pedido para aumentar as tarifas com a justificativa de que ele não tinha poderes para modificar as cláusulas do contrato, mas concordou com o direito a uma indenização, a ser fixada pelo Conselho da Prefeitura.

A teoria da imprevisão no Direito administrativo exige a presença de alguns pressupostos. Primeiro deve haver excessiva diferença de valor do objeto da prestação entre o momento da perfeição e o momento da execução do contrato, o que torna visível o prejuízo para o devedor caso cumpra a obrigação. O excessivo ônus no cumprimento do contrato deve resultar de acontecimentos extraordinários e imprevisíveis, isto é, anormais e insuscetíveis de previsão, segundo a diligência ordinária, comum, exigida para os negócios.

Com relação ao ônus excessivo costuma-se ordinariamente sustentar que não é qualquer oneração que autoriza a resolução ou a

---

[3] *Curso de Direito Administrativo*, cit., 29ª ed., p. 664.
[4] WALINE, Marcel. *Manuel Élémentaire de Droit Administratif*, 2ª ed. Paris: Recueil Sirey,1946, p. 436.

alteração das bases do negócio, mas tão somente aquela insuportável e que decorra de um risco estranho ao contrato. De acordo com Hely Lopes Meirelles:[5] "não é, pois, a simples elevação de preços em proporção suportável, como *álea própria do contrato*, que rende ensejo ao reajuste da remuneração contratual avençada inicialmente entre o particular e a Administração; só a *álea econômica extraordinária e extracontratual* é que autoriza a revisão do contrato". De acordo com Celso Antônio Bandeira de Mello[6] a aplicação da teoria, requereria, além de que o prejuízo resultasse de evento alheio ao comportamento das partes, não apenas imprevisto, mas também imprevisível, ele deveria ser significativo para o onerado, isto é, convulsionasse gravemente a economia do contrato.

5. EFEITOS DO CASO FORTUITO E DA ONEROSIDADE EXCESSIVA CAUSADA PELA IMPREVISÃO

Denominamos de *resolução* a extinção do contrato motivada pelo inadimplemento de uma das partes, pela onerosidade excessiva ou por caso fortuito, entre outras causas. Independente da causa, como regra, a resolução extingue o contrato e rompe o vínculo contratual com efeitos retroativos, salvo exceções. A resolução desfaz o que foi executado, determina restituições recíprocas nos contratos de execução instantânea ou nos contratos de execução diferida, menos nos contratos de execução continuada, casos em que a resolução não produzirá efeitos retroativos porque as prestações cumpridas não se restituem, além de sujeitar a parte contratual, a depender da situação, a pagar perdas e danos. Cuida-se a resolução de um direito formativo extintivo por decorrência de causa legal com o propósito de obter-se o retorno ao estado anterior à celebração do contrato. Pressupõe: a) a existência de contrato bilateral; b) a ocorrência de causa legal resolutiva e c) pedido feito por uma das partes nesse sentido.

O caso fortuito pode resolver o contrato. Há uma regra geral de irresponsabilidade decorrente da ausência de culpa do contratante, do

---

[5] MEIRELLES, Hely Lopes. *Licitação e Contrato Administrativo*, 15ª ed. p. 321.
[6] BANDEIRA DE MELLO, Celso Antônio. *Curso de Direito Administrativo*, 29ª ed. Malheiros, p. 666.

caso fortuito ou da força maior prevista no artigo 393 do Código Civil e em outros artigos do mesmo diploma legal. Nesse sentido, o Código Civil consagra o princípio da exoneração do devedor pela impossibilidade de cumprir a obrigação sem culpa sua, visto que anuncia a sua irresponsabilidade pelos danos decorrentes de força maior ou de caso fortuito o que impede, em consequência, o credor de pleitear qualquer indenização. A extinção anormal do contrato provocada por fato alheio tanto à Administração como ao particular, provocada por caso fortuito ou de força maior, consta, também, do inciso XVIII do art. 78 da Lei n. 8.666/1993.

Contudo, o princípio não é absoluto, pois admite exceções, como o deslocamento dos riscos estabelecido por acordo ou cláusula contratual, pela qual o devedor se obriga a responder pela impossibilidade causal da prestação, ou os casos de responsabilidade objetiva onde a lei claramente estabelece a responsabilidade do agente, mesmo provada a inevitabilidade do evento causador do dano. Portanto, se a parte contratual concordar em responder pela impossibilidade causal da prestação estará obrigada, em decorrência do deslocamento convencional dos riscos, a cumprir com as obrigações ou a arcar com os riscos do inadimplemento, mesmo naquelas situações em que a impossibilidade absoluta da execução decorreu do caso fortuito ou força maior

Neste aspecto terá extrema relevância a *matriz de riscos* incorporada ao contrato e responsável, basicamente, pela distribuição de distintos riscos vinculados às sucessivas etapas da relação jurídica contratual entre as partes contratantes, em especial àqueles relacionados a situações caracterizadoras de caso fortuito ou força maior, pois a matriz de riscos representará verdadeira cláusula negocial de deslocamento de riscos, sujeitando quem os assumiu a cumprir com as obrigações contratuais e suportar os efeitos.

Os autores enumeram ainda outras exceções, como a mora do devedor e as obrigações genéricas. Com efeito, o devedor em mora, responde além de prejuízos causados pela sua mora também pela impossibilidade da prestação resultante de força maior ou caso fortuito ocorridos durante o atraso, exceto se provar que o dano aconteceria mesmo que a obrigação fosse cumprida no momento oportuno. O devedor de obrigação de dar coisa incerta, antes da escolha, também não pode alegar perda ou deterioração da coisa, ainda que por força maior ou caso fortuito. Arnoldo Medeiros da Fonseca, *Casos fortuito ou de força maior, passim*, classifica-as como exceções aparentes. Na primeira – mora do devedor – não há um real deslocamento dos riscos, mas, apenas, agravação para o devedor do ônus da prova, competindo-lhe provar que o dano sobreviria ainda quando a obrigação fosse desempenhada. Na segunda – prestações de gênero ou dinheiro – adverte que a instituição de um monopólio do Estado, a requisição das mercadorias de determinado gênero, uma lei de proibição de venda de bebidas alcoólicas pode criar uma situação de impossibilidade geral e objetiva de executar obrigação genérica. E tais acontecimentos inevitáveis podem assim indubitavelmente constituir casos fortuitos que justifiquem o inadimplemento, pela impossibilidade absoluta de executar que deles decorre.

A onerosidade excessiva pode acarretar também a resolução do contrato. Contudo, a resolução do contrato não ocorre de pleno direito, mas demanda a necessidade de decretar-se judicialmente a resolução a pedido do contratante na iminência de tornar-se inadimplente pela dificuldade em cumprir com a obrigação. A intervenção judicial é imprescindível para não infirmar o princípio da obrigatoriedade dos contratos.

Contudo, além da resolução admite-se ao juiz intervir na economia do contrato e reajustar em bases razoáveis as prestações recíprocas. Em tese, admitir-se-ia um pedido alternativo: a resolução ou a adequação do contrato (CC art. 479).

Além dos institutos tradicionais acima examinados – caso fortuito, imprevisão e onerosidade excessiva – podem ser utilizados pelos contratantes outros institutos como o *inadimplemento antecipado do contrato, o adimplemento substancial e as bases objetivas do negócio*.

6. INADIMPLEMENTO ANTECIPADO DO CONTRATO

O inadimplemento antecipado do contrato é a possibilidade que se concede a parte de presumir, pelo comportamento da outra, que haverá o inadimplemento e, por isso, requerer, antes mesmo do vencimento, a resolução do negócio jurídico. Cuida-se, portanto, de construção doutrinária e jurisprudencial que afasta o efeito suspensivo do prazo para cumprimento da obrigação, diante da existência de indícios que apontem para o futuro inadimplemento. Há, segundo autorizada doutrina, quebra da confiança no cumprimento futuro, pautada em elementos objetivos e razoáveis, que admitem a resolução, desde logo, do contrato. "É possível o inadimplemento antes do tempo sempre que o devedor praticar atos nitidamente contrários ao cumprimento, de tal sorte que se possa deduzir conclusivamente, diante dos dados objetivos existentes, que não haverá cumprimento".[7]

Por outro lado, haveria, também, inadimplemento antecipado do contrato por iniciativa do devedor quando ele, ciente da impossibilidade de cumprir o contrato em razão de circunstâncias objetivas justificadas, toma a iniciativa de requerer a resolução do negócio. Nesse caso, afasta-se o pressuposto lógico tradicional da resolução de que quem inadimpliu não poderia resolver, porquanto a resolução existiria para proteger o contratante adimplente, conforme prescreve o art. 475 do Código Civil. O enunciado 437 da "V Jornada de Direito Civil" admite a resolução por inadimplemento antecipado: "Art. 475: a resolução da relação jurídica contratual também pode decorrer do inadimplemento antecipado".

7. ADIMPLEMENTO SUBSTANCIAL

O pressuposto da resolução é o inadimplemento. O inadimplemento, por sua vez, leva a uma inidoneidade da prestação para o credor, isto é, a prestação ou o seu objeto não mais se apresenta útil a ele do ponto de vista objetivo, isto é, do ponto de vista dos termos do contrato e da natureza da prestação.

Ocorre, no entanto, às vezes, que antes de tornar-se inadimplente, a parte cumpriu com parcela relevante da prestação, configurada, assim,

---

[7] LOUREIRO, Francisco Eduardo. *Extinção dos Contratos*. In: LOTUFO, Renan; NANNI, Giovanni Ettore, (coords.). *Teoria Geral dos Contratos*. São Paulo: Atlas, 2011.

a ideia de adimplemento substancial. Nesse caso, retira-se do credor à possibilidade de pedir simplesmente a resolução do contrato e concede-se a ele a possibilidade de executar o contrato. Portanto, o adimplemento substancial pode afastar a resolução do contrato por inadimplemento. Segundo Nelson Rosenvald[8] "o desfazimento do contrato acarretaria sacrifício desproporcional comparativamente à sua manutenção, sendo coerente que o credor procure a tutela adequada à percepção das prestações inadimplidas". Nesse sentido o enunciado 361 da "IV Jornada de Direito Civil": "O adimplemento substancial decorre dos princípios gerais contratuais, de modo a fazer preponderar à função social do contrato e o princípio da boa-fé objetiva, balizando a aplicação do art. 475".

8. AS BASES OBJETIVAS DO NEGÓCIO

A expressão "base do negócio', segundo Karl Larenz,[9] pode ser entendida em um duplo sentido. Em primeiro lugar, como a *base 'subjetiva'* da determinação da vontade de uma ou ambas das partes, como uma representação mental existente ao concluir o negócio que muito influiu na formação dos motivos. É a posição de Arnoldo Medeiros Fonseca[10], que define por *base do negócio* as representações dos interessados, ao tempo da conclusão do contrato, sobre a existência de certas circunstâncias básicas para sua decisão, no caso de serem estas representações encaradas por ambas as partes como base do acordo contratual. Em segundo lugar, como a *base 'objetiva'* do contrato ou o conjunto de circunstâncias cuja existência ou persistência pressupõe devidamente o contrato, saibam ou não os contratantes, já que, se não for assim, não se alcançaria, ao fim do contrato, o propósito das partes contratantes e a subsistência do contrato não teria "sentido, fim e objeto". É a posição de Pontes de Miranda[11], para quem a base do

---

[8] ROSENVALD, Nelson Rosenvald. "Código Civil Comentado: doutrina e jurisprudência", 6ª ed., p.540.

[9] LARENZ, Karl. "Base del Negocio Juridico y Cumplimento de los Contratos". *Editorial Revista de Derecho Privado*. Madrid, 1956. p. 37.

[10] FONSECA, Arnoldo Medeiros. *Caso Fortuito e Teoria da Imprevisão*, 1943, p. 115

[11] PONTES DE MIRANDA, F. C. "Tratado de direito privado". t. XXV. São Paulo: *Revista dos Tribunais*, 2012. p.340.

negócio jurídico é o elemento circunstancial ou estado geral de coisas cuja existência ou subsistência é essencial a que o contrato subsista, salvo onde o acordo dos figurantes restringiu a relevância do elemento ou do estado geral de coisas.

O desaparecimento das bases subjetivas ou objetivas do negócio implicam na resolução do contrato. Concentremo-nos nas bases objetivas que são aquelas afetadas por uma situação como a pandemia. Assim, a supressão das bases objetivas do contrato num contrato bilateral destrói por completo a relação de equivalência, de modo que a parte afetada, segundo Karl Larenz[12], poderá:

a) recusar-se a prestar, se ainda não o tiver feito, enquanto a outra parte não concorde com a revisão de sua contraprestação, que restaure a equivalência;

b) pedir a resolução do contrato caso a outra parte se recuse a revisar sua contraprestação;

c) demandar uma indenização correspondente ao enriquecimento indevido da outra parte por ter recebido a prestação desproporcional.

Por fim, ainda segundo Karl Larenz,[13] se a finalidade do contrato, resulta inalcançável, o credor da prestação poderá recusá-la por inutilidade e negar-se a realizar a sua, desde que indenize a outra parte pelos gastos realizados por ela para a preparação e execução do contrato considerados indispensáveis.

9. CONCLUSÃO

Qual são os principais desafios que a COVID-19 impõe ao Direito Administrativo?

---

[12] LARENZ, Karl. "Base del Negocio Juridico y Cumplimento de los Contratos". *Editorial Revista de Derecho Privado*. Madrid, 1956, p.195

[13] LARENZ, Karl. "Base del Negocio Juridico y Cumplimento de los Contratos". *Editorial Revista de Derecho Privado*. Madrid, 1956, p.196

A PANDEMIA E OS EFEITOS NOS CONTRATOS ADMINISTRATIVOS

A pandemia da COVID-19 impõe distintos desafios ao Direito Administrativo. No aspecto contratual, os desafios estão relacionados ao descumprimento não culposo de contratos administrativos.

Do ponto de vista do Direito Administrativo, o que seria recomendável para combater a pandemia?

O direito contratual no tópico relacionado ao descumprimento não culposo possui institutos razoavelmente desenvolvidos que podem oferecer aos contratantes, Administração Pública ou particulares, soluções para extinção antecipada do contrato ou para a revisão equitativa das cláusulas pactuadas, que, em síntese, permitem o afastamento, temporário ou definitivo, daquilo que foi pactuado.

Qual é a sua avaliação das medidas que estão sendo tomadas pelos entes da federação no enfrentamento da pandemia?

Distintas medidas normativas, primárias e secundárias, foram tomadas pelos entes da federação no enfrentamento da pandemia, relacionadas em especial com manifestações de polícia administrativa ou com contratações diretas. Não foram tomadas, no entanto, medidas relacionadas à inexecução das distintas modalidades de contratação administrativa. Recomenda-se, assim, a edição de normas que disciplinem a execução e inexecução de contratos que foram atingidos pela pandemia.

10. REFERÊNCIAS BIBLIOGRÁFICAS

BANDEIRA DE MELLO, Celso Antônio. *Curso de Direito Administrativo*, 29ª ed. Malheiros.

FONSECA, Arnoldo Medeiros. *Caso Fortuito e Teoria da Imprevisão*. Rio de Janeiro: Forense, 1943.

LARENZ, Karl. "Base del Negocio Juridico y Cumplimiento de los Contratos". *Editorial Revista de Derecho Privado*. Madrid, 1956.

LOUREIRO, Francisco Eduardo. *Extinção dos Contratos. In:* LOTUFO, Renan; NANNI, Giovanni Ettore, (coords.). *Teoria Geral dos Contratos*. São Paulo: Atlas, 2011.

MEIRELLES, Hely Lopes. *Licitação e Contrato Administrativo*, 15ª ed. Malheiros.

BARROS MONTEIRO, Washington. *Curso de direito civil*, vol. 4. Saraiva: São Paulo.

PELUSO, Cezar. "Código Civil Comentado: doutrina e jurisprudência", 6ª ed.

PONTES DE MIRANDA, F. C. *Tratado de direito privado*. t. XXV. São Paulo: Revista dos Tribunais, 2012.

WALINE, Marcel. *Manuel Élémentaire de Droit Administratif*, 2ª ed. Paris, Recueil Sirey, 1946.

ESCASSEZ GERAL NAS CATÁSTROFES: CIDADÃOS SUFOCADOS PELAS PRERROGATIVAS DA ADMINISTRAÇÃO PÚBLICA

GEORGHIO ALESSANDRO TOMELIN

1. INTRODUÇÃO

O direito administrativo deveria ser pandêmico: sempre. O vocábulo pandemia tem origem no grego *pan, panto*, todo, e *demos*, povo. Por detrás do termo pandemia está a ideia de "espalhar em todo o povo", mas o sentido se especializou para as moléstias contagiosas de amplo espectro. O direito, de um modo geral, deveria tratar de modo uniforme e igual todos os indivíduos, como se fosse uma "pandemia" de civilidade (o que mais estamos precisando no momento político atual). Mais ainda o direito administrativo, que é o instrumental que permite ao Estado gotejar suas forças aqui ou ali, beneficiando uns ou prejudicando outros.

A história mostra que o único dispositivo legal que não deixou brechas para deslizes do aplicador foi o art. 3º do "Code Pénal" francês de 1791: "Tout condamné aura la tête tranchée" ("Todo condenado terá a cabeça cortada"). Nada mais objetivo do que ter a cabeça decepada pelo Estado: bem diferente de morrer de uma gripe por falta de respirador ou omissão de outro insumo ou procedimento para o tratamento (que seria obrigação estatal por força de nosso regime de direito público). O fato inegável é que o Estado Jurislador em que vivemos escamoteia seus dispositivos, sempre que o destinatário seja um cidadão que mereça proteção especial. Daí termos um regime sancionatório que nem sempre traz a estabilidade que apregoa.

Mas o direito vive do discurso da estabilidade. Um discurso de busca de segurança, que subjaz em tudo que normatiza. Tanto no direito público quanto no privado, é do regime jurídico e dos atributos dos atos que vamos extrair o substrato a ser medido em cada relação jurídica. Tal mensuração depende da possiblidade de revisão apoiada na escrituração das medidas tomadas (o que nem sempre ocorre). Em suma: estabilidade e traçabilidade andam juntas. Ou bem temos o traçado do que se produziu e como foi expedida a providência jurídica, ou ficará muito difícil questionar e controlar seu conteúdo.

A ideia de traço vem de *tractus*, particípio do verbo *traho*, que alberga a ideia de puxar. Daí por exemplo a noção de contrato, com o que se conectam relações entre indivíduos. Para a correta traçabilidade de cada relação jurídica temos que rastrear os elementos que a compõe. É da teoria geral do direito que a validade do negócio jurídico exige sujeito capaz, objeto lícito e forma prevista ou não proibida (consagrada hoje no art. 104 do CC/02 e antes no art. 82 do antigo CC/16). Quando estamos diante de atos, contratos ou negócios da administração pública, o regime jurídico e o traçado que levou a encetar uma relação são a garantia da possibilidade de rever e responsabilizar, premiando ou penalizando quem agiu bem ou mal. E é evidente que as situações de emergência irão condicionar a leitura que se fará de cada providência administrativa, maiormente quando tomada sob o influxo de uma grave premência.

É digno de nota que o direito público se reveste de um regime de exorbitância que blinda seus atos. Um regime derrogatório do direito privado. Derrogatório e não revogatório, como muitas vezes incorretamente se refere. Temos um regime excepcional que vive ao lado das normas de direito privado. Que existe à margem, mas que se socorre do direito civil quando não encontra solução normativa em seu próprio campo. E em situações de emergência, como nas catástrofes ou pandemias de saúde pública, complica-se ainda mais a confusão entre o público e o privado na administração estatal. Não é preciso muito esforço para identificar exemplos em que administrações estabelecem obrigações com empresas privadas (por vezes de confisco até) sem qualquer procedimento prévio regido pelo direito público.

A novidade é que vivemos hoje um tempo de verborragia normativa, caleidoscopicamente embalada pela informática. Estamos em um momento no qual a facilidade de produção e cópia de regimes gera o excesso na profusão de normas malfeitas. Assim, o direito público cria suas próprias realidades normativas, e o regime privado – que lhe seria superior – serve apenas de regime basal. O tema central é sabermos até que ponto o direito público pode se desconectar do privado, com ampla liberdade normativa para regrar suas realidades contratuais. E em que medida situações excepcionais reais servem de motivo para fundar o aumento da liberdade da administração beirando o não-normado.

Discutir o regime excepcional se torna ainda mais importante em uma situação de emergência, quando esta colhe todos os campos da atuação social. O papel do Estado de regular os efeitos perversos da epidemia de Coronavírus (COVID-19 - uma repetição em termos de impacto da famosa gripe espanhola de 1919) será exercido com prevalência sobre todos os demais regimes de direito privado. Nossa busca é respeitar o mais possível o regime que as partes estabeleceram originariamente, e atuar com acerto para não terminar de destruir o ato pensado na origem.

Quando temos uma sociedade sufocada por uma pandemia em regime de catástrofe, não deve o direito manusear prerrogativas e atributos para onerar ainda mais os indivíduos atingidos. Segurança jurídica envolve contenutisticamente a proteção do maior número possível de pessoas, e não a preservação abstrata de regimes por amor à forma.

2. TRAÇABILIDADE DOS REGIMES EXTRAORDINÁRIOS

A rastreabilidade dos atos administrativos inicia-se pela busca dos "traços-marcantes" de cada providência administrativa. É evidente que toda a teoria dos atributos dos atos administrativos foi criada para proteger e blindar o soberano de plantão, contra as "investidas" dos demais poderes a partir de pleitos dos cidadãos. Analisando os atributos dos atos vamos melhor visualizar os procedimentos que levam à organização das relações entre particulares e a administração.

Quem conceitua e qualifica ato administrativo quer identificar o seu regime. Temos o embate entre a liberdade de ação do particular e o regime de supremacia dos atos estatais, devendo este último sempre ser utilizado para a garantia coletiva da mencionada liberdade. Em situações de emergência epidêmica, a liberdade individual acaba sendo menoscabada no interesse de todos.

Os atributos qualificadores dos atos administrativos não podem subtrair a principiologia constitucional: o que garante o Estatuto do cidadão. Tudo para a proteção dos destinatários das prestações civilizatórias do Estado. Ocorre que muitos dos atributos dos atos administrativos foram criados durante o estado de polícia, e se encontram presentes ainda hoje na praxe administrativa do Estado de Direito. Situações excepcionais fazem ressurgir com força supina todo o regime de prerrogativas estatais, como meio de diminuir as possibilidades do cidadão contra o Leviatã.

3. O PODER PÚBLICO PERANTE PANDEMIAS

O tema das pandemias que paralisam a economia e a administração pública não é novo. Enfrentamos hoje a epidemia iniciada em 2019, denominada *Coronavirus Infectious Disease* (COVID-19), e que está trazendo enormes desafios para o direito e para a área da saúde. Soluções ordinárias, que sempre foram dadas aos problemas, podem agora simplesmente não funcionar, em razão do exaurimento da capacidade de todos os setores da administração pública (e assim também dos privados, que sob regime de concessão, permissão, autorização ou convênios e parcerias exercem atividades de interesse público).

O Império Romano, por exemplo, nos anos 79 e 166 *d.C*, sofreu grandes epidemias, provavelmente de malária e sarampo. O imperador

ESCASSEZ GERAL NAS CATÁSTROFES: CIDADÃOS SUFOCADOS...

Marco Aurélio refere carroças cheias de cadáveres, com mais 2000 mortos por dia, tendo ele mesmo sido vitimado no ano 180. Pelos relatos de sintomas feito por Galeno, médico do imperador, há quem acredite que a epidemia tenha sido de varíola, em razão dos sintomas descritos. Ficou conhecida como "peste antonina" ou "peste de Galeno". Foi um período histórico em que Marco Aurélio teve que tomar inúmeras medidas para contenção dos efeitos econômicos e administrativos da epidemia.[1]

Conforme alerta Stefan Cunha Ujvari em sua "História das Epidemias": "no início das epidemias, os membros dos conselhos administrativos municipais tentavam de todas as formas conter o pânico da população com falsas conclusões".[2] Esta tem sido a reação comum da administração pública ao longo dos milênios nas pandemias: negar fatos e tirar da catástrofe alguma vantagem política. Sempre que a administração pública é constrangida a agir rápido, porque uma pane geral no sistema público se avizinha, negam-se os fatos e se torce por um milagre. Quando o milagre não vem, temos uma pandemia, uma catástrofe natural ou simplesmente o impacto da carência ordinária de recursos vivenciais agravada pela falta de previdência estatal. A administração acaba por atender mais os seus titulares em primeiro lugar do que os cidadãos em geral, e precisa, assim, reorganizar gastos, o que vai envolver fatalmente cortes internos pesados. A resistência dos titulares da administração é automática.

O tema da atuação estatal fica gravemente qualificado nas pandemias, pois nelas a falta de isonomia de tratamento dada a escassez de recurso aparece identificar-se de modo cristalino. Conforme Judith Butler em artigo de 2020, intitulado "El capitalismo tiene sus limites":

"La desigualdad social y económica asegurará que el virus discrimine. El virus por sí solo no discrimina, pero los humanos

---

[1] As informações deste parágrafo podem ser aprofundadas na obra *A história e suas epidemias: a convivência do homem com os microorganismos organismos*, de Stefan Cunha Ujvari, 2003, pp. 33-34.
[2] UJVARI, Stefan Cunha. *A história e suas epidemias: a convivência do homem com os microorganismos organismos*, 2ª ed. Rio de Janeiro: Senac, 2003, p. 60.

seguramente lo hacemos, modelados como estamos por los poderes entrelazados del nacionalismo, el racismo, la xenofobia y el capitalismo."[3]

E mais, tudo indica que nossa administração pública atual tenha comprado, sem muito debate, os mecanismos que mantêm funcionando o conto de fadas meritocrático. A partir dele prestigiam-se posturas e entendimentos não necessariamente pautados em algum critério científico. Sempre foi assim. Como o interesse da Igreja Católica foi o de suplantar o Império Romano, aceitamos mansamente em nossos livros didáticos a ideia de que o Império Romano teria sido um mundo de bacanais e de fogo ateado propositalmente em próprios públicos (ainda que se saiba que não foi exatamente assim). Ou ainda de que os judeus teriam tentando espalhar a peste bubônica nos sistemas de água da Europa, o que teria justificado perseguição de interesse econômico contra eles (e é claro que os órgãos do executivo, do judiciário e do legislativo validaram a tal "política pública" de perseguição, pois entenderam que se voltava aos "sem-mérito"). Neste sentido, Thomas Piketty em "Capital et Idéologie":

> *"L'inégalité moderne se caractérise également par un ensemble de pratiques discriminatoires et d'inégalités statutaires et ethno-religieuses dont la violence est mal décrite par le conte de fées méritocratique, et qui nous rapproche des formes les plus brutales des inégalités anciennes dont nous prétendons nous distinguer"*.[4]

Segundo Piketty, um conjunto de práticas discriminatórias e um regime estatutário desigual opacizam o sistema de violência estatal, apoiando-se categorialmente em um discurso meritocrático fajuto. Isso aponta para o fato inegável de que nosso discurso mais se aproxima do que se afasta da brutalidade utilizada como regra no passado. Dizemos que queremos ser mais justos e fazer melhor. Ao final, o que passa é que fazemos igual; apenas com a maquiagem carregada.

---

[3] BUTLER, Judith. *Sopa de Wuhan*: pensamiento Contemporáneo en Tiempos de Pandemias, 1ª ed. Editorial ASPO, 2020, p. 62.

[4] Cf. PIKETTY, Thomas. *Capital et Idéologie*. Paris: Seuil, 2019, p. 14.

Esse sistema composto ao longo dos séculos é o que conforma o biopoder, o qual tem a virulência (maior do que qualquer infecção biológica) para aniquilar vidas: "A lei não pode deixar de ser armada, e a sua arma por excelência é a morte; aos que a transgridem, ela responde, pelo menos como último recurso, com essa ameaça absoluta" (cf. Michel Foucault, em "A vontade de saber")[5]. E podemos ir mais longe: aquilo que o sistema normativo não castra por esquecimento, o sistema disciplinar termina de aniquilar por meio da interpretação jurídica. Stefan Cunha Ujvari na já citada "História das Epidemias" lembra da teoria da conspiração sobre leprosos que planejariam tomar conta do mundo espalhando sua doença, e sobre como foram queimados e tiveram suas propriedades confiscadas em 1321 por Felipe V na França.[6] Epidemias sempre trazem consigo uma tese de perseguição, substitutiva por transferência do ódio a um agente etiológico invisível.

E é evidente que os abusos são convertidos em norma ou em interpretação aceita pelo direito administrativo. Disso tudo resulta que, na caracterização dos atos administrativos, precisamos estar atentos para a possibilidade de nosso discurso jurídico asséptico ser uma fábrica de desigualdades, pois é por ele que o sistema normalizador aniquila subjetividades. Os discursos do sistema jurídico não são neutros: atendem a uma instância de poder, e manipulam interesses insaciáveis e recursos escassos.

4. CARACTERIZAÇÃO DOS ATOS ADMINISTRATIVOS E REGIME DE DIREITO PÚBLICO

Atributo é o qualificativo, a tônica que permite apartar espécies umas das outras. Os atos administrativos são espécie de ato jurídico, e seu estudo envolve o seu isolamento dos atos de direito privado. A doutrina aparta os atos administrativos dos atos de direito privado, ao fundamento de que o regime de direito público seria exorbitante do

---

[5] Cf. FOUCAULT, Michel. *A vontade de saber*. Rio de Janeiro: Paz e Terra, 2014, p. 155.

[6] UJVARI, Stefan Cunha. *A história e suas epidemias: a convivência do homem com os microorganismos organismos*, 2ª ed. Rio de Janeiro: Senac, 2003, p. 46.

regime de direito comum, e, demais disso, marcado pelo princípio da supremacia do interesse público.

No regime de direito administrativo temos mais prerrogativas e, correlatamente, mais deveres. Já no regime de direito privado possuem os cidadãos menos prerrogativas e, em contrapartida, maior liberdade. O cotejo fica preciso na lição de Rivero e Waline:

> "*Les règles de droit administratif se caractérisent par rapport à celles du droit privé, soit en ce qu'elles confèrent à l'administration des prérogatives sans équivalent dans les relations privées, soit en ce qu'elles imposent à sa liberté d'action des sujétions plus strictes que celles auxquelles sont soumis les particuliers entre eux*".[7]

Para Rivero e Waline a administração pública tem prerrogativas sem equivalentes com aquelas das pessoas privadas. Tais prerrogativas vem, contudo, marcadas com uma restrição de liberdade de ação. Em situações de emergências, o que vemos são administradores públicos acreditando que o caso fortuito e a força maior levantam as amarras do direito público sobre seu atuar.

A dificuldade de caracterizar o regime de direito administrativo está em que as suas derrogações são sempre pontuais: *não existe um corpo legislativo geral no qual se encartem os elementos exorbitantes.*[8] Dada a falta de um corpo homogêneo e próprio de normas – *o direito administrativo brota do direito civil por cissiparidade* [9] – é que se problematiza a conceituação doutrinária do ato administrativo.

---

[7] Cf. BÉNOIT, Francis-Paul. *Droit administratif*, 15ª ed. Dalloz, 1994, p. 30.

[8] A assertiva vale também no direito administrativo francês. Afirma André de Laubadère: "Il paraît difficile qu'il en soit autrement, au moins dans certains cas, puisqu'il n'existe pas de détermination législative générale des éléments exorbitants justifiant le régime administratif. Le législateur est seulement intervenu par des textes particuliers qui, pour certaines activités administratives, ont prévu ou au contratire exclu selon les cas, l'application du droit administratif." In: LAUBADÈRE, André de. *Traité de Droit Administratif*, tomo 1, 14ª ed. Paris, LGDJ, 1996, p. 52.

[9] Afirma lapidarmente Miguel Seabra Fagundes em *O Controle dos Atos Administrativos pelo Poder Judiciário*, 4ª ed. Editora Forense, Rio de Janeiro, 1967, p. 60.

Nesse sentido, conclui o Professor Celso Antônio Bandeira de Mello que *"nada há que obrigue, do ponto de vista lógico, a uma coincidência de opiniões sobre a qualidade ou o número dos traços de afinidade que devam ser compartilhados pelos atos designáveis por tal nome; isto é: pelo nome 'ato administrativo' "*.[10]

A nosso sentir, tais afirmações equivalem a dizer que não há palavra final. Ou seja, no que se refere a atos administrativos – para todos os que partam de um corte epistemológico legalista – o que há é a Constituição como pedra-de-toque[11] e a supremacia do interesse público como tábua-de-salvação.

De nossa parte, aceitamos a concepção hermenêutica aberta ao futuro com olhos sempre voltados ao passado, até porque *"a norma jurídica é mais do que o seu teor literal"* (Friedrich Müller).[12] Tudo sem olvido, é claro, de que em direito público a norma escrita aí está para impor padrões de qualidade mínimos a situações limites, esboçadas a partir do dever genérico de eficiência.

5. ATIVIDADE ADMINISTRATIVA E ATO ADMINISTRATIVO

A atividade administrativa tem como características primordiais a *concreção*, a *espontaneidade* e a *discricionariedade*. Landi, Potenza e Italia enumeram como atividades próprias da administração pública: (a) a conservação da ordem e da segurança interna, (b) a manutenção da segurança externa, (c) a gestão das finanças públicas, (d) a provisão do bem-estar material da coletividade e (e) a proteção e garantia do bem-estar social da coletividade. Para os referidos autores italianos, *a atividade preordenada a realizar tais fins constitui, em sentido objetivo, a administração pública*. E acrescentam:

---

[10] Cf. BANDEIRA DE MELLO, Celso Antônio. *Curso de Direito Administrativo*, 33ª ed. São Paulo, 2016, p. 388.

[11] Antigamente o jaspe negro era utilizado para se verificar a pureza do ouro por atritamento, donde a expressão pedra-de-toque. A Constituição, como o jaspe, atrita com todo o ordenamento, deixando marcas indeléveis que devem servir de norte no processo hermenêutico.

[12] Cf. MÜLLER, Friedrich. *Métodos de Trabalho do Direito Constitucional*, 1ª ed. São Paulo: Síntese Editora, 1999, p. 94.

"Di tale attività abbiamo posto in rilievo la *concretezza*, che la distingue dalla funzione legislativa. Altri due caratteri sono sostanzialmente riflessi del primo, nonché del rapporto in cui l'attivitá amministrativa si trova rispetto alle funzioni di legislazione e di giurisdizione: la *spontaneità* e la *discrezionalità*".[13]

Para Landi, Potenza e Italia, a concreção ínsita ao atuar administrativo, ao passo que as atividades de julgar e legislar teriam maior espontaneidade e discricionariedade. Em nossa visão, as noções de *concreção*, *espontaneidade* e *discricionariedade* se interconectam, maiormente em um Estado Jurislador no qual todos os poderes concorrem pra formulação de posturas e entendimentos jurídicos válidos.[14] Partimos da percepção de que a discricionariedade, em sentido largo, se divide em discricionariedade horizontal e discricionariedade vertical. Horizontalmente é inserida como "poder discricionário na norma" e verticalmente se projeta na atividade concreta da Administração. Está *pressuposta* nos mecanismos do direito público *lato sensu* e está *posta* nos mecanismos do direito administrativo *stricto sensu*. São estes mecanismos do direito administrativo em sentido estrito que operam *espontaneamente*.

Tais noções se preordenam a instrumentalizar o direito administrativo na solução dos problemas do dia a dia. Tornam-se mais exuberantes em situações de emergência pública, quando o atuar administrativo é mais premente. Concordamos com Francis Paul Bénoit quando qualifica o direito administrativo como "direito público cotidiano".[15]

Acolhemos integralmente a conceituação em acepção estrita do ato administrativo entalhada pelo Professor Celso Antônio Bandeira de Mello.

---

[13] *Manuale di Diritto Amministrativo,* Undicessima Edizione, Giuffrè Editore, 1999, § 6º, p. 10. A partir da 12ª edição Vittorio Italia passa a encabeçar a obra.

[14] Neste sentido, ver "O Estado Jurislador", Forum, 2018.

[15] Afirma Francis-Paul Bénoit: "le droit constitutionnel laisse de côté le détail de la tâche qui incombe chaque jour à l'Etat de veiller à la satisfation des besoins permanents de la population. C'est ici qu'intervient le droit administratif, qui constitue en quelque sorte le droit public quotidien". Na introdução do seu livro *Le Droit Administratif Français*, Dalloz, Paris, 1968, §2º, p. 3.

Nela estão incluídas as características da concreção e da unilateralidade. Este conceito, que aqui tomamos de empréstimo, servirá para fiscalizar o acerto da classificação dos atributos dos atos administrativos que pretendemos esboçar adiante. Afirma o citado professor que ato administrativo é a *"declaração unilateral do Estado no exercício de prerrogativas públicas, manifestada mediante comandos concretos complementares da lei (...) expedidos a título de lhe dar cumprimento e sujeitos a controle de legitimidade por órgão jurisdicional"*.

Em suma: unilaterais e revestidos de prerrogativas sim, mas jamais isentos do regime legal e da possibilidade de controle. Tais elementos conceituais são ainda mais importantes em tempos de exceção por emergência pública. Não seria válido entender que a emergência justifica escrever com minúsculas o *controle* e em negritos o regime de *prerrogativas*.

6. OS ATRIBUTOS PERANTE A ORDEM CONSTITUCIONAL VIGENTE: UMA PROPOSTA DE CLASSIFICAÇÃO

Os atributos dos atos administrativos, em nossa visão, e sua caracterização são as que seguem. Propomos a divisão dos atributos em ordinários e extraordinários. São eles:

- *Atributos ordinários*: tipicidade; presunção de legitimidade; presunção de veracidade; e impugnabilidade.
- *Atributos extraordinários*: imperatividade ou exigibilidade; e executoriedade ou autoexecutoriedade.

Apresentaremos rápida caracterização de tais atributos, como meio de trilhar o caminho para nossas conclusões. Os ordinários são os que dão a feição de base dos atos da administração (pelo *modo*). Os extraordinários os que permitem a rápida operacionalização de efeitos em situações de necessidade de pública (no *tempo*).

7. CARACTERIZAÇÕES E NATUREZA JURÍDICA DOS ATRIBUTOS

Faz-se necessária a divisão dos atributos em *ordinários* e *extraordinários* pois nem toda a virulência que a lei possa inculcar aos atos administrativos estará conforme aos ditames da Lei Maior, seja por incompatibilidade direta, seja por atentatória à razoabilidade ou ao devido processo legal substantivo.[16] Esta matéria se ressente *"de um tratamento em que há inconsciente e acrítica utilização de raciocínios, conceitos e fundamentos superados"* os quais, em verdade, albergam *"uma visão autocrática e marcada pelos ressaibos de um período já vencido, o do estado de Polícia"*.[17]

Muito do que sobrou de autoritário no direito administrativo brasileiro surgiu pela necessidade inconsciente de nossa doutrina de adaptar os cânones do direito pátrio ao direito francês. Só no direito francês faz sentido conectar a "autoridade da coisa julgada" (pelo judiciário) à "autoridade da coisa decidida" (pela administração), para deixar esta a meio caminho entre aquela e os atos dos particulares. Afirma Georges Vedel:

> "L'autorité de 'chose décidée' qui s'attache aux décisions exécutoires est donc moins stricte que l'autorité de chose jugée qui s'attache aux décisions du juge judiciaire ou administratif, mais supérieure à celle des actes privés et notamment des actes unilatéraux faits par les particuliers".[18]

Para Vedel, a autoridade da coisa decidida (*ex officio*) pela própria administração é menos estrita do que a autoridade da coisa julgada (contenciosamente por juízo cível ou administrativo na França), mas ainda assim superior aos atos unilaterais dos particulares. Nesse sentido, a força que os franceses impõem às suas decisões executórias, ou que os italianos atribuem ao "accertamento",[19] se liga sim diretamente à concepção de "poder estabe-

---

[16] CASTRO, Roberto de Siqueira. *O devido processo legal e a razoabilidade das leis na nova Constituição do Brasil*. Rio de Janeiro: Editora Forense, 1989, p. 51.

[17] Os dois trechos em itálico são do Professor Celso Antônio Bandeira de Mello, p. 430.

[18] *In:* VEDEL, Georges. *Droit Administratif*. Tomo I. Paris: PUF, 1958, p. 128. Michel Stassinopoulos, apoiando-se nas lições de Otto Mayer, entende, no mesmo sentido, que *"l'acte administratif occupe,* mutatis mutandis, *dans la fonction exécutive la place que le jugement du tribunal tient dans la fonction jurisdictionnelle"* STASSINOPOULOS, Michel. *Traité des Actes Administratifs*. Paris: LGDJ, 1973.

[19] "Gli accertamenti constitutivi sono indispensabili per il sorgere della capacità, della situazione o del diritto: anche se i riquisiti preesistono, l'atto formale d'accertamento è richiesto *ad substantiam*." Ensinam Landi, Potenza e Italia, ob. cit., §160, p. 235.

lecido" vigente nestes países. Isto tanto é verdade que em ambos os países existe a figura do "regulamento autônomo". O regulamento é dito independente de lei pois em países nos quais existe débito de legalidade não se há falar em pertinência temática universal da lei, como no sistema brasileiro.

Nossa Emenda Constitucional n. 32/2001 inseriu o regulamento de organização no art. 84, inc. VI, da CF, mas apenas para reestruturações sem criação de despesas, e apenas com a possibilidade de extinção de cargos quando vagos. Não é o que vamos viver em situações de emergência como uma pandemia mundial, quando vamos precisar do aporte de recursos e atribuições extraordinárias. O Decreto de Organização poderá ajudar, mas não é o que vai resolver os problemas de fundo criados pela COVID-19.

Muito do esquadrinhamento do direito que no Brasil está a depender, por exemplo, de lei municipal, em França e na Itália é feito simplesmente por ato administrativo (daí a confusão doutrinária de que a pandemia COVID-19 gerou entre nós via leis e decretos, de estados e municípios, muitos confirmando e repetindo atos uns dos outros). Afirma Léon Duguit, por exemplo, que *"les règlements sont du point de vue matériel des actes législatifs"*.[20] Ou seja, os *regulamentos são materialmente leis* (o que pode muito bem resolver o problema no direito francês), mas não substituem a lei nos sistemas em que o âmbito material de validade das normas votadas esteja previsto no regime constitucional de competências (como no caso brasileiro). Em nosso sistema, nenhum sentido se haveria falar em "reserva legal", uma vez que não possuímos o chamado "débito de legalidade", pois aqui a lei é a matriz das competências.

De mais a mais, entre nós os atos administrativos são *"comandos concretos complementares da Lei"*, infralegais. Até porque a expressão fiel execução das leis não foi tocada no art. 84, inc. VI, da CF, pela EC 32 (depois da Proclamação da República em 1889 o "fiel" só foi suprimido em 1937 por Francisco Campos do seu art. 74, em consonância com as leis-quadro previstas no art. 11 da mesma CF37).[21]

---

[20] Cf. DUGUIT, Léon. *Leçons de Droit public général*. Paris: Boccard Editeur, 1926, p. 163.

[21] Neste sentido, ver também TOMELIN, Georghio Alessandro. *O Estado Jurislador*. 1ª ed. São Paulo: Forum, 2018. p. 28.

No Brasil, tamanha largueza também existiu no passado. Em 1862, ao tempo do Conselho de Estado, afirmava o Visconde do Uruguay que *"para que a administração possa preencher bem os seus fins deve:* **remover os obstáculos que a execução de seus actos encontrar nos direitos dos particulares***, ouvir, examinar e decidir, com as necessárias garantias, as reclamações que esses actos levantarem"*.[22] Permitia o sistema jurídico no Brasil d'antanho – Estado à época unitário, como até hoje permanecem França e Itália – que o administrado fosse arremessado para o calvário do "solve et repete".[23]

Diante do sistema constitucional brasileiro atual, estamos convencidos da impossibilidade de se conferir poderes magistrais ao administrador. Mesmo que tais poderes fossem estabelecidos por lei, se estaria a bulir com o princípio fundamental da cidadania (art. 1º, II, CF). Em nenhum ponto de nossa Lei Maior o constituinte originário autorizou que o administrador tivesse ocasião de criar, modificar ou extinguir direitos e obrigações. Em sentido material, pelos atos administrativos, *"o Estado* **determina** *situações jurídicas individuais ou* **concorre** *para a sua formação"*.[24]

Mesmo quando a administração faz o gizamento das esferas de propriedade e liberdade dos cidadãos, os poderes estatais só podem ser exercitados até o momento em que esbarrem nos direitos fundamentais, *nec plus ultra*! A supremacia do interesse público existe sempre para os cidadãos e nunca contra eles.

As situações de emergência estão previstas e, de regra, em situações em favor dos cidadãos e não o contrário. É assim, por exemplo, que o art. 37, inc. IX, da CF, fala em contratações excepcionais e por tempo determinado em caso de "necessidade temporária de excepcional interesse público" (e neste caso sejamos forçados a aceitar o regulamento autônomo no Brasil, quando a emergência vier em um pequeno município recém-criado em que não exista a lei ainda, caberá então ao decreto municipal

---

[22] No VISCONDE DO URUGUAY. *Ensaio sobre o Direito Administrativo*. Rio de Janeiro: Typographia Nacional, 1862, p. 177.

[23] Neste sentido, registre-se a posição de Oswaldo Aranha Bandeira de Mello (*Princípios Gerais de Direito Administrativo*, 2ª ed, vol. 1. Rio de Janeiro: Forense, 1979, p. 615).

[24] SEABRA FAGUNDES, Miguel. *O Controle dos Atos Administrativos pelo Poder Judiciário*, 4ª ed. Rio de Janeiro: Forense, 1967, p. 37.

regular o tema, na ausência de medida provisória municipal, e apenas até que uma norma votada pela Câmara trate do tema).

O tema que aqui se coloca é o da excepcionalidade extrema, fora do campo do normado,[25] instilada por situação de gravíssimo perigo ou emergência (forçando administradores a agirem formando obrigações "ex quasi contractu", similar ao que ocorria na "gestão de negócios" no direito romano, pois esperar para formatar obrigação "ope legis" seria impossível e inútil). As facilidades de reunião e votação virtual fazem com que a produção legislativa mais acelerada supra o que seria feito por decreto ou por intepretação doutrinária (como por exemplo pela utilização da categoria de "licitação impossível" para além da inexigibilidade e da dispensa de licitação). Daí a normativa que trata da pandemia mundial, que assolou todo o planeta com o *Coronavirus* em 2020, Lei Federal n. 13.979, de 6 de fevereiro de 2020, criar por lei transitória uma hipótese de dispensa de contratação pública para a crise.[26]

8. UMA CONCEITUAÇÃO POSSÍVEL DOS ATRIBUTOS

Apenas para trilhar integralmente o percurso até a análise da situação de emergência, façamos a lição de casa na apresentação dos atributos dos atos da administração. É nestes atributos que vamos ter que tocar para regular a excepcionalidade do momento que vivemos com a COVID-19.

---

[25] Conforme o artigo *Reequilíbrio contratual por fato superveniente: do processo administrativo ao judicial em situações de emergência*, de Georghio Tomelin e Paulo Magalhães Nasser, na obra coletiva "As implicações da COVID-19 no Direito Administrativo Brasileiro" coordenada por Augusto Dal Pozzo e Márcio Cammarosano: "Nesse itinerário, devemos adotar um procedimento para que possamos chegar ao nosso destino final. Em muitas situações, quando a legislação administrativa for diminuta ou mesmo insignificante (como nos pequenos municípios) é do procedimento que vai surgir o direito. Donde se falar muito em razoabilidade substantiva, em devido processo legal material ou em legitimação pelo procedimento (tema da teoria geral do direito administrativo)" (Revista do Tribunais, 2020).

[26] Lei Fed. 13.979/20: "Art. 4º. É dispensável a licitação para aquisição de bens, serviços, inclusive de engenharia, e insumos destinados ao enfrentamento da emergência de saúde pública de importância internacional decorrente do coronavírus de que trata esta Lei" (já com a redação dada pela Medida Provisória n. 926, de 20 de março de 2020).

Tipicidade. É a tipologia legal em direito administrativo, que dá o traçado básico de seus atos. Normalmente é vedado ao administrador praticar atos inominados.[27] Nas hipóteses em que ocorrerem, podemos sempre fiscalizar o quanto a forma irregular está a vergastar o conteúdo ou a finalidade. Em um país com mais de 5500 municípios, é óbvio que os tipos não têm muita padronização. A falta de enquadramento do ato em um tipo, quando não levar a prejuízos, conduzirá ao saneamento do defeito,[28] pois "utile per inutile non vitiatur" (maiormente quando tais atos forem fracionários de uma contratação pública em tempo de emergência, na qual o princípio da conservação dos contratos falará mais alto). A possibilidade de sanação de vícios em tais casos não é capaz de emascular a necessidade do tipo ou autorizar a produção livre de atos inominados (temos que prestigiar a praxe administrativa, como sempre defendia Oswaldo Aranha Bandeira de Mello). Sem padronização por um tipo legal, posturas uniformes ficariam dificultadas no tempo.

Assim sendo, é forçoso concluir pela existência de um nominalismo dos atos administrativos, até porque é a forma exterior – a estrutura visível – que corporifica a manifestação de vontade estatal. Noutras palavras: *é a forma que dá existência aos atos da administração* ("forma dat esse rei"). Fora disso ficaremos integralmente nas mãos do intérprete, que instilará no ato com toda liberdade a natureza que bem pretender. A forma é assim a garantia de um mínimo basal de segurança jurídica.

---

[27] Para Rivero e Waline os atos administrativos podem ser praticados sem forma pré-estabelecida: "Normalement, les décisions du président de la République et du Premier ministre prennent la forme du *décret*, celles des ministres, préfets et maires, la forme de *l'arrêté*, celles des assemblées, la forme de la *délibération*; mais la décision peut, sauf disposition contraire, être prise en dehors de toute forme, par un écrit ordinaire, ou même verbalement" (ob. cit., §96, p. 88). Este entendimento, se transplantado sem adaptações para o Brasil, levaria à fragilização da segurança jurídica dos administrados, que mesmo hoje já se veem perdidos no obscurantismo de nossa administração atrabiliária. Em França, onde já se gastou muita tinta para defender o "principe du secret" até faz sentido defender a forma livre.

[28] Falamos neste caso em atos absolutamente sanáveis, que *"são aqueles que, apesar de produzidos em desacordo com o Direito, este, pela irrelevância do defeito os recebe como se fossem regulares"*, afirma Weida Zancaner em "Da Convalidação e da Invalidação dos Atos Administrativos" (Ed. Malheiros, 2ª ed., São Paulo, p. 90). A autora está em busca de critério para a fiscalização do conteúdo. Aqui, emprestamos a expressão no afã de fiscalizar a forma.

Poder-se-ia objetar a desnecessidade de se incluir a tipicidade como atributo dos atos administrativos, em face de a estrita legalidade já estar representada na "presunção de legitimidade". Nem sempre o regime legal dita o tipo administrativo a ser utilizado em cada caso. Claro que a lei, a um só tempo, é *limite, condição* e *base* dos atos administrativos.[29] A lei fornece o alicerce material sobre o qual o *costume*, a *praxe* e os *precedentes* terminarão de edificar o ato.[30] O legislador federal, ao disciplinar o processo administrativo, via Comissão sob a coordenação de Caio Tácito, percebeu também a insuficiência da conformidade à lei e exigiu, em complemento, a consonância ao Direito (art. 2º, par. único, I, Lei 9.784/99). Tais exigências assim têm caráter dúplice: colhem a forma (tipicidade) e o conteúdo (legitimidade).

Presunção de legitimidade. Presume-se a conformidade material dos atos administrativos à lei e ao direito. Tais atos, na conceituação do Professor Celso Antônio Bandeira de Mello, constituem "*declaração unilateral manifestada mediante comandos concretos complementares da lei*". A presunção existe justamente porque a declaração é unilateral, e, portanto, não há possibilidade de escoramento em sinalágma (não há "pacta sunt servanda"). E se o Estado o faz sozinho, é tão somente porque está "no exercício de prerrogativas públicas". Porque tem mais prerrogativas, tem mais deveres.

Trata-se, contudo, de presunção relativa ("iuris tantum") uma vez que cede em face de questionamento judicial. O que ocorre é que o Estado-administração, por meio de seus atos, pode determinar situações jurídicas concretas, pelo manuseio de seus poderes, que são instrumentais. O ato estatal concorre para tornar certo um determinado direito,

---

[29] Constata Michel Stassinopoulos, em seu "Traité des Actes Administratifs": "Or la loi n'est pas seulement la limite de l'acte administratif, mais sa condition et sa base" (LGDJ, Paris, 1973, p. 69).

[30] O costume "*dá a tônica de atualização*" ao direito legislado. A praxe e o precedente configuram atividade interna e "*servem para se apreciar as diretrizes governamentais e a sua conformidade com o direito*". Estes trechos em itálico foram recortados dos *Princípios Gerais de Direito Administrativo* do Professor Oswaldo Aranha Bandeira de Mello (vol. I, pp. 374 e 377, respectivamente).

todavia, tal certeza, que pode ser imposta ao particular, não pode ser oposta ao Estado-juiz. Vale dizer: os procuradores da Administração não podem ir a Juízo e alegar a presunção de legitimidade como um direito público subjetivo absoluto do Estado para fins de tentar assim impedir o conhecimento judicial. Em princípio, presumimos que o administrador interpretou corretamente a lei é claro, mas somente a interpretação definitiva do Poder Judiciário é que pode encerrar os debates sobre a correta leitura de uma situação diante das normas aplicadas pelo administrador (art. 5º, XXXV, CF).

Tudo isto para concluir que a presunção de legitimidade existe, sobranceira, apenas até o questionamento judicial. Uma vez ajuizada qualquer ação, a presunção desaba. Em seguida há a sentença judicial como norma individual e concreta, em favor da administração ou do administrado. Depois do trânsito em julgado, se o ato estatal for considerado conforme ao direito, a sentença estar-lhe-á a instilar juridicidade; já nos casos em que o judiciário nulificar o ato este será retirado "ex tunc" do mundo do direito.

Um exemplo: em tempos de crise a administração pública tem se valido de suas prerrogativas para impor aos administrados cláusulas e posturas diametralmente opostas às que cabiam em tempos de normalidade. Quem estiver submetido muitas vezes ao poder disciplinar direto da administração (contratados, fomentados, servidores, p. ex.) terá de respeitar a providência excepcional em tempos de crise. Se optar por socorrer-se do Poder Judiciário, poderá obter a suspensão dos impactos da medida, e mesmo se negada uma tutela específica requerida, terá ainda o direito de rediscutir em juízo a legitimidade da medida administrativa que lhe prejudicou.

A legitimidade dos atos administrativos é a maior garantia dos administrados de que a Administração não vá passar à execução de uma postura definida sem um pronunciamento jurídico prévio que lhe esboce o conteúdo.[31] O ato administrativo torna-se assim elemento de

---

[31] "L'acte matériel sans décision préalable est une voie de fait qui (...) n'est pas permise à l'administration d'un État de droit", afirma Stassinopoulos apoiado em V. Waline p. 35.

interposição, cuja conformidade ao direito é presumida. Mas, reiteramos, uma vez inquinado o ato em juízo esta presunção desaba e os debates que fundaram a expedição da providência serão novamente justificados, agora perante o magistrado judicial.

Presunção de veracidade. Eis aqui outra presunção "iuris tantum" de juridicidade do ato administrativo. Todos os atos dos agentes estatais gozam de *fé pública*. Cada vez que a administração lavra um determinado ato, presumem-se verdadeiros todos os fatos ali narrados.

O direito surge como integração axiológica entre normas abstratas e os fatos concretos da realidade.[32] Claro sabemos que a disputa de narrativas tomou conta do direito, e assim todos os poderes da República se debatem sobre a qualificação e a leitura dos fatos que irão caber no comando normativo, para o denominado acoplamento fático-jurídico.[33]

Pela presunção de legitimidade se está a pressupor que o administrador fez a correta leitura da norma jurídica, ao passo que a presunção de veracidade garante ao administrado que são verdadeiros os fatos narrados no respectivo ato. Como presunção relativa que é, esta também desaba em face do questionamento judicial, porém com outro fundamento. Aqui não se está diante do tema da interpretação do conteúdo da norma jurídica, mas sim em face da adequação entre fato e norma.

A presunção de veracidade cede com a inversão do ônus da prova. O ônus da prova incumbe a quem diz, não a quem nega ("onus probandi incumbit ei qui dicit, non ei qui negat"). Toda vez que for impossível ao autor (leia-se administrado) comprovar o fato constitutivo do seu direito, pelas regras da inversão do ônus da prova, caberá ao réu (leia-se Administração) comprovar o fato desconstitutivo do direito em debate, sob pena de restarem incontroversos tais fatos.

---

[32] Neste ponto específico, seguimos as lições de Miguel Reale em *O Direito como Experiência*, 2ª ed. Editora Saraiva: São Paulo, 1992.

[33] Neste sentido, remetemos o leitor ao nosso livro: TOMELIN, Georghio Alessandro. *O Estado Jurislador*, 1ª ed. São Paulo: Forum, 2018, pp. 219, 222, 223 e 230.

Dado o gigantismo do Estado e o dever que este possui de manter em dia a sua documentação – que não pode ser franqueada diretamente aos particulares – teremos na maioria dos casos, como regra, a inversão do ônus da prova. Se o Juiz julgar acertada a subsunção praticada pelo administrador, fará tão somente convolar aquilo que já era "accertamento" administrativo em "accertamento" judicial. Caso não se convença nulificará o ato. Quando não houver inversão do ônus da prova, e o autor não lograr a comprovação do descompasso fático-normativo, precluirá o "accertamento" administrativo.

Impugnabilidade. No conceito de ato administrativo acima transcrito, que aqui tomamos de empréstimo, se ressalta estarem tais atos "sujeitos a controle por órgão jurisdicional". Eis aí um atributo ordinário inafastável dos atos administrativos. Todo o estudo dos atos administrativos só tem sentido se tivermos em mira a sua contrastabilidade perante outro órgão de poder.

No Brasil, vige o princípio da universalidade ou da ubiquidade da jurisdição, que ganhou estatura Constitucional (art. 5º, XXXV). A Jurisdição está em toda parte, e compete com exclusividade ao Poder Judiciário dizer em definitivo o direito aplicável aos casos concretos (reconhecido o juízo arbitral pelo novo CPC de 2015, nos artigos 3º, §1º, 42, 337, inc. X, e 485, inc. VII).[34] O fundamento do atributo da impugnabilidade é a própria noção de República. Não fosse assim não haveria responsabilidade, possibilidade de fiscalização ou prestação de contas aos administrados.[35] Durante uma crise pandêmica como a que estamos vivendo em março e abril de 2020, a transparência é um valor

---

[34] Ver a excelente obra *Vinculações Arbitrais* do processualista Paulo Magalhães Nasser, Lumen Juris, 2019.

[35] "Na ideia de responsabilidade vêm envolvidas, necessariamente, as noções de prestação de contas e fiscalização dos mandatários pelos mandantes. Sem esses ingredientes idoneamente formulados – e dotados de um instrumental que lhes assegures plena eficácia –, não se pode falar legitimamente em mandato, e nem, em consequência, em república representativa", afirma Geraldo Ataliba no clássico *República e Constituição* (2ª ed. São Paulo: Malheiros, 1998, p. 91). O que diz Ataliba, acerca dos atos decorrentes do exercício dos mandatos, foi aqui lembrado por entendermos que o fundamento da impugnabilidade dos atos administrativos é o mesmo.

fundamental. Sem transparência não haverá possibilidade de rastrear eventuais erros praticados na pressão do momento, e a impugnabilidade dos atos se tornará um atributo vazio para um direito carente.

Imperatividade ou Exigibilidade. Diz-se que há imperatividade quando o ato administrativo concorre com o mandamento legal para a válida formação da obrigação. Os atos administrativos são imperativos porque, em situações excepcionais, têm resolutividade suficiente para impor a obrigação. Nestes casos, o direito *in natura* somente tem operatividade com a *interpolação* do ato administrativo.

Encartamos a imperatividade entre os atributos extraordinários pois entendemos que, em regra, direitos e obrigações devem possuir esquadrinhamento legal. O que se passa muitas vezes é que a lei inculca à administração o *dever* de agir gizando os direitos subjetivos com base em elementos constatáveis na realidade concreta.

Em casos que tais, a administração tem o dever-poder de exercitar o leque de competências legais para o atingimento do interesse público. Utilizamos o binômio *poder-dever* pois acatamos as lições de Santi Romano (1875-1947), que, da altura dos seus 72 anos, envidou esforços no disciplinamento das figuras jurídicas subjetivas. No verbete "Doveri. Obblighi" dos seus "Frammenti di un Dizionario Giuridico" inicia repisando a tese segundo a qual "ius et obligatio sunt correlativa". Após estudar aspectos destas categorias em direito público e em direito privado, afirma que "è frequente nel diritto pubblico che soggetto del dovere sia lo stesso soggetto dell'interesse per cui si ha tale dovere".[36] Assim, para Santi Romano que o interesse do sujeito em direito público qualifica os deveres juridicamente estruturados. Aventa também a hipótese de existir conexão entre *dever* e *poder*. Vale nesta altura uma transcrição:

"Così nel caso già accennato che il dovere non sia che un aspetto di un potere, che caratterizzi quest'ultimo, indicandone le finalità

---

[36] ROMANO, Santi. *Frammenti di un dizionario giuridico*. Giuffrè: Milano, 1947, p. 96.

e i criteri con cui dovrà esercitarsi, come avviene quando si ha la figura della funzione a cui è inerente quella del c.d. potere discrezionale: in questo caso, anzi, potere e dovere si uniscono e si accentrano nello stesso soggetto e spesso, se questo è una persona giuridica, in un solo organo di essa"[37].

Para Santi Romano, poder e dever se unem na centralidade do sujeito. Nas hipóteses em que a lei determine em "numerus apertus" à administração os aspectos do direito a serem gizados, o seu poder não será mais que um aspecto do dever. É que segundo Santi Romano "direito subjetivo" e "potestà" são espécies do gênero "poder em sentido lato".[38] Portanto, a obrigação para o administrado, imperativamente imposta pelo "poder extroverso da administração", surge como corporificação do direito subjetivo correlato. Pensemos tudo isso em tempos de emergência: tal raciocínio nos conduz à conclusão de que o exercício do poder sobre os indivíduos somente será válido se a escrituração administrativa permitir, posteriormente, comprovar que o manuseio dos poderes foi feito no interesse dos indivíduos. Não pode haver imperatividade em abstrato, como se a competência administrativa não estivesse amarrada no administrado.

Nas palavras de Renato Alessi, "il provvedimento, come esplicazione del potere sovrano dello Stato impersonato dall'autorità amministrativa, è esplicazione di un potere la cui portata è ben più estesa, estendendosi alle modificazioni unilateralmente prodotte alle sfere giuridiche altrui: *potere estroverso*".[39] Ou seja, segundo Renato Alessi o poder volva-se para fora (extroverso) e não para dentro. Daí estarmos seguros em afirmar que a imperatividade exercida pela administração se

---

[37] ROMANO, Santi. *Frammenti di un dizionario giuridico*. Giuffrè: Milano, 1947, p. 106.

[38] Nos *Frammenti...*, mas agora no verbete "Poteri. Potestà", p. 172 e segs. Nos seus *Princípios de direito Constitucional Geral* formula a seguinte distinção: "poderes em sentido estrito são aqueles de desenvolvimento da capacidade jurídica, qualificada numa das suas direções ou aspectos genéricos; direitos são os poderes que se desenvolvem numa particular e concreta relação jurídica" (Editora Revista dos Tribunais, 1977, p. 139).

[39] ALESSI, Renato. *Sistema Istituzionale del Diritto Amministrativo Italiano*, 3ª ed. Milano: Giuffrè, 1960, p. 279.

volta à proteção dos particulares, e não à proteção ensimesmada do seu próprio acervo. Eis aí uma exigência do bom atuar da administração.

Tudo isto para dizer que não há sentido jurídico em se apartar – como fazem alguns autores[40] – *imperatividade* e *exigibilidade*. Se a lei outorgou à administração o *poder-dever* de determinar *ad substantiam*, em caráter excepcional, o traçado de um determinado direito, é da essência do mesmo ser exigível. Caso contrário estaríamos diante de hipótese ordinária na qual a administração tem mera atividade declarativa da lei. O tema do "entregue a Cesar o que é de Cesar" concretiza-se com a junção de imperatividade e exigibilidade.

Vale dizer: quando a lei atribui *imperatividade* a determinadas espécies de atos não poderíamos pretender houvesse um ato judicial de conhecimento da situação concreta, para somente depois conferir *exigibilidade* ao ato. A exigibilidade é consequência imediata da imperatividade, quando essa extraordinariamente existir. Certa vez o conhecido Abbé Pierre colocou na chuva a estátua do Cristo para acolher mais um humilde dentro da igreja, e disse ao sacristão assustado: *fique tranquilo, se Jesus estivesse aqui ele mesmo passaria a noite na chuva para dar seu lugar a esse pobre homem*. Ou o Estado age assim nas emergências, ou os atributos dos administrativos serão vazios de conteúdo e os administrados estarão carentes da legítima confiança nas ações estatais.[41]

Executoriedade. A doutrina tem aceito tranquilamente que a lei pode em nosso sistema constitucional irrogar força executória aos

---

[40] A nosso sentir, nos parece que concordaria conosco o Professor Oswaldo Aranha Bandeira de Mello, pois o mesmo mantém os mencionados atributos, exigibilidade e imperatividade, conjuntivamente reunidos (vol. 1, p. 612).

[41] "Em quaisquer de seus atos, o Estado – tanto mais porque cumpre a função de ordenador da vida social – tem de emergir como interlocutor sério, veraz, responsável, leal e obrigado aos ditames da boa fé. De seu turno, os administrados podem agir fiados na seriedade, responsabilidade, lealdade e boa fé do Poder Público, maiormente porque a situação dos particulares é, em larguíssima medida, condicionada por decisões estatais, ora genéricas, ora provenientes de atos concretos." Cf. Celso Antônio Bandeira de Mello, em artigo no livro "Direitos Humanos, Democracia e República – Homenagem a Fábio Konder Comparato", Editora Quartier Latin do Brasil, verão de 2009, p. 219).

atos administrativos. Entende-se assim que o legislador teria atribuição para decidir em quais casos o Poder Judiciário precisa ser chamado e em quais outros está dispensado o seu concurso com vistas a colocar em execução determinada decisão da administração.

A partir deste tipo de permissivo legal existente no sistema, buscou-se o fundamento doutrinário no "privilège du préalable" do direito francês. Afirmam Rivero e Waline:

> "On désigne en général par *privilège du préalable* la situation ainsi faite à l'administration du fait de l'autorité qui s'attache à sa décision *préalablement* à toute vérification par le juge".[42]

Segundo Rivero e Waline, a vantagem de agir antes garante à autoridade administrativa o privilégio de decidir previamente a qualquer verificação judicial (o que poderia retardar a aplicação de uma providência urgente e necessitante). Long *et al.*, em comento ao acórdão "Chambre Syndicale des Constructeurs de Moteurs d'avions", asseveram ser o "privilège du préalable" *um princípio fundamental do direito público francês, em virtude do qual as decisões da administração – diferentemente das dos particulares – são executórias por si mesmas.*[43] Vale dizer: a executoriedade ou a auto-executoriedade seriam um qualificativo ordinariamente atribuível pela lei aos atos administrativos franceses. Perceba-se que não há nada de engraçado nisso, mas sim de grave e necessitante: se a administração valer-se de tamanho poder com funções cosméticas ou caprichosas teremos grandes chances de abusos.

Nós, de nossa parte, se tivéssemos de comparar a executoriedade em direito público com um capítulo do direito administrativo francês,

---

[42] RIVERO, Jean et WALINE, Marcel. Droit Administratif. Paris: Dalloz, 1994, p. 90.

[43] O texto original, aqui adaptado e traduzido livremente, é o seguinte: "C'est un principe fondamental de notre droit public que l'administration dispose du privilège du préalable, en vertu duquel ses décisions, contrairement à celles des particuliers, sont exécutoires par elles-mêmes" (*In: Les grands arrêts dela jurisprudence administrative*, 11ª ed. Paris: Dalloz, 1996, p. 329).

optaríamos pela "théorie des circonstances exceptionnelles". Se há algum sentido em outorgar ampla executoriedade aos mandamentos da administração, ele se dá em situações excepcionalíssimas como a pandemia mundial que estamos vivendo.

No direito francês, tal entendimento decorre da interpretação "a contrario sensu" do princípio da reserva legal, que não existe em nosso sistema com o mesmo sentido (para nós a legalidade envolve a pertinência temática universal). Para os franceses *"les règlements sont du point de vue matériel des actes législatifs"* e *"juger l'administration c'est encore administrer"*; por isso aceitam tão facilmente a noção de *"autoridade de coisa decidida"*. Nada disso é possível diante do sistema constitucional brasileiro. Para eles *julgar a administração é ainda administrar* (sendo que nem todas as matérias precisam de base legal votada para ter seu regime definido), e já para nós a reserva legal não significa reservar *um pedaço* da competência autorizativa ao legislador, mas sim de *reservar-lhe tudo* (e *"juger l'administration c'est encore administrer"* se torna no Brasil "ninguém está acima do controle judicial").

A doutrina brasileira tem comparado a executoriedade em direito público com a "executoriedade" em direito privado, como, *v.g.*, quando o nosso Código Civil de 1916 já autoriza o corte, até o plano divisório, dos ramos e raízes das árvores que invadam o terreno alheio (no art. 558, hoje art. 1282 do CC02). O direito que ali se estabelece não é da mesma índole daqueles que preveem as normas que fundam a executoriedade em direito público. Para a maioria dos administrativistas tal comparação não seria cabível, pois a noção de *dever* em direito público não é equiparável àquela que se utiliza em direito privado.

Afirma Agustín Gordillo que *"la institución 'produtora' del acto administrativo es en nuestro concepto la función administrativa"*.[44] Quando a administração debate direitos, ela o faz porque está no exercício de *função*, donde falarmos em poder-dever. O professor Celso Antônio Bandeira de Mello prefere a locução dever-poder, com a seguinte fundamentação:

---

[44] Cf. GORDILLO, Agustín. *Tratado de Derecho Administrativo*. Tomo 3. Buenos Aires: Fundación de Derecho Administrativo, 2003.

> "Quem exerce 'função administrativa' está adstrito a satisfazer interesses públicos, ou seja, interesses de outrem: a coletividade. Por isso, o uso das prerrogativas da Administração é legítimo se, quando e na medida indispensável ao atendimento dos interesses públicos; vale dizer, do povo, porquanto nos Estados Democráticos o poder emana do povo e em seu proveito terá de ser exercido.
>
> "Tendo em vista este caráter de assujeitamento do poder a uma finalidade instituída no interesse de todos – e não da pessoa exercente do poder –, as prerrogativas da Administração não devem ser vistas ou denominadas como 'poderes' ou como 'poderes-deveres'. Antes se qualificam e melhor se designam como 'deveres-poderes', pois nisto se ressalta sua índole própria e se atrai atenção para o aspecto subordinado do poder em relação ao dever, sobressaindo, então, o aspecto finalístico que as informa, do que decorrerão suas inerentes limitações".[45]

Na esteira destas lições, concluímos que não existe poder ou competência em abstrato. Portanto, não em qualquer caso a lei pode conferir executoriedade aos atos e decisões da administração. Mesmo nos casos em que o legislador optar por conferi-la não estaremos diante de fenômeno jurídico equivalente à "executoriedade" no direito privado. No direito civil estamos diante da justiça comutativa; no direito administrativo prioritariamente diante da justiça distributiva. No direito privado é outro particular que está do outro lado do muro ceifando os galhos invasores; no direito público há um particular, por vezes sendo ceifado, e a administração representando todos os outros.

No direito privado o particular tem a faculdade ("facultas agendi") de cortar os galhos ou de reter a bagagem do hóspede que não tenha pago as diárias; no direito público a administração tem o dever-poder de reter medicamentos com o prazo de validade vencido (ou sendo utilizados *off-label* sem estudos suficientes), de destruir alimentos deteriorados postos à venda, de interditar uma fábrica que esteja causando

---

[45] BANDEIRA DE MELLO, Oswaldo Aranha. *Princípios Gerais de Direito Administrativo*. 2ª ed. vol. 1, Rio de Janeiro: Forense, 1979, pp 72-73.

danos ao meio ambiente, de requisitar a propriedade e os serviços para situações excepcionalíssimas (como a pandemia mundial da COVID-19).

Assim sendo, a nosso sentir, não basta que a lei inculque executoriedade ao ato administrativo, mas sim faz-se necessária situação de fato que esteja a amparar a excepcionalidade da medida. Quando cuidamos da exigibilidade dissemos que a administração age por *interpolação*. Já nos atos dotados excepcionalmente de executoriedade o fundamento é a *extrapolação*,[46] pois a lei traça limites somente para aquilo que ordinariamente acontece: "id quod plerumque fit".

Por fim concluímos que os atos da administração só podem ser executórios quando estivermos diante de situação excepcional. Deve ser conferida a autoexecutoriedade às decisões da administração quando estiverem em risco a saúde e a ordem públicas. Não que a lei não possa enumerar hipóteses nas quais a executoriedade estará presente, o que não se pode admitir é que se estabeleçam como "numerus clausus". De revés, não é de se admitir como fundamento da autoexecutoriedade normas legais que genericamente a atribuam, independentemente de qualquer situação de fato conducente a risco, emergência ou calamidade, ou seja, quando não haja prejuízo para a salubridade ou para a segurança públicas.[47]

Nos termos da Lei Federal n. 13.979/20, estamos diante de norma temporária condicional, que promove delegação a fatos e o reconhecimento

---

[46] Temos a extrapolação na matemática quando conhecemos o funcionamento de uma determinada função num dado intervalo e conseguimos prever o comportamento das variáveis fora deste intervalo.

[47] Um exemplo ótimo de abuso da lei está no Decreto-lei 9.760/46 quando trata da locação de bens públicos: "*art. 89. O contrato de locação poderá ser rescindido: II – quando os aluguéis não forem pagos nos prazos estipulados;* (...) *§1º. Nos casos previstos nos itens I e II a rescisão dar-se-á de pleno direito, imitindo-se a União sumariamente na posse da coisa locada.*" Inúmeras vezes temos visto bons procuradores federais defendendo que este artigo outorga competência em abstrato para a administração, na hipótese do inciso II, para denunciar o contrato e imitir-se sumariamente na posse do bem sem o concurso do Judiciário. Mesmo nos casos em que optam por demandar em Juízo, entendem que o Juiz não deverá se pronunciar sobre o contrato de locação, mas tão-somente deferir o uso da força policial para a retirada dos ocupantes. É fácil perceber que aqui o fundamento legal é pouco, ante a ausência de qualquer prejuízo para a ordem ou para a saúde públicas.

antecipado de situação emergencial mundial. Temos um fato geral: a Organização Mundial da Saúde declarou estado de pandemia planetária. Abaixo deste teto, as administrações da União, do Estados e dos Municípios podem regrar o enfrentamento da pandemia, nos limites de sua área geográfica. Ou podem lutar contra o cenário mundial, e assumir os riscos da responsabilização pelos danos de amplo espectro que tal postura gerar.

Na gestão da pandemia mundial, os entes públicos vão agir com auto-executoriedade nos limites do direito administrativo. Não existisse o direito administrativo, poderiam agir formando relações quase-contratuais, independentemente da existência de duas vontades concertantes (um exemplo moderno no direito público das obrigações "ex quasi contractu" no direito privado).

Mas estamos em situação de emergência. É tempo de agir com presteza e sobriedade ao mesmo tempo. Travam-se relações, protegem-se os cidadãos em situação de risco e indeniza-se posteriormente os comprovadamente prejudicados pelas decisões estatais. Tudo com base na executoriedade fundada na emergência (*fatos*), e agora reconhecida por inúmeras leis e atos administrativos das várias esferas de poder (*normas*).

9. CONCLUSÕES

Os cidadãos precisam sentir segurança no atuar da Administração Pública. Se estão em situação de emergência, é legítima a expectativa de que alguém vá agir em seu socorro com as forças de propriedade da coletividade.

A emergência pode gerar atropelos e desrespeito a direitos, no afã de bem curar do interesse coletivo. Os prejudicados terão sua indenização e os infratores serão responsabilizados no caso de abuso. Tudo para que os carentes sejam socorridos rapidamente.

O papel do direito público é de mão dupla. Permitir uma atuação rápida, mas sem descuidar do registro do traçado completo de tais atos.

Pouco adiantaria a teoria dos atributos dos atos administrativos, se o poder-dever manuseado não ficar escriturado de modo cristalino, para avaliação e compreensão futura do antecedente lógico que supedaneou as medidas urgentes promovidas.

A situação de penúria e escassez dos cidadãos não pode jamais ser agravada por atropelos e desmedidas da administração pública. Em uma perspectiva de proteção aos direitos humanos, os entes estatais devem se precatar contra a perda de informações sobre todas as medidas praticadas durante o período de emergência.

O futuro precisa ser protegido pela transparência que se impôs no passado. A reação precisa ser veloz e potente, mas não sem cuidado para não perdermos da crise sua lição mais importante: *evitar a repetição futura dos erros e melhorar nosso equipamento público para enfrentar recidivas*.

10. BIBLIOGRAFIA

ALESSI, Renato. *Sistema Istituzionale del Diritto Amministrativo Italiano*, 3ª ed., Milano: Giuffrè, 1960.

ATALIBA, Geraldo. *República e Constituição*, 2ª ed. São Paulo: Malheiros, 1998.

BANDEIRA DE MELLO, Celso Antônio. *Curso de Direito Administrativo*, 33ª ed. São Paulo: Malheiros Editores, 2016.

BANDEIRA DE MELLO, Celso Antônio. *Segurança Jurídica, Boa Fé e Confiança Legítima*. No Livro *"Direitos Humanos, Democracia e República – Homenagem a Fábio Konder Comparato"*. São Paulo: Editora Quartier Latin do Brasil, 2009.

BANDEIRA DE MELLO, Oswaldo Aranha. *Princípios Gerais de Direito Administrativo*, 2ª ed, vol. 1. Rio de Janeiro: Forense, 1979.

BUTLER, Judith. *Sopa de Wuhan*: pensamiento Contemporáneo en Tiempos de Pandemias, 1ª ed. Editorial ASPO, 2020.

BÉNOIT, Francis-Paul. *Le Droit Administratif Français*. Paris: Dalloz, 1968.

CASTRO, Roberto de Siqueira. *O devido processo legal e a razoabilidade das leis na nova Constituição do Brasil*. Rio de Janeiro: Editora Forense, 1989.

DUGUIT, Léon. *Leçons de Droit public général*. Paris: Boccard Editeur, 1926.

FOUCAULT, Michel. *A vontade de saber. História da Sexualidade 1*. Rio de Janeiro: Paz e Terra: 2014.

GORDILLO, Agustín. *Tratado de Derecho Administrativo*. Tomo 3. Buenos Aires: Fundación de Derecho Administrativo, 2003.

LANDI, Guido, POTENZA, Giuseppe e ITALIA, Vittorio. *Manuale di Diritto Amministrativo*, 11ª ed. Milano: Giuffrè Editore, 1999.

LAUBADÈRE, André de. *Traité de Droit Administratif*. Tome 1, 14ª ed. Paris: LGDJ, 1996.

LONG et al. *Les grands arrêts de la jurisprudence administrative*, 11ª ed. Paris: Dalloz, 1996.

MAXIMILIANO, Carlos. *Hermenêutica e Aplicação do Direito*, 4ª ed. São Paulo: Editora Freitas Bastos, 1947.

MÜLLER, Friedrich. *Métodos de Trabalho do Direito Constitucional*, 2ª ed. São Paulo: Editora Max Limonad, 2000.

NASSER, Paulo Magalhães. *Vinculações Arbitrais*. Rio de Janeiro: Lumen Juris, 2019.

PIKETTY, Thomas. *Capital et Idéologie*. Paris: Seuil, 2019.

REALE, Miguel. *O Direito como Experiência*. 2ª ed. São Paulo: Editora Saraiva, 1992.

RIVERO, Jean *et* WALINE, Marcel. *Droit Administratif*. Paris: Dalloz, 1994.

SANTI ROMANO. *Frammenti di un Dizionario Giuridico*. Milano: Giuffrè, 1947.

_____ *Princípios de direito Constitucional Geral*. São Paulo: Editora Revista dos Tribunais, 1977.

SEABRA FAGUNDES, Miguel. *O Controle dos Atos Administrativos pelo Poder Judiciário*, 4ª ed. Rio de Janeiro: Forense, 1967.

STASSINOPOULOS, Michel. *Traité des Actes Administratifs*. Paris: LGDJ, 1973.

TOMELIN, Georghio Alessandro. *O Estado Jurislador*, 1ª ed. São Paulo: Forum, 2018.

TOMELIN, Georghio; NASSER, Paulo. *Reequilíbrio contratual por fato superveniente: do processo administrativo ao judicial em situações de emergência*. Obra coletiva "As implicações da COVID-19 no Direito Administrativo Brasileiro".

Coord. Augusto Dal Pozzo e Márcio Cammarosano. São Paulo: Revista dos Tribunais, 2020.

UJVARI, Stefan Cunha. *A história e suas epidemias*: a convivência do homem com os microorganismos organismos, 2ª ed. Rio de Janeiro: Senac, 2003.

VEDEL, Georges. *Droit Administratif.* Tomo 1. Paris: PUF, 1958.

VISCONDE DO URUGUAY. *Ensaio sobre o Direito Administrativo*. Rio de Janeiro: Typographia Nacional, 1862.

ZANCANER, Weida. *Da Convalidação e da Invalidação dos Atos Administrativos*, 2ª ed. São Paulo: Malheiros, 1993.

A ATIVIDADE ADMINISTRATIVA DE FOMENTO NO CONTEXTO DA COVID-19: EM DEFESA DA RENDA BÁSICA UNIVERSAL

RAFAEL VALIM

1. O ESTADO BRASILEIRO NO ENFRENTAMENTO DA COVID-19: CONTEXTUALIZAÇÃO NECESSÁRIA

O enfrentamento da pandemia no Brasil tem acentuado problemas atávicos de nossa Administração Pública. Um deles, cujo exame interessa especialmente para os fins deste trabalho, é a tendência de pretender resolver problemas complexos com meras fórmulas restritivas de direito, traduzidas em incremento das atividades administrativas de polícia e sancionatória.[1]

Com efeito, assiste-se a uma acelerada proliferação de medidas de polícia sanitária e uma injustificada timidez na adoção de medidas de fomento administrativo destinadas às pessoas físicas e jurídicas mais vulneráveis.[2] Aliás, no âmbito federal se desenvolve um discurso oficial

---

[1] BANDEIRA DE MELLO, Celso Antônio. *Curso de Direito Administrativo*, 33ª ed. São Paulo: Malheiros, 2016, p. 438.

[2] Convém assinalar a celeridade das medidas tomadas em favor do sistema financeiro, conforme demonstram Pedro Serrano, Gilberto Bercovici e Anderson Medeiros

cínico, que explora os efeitos deletérios da crise econômica decorrente da pandemia e esconde o fato de que a União dispõe dos meios para mitigá-los.

As duas principais providências ampliativas de direitos determinadas pela União até o momento foram o *benefício emergencial de preservação do emprego e da renda*, a ser pago nas hipóteses de redução proporcional de jornada de trabalho e de salário ou de suspensão temporária do contrato de trabalho, introduzido pela Medida Provisória n. 936/2020, e o *auxílio emergencial* no valor de R$ 600,00 (seiscentos reais) mensais, durante o período de três meses, a pessoas em situação de vulnerabilidade, nos termos definidos pela Lei n. 13.982/2020.

Ambas, porém, revelam-se notoriamente incapazes de dar conta da *única* certeza que temos no presente instante, qual seja: a gravíssima crise econômica e social que se avizinha.

Parece-nos que a excepcional situação em que estamos imersos recoloca com grande força uma ideia que, embora a muitos se afigure "radical", vem sendo aperfeiçoada há centenas de anos por estudiosos de todos os espectros ideológicos e das mais variadas disciplinas das ciências sociais:[3] a *renda básica universal*, entendida, na definição de Philippe van Parijs e Yannick Vanderborght, como uma *renda paga por uma comunidade política a todos os seus membros de maneira individual, independentemente de sua situação financeira ou exigência de trabalho.*[4]

Como bem pontua Bernard E. Harcourt, o atual momento "reclama uma revolução jurídica, política e econômica capaz de inaugurar uma nova era de cooperação".[5] A renda básica universal, longe de ser

---

Bonfim (Covid-19 e o desacerto das medidas do Banco Central. Disponível em: https://www.cartacapital.com.br/opiniao/covid-19-e-o-desacerto-das-medidas-do-banco-central/).

[3] STANDING, Guy. *Basic Income*. Londres: Penguin Books, 2017, p. 17.

[4] PARIJS, Philippe van; VANDERBORGHT, Yannick. *Basic income*: a radical proposal for a free society and a sane economy. Cambridge, Massachusetts: Harvard University Press, 2017, p. 4.

[5] HARCOURT, Bernard E. Le coopérationisme ou comment en finir avec cette peste

uma panaceia,[6] constitui uma peça central dessa "revolução" e se apresenta como um instrumento fundamental para a concretização do projeto de sociedade insculpido na Constituição Federal de 1988.

2. A ATIVIDADE DE FOMENTO NO DIREITO ADMINISTRATIVO BRASILEIRO

Como já tivemos oportunidade de afirmar,[7] a Constituição Federal de 1988 funda, inequivocamente, um Estado Social de Direito, resultado da união dos traços jurídico-positivos do *Estado de Direito* – dignidade da pessoa humana, soberania popular, separação de funções estatais, princípio da igualdade, princípio da legalidade, sistema de direitos fundamentais dotado de petrealidade, princípio da inafastabilidade do controle jurisdicional, princípio da segurança jurídica e princípio da publicidade – e do *Estado Social* – elenco de direitos fundamentais sociais, titularização de serviços públicos e ampla intervenção nos domínios econômico e social.

Não é demais recordar, outrossim, alguns dos fundamentos (art. 1º da Constituição Federal) e objetivos fundamentais (art. 3º da Constituição Federal) da República Federativa do Brasil: valores sociais do trabalho (art. 1º, inc. IV, da Constituição Federal); construção de uma sociedade livre, justa e solidária (art. 3º, inc. I, da Constituição Federal); garantia do desenvolvimento nacional (art. 3º, inc. II, da Constituição Federal); erradicação da pobreza e da marginalização e redução das desigualdades sociais e regionais (art. 3º, inc. III, da Constituição Federal).

É natural concluir, portanto, que o Estado brasileiro, mercê de seu notório compromisso com a justiça social, representa a antítese do

---

économique. *AOC media - Analyse Opinion Critique*. Disponível em: https://aoc.media/analyse/2020/05/11/marches-et-pandemie/

[6] STANDING, Guy. *Basic Income*. Londres: Penguin Books, 2017, p. 54.

[7] VALIM, Rafael. *A subvenção no Direito Administrativo brasileiro*. São Paulo: Contracorrente, 2015, p. 27.

neoliberalismo. Ao lugar-comum liberal de que o Estado não deve interferir na vida econômica, à luz da pressuposição, de todo contestável, de que o mercado seria um instrumento mais eficiente de alocação de recursos e desenvolvimento da sociedade, contrapõe-se um Estado com assinalado protagonismo na organização dos campos econômico e social.

De igual modo, às formulações abstratas, descontextualizadas e cínicas do discurso liberal, nascidas do falso pressuposto de que as pessoas nascem iguais em direitos e obrigações, contrasta-se um catálogo interdependente e complementário de direitos fundamentais, forjado a partir da constatação, de resto óbvia, de que os direitos de liberdade só cobram sentido se acompanhados de determinadas condições materiais.

Como leciona Manuel García-Pelayo, "enquanto nos séculos XVIII e XIX entendia-se que a liberdade era uma exigência da dignidade humana, agora se pensa que a dignidade humana (materializada em princípios socioeconômicos) é uma condição para o exercício da liberdade".[8]

Do âmago do Estado Social de Direito brasileiro emerge, pois, uma Administração Pública que, para além das finalidades oitocentistas de manutenção da ordem e da segurança, deve alcançar, por meio de serviços públicos e políticas públicas, os elevados objetivos que lhe impôs a Constituição Federal. É o "Estado telocrático" de que cogita o Professor Fábio Konder Comparato, antagônico à nomocracia liberal e cuja legitimidade repousa na capacidade de realização de fins predeterminados.[9]

A atividade administrativa de fomento se apresenta como um valioso instrumento do Estado Social de Direito brasileiro para consecução de suas finalidades. Não se trata de uma atividade subsidiária, incidente sobre deficiências do mercado, mas de uma atuação planejada do Estado destinada à efetivação de interesses públicos.

---

[8] GARCÍA-PELAYO, Manuel. *As transformações do Estado contemporâneo*. Rio de Janeiro: Forense, 2009, p. 14.

[9] COMPARATO, Fábio Konder. Ensaio sobre o juízo de inconstitucionalidade de políticas públicas. *Revista de Informação Legislativa*, 138: 43 e 44.

Em atenção à necessidade de uma definição em termos positivos e restrita da atividade de fomento, parece-nos que ela pode ser ela entendida como a *transferência de bens e direitos em favor de particulares, sem contraprestação ou com contraprestação em condições facilitadas, em ordem à satisfação direta ou indireta de interesses públicos*.[10]

Note-se que o último elemento da definição revela a finalidade da atividade fomentadora. Embora à primeira vista a expressão "em ordem à satisfação direta ou indireta de interesses públicos" possa parecer um truísmo, nela se encerra um traço decisivo do conceito de fomento que formulamos. Ao contrário do que a maioria da doutrina defende, sustentamos que, no Direito brasileiro, a atividade de fomento não se limita a salvaguardar indiretamente os interesses públicos, senão que compreende relevantíssimos instrumentos de satisfação direta de interesses públicos.

Assim, a par das transferências de bens e direitos a fim de estimular atividades revestidas de interesse público – *satisfação indireta de interesses públicos* –, exsurgem transferências de bens e direitos destinadas a proteger direitos fundamentais – *satisfação direta de interesses públicos* –, de que é exemplo no Brasil exatamente a *renda básica universal*.

3. A HORA E A VEZ DA RENDA BÁSICA UNIVERSAL

No Direito Administrativo brasileiro, a renda básica universal constitui uma espécie de *subsídio*, categoria que deve ser apartada da *subvenção*. Enquanto esta se destina ao estímulo de determinadas atividades, satisfazendo indiretamente interesses públicos, os subsídios são preordenados à proteção de determinados direitos fundamentais, satisfazendo diretamente interesses públicos. Valendo-nos da expressão do Professor Germán Fernández Farreres, o subsídio é uma técnica diretamente vinculada ao *status* do beneficiário.[11]

---

[10] VALIM, Rafael. *A subvenção no Direito Administrativo brasileiro*. São Paulo: Contracorrente, 2015, p. 56.

[11] FARRERES, Germán Fernández. Aspectos diferenciales entre las subvenciones y las medidas de fomento económico. *Revista Española de la Función Consultiva*, p. 39.

Os subsídios são, portanto, atribuições patrimoniais em favor de particulares sem a exigência de contraprestações ou de aplicação dos recursos públicos transferidos em determinada atividade de interesse público.

A renda básica universal, porém, é uma espécie de subsídio caracterizada pela sua *incondicionalidade* nos três sentidos descritos por Philippe van Parijs e Yannick Vanderborght:[12] trata-se de um direito estritamente individual, dissociado da situação doméstica do beneficiário; não é submetido a uma prova de renda ou de patrimônio; e é livre de obrigações de qualquer natureza.

Essa característica está presente no art. 1º da Lei n. 10.835/2004, que instituiu a chamada "renda básica de cidadania" no Brasil por iniciativa do incansável Senador Eduardo Suplicy. Seja-nos permitido transcrever o aludido dispositivo:

> "Art. 1º É instituída, a partir de 2005, a renda básica de cidadania, que se constituirá no direito de todos os brasileiros residentes no País e estrangeiros residentes há pelo menos 5 (cinco) anos no Brasil, não importando sua condição socioeconômica, receberem, anualmente, um benefício monetário".

Apesar do largo período de consagração jurídico-positiva da renda básica universal no Brasil, lamentavelmente a Administração Pública ainda não a efetivou. Procuraremos demonstrar, entretanto, que tal conduta omissiva traduz grave ilegalidade, notadamente em um contexto de profunda crise econômica e social. Em outras palavras, *não assiste ao Chefe do Poder Executivo Federal margem de apreciação para definir o momento oportuno de implementação da renda básica universal*. Impõe-se, em termos jurídicos, a sua *imediata* concessão.

Com efeito, os princípios constitucionais, em sua função interpretativa,[13] conjugados à realidade social subjacente às normas

---

[12] PARIJS, Philippe van; VANDERBORGHT, Yannick. *Basic income*: a radical proposal for a free society and a sane economy. Cambridge, Massachusetts: Harvard University Press, 2017, p. 8.

[13] VALIM, Rafael. *O princípio da segurança jurídica no Direito Administrativo brasileiro*. São Paulo: Malheiros, 2010, p. 41.

introduzidas pela Lei n. 10.835/2004, apontam *univocamente* para a necessidade de concretização da renda básica universal.

Calha, a propósito, a lição do Prof. Celso Antônio Bandeira de Mello a respeito da *redução* ou até *eliminação* da discricionariedade ante o caso concreto:[14]

> "Finalmente, a discricionariedade é *relativa*, no sentido de que, ainda quando a lei haja, em sua dicção, ensanchado certa margem de liberdade para o agente, *tal liberdade poderá esmaecer ou até mesmo esvair-se completamente* diante da situação em concreto na qual deva aplicar a regra. É dizer: ante as particularidades do evento que lhe esteja anteposto, a autoridade poderá ver-se defrontada com um caso no qual suas opções *para atendimento do fim legal* fiquem contidas em espaço mais angusto do que aquele abstratamente franqueado pela lei, e pode ocorrer, até mesmo que, à toda evidência, não lhe reste *senão uma só conduta idônea para satisfação do escopo normativo*, por não ser comportada outra capaz de colimar os propósitos da lei em face da compostura da situação. Em síntese: a discrição ao nível da norma é condição necessária, mas nem sempre suficiente, para que subsista nas situações concretas".

No que respeita aos princípios constitucionais, convém examinarmos, ainda que brevemente, aqueles que fundamentam e exigem a materialização da renda básica universal.

Sob o ponto de vista do trabalho, sabe-se que a Constituição estatui a *busca do pleno emprego* como um dos princípios da ordem econômica e estabelece (art. 170, inc. VIII), entre os direitos do trabalhador, um salário mínimo "capaz de atender a suas necessidades vitais básicas e às de sua família com moradia, alimentação, educação, saúde, lazer, vestuário, higiene, transporte e previdência social, com reajustes periódicos que lhe preservem o poder aquisitivo" (art. 6º, IV).

---

[14] BANDEIRA DE MELLO, Celso Antônio. *Curso de Direito Administrativo*, 33ª ed. São Paulo: Malheiros, 2016, p. 1019.

A realidade, porém, é que o desemprego constitui um problema *estrutural* e não conjuntural do capitalismo contemporâneo.[15] Nem mesmo o crescimento econômico consegue aplacá-lo.[16] Por outro lado, a precarização e a informalidade são marcas fundamentais do mundo do trabalho atualmente.

A isso tudo agora se soma a massa de desempregados que será gerada, inevitavelmente, pela pandemia do coronavírus, da qual resultará mais precarização e informalidade.

A renda básica universal é uma resposta decisiva a esse quadro dantesco, de modo a salvaguardar condições mínimas de vida digna aos desempregados, precarizados[17] e trabalhadores informais. Em rigor, através dela se realiza o desiderato constitucional de prover às pessoas uma quantia periódica em dinheiro que lhes proporcione um mínimo existencial.

A renda básica universal, outrossim, promove maior estabilidade da demanda em decorrência da continuidade do consumo privado, permitindo às empresas um planejamento de investimentos de longo prazo.[18] Com isso, reverencia-se o importantíssimo – embora esquecido – art. 219 da Constituição Federal, segundo o qual "o mercado interno integra o patrimônio nacional e será incentivado de modo a viabilizar o desenvolvimento cultural e socioeconômico, o bem-estar da população e a autonomia tecnológica do País, nos termos de lei federal".

Também o princípio da livre iniciativa, qualificado como fundamento da República Federativa do Brasil (art. 1º, inc. IV) e de sua

---

[15] FUMAGALLI, Andrea. Doce tesis sobre la renta de ciudadania. *In*: PISARELLO, Gerardo; DE CABO, Antonio. *La renta básica como nuevo derecho ciudadano*. Madri: Trotta, 2006, p. 40.

[16] BASCETTA, Marco; BRONZINI, Giuseppe. La renta universal en la crisis de la sociedad del trabajo. *In*: PISARELLO, Gerardo; DE CABO, Antonio. *La renta básica como nuevo derecho ciudadano*. Madri: Trotta, 2006, p. 171.

[17] ROMAN, Diane. *Le droit public face à la pauvreté*. Paris: LGDJ, 2002, p. 423.

[18] FUMAGALLI, Andrea. Doce tesis sobre la renta de ciudadania. *In*: PISARELLO, Gerardo; DE CABO, Antonio. *La renta básica como nuevo derecho ciudadano*. Madri: Trotta, 2006, p. 62.

ordem econômica (art. 170, *caput*) milita em favor da renda básica universal. Malgrado a muitos essa afirmação possa soar insólita, nas lições de Philippe van Parijs e Yannick Vanderborght, ao garantir-se "um piso incondicional, pode-se esperar que uma renda básica ajude a desencadear o empreendedorismo, ao proteger melhor os trabalhadores autônomos, cooperativas de trabalhadores e parcerias capital-trabalho contra o risco de rendimentos incertos e flutuantes".[19]

Não é demais lembrar, ademais, que a renda básica universal é um meio para alcançar o tão proclamado direito fundamental à liberdade. Como nos lembra um dos fundadores da Constituição estadunidense, Alexander Hamilton, "um poder sobre a subsistência de um homem equivale a um poder sobre a sua vontade".[20] Em outras palavras, a única forma de assegurar liberdade é mediante a satisfação das necessidades mínimas vitais.[21] Sem isso, teremos um simulacro de liberdade, um privilégio classista incompatível com o constitucionalismo contemporâneo.

Por fim, cumpre assinalar que a renda básica universal vai ao encontro de todos os objetivos fundamentais de nossa República, quais sejam (art. 3º da Constituição Federal): construir uma sociedade livre, justa e solidária; garantir o desenvolvimento nacional; erradicar a pobreza e a marginalização e reduzir as desigualdades sociais e regionais; promover o bem de todos, sem preconceitos de origem, raça, sexo, cor, idade e quaisquer outras formas de discriminação.

Como bem adverte Guy Standing, a renda básica universal não erradica a pobreza,[22] mas joga um papel central no enfrentamento da já

---

[19] PARIJS, Philippe van; VANDERBORGHT, Yannick. *Basic income*: a radical proposal for a free society and a sane economy. Cambridge, Massachusetts: Harvard University Press, 2017, p. 24.

[20] HAMILTON, Alexander; MADISON, James; JAY, John. *The Federalist with Letters of "Brutus"*. Cambridge: Cambridge University Press, 2012, p. 384.

[21] O Professor Jaime Rodríguez-Arana defende, acertadamente, o conceito de "liberdade solidária" (RODRÍGUEZ-ARANA, Jaime. *Derecho Administrativo y derechos sociales fundamentales*, 2ª ed. Sevilla: Global Law Presse, 2006, p. 161).

[22] STANDING, Guy. *Basic Income*. Londres: Penguin Books, 2017, p. 79.

alarmante desigualdade social em todas as partes do mundo, a qual só tende a se ampliar com a pandemia do coronavírus. Basta dizer que, de acordo com um estudo do Institute for Policy Studies, a riqueza dos bilionários estadunidenses aumentou quase 10% em apenas três semanas, exatamente quando começou a crise da Covid-19.[23]

4. CONCLUSÃO

Aos detratores aprioristicos da renda básica universal, vale recordar Jean Rivero: "seria um erro pedir ao Direito mais do que ele pode dar, mas seria outro erro não pedir tudo o que ele pode dar".[24]

A renda básica universal não é só possível, como, nos quadrantes do Direito brasileiro, configura um dever da Administração Pública, ao qual corresponde um direito subjetivo de todos os brasileiros residentes no País e estrangeiros residentes há pelo menos cinco anos no Brasil. Negá-la significa esvaziar o cerne de nossa ordem constitucional.

REFERÊNCIAS BIBLIOGRÁFICAS

BANDEIRA DE MELLO, Celso Antônio. *Curso de Direito Administrativo*, 33ª ed. São Paulo: Malheiros, 2016.

COMPARATO, Fábio Konder. "Ensaio sobre o juízo de inconstitucionalidade de políticas públicas". *Revista de Informação Legislativa*, 138: 39-48.

FARRERES, Germán Fernández. "Aspectos diferenciales entre las subvenciones y las medidas de fomento económico". *Revista Española de la Función Consultiva*, 13: 31-81.

---

[23] COLLINS, Chuck. Os bilionários estão ficando ainda mais ricos com a pandemia. Basta. Disponível em: https://www.cnnbrasil.com.br/business/2020/05/01/os-bilionarios-estao-ficando-ainda-mais-ricos-com-a-pandemia-basta

[24] Trecho original: "serait une erreur de demander au Droit plus qu'il ne peut donner, c'en serait une autre de ne pas lui demander tout ce qu'il peut donner" (RIVERO, Jean. Intérêts Vitaux de la nation et fins humaines du pouvoir. *In: Licéité en droit positif et références légales aux valeurs*: contribution à l'étude du règlement juridique des conflits de valeur en droit pénal, public et international. Bruxelles: Bruylant, 1982, p. 545).

GARCÍA-PELAYO, Manuel. *As transformações do Estado contemporâneo*. Rio de Janeiro: Forense, 2009.

HAMILTON, Alexander; MADISON, James; JAY, John. *The Federalist with Letters of "Brutus"*. Cambridge: Cambridge University Press, 2012.

PARIJS, Philippe van; VANDERBORGHT, Yannick. *Basic income*: a radical proposal for a free society and a sane economy. Cambridge, Massachusetts: Harvard University Press, 2017.

PISARELLO, Gerardo; DE CABO, Antonio. *La renta básica como nuevo derecho ciudadano*. Madri: Trotta, 2006.

RODRÍGUEZ-ARANA, Jaime. *Derecho Administrativo y derechos sociales fundamentales*, 2ª ed. Sevilla: Global Law Presse, 2006.

ROMAN, Diane. *Le droit public face à la pauvreté*. Paris: LGDJ, 2002.

STANDING, Guy. *Basic Income*. Londres: Penguin Books, 2017.

SUPIOT, Alain (Coord.). *La solidarité:* enquête sur un principe juridique. Paris: Odile Jacob, 2015.

SUPLICY, Eduardo. *Renda de cidadania*: a saída é pela porta, 7ª ed. São Paulo: Cortez, 2003.

VALIM, Rafael. *O princípio da segurança jurídica no Direito Administrativo brasileiro*. São Paulo: Malheiros, 2010.

VALIM, Rafael. *A subvenção no Direito Administrativo brasileiro*. São Paulo: Contracorrente, 2015.

Parte II
DIREITO AMBIENTAL

COVID-19 À LUZ DO DIREITO AMBIENTAL

SOLANGE TELES DA SILVA
MARCIA DIEGUEZ LEUZINGER

INTRODUÇÃO

A pandemia da COVID-19, doença respiratória aguda provocada pelo coronavírus, pode ser analisada à luz do direito ambiental sob o prisma global e nacional, notadamente considerando a realidade brasileira. O termo *corona*, mencionado em 2005, em um Relatório da Agência Central de Inteligência (*Central Intelligence Agency* – CIA) dos Estados Unidos, apontava para o "surgimento de uma nova doença respiratória humana virulenta, extremamente contagiosa",[1] o que indica que a comunidade internacional já tinha o conhecimento de uma provável epidemia – surtos em várias regiões – que poderia se transformar em pandemia – que se estenderia a níveis mundiais em escala de gravidade. Em 2002, outro coronavírus, o SARS-Cov, foi responsável por causar síndrome respiratória aguda grave (SARS), mas, ao contrário do que ocorreu com o COVID-19, ela foi rapidamente contida, causando um

---

[1] BARBEIRO, H. *O Relatório da Cia*: como será o mundo em 2020. Rio de Janeiro: Ediouro, 2012.

número limitado de mortes. Em 2004/2005, outras 3 classes de coronavírus foram identificadas: HCov-OC43; HCov-NL63 e HCov-HKU1, mas esses causavam apenas resfriado comum. Em 2012, foi identificado o MERs-Cov, responsável pela doença MERS, síndrome respiratória do Oriente Médio.

Considerando-se, assim, que a atual pandemia da COVID-19 é um problema a ser enfrentado na esfera global e nacional, aqui é possível realizar uma reflexão dessa temática relacionando-a com o direito ambiental, a crise ecológica, a degradação de hábitats e as fronteiras planetárias. Por um lado, a crise ecológica e, mais especificamente, a destruição de hábitats, nos coloca diante da crise do nosso modo de viver, produzir e consumir. Crise ecológica e crise econômica, como afirma Michel Löwy constituem o resultado de um "mesmo fenômeno: um sistema que transforma tudo – a terra, a água, o ar que respiramos, os seres humanos – em mercadoria, e que não conhece outro critério que não seja a expansão dos negócios e a acumulação de lucros".[2] E, nas palavras de Carlos Frederico Marés de Souza Filho, é justamente essa "acumulação compulsiva das riquezas (...) [que] leva as sociedades a destruir a verdadeira riqueza que é a abundância da natureza provedora de suas [reais] necessidades".[3] Essa destruição da natureza nos coloca diante de um "sistema de alarme", talvez como a emergência da COVID-19.

No que diz respeito às fronteiras planetárias, identificadas por Johan Rockström e sua equipe do *Stockholm Resilience Centre*, elas representam os limites seguros para a manutenção da vida no planeta.[4]

---

[2] LÖWY, M. "Crise ecológica, crise capitalista, crise de civilização: a alternativa ecossocialista" *In: Cad. CRH.*, vol. 26, n. 67, pp. 79-86, apr. 2013. Disponível em: <http://www.scielo.br/scielo.php?script=sci_arttext&pid=S0103-49792013000100006&lng=en&nrm=iso>. Acesso em 10/04/2020.

[3] SOUZA FILHO, C. M. "Coronavírus e conceito de riqueza" *In: Revista Pub Diálogos Interdisciplinares* n. 25/2020. Disponível em: <https://www.revista-pub.org/post/01042020>. Acesso em 10/04/2010.

[4] ROCKSTRÖM, J., et al. "Planetary boundaries: exploring the safe operating space for humanity" *In: Ecology and Society* 14(2): 32, 2009. Disponível em: <http://www.ecologyandsociety.org/vol14/iss2/art32/>. Acesso em 10/04/2020.

Dentre as 9 (nove) fronteiras planetárias identificadas, 4 (quatro) já foram ultrapassadas: mudança climática, perda da integridade da biosfera (biodiversidade), mudança do sistema terrestre e alteração de ciclos biogeoquímicos.[5] O atual momento da pandemia da COVID-19 pode ser analisado igualmente como um momento resultante do atingimento dessas fronteiras planetárias, do colapso da biodiversidade.

Realizaremos aqui igualmente uma leitura do direito e, em particular, do direito ambiental, enquanto fruto de um processo histórico, considerando-se assim que o passado, o presente e o futuro da humanidade estão interconectados. O objetivo do presente artigo é realizar, assim, uma análise da pandemia da COVID-19 à luz do direito ambiental no tempo e ao longo da história, identificando-se como os princípios do direito ambiental e seus mecanismos podem contribuir nesse momento de crise e para além, na construção de um mundo pós-coronavírus.

Para tanto, apresentaremos, em um primeiro momento, discussões sobre a emergência e propagação dessa pandemia e sua relação com o direito ambiental, destacando a perspectiva da crise ecológica e da segurança ambiental. Em um segundo momento, nós nos debruçaremos sobre a questão das competências constitucionais em matéria de saúde e de proteção ambiental, temáticas que se inter-relacionam profundamente e, as medidas tomadas pelos entes da federação para o enfrentamento da pandemia da COVID-19, indicando a necessária articulação entre eles, em uma perspectiva de solidariedade e cooperação.

Para complementar nossas reflexões nós nos deteremos na análise de algumas medidas tomadas pelos entes da federação, indagando-se se elas estão em conformidade com os princípios do direito ambiental, em particular o princípio da informação, alicerce do direito ambiental e da democracia. E, por fim, indicaremos algumas medidas que consideramos recomendáveis sob o prisma do direito ambiental para combater a crise

---

[5] STEFFEN, W. et al. "Planetary boundaries: guiding human development on a changing planet" *In: Science*, vol. 347, issue 6223, 13 Feb 2015. [on line]. Disponível em: <https://science.sciencemag.org/content/347/6223/1259855>. Acesso em 10/04/2020.

e construir uma nova etapa na construção de um Estado Democrático de Direito, em conformidade com a Constituição de 1988, e o princípio da cooperação internacional e da humanidade.

1. A EMERGÊNCIA E ALASTRAMENTO DA COVID-19 E SUA RELAÇÃO COM O DIREITO AMBIENTAL

A epidemia da COVID-19 ocorreu, em um primeiro momento, na China, e apesar de ainda não se ter certeza se sua origem efetivamente se deu naquele país, o fato é que ela se alastrou por outros países da Ásia, passando pela Europa, Oceania e chegando às Américas. Dentre os possíveis hospedeiros ou reservatórios naturais do novo coronavírus, estudos apontam para morcegos e pangolins, animais silvestres que eram comercializados no mercado de Wuhan, na China.[6]

Independentemente da confirmação científica da transmissão desse vírus de aninais selvagens para os seres humanos, é certo que essa ideia poderia nos conduzir a tratar os morcegos ou pangolins como os "vilões da história". Isso, contudo, não é verdade, e a questão central que deve ser encarada é o desenvolvimento das atividades humanas e a sua relação com a destruição dos hábitats e desrespeito à biodiversidade. Aqui podemos destacar o desmatamento, a intensificação insustentável do uso de terras agrícolas e pecuárias, provocando uma aproximação das populações com animais selvagens, o consumo de carne e produtos animais selvagens e a massificação do transporte mundial, com fluxo de pessoas e mercadorias. Há uma relação intrínseca entre o colapso da biodiversidade e a emergência da COVID-19, sendo necessário compreender as conexões existentes e os efeitos cascata dos modos de apropriação e uso dos espaços e dos recursos naturais.[7]

---

[6] ANDERSEN, K. G. et al. "The proximal origin of SARS-CoV-2". *In: Nature Medicine* 17/03/2020.

[7] "Nos trabalhos publicados em 2008, a pesquisadora britânica Kate Jones e sua equipe identificaram 335 doenças infecciosas emergentes que surgiram entre 1940 e 2004: 60% delas eram originárias da vida selvagem. (...) Entre esses patógenos, o vírus Marburg, que apareceu na Alemanha em 1967; o vírus Ebola, detectado pela primeira vez em

COVID-19 À LUZ DO DIREITO AMBIENTAL

Essa crise provocada pela COVID-19, portanto, é fundamentalmente uma crise ecológica, que nos remete a uma análise dos riscos, aos efeitos da mudança climática, à perda em massa da biodiversidade e à questão da segurança ambiental. Segundo Löwy:

> Há alguns anos, quando se falava dos perigos de catástrofes ecológicas, os autores se referiam ao futuro dos nossos netos ou bisnetos, a algo que estaria num futuro longínquo, dentro de cem anos. Agora, porém, o processo de devastação da natureza, de deterioração do meio ambiente e de mudança climática se acelerou a tal ponto que não estamos mais discutindo um futuro a longo prazo. Estamos discutindo processos que já estão em curso – a catástrofe já começa, esta é a realidade. E, realmente, estamos numa corrida contra o tempo para tentar impedir, brecar, tentar conter esse processo desastroso.[8]

Para além da crise da COVID-19, a intensificação dos fenômenos climáticos extremos, que resultam, entre outros efeitos, em aumento da temperatura, alterações no volume das precipitações, inundações, derretimento do *permafrost,* têm um impacto direto no ressurgimento de antigas infecções ou ainda na emergência e propagação de novos vírus e outros patógenos.[9] Aqui podemos nos referir à problemática da

---

1976 no Zaire e na República Democrática do Congo; o vírus da AIDS, descoberto nos Estados Unidos em 1981; Hendra, identificado na Austrália em 1994; o vírus SARS, responsável pela síndrome respiratória aguda grave (SARS) em 2002, na China; o coronavírus da síndrome respiratória do Oriente Médio (MERS-CoV) na Arábia Saudita em 2012..." (tradução livre) MOUTERDE, P. « Les maladies émergentes favorisées par la dégradation de la biodiversité » *In:* Le Monde, 08/04/2020.

[8] LÖWY, M. "Crise ecológica, crise capitalista, crise de civilização: a alternativa ecossocialista" *In:* Cad. CRH., vol. 26, n. 67, pp. 79-86, apr. 2013. Disponível em: <http://www.scielo.br/scielo.php?script=sci_arttext&pid=S0103-49792013000100006&lng=en&nrm=iso>. Acesso em 10/04/2020.

[9] CHARLIER, P. et. al. « Global warming and planetary health: An open letter to the WHO from scientific and indigenous people urging for paleo-microbiology studies" *In: Infection, Genetics and evolution* vol. 82 august 2020. MIRSKI, T. et al. "Impact of Climate Change on Infectious Diseases" *In: Pol. J Environ. Stud.* vol. 21, n. 3, 2012, pp. 525-532. GOULD, E. "Emerging viruses and the significance of climate change" In *Clinical Mocrobiology and Infection* vol. 15 issue 6, June 2009, p. 503. SCHVOERER, E. et al. "Climate Change: Impact on Viral Diseases" *In: The Open Epodemiology Journal,* vol. 1, 2008, pp. 53-56.

segurança ambiental em face de pandemias como a da COVID-19, a crise ecológica, a mudança climática e as fronteiras planetárias.

Degradação ambiental e insegurança internacional podem ser analisadas, como destaca Philippe Le Prestre, sob o prisma do meio ambiente, do indivíduo, do Estado ou do sistema internacional.[10] O autor trabalha inicialmente com o conceito de segurança ambiental, como "a proteção da integridade do meio ambiente", fazendo referência a um aspecto particular: a relação entre guerra e proteção ambiental, essencialmente instrumental.[11] Poderíamos nos indagar se a guerra contra a COVID-19 e os riscos de danos irreversíveis à espécie humana não poderiam fazer emergir o valor universal do princípio da humanidade.[12]

Sob o segundo aspecto, a COVID-19 ameaça a segurança dos indivíduos em face aos riscos de danos de uma forma geral e de danos ambientais, em particular, aqueles que afetam a saúde e bem-estar individual, incluindo-se as ameaças de ordens físicas, psicológicas e culturais.[13] Tais danos podem ser de ordem física, com possíveis sintomas de tosse, febre, cansaço e dificuldade para respirar, em casos graves, ou ainda de ordem psicológica, com sintomas que podem levar à crise de pânico, por exemplo. Esses danos também podem ser culturais, ameaçando a sobrevivência de indivíduos de comunidades tradicionais e povos indígenas e por consequência sua cultura. Globalmente, de acordo com dados divulgados pela Organização Mundial da Saúde (OMS), se em 9 de março de 2020 eram 109.5787 casos confirmados,

---

[10] LE PRESTRE, P. « Sécurité environnementale et insécurités internationales » *In: Revue Québécoise de droit international*, vol. 11-1, 1998. Cinquantenaire de la Déclaration américaine des droits et devoirs de l'homme. pp. 271-291 Disponível em <https://www.persee.fr/doc/rqdi_0828-9999_1998_num_11_1_1834>. Acesso em 10/04/2020.

[11] LE PRESTRE, P. « Sécurité environnementale et insécurités internationales » *In: Revue Québécoise de droit international*, vol. 11-1, 1998. Cinquantenaire de la Déclaration américaine des droits et devoirs de l'homme. pp. 271-291 Disponível em <https://www.persee.fr/doc/rqdi_0828-9999_1998_num_11_1_1834>. Acesso em 10/04/2020.

[12] LE BRIS, C. « Esquisse de l'humanité juridique: L'humanité juridique, une sphère infinie dont le centre et partout, la circonférence nulle part » *In: R.I.E.J.* 2012. GUILLEBAUD, J.-C. *Le principe d'humanité*. Paris : Editions du Seuil, 2001.

[13] LE PRESTRE, P. « Sécurité environnementale et insécurités internationales » *In: Revue Québécoise de droit international*, vol. 11-1, 1998. Cinquantenaire de la Déclaration américaine des droits et devoirs de l'homme. pp. 271-291 Disponível em <https://www.persee.fr/doc/rqdi_0828-9999_1998_num_11_1_1834>. Acesso em 10/04/2020.

com 3.809 mortes; um mês depois, em 9 de abril de 2020, já havia 1.436.198 casos confirmados e 85.522 mortes.[14] Em 12 de abril, 3 dias depois, já eram 1.787.766, com 109.691 mortes, indicando um aumento expressivo dos casos confirmados e de óbitos em diversos países.[15]

Somente nos Estados Unidos, em 12 de abril de 2020, já havia 530.006 casos, com 20.608 mortes. No Brasil, em 12 de abril de 2020, havia 20.964 casos e 1.144 mortes.[16] Segundo o Ministério da Saúde, a primeira morte, no Brasil ocorreu em 23 de janeiro de 2020, mas somente foi descoberta por meio de investigação retroativa, conforme amplamente noticiado por veículos de comunicação.[17]

No que diz respeito à segurança dos Estados, essa pode ser concebida como "a capacidade do Estado (...) para assegurar a estabilidade de instituições econômicas, políticas e sociais nacionais".[18] Nesse sentido, Philippe Le Prestre destaca a importância que os Estados dão ao acesso a recursos e matérias primas, bem como a defesa do Estado em razão de alterações na escala global.[19] Pode-se então mencionar o acesso a matérias

---

[14] WHO. *Coronavirus disease 2019 (COVID-19) Situation Report-49*. Disponível em <https://www.who.int/docs/default-source/coronaviruse/situation-reports/20200309-sitrep-49-covid-19.pdf?sfvrsn=70dabe61_4>. Acesso em 10/04/2020. WHO. *Coronavirus disease 2019 (COVID-19) Situation Report-80*. Disponível em < https://www.who.int/docs/default-source/coronaviruse/situation-reports/20200409-sitrep-80-covid-19.pdf?sfvrsn=1b685d64_4>. Acesso em 10/04/2020.

[15] JOHS HOPKINS UNIVERSITY & MEDICINE. CORONAVIRUS RESOURCE CENTER. *Covid-19 Dashboard by the Center for Systems Science and Engineering (CDDE)*. Disponível em: < https://coronavirus.jhu.edu/map.html>. Acesso em 10/04/2020.

[16] WHO. *Coronavirus disease 2019 (COVID-19) Situation Report-49*.

[17] SOUZA, A. e al. "Ministério da Saúde descobre que coronavírus chegou ao Brasil em janeiro". *In: O Globo*, 02.04.2020. Disponível em: <https://oglobo.globo.com/sociedade/ministerio-da-saude-descobre-que-coronavirus-chegou-ao-brasil-em-janeiro-1-24347029>. Acesso em 10/04/2020.

[18] LE PRESTRE, P. « Sécurité environnementale et insécurités internationales » *In: Revue Québécoise de droit international*, vol. 11-1, 1998. Cinquantenaire de la Déclaration américaine des droits et devoirs de l'homme. pp. 271-291 Disponível em <https://www.persee.fr/doc/rqdi_0828-9999_1998_num_11_1_1834>. Acesso em 10/04/2020.

[19] LE PRESTRE, P. « Sécurité environnementale et insécurités internationales » *In: Revue Québécoise de droit international*, vol. 11-1, 1998. Cinquantenaire de la Déclaration américaine des droits et devoirs de l'homme. pp. 271-291 Disponível em <https://www.persee.fr/doc/rqdi_0828-9999_1998_num_11_1_1834>. Acesso em 10/04/2020.

primas para produção de medicamentos para lutar contra e epidemia da COVID-19 ou ainda a equipamentos de proteção individual (EPIs) e equipamentos de tratamento aos doentes – máscaras, aventais, protetores faciais, luvas e respiradores. Veja-se que a paralização de atividades ao redor do mundo em razão da necessidade de isolamento social colocou, por um lado, em xeque a produção de medicamentos, como dos EPIs e de respiradores. Para propiciar a defesa do Estado e de sua população, muitos países impuseram medidas restritivas baseadas no Regulamento Sanitário Internacional (RSI) e adotaram inspeções sistemáticas e atividades de controle em aeroportos, portos e passagens de fronteiras terrestres, com o intuito de prevenir a propagação internacional da COVID-19.

Por outro lado, em razão da necessidade de isolamento social, ocorreu certo "eclipse institucional",[20] ou seja, parte do controle ambiental deixou de ser realizado, o que conduziu a uma ação ilegal de desmatamento com um aumento exponencial na região amazônica: alta de 30% no mês de março de 2020 (326,51 Km2) se comparado com o mesmo mês no ano anterior (251,42 Km2).[21] E o desmatamento da Amazônia tem um impacto nos efeitos da mudança climática, na conservação da biodiversidade e coloca em risco o sistema internacional e, em última análise, a sobrevivência da vida humana no planeta.

Aliás, a segurança do sistema internacional, compreendida como a ordem internacional voltada para a questão ambiental, de acordo com Le Prestre, refere-se a poluições transfronteiriças ou acesso comum a recursos compartilhados.[22] Poderíamos acrescentar que essa segurança do sistema internacional compreende a ordem pública internacional, enquanto um mínimo de condições essenciais à vida e à sobrevivência da espécie humana. Ao analisar a epidemia da COVID-19 sob a perspectiva da segurança do sistema internacional, observa-se que a COVID-19 alastrou-se para além das fronteiras dos Estados, e a

---

[20] GUIMARAES, A. et al. "Covid-19 e o desmatamento amazônico". *El País*, 31 mar. 2020.

[21] Esses são dados do Instituto Nacional de Pesquisa Espaciais (INPE). GIRARDI, G. "Em meio ao coronavírus, desmatamento da Amazônia foi única coisa que não parou em março". *O Estado de São Paulo*, 10 abr. 2020.

[22] LE PRESTRE, P. « Sécurité environnementale et insécurités internationales » *In: Revue Québécoise de droit international*, vol. 11-1, 1998. Cinquantenaire de la Déclaration américaine des droits et devoirs de l'homme. pp. 271-291 Disponível em <https://www.persee.fr/doc/rqdi_0828-9999_1998_num_11_1_1834>. Acesso em 10/04/2020.

propagação da epidemia em qualquer país pode colocar em risco a vida de toda humanidade. É, portanto, fundamental compreender o papel da OMS, cujas diretrizes visam preparar os países em caso de uma pandemia para responderem adequadamente no enfrentamento dessa situação. Com base em evidências científicas, a OMS traçou uma série de medidas para enfrentar a pandemia da COVID-19, que fazem parte do documento intitulado *"Critical preparedness, readiness and response actions for COVID-19"* (Ações críticas de preparação, prontidão e resposta à COVID-19).[23] Assim, o plano estratégico de ação estabelecido tem como objetivo: a) diminuir e parar a transmissão, prevenir surtos e atrasar a sua propagação; b) propiciar atendimento otimizado a todos os pacientes, notadamente os gravemente enfermos e; c) minimizar o impacto da epidemia nos sistemas de saúde, serviços sociais e atividade econômica. Trata-se, portanto, de diretrizes que tem como objetivo maior a salvaguarda da vida humana.

Põe-se, assim, a questão: no caso do Estado brasileiro, como os entes federados estão atuando para enfrentar a pandemia da COVID-19? Buscaremos responder a essa e a outras questões no próximo tópico.

2. DIREITO AO MEIO AMBIENTE E DIREITO À SAÚDE: O ENFRENTAMENTO DA COVID-19, UMA QUESTÃO DE COMPETÊNCIAS CONSTITUCIONAIS DOS ENTES FEDERADOS?

Pode-se indagar se a questão do enfrentamento da COVID-19 se resume a uma questão de competências constitucionais dos entes federados, ou seja, quem pode e deve legislar, quem pode e deve adotar ações e quais medidas podem ser adotadas, quando elas devem ser adotadas, entre outras. Embora a pandemia da COVID-19 não deva ser tratada meramente como questão de competências constitucionais, aqui demonstraremos que: a falta de articulação entre os entes federados e,

---

[23] WHO. *Critical preparedness, readiness and response actions for COVID-19,* (WHO/2019-nCoV/Community Actions/2020.3), 19 mar. 2020. Disponível em: <https://www.who.int/publications-detail/critical-preparedness-readiness-and-response-actions-for-covid-19>. Acesso em 10/04/2020.

até mesmo discursos de chefes do Poder Executivo que contradizem diretrizes da OMS, tem conduzido a um ambiente confuso e desordenado para combater a pandemia e organizar respostas da população para enfrentar esse momento de crise.

Se, por um lado, a Constituição de 1988 reconheceu expressamente tanto o direito ao meio ambiente ecologicamente equilibrado (art. 225), quanto o direito à saúde (art. 196), por outro lado, ela também determinou que ao Poder Público incumbe assegurar tais direitos. Nesse sentido, o direito ao meio ambiente e o direito à saúde devem ser concretizados no cotidiano, assegurando-se condições para o exercício da cidadania. Em situações de crise, como a da COVID-19, devem ser consideradas particularmente a situação de pobreza e de vulnerabilidade social de parcela da população brasileira.

O Estado tem o dever de assegurar esses direitos por meio da implementação de ações, que busquem reduzir o risco de doenças e prejuízo à saúde, com acesso universal e igualitário às ações de promoção, proteção e recuperação da saúde, e; ações que visem também à preservação e reparação de processos ecológicos essenciais, a preservação da biodiversidade e a promoção da educação ambiental. Então, qual ente federado tem competências administrativa e legislativa para tanto?

Tanto em matéria ambiental como no caso da saúde, estamos diante de competência administrativa comum dos entes federados (art. 23), ou seja, todos devem adotar ações para cumprir seu dever constitucional e cooperar em situações de crise, como a da COVID-19, para assegurar a proteção da saúde da população e do meio ambiente hígido. Nesse campo, a competência legislativa é concorrente – tanto em matéria ambiental, como em relação à proteção e defesa da saúde – e assim União, Estados e Distrito Federal devem legislar, cabendo à União a adoção de normas gerais e, aos Estados, de normas específicas, suplementando e complementando as normas gerais federais. Em caso de não adoção de normas gerais pela União, os Estados podem exercer sua competência legislativa plena, o mesmo se estendendo aos municípios, desde que, haja interesse local e sejam respeitadas as normas estaduais, caso existentes.

Observe-se que, embora os Municípios, não integrem o *caput* do art. 24 da CF/88, acabam também podendo legislar sobre as matérias arroladas nesse dispositivo, por força dos incisos I e II do art. 30, que estabelece caber aos Municípios legislar sobre assuntos de interesse local e suplementar a legislação federal e estadual, no que couber. Desse modo, os Municípios poderão legislar sobre proteção à saúde e ao meio ambiente desde que conjugadas essas duas exigências: haver interesse local e respeitar as normas gerais federais e as normas estaduais específicas.[24] Nesse ponto, importante ressaltar que não se trata de "obedecer" a Decretos federais, por exemplo, que não se enquadrem como normas gerais ou que contrariem compromissos internacionais assumidos pelo Estado brasileiro,[25] normas constitucionais e infraconstitucionais. Na hipótese de seja editado, no Brasil, decreto presidencial acabando com o isolamento social, como vem sendo alardeado no início de abril de 2020: a sua observância não será obrigatória para Estados e municípios, pois ele viola frontalmente compromissos internacionais assumidos pelo Brasil e dispositivos constitucionais de proteção à saúde humana e ao meio ambiente, diante do conhecimento científico que existe em relação à COVID-19. Além disso, deve-se observar que "em matéria de proteção ao meio ambiente e em matéria de defesa de saúde pública, nada impede

---

[24] ALMEIDA, F. D. M. de. *Competências na Constituição de 1988*. São Paulo: Atlas, 1991; LEUZINGER, M. D. *Meio ambiente, propriedade e repartição constitucional de competências*. Rio de Janeiro: Esplanada, 2002.

[25] Por exemplo, o Protocolo adicional a Convenção Americana sobre direitos humanos em matéria de direitos econômicos, sociais e culturais "Protocolo de San Salvador" consagra o direito à saúde (art. 10) e o direito a um meio ambiente sadio (art. 11). De acordo com o art. 10 desse texto, os Estados reconhecem a saúde como bem público e para tornar efetivo o direito à saúde comprometem-se a adotar uma serie de medidas, dentre as quais a satisfação das necessidades de saúde dos grupos de mais alto risco e que, por suas condições de pobreza, sejam mais vulneráveis. De acordo com o Protocolo de San Salvador, os Estados se comprometem a: "adotar as medidas necessárias, tanto de ordem interna como por meio da cooperação entre os Estados, especialmente econômica e técnica, até o máximo dos recursos disponíveis e levando em conta seu grau de desenvolvimento, a fim de conseguir, progressivamente e de acordo com a legislação interna, a plena efetividade dos direitos reconhecidos neste Protocolo" (art. 1º). Aqui podemos destacar tanto a necessidade de cooperação internacional como a implementação de maneira progressiva desses direitos.

que a legislação estadual e a legislação municipal sejam mais restritivas do que a legislação da União e a legislação do próprio Estado, em se tratando de Municípios".[26]

Destaque-se que é "o critério da preponderância da norma mais restritiva em razão da proteção ambiental e da saúde humana que traz coerência a uma interpretação dos tribunais superiores brasileiros que se coaduna com os objetivos da federação".[27] E ainda devemos lembrar que o texto constitucional de 1988 preconizou um papel fundamental aos Municípios em matéria de saúde: ao instituir o Sistema Único de Saúde (SUS), conferiu-lhes um papel central na implementação de estruturas para assegurar o direito de todos à saúde, o que reforça o argumento da competência municipal sobre a matéria.

Essa discussão sobre competências chegou ao Supremo Tribunal Federal (STF). O Conselho Federal da Ordem dos Advogados do Brasil (OAB) propôs uma Arguição de Descumprimento de Preceito Fundamental (ADPF n. 672 – Distrito Federal) em face de atos omissivos e comissivos do Poder Executivo federal que foram praticados no contexto da crise da pandemia da COVID-19, sustentando que:

> "a atuação de Estados e Municípios torna-se ainda mais crucial porque são as autoridades locais e regionais que tem condições de fazer um diagnóstico em torno do avanço da doença e da capacidade de operação do sistema de saúde de cada localidade".[28]

Nessa ação, o requerente formulou um pedido de concessão de medida cautelar, por um lado, para que o Presidente da República se abstenha da prática de atos contrários às políticas de isolamento social,

---

[26] STF, MC na ADIn 3.937-7, Rel. Min. Marco Aurélio, 04 jun. 2008.

[27] SILVA, S. T. da. "Competência legislativa em matéria ambiental: uma análise da evolução jurisprudencial no STJ e STF". In *Revista dos Tribunais*, vol. 945, 2014, pp. 39-58.

[28] STF, ADPF 672, 08.04.2020. Disponível em < http://www.stf.jus.br/arquivo/cms/noticiaNoticiaStf/anexo/ADPF672liminar.pdf>. Acesso em 10/04/2020.

adotadas pelos Estados e Municípios e, por outro lado, para que seja determinada a implementação de medidas econômicas de apoio aos setores mais atingidos pela crise. Em realidade, o requerente alegou ainda a existência de "atuação pessoal do Presidente da República em nítido contraste com as diretrizes recomendadas pelas autoridades sanitárias de todo mundo, inclusive do Ministério da Saúde brasileiro".[29]

O Relator da ADPF, Ministro Alexandre de Moraes, em 8 de abril de 2020, concedeu parcialmente a medida cautelar, reconhecendo e assegurando o exercício da competência concorrente dos entes federados – Estados-membros e Distrito Federal – e suplementar dos Municípios. Afirma, o Relator que:

> "(...) não compete ao Poder Executivo federal afastar, unilateralmente, as decisões dos governos estaduais, distrital e municipais que, no exercício de suas competências constitucionais, adotaram ou venham a adotar, no âmbito de seus respectivos territórios, importantes medidas restritivas como a imposição de distanciamento/isolamento social, quarentena, suspensão de atividades de ensino, restrições de comércio, atividades culturais e a circulação de pessoas, entre outros mecanismos reconhecidamente eficazes para a redução do número de infectados e de óbitos, como demonstram a recomendação da OMS (Organização Mundial da Saúde) e vários estudos técnicos científicos (...)".[30]

Assim, medidas para o combate a pandemia da COVID-19 foram tomadas baseadas no princípio da prevenção, tendo como objetivo afastar o perigo iminente de contaminação, óbitos e o colapso do sistema de saúde. Não se trata, portanto, de incertezas científicas, já que há a possibilidade de prever a evolução da contaminação e de óbitos da COVID-19, observando-se a experiência de outros países. O perigo grave e iminente para a saúde pública e para a vida da população brasileira,

---

[29] STF, ADPF 672, 08 abr. 2020. Disponível em < http://www.stf.jus.br/arquivo/cms/noticiaNoticiaStf/anexo/ADPF672liminar.pdf> Acesso em 10/04/2020.

[30] STF, ADPF 672, 08 abr. 2020. Disponível em < http://www.stf.jus.br/arquivo/cms/noticiaNoticiaStf/anexo/ADPF672liminar.pdf> Acesso em 10/04/2020.

sobretudo a dos mais vulneráveis, decorrente da pandemia da COVID-19, impõe aos poderes públicos que façam prevalecer os imperativos da saúde sobre a liberdade econômica, com base nas experiências de outros países e em pesquisas científicas.

Não é possível a um só ente federado arcar com todos os ônus de enfrentamento da crise causada pela pandemia: há a necessidade do fortalecimento dos sistemas de saúde pública, com a construção de hospitais de campanha e a compra de equipamentos de UTI e medicação para os que já existem, e a assistência financeira aos vulneráveis. Portanto, o enfrentamento da pandemia da COVID-19 não se resume a uma questão de competências, há a necessidade de cooperação dos entes federados para o enfrentamento dessa crise e ações articuladas. Quanto a esse ponto, a Constituição de 1988, no parágrafo único do art. 23, determina que leis complementares fixarão normas para a cooperação entre os entes políticos, tendo em vista o desenvolvimento e bem-estar em âmbito nacional. Trata-se do federalismo cooperativos, que, diante da crise, evidencia sua essencialidade.

3. A ATUAÇÃO DOS ENTES FEDERADOS NO ENFRENTAMENTO À COVID-19 E OS PRINCÍPIOS DO DIREITO AMBIENTAL

Os princípios podem ser analisados enquanto os fundamentos, a base de um sistema, e podem ainda influenciar a interpretação de determinados aspectos e auxiliarem a sua implementação. No caso do direito ambiental, como afirma Michel Prieur, os princípios jurídicos podem ser compreendidos como "princípios comuns aos povos do planeta, expressão de uma solidariedade mundial devido à globalidade dos problemas ambientais",[31] e podem ser analisados, seja como princípios fundadores do direito ambiental, ou como princípios operacionais ou instrumentais.[32] Considerando-se que o enfrentamento da epidemia da

---

[31] (Tradução livre). PRIEUR, M. *Droit de l'environnement*, 5ª ed. Paris: Dalloz, 2004, p. 49.

[32] PRIEUR, M. *Droit de l'environnement*, 5ª ed. Paris: Dalloz, 2004, p. 49.

COVID-19 reclama ações emergenciais, pautadas em princípios comuns que devem expressar uma solidariedade entre os entes federados à luz da sua escala de gravidade, pautaremos nossa análise nos princípios operacionais ou instrumentais do direito ambiental.

Podemos nos indagar como o princípio da informação/participação e prevenção/precaução tem pautado as ações na esfera da União, dos Estados-membros e dos Municípios. Nesse artigo, debruçar-nos-emos, em particular, sobre as ações realizadas para combater a pandemia da COVID-19 realizadas pela União e pelo Estado e Município de São Paulo, visto que, no território desses dois últimos entes federados concentra-se o maior número de contaminados e de óbitos.[33]

Na esfera federal, a Portaria MS n. 188, de 3 de fevereiro de 2020, declarou Emergência de Saúde Pública de Importância Nacional (ESPIN), em razão da infecção humana pelo novo coronavírus (2019-nCoV), e estabeleceu o Centro de Operações de Emergências em Saúde Pública, como mecanismo para a gestão coordenada da resposta a essa emergência na esfera nacional, sob responsabilidade da Secretaria de Vigilância em Saúde. Três dias mais tarde foi sancionada a Lei n. 13.979, de 6 de fevereiro de 2020 (Lei de conversão da MP 928/2020), que dispôs sobre as medidas para enfrentamento da emergência de saúde publica de importância internacional, decorrente do coronavírus, responsável pelo surto de 2019.[34] Essa Lei, em seu art. 3º, estabeleceu uma lista das medidas a serem adotadas pelas autoridades públicas, no âmbito de suas respectivas competências, ou seja, medidas a serem adotadas pela União, Estados, Distrito Federal e Municípios. Essas medidas contemplam: a) o isolamento social, b) a quarentena, c) a determinação de realização compulsória de uma série de ações tais como exames médicos, testes laboratoriais, coleta de amostras clínicas, vacinação e tratamentos médicos específicos; d) estudo ou investigação epidemiológica;

---

[33] Informações sobre os demais estados ilustrarão, quando necessário, a presente discussão.

[34] BRASIL. Lei n. 13.979, de 6 fev. 2020, Disponível em: <http://www.planalto.gov.br/ccivil_03/_Ato2019-2022/2020/Lei/L13979.htm>. Acesso em 10/04/2020.

e) exumação, necropsia, cremação e manejo de cadáver; f) restrição excepcional e temporária por rodovias, portos e aeroportos, em conformidade com recomendação técnica e fundamentada da Agencia Nacional de Vigilância Sanitária (ANVS);[35] g) requisição de bens e serviços assegurando-se o pagamento posterior de indenização justa; h) autorização excepcional e temporária para importação de produtos sujeitos a vigilância sanitária sem registro da Anvisa.

O direito à informação das pessoas afetadas por essas medidas encontra-se assegurado no § 2º do art. 3º dessa Lei: elas têm o direito de serem informadas permanentemente sobre o seu estado de saúde e a assistência à família conforme regulamento. Nesse ponto, a Lei respeitou o princípio da publicidade e o direito à informação, inscritos nos arts. 37, *caput*, e 5º, XXXIII, do texto constitucional de 1988, respectivamente. Aqui podemos considerar a informação igualmente sob o prisma da informação ambiental enquanto dados, informações, experiências e conhecimentos que dizem respeito ao conjunto de fatores que influenciam o meio no qual os seres humanos vivem, ou seja, o conjunto de informações que estão influenciando a nossa vida nesse momento da pandemia da COVID-19. Há um dever do Estado em informar, ou seja, há uma obrigação positiva dos órgãos públicos de produzir informações ambientais e de saúde pública, indicando os riscos e propiciando a formação de uma consciência pública. Por outro lado, há o direito de acesso à informação, resguardando-se o sigilo da fonte, quando necessário ao exercício profissional[36] e igualmente o direito de todos de receber dos órgãos públicos informações de seu interesse particular, ou de interesse coletivo ou geral, informações que devem ser prestadas no prazo da lei, ressalvadas aquelas cujo sigilo seja imprescindível à segurança da sociedade e do Estado.[37]

---

[35] BRASIL. Portaria Interministerial 125 de 19 de março de 2020. BRASIL. Portaria Interministerial n. 132 de 22 de março de 2020. BRASIL. Portaria Interministerial n. 8 de 2 de abril de 2020.
[36] Art. 5º, inc. XIV da Constituição de 1988.
[37] Art. 5º, inc. XXXIII da Constituição de 1988.

Todavia, visando restringir o acesso à informação, o Presidente da República editou a Medida Provisória n. 928/2020, que introduziu o art. 6º B à Lei n. 13.979/20, relativizando os pedidos de acesso à informação com base na Lei n. 12.527/11. O referido dispositivo dá preferência a pedidos de informação relacionados à medidas de enfrentamento da pandemia, suspende prazos de resposta a pedidos em algumas situações, como, por exemplo, a de órgãos que adotaram o teletrabalho e não conhece recursos negados com base nesse dispositivo.

A clara violação de direitos constitucionais[38] levou o Conselho Federal da Ordem dos Advogados do Brasil (OAB) a ajuizar ação direta de inconstitucionalidade (ADI 6351). O Ministro Alexandre de Morais concedeu a medida cautelar requerida, aos 26 de março de 2020, ao fundamento de que:

> "A publicidade específica de determinada informação somente poderá ser excepcionada quando o interesse público assim determinar. Portanto, salvo situações excepcionais, a Administração Pública tem o dever de absoluta transparência na condução dos negócios públicos, sob pena de desrespeito aos artigos 37, caput e 5º, incisos XXXIII e LXXII, pois como destacado pelo Ministro CELSO DE MELLO, 'o modelo político jurídico, plasmado na nova ordem constitucional, rejeita o poder que oculta e o poder que se oculta' (Pleno, RHD no 22/DF, Red. p/ Acórdão Min. CELSO DE MELLO, DJ, 1-9-95).
> O art. 6º-B da Lei 13.979/2020, incluído pelo art. 1º da Medida Provisória 928/2020, não estabelece situações excepcionais e concretas impeditivas de acesso à informação, pelo contrário, transforma a regra constitucional de publicidade e transparência em exceção, invertendo a finalidade da proteção constitucional ao livre acesso de informações a toda Sociedade".[39]

Como se pode perceber, essa decisão privilegia os princípios da informação e da publicidade, que somente podem ser

---

[38] Arts. 2º, 5º, XXXIII, 37, § 3º, II, 62, e 216, § 2º, da Constituição de 1988.
[39] STF. ADIn (MC) 6.351- DF, 26.03.2020. Disponível em <http://portal.stf.jus.br/processos/detalhe.asp?incidente=5881853>. Acesso em 10/04/2020.

excepcionados quando o interesse público assim determinar, e não ao sabor do governante de plantão, com base em falsas premissas de emergência, que nada tem a ver com a necessidade de sigilo.

Tanto no que concerne ao direito à saúde, quanto ao direito ao meio ambiente equilibrado, publicidade e informação são essenciais e constituem pilares da democracia. No entanto, deve-se ter cuidado para não se confundir publicidade em relação aos atos administrativos e atividades da Administração Pública de um modo geral, que devem ser acessíveis ao público, e publicidade do governo, no sentido de propaganda, que podem, em alguns casos, ser absolutamente prejudiciais.

Em realidade, isso ocorreu com a propaganda "O Brasil não pode parar", lançada pela Presidência da República aos 26 de março de 2020. O objetivo desta propagada era flexibilizar as medidas distanciamento ou isolamento social, preconizadas pelo Ministério da Saúde. Após uma forte reação negativa e diversas ações judiciais ajuizadas contra a campanha, o governo federal apagou as publicações com o *slogan*, que ficaram visíveis até a noite do dia 27 de março de 2020.[40] A propaganda contrária ao distanciamento social, medida que vem sendo adotada em todo o mundo e recomendada pela OMS e pela comunidade científica, acabou por acarretar carreatas a favor da reabertura do comércio em todo o país, mesmo em meio à escalada de casos no Brasil.

Importante ressaltar que, o direito à informação, no que tange à proteção do meio ambiente, foi regulamentado pela Lei n. 10.650, de 16 de abril de 2003, que dispõe sobre o acesso público aos dados e informações existentes nos órgãos e entidades integrantes do Sistema Nacional de Meio Ambiente (SISNAMA), formado por órgãos e entidades, federais estaduais e municipais, cujo objetivo seja a proteção

---

[40] "Após reações, governo apaga publicações com slogan "O Brasil não pode parar'". *Jornal Estado de Minas*, 28 mar. 2020. Disponível em: <https://www.em.com.br/app/noticia/politica/2020/03/28/interna_politica,1133397/apos-reacoes-governo-apaga-publicacoes- slogan-o-brasil-nao-pode-parar.shtml>. Acesso em 10/04/2020.

ambiental.[41] Nos termos do § 1º do art. 2º dessa Lei, "qualquer indivíduo, independentemente da comprovação de interesse específico, terá acesso às informações de que trata esta Lei". E, a informação ambiental constitui "princípio basilar do sistema de proteção ambiental, orienta ações em prol da preservação, melhoria e recuperação da qualidade ambiental propícia à vida (...)".[42] Como compreender os riscos associados à COVID-19 sem um acesso adequado à informação? Esse acesso à informação é essencial para que possa haver participação, ou seja, para que os indivíduos e a sociedade brasileira possam se posicionar e compreender que as medidas preventivas em relação à COVID-19 devem ser adotadas: trata-se de proteger a vida, para enfrentar essa situação de crise.

Sem que o Estado brasileiro cumpra o seu dever de informar e sem o acesso a informação adequada, torna-se quase impossível a conscientização e a participação e, consequentemente, o controle de ações prejudiciais ao meio ambiente e à saúde da população. A governança do sistema de respostas às crises ambientais e sanitárias fica seriamente comprometida sem o devido acesso à informação.

No que diz respeito à transparência dos dados, avaliação realizada pela *Open Knowledge Brasil* demonstra que "78% dos entes avaliados, incluindo estados e governo federal, ainda não publicam informações suficientes para monitorar a pandemia".[43] E, a subnotificação é um problema real já quem sem os dados, a dimensão da pandemia não é conhecida e isso prejudica as ações a serem tomadas.[44] O Conselho

---

[41] BRASIL. Lei n. 10.650, de 16 de abril de 2003, que dispõe sobre o acesso público aos dados e informações existentes nos órgãos e entidades integrantes do Sistema Nacional de Meio Ambiente (SISNAMA).

[42] SILVA, S. T. da: "Direito à informação em matéria ambiental" *In*: SAMPAIO, R. S. R. e al. (orgs.) *Tópicos de Direito Ambiental*: 30 anos da Política Nacional do Meio Ambiente. FGV: Rio de Janeiro, pp. 425-441.

[43] Essa plataforma encontra-se em constante atualização e esses dados referem-se a 10 de abril de 2020. OPEN KNOWLEDGE BRASIL. *Boletim #2 – Coronavírus: metade dos estados melhora em transparência.* 10 abr. 2020. Disponível em <https://transparenciacovid19.ok.org.br/files/Transparencia-Covid19_Boletim_2.pdf>. Acesso em 10/04/2020.

[44] "Sem testes a gente não tem dados confiáveis. As pessoas estão se infectando e morrendo sem fazer diagnóstico. Teríamos de fazer milhares de testes toda semana.

Nacional de Justiça (CNJ), por meio do Observatório Nacional de Casos de Alta Complexidade e Grande Impacto e Repercussão, está reunindo os dados de mortes causadas por COVID-19, fornecidos em tempo real pelos cartórios de registro civil em todo o país. Trata-se, assim, de uma ferramenta que visa apurar de forma mais célere as subnotificações de óbitos em razão da epidemia.

Apenas com acesso às informações e com base nas evidências científicas, seguindo as diretrizes da OMS, os entes da federação poderão estabelecer medidas pautadas na prevenção para resguardar a saúde da população e o meio ambiente ecologicamente equilibrado. Como afirma Yuval Noah Harari, "A história indica que a verdadeira proteção vem do compartilhamento de informações científicas confiáveis e da solidariedade internacional".[45] Se a cooperação internacional tem um papel fundamental nesse momento de crise, igualmente importante é o papel da cooperação entre os entes federados para que não ocorra o esgarçamento do pacto federativo e para que a população brasileira em sua integralidade seja protegida.

No Estado de São Paulo, foi adotado, em 31 de janeiro de 2020, um plano de prevenção, tendo como um de seus eixos a transparência. Assim, foi criado um *site* – https://www.saopaulo.sp.gov.br/coronavirus/ – que traz informações sobre prevenção e da COVID-19. Várias medidas preventivas foram tomadas no Estado de São Paulo para minimizar a contaminação social[46] e, tanto o Estado e o Município de São Paulo,

---

Mandetta fala que vai relaxar o isolamento nas cidades com mais de 50% dos leitos ociosos. Mas como saber se o número de infectados não é bem maior?', questiona [o médico epidemiologista Francisco Job Neto]". OLIVEIRA, C. "Subnotificação esconde dimensão da covid-19 no Brasil". *Rede Brasil Atual* 09/04/2020. Disponível em <https://www.redebrasilatual.com.br/saude-e-ciencia/2020/04/subnotificacao-esconde-dimensao-da-covid-19-no-brasil/> Acesso em 10/04/2020.

[45] HARARI, Y. N. « La coopération est le véritable antidote à l'épidémie ». *Le Monde*, 07 abr. 2020, p. 24.

[46] Dentre as medidas previstas no Decreto 64.982/2020 estão: a) a suspensão de eventos com público superior a 500 (quinhentas) pessoas no âmbito das secretarias estaduais e entidades autárquicas, b) a suspensão gradual de aulas no âmbito da Secretaria de Educação e do Centro Paula Souza de 16 a 23 de marco; c) a recomendação de suspensão

ambos declararam estado de calamidade publica, tendo sido suspensas as atividades nos órgãos públicos, com exceção dos serviços essenciais.[47]

A quarentena foi então adotada no Estado de São Paulo no dia 22 de março de 2020, como uma medida prevista na Lei federal n. 13.979/2020, para restringir atividades, a fim de evitar a possível contaminação ou propagação do coronavírus. Esse prazo foi estendido ate 22 de abril, considerando as recomendações científicas que apontam para a necessidade de distanciamento social para conter a disseminação da COVID-19 e garantir o adequado funcionamento dos serviços de saúde.[48] Em termos estruturais, foi criado o Comitê Administrativo Extraordinário COVID-19 para assessorar o governador do Estado em

---

gradual de aulas na educação básica e ensino superior; d) a recomendação de suspensão de eventos com publico superior a 500 (quinhentas) pessoas). SÃO PAULO (ESTADO). Decreto n. 64.982, de 13 de março de 2020. Dispõe sobre a adoção, no âmbito da Administração Pública direta e indireta, de medidas temporárias e emergenciais de prevenção de contágio pela COVID-19 (Novo coronavírus), bem como sobre recomendações no setor privado estadual. Em seguida, ainda no mês de março foram estabelecidas condições de teletrabalho para servidores em situação de risco, bem como estabelecidas outras medidas, dentre as quais destacam-se aquelas destinadas a maximizar a prestação de serviços a população, com o emprego de meios virtuais, dispensando assim o atendimento presencial. SÃO PAULO (ESTADO). Decreto n. 64.864, de 16 de março de 2020. Dispõe sobre a adoção de medidas adicionais, de caráter temporário e emergencial, de prevenção de contágio pela COVID-19 (Novo Coronavírus), e dá providências correlatas. Aos 18 de março foram então suspensas as atividades de shopping centers, galarias e estabelecimentos congêneres como também academias e centros de ginastica. Não foram abrangidos nessa recomendação supermercados, farmácias e serviços de saúde. SÃO PAULO (ESTADO). Decreto n. 64.865, de 18 de março de 2020, Acrescenta dispositivo ao Decreto n. 64.862, de 13 de março de 2020, que dispõe sobre a adoção, no âmbito da Administração Pública direta e indireta, de medidas temporárias e emergenciais de prevenção de contágio pela COVID-19 (Novo coronavírus), bem como sobre recomendações no setor privado estadual.

[47] SÃO PAULO (ESTADO). Decreto n. 64.879, de 20 de março de 2020. Reconhece o estado de calamidade pública, decorrente da pandemia da COVID-19, que atinge o Estado de São Paulo, e dá providências correlatas. SÃO PAULO (MUNICIPIO). Decreto n. 59.291, de 20 de março de 2020. Declara estado de calamidade pública no Município de São Paulo para enfrentamento da pandemia decorrente do coronavírus.

[48] SÃO PAULO (ESTADO). Decreto n. 64.920 de 6 de abril de 2020, estende o prazo da quarentena de que trata o Decreto n. 64.881, de 22 de março de 2020 e dá outras providências correlatas.

assuntos de natureza administrativa relacionados à pandemia, e à Unidade de Comunicação, órgão central do Sistema e Comunicação do Governo do Estado de São Paulo, foi designada a atribuição de adotar providências para deflagração de campanhas de publicidade institucional. O objetivo da publicidade é esclarecer a população sobre a pandemia da COVID-19.[49] Interessante destacar essa ferramenta. Aqui, mais uma vez, ressaltamos a necessidade de uma informação precisa para a população com base em evidências científicas para evitar o colapso do sistema e mortes desnecessárias. Contudo, deve-se igualmente salientar que não basta a informação, há a necessidade de um ambiente hígido. Acesso à água de qualidade e saneamento colocam-se como condições *sine quo non* para o combate a essa pandemia. Isso porque, sem acesso a condições de higiene, ou seja, em locais onde predominam desigualdade e exclusão, haverá certamente maior proliferação da doença e, consequentemente, o desafio será muito maior.

CONSIDERAÇÕES FINAIS

A crise provocada pela COVID-19 é fundamentalmente uma crise ecológica, uma crise civilizacional que nos conduz a refletir como vivemos, como produzimos e consumimos. Dentre as 102 grandes doenças identificadas pela OMS, 85 estão completamente ou parcialmente relacionadas a causas ambientais.[50] As alterações dos *habitats* e a intensificação do consumo de carne e produtos provenientes de animais selvagens e, por outro lado, a massificação do transporte mundial com fluxo de pessoas, a globalização, são todos fatores que propiciam o surgimento de epidemias.

Face à intensidade da crise, tratando-se especificamente da pandemia da COVID-19, é necessário assegurar a sobrevivência humana,

---

[49] Decreto n. 64.865, de 18 de março de 2020, Acrescenta dispositivo ao Decreto n. 64.862, de 13 de março de 2020, que dispõe sobre a adoção, no âmbito da Administração Pública direta e indireta, de medidas temporárias e emergenciais de prevenção de contágio pelo COVID-19 (Novo coronavírus), bem como sobre recomendações no setor privado estadual.

[50] DAB, W. *Santé et environnement*. Collection Que sais-je? n. 3771, Paris: PUF, 2007, p. 19.

ultrapassando-se um ambiente de disputas políticas que não cabem nesse momento. Parcela significativa da população brasileira que já vive em situação de exclusão social pode perecer pela falta de ações políticas tendentes a fazer valer o texto constitucional e, em especial, os objetivos da Republica Federativa do Brasil: o bem de todos!!!

Em termos de competências constitucionais, a cooperação entre os entes federados a exemplo do que ocorre no Estado e Município de São Paulo é fundamental para o enfrentamento dessa crise. Outros entes federativos deveriam seguir pelo mesmo caminho, evitando disputas desnecessárias e prejudiciais nesse momento e trabalhando para alcançar o melhor enfrentamento possível à crise. Trata-se de uma crise com dimensões e efeitos antes desconhecidos, e que deve ser enfrentada com seriedade e profissionalismo, a partir do exemplo de países que já estão em estágios mais avançados da epidemia e de evidências científicas.

Ademais, a pandemia da COVID-19 envolve uma discussão aprofundada de como o desenvolvimento das atividades humanas conduziram os ecossistemas a perderam a sua resiliência e capacidade de se autorregular. Estamos diante de um problema complexo e de múltiplas escalas no espaço e tempo, e que afeta de modo diverso populações mais vulneráveis. Essa pandemia determinará como as sociedades contemporâneas se reestruturarão para assegurar o futuro da humanidade.

Daí a razão de refletirmos sobre as potencialidades do direito ambiental em indicar caminhos para auxiliar a reduzir os impactos dessa pandemia, bem como para trilhar novos caminhos em face da necessidade da modificação da determinação política, para que seja transformada a relação entre os seres humanos e os modos de apropriação e uso dos recursos naturais. Aqui o princípio da informação ganha relevância: não se trata de credo, de partido politico, de torcer para determinado time de futebol, de ser ou não vegetariano. Trata-se de compreender a necessidade de seguir o conhecimento científico que coloca no isolamento social a única fórmula possível para evitar um crescimento abrupto de contaminação pela COVID-19. Trata-se de refletir conjuntamente para criar estratégias para proteger a saúde e a vida da população, sem que sejam desconsiderados o emprego e o meio ambiente ecologicamente equilibrado,

Para além desse momento, a pandemia da COVID-19 colocou em suspensão discussões essenciais do futuro do planeta. Duas conferências globais com impactos na esfera ambiental foram adiadas: a) a Conferência das Partes da Convenção da Diversidade Biológica (CDB), COP 15, que deveria ser realizada em outubro de 2020, em Kunming, na China, para estabelecer uma agenda pós 2020. Isso significa que decisões importantes para lutar contra a erosão da biodiversidade serão adiadas e; b) a Conferência das Nações Unidas sobre Mudança Climática, COP 26, que deveria ocorrer em novembro, em Glasgow, e foi igualmente adiada, com potenciais consequências para as tentativas realizados para lutar contra os efeitos da mudança do clima.

Esforços deverão ser realizados para criar estratégias não somente na luta contra a epidemia da COVID-19, mas para refletirmos em como o direito e, em particular, o direito ambiental poderá orientar a adoção de um modelo antecipatório pautado nos princípios da prevenção e da precaução, para que possamos compreender a extensão e dinâmica dos danos e riscos de danos que corremos ao optarmos por um determinado modo de vida, de apropriação dos espaços e recursos naturais.

REFERÊNCIAS BIBLIOGRÁFICAS

ALMEIDA, F. D. M. de. *Competências na Constituição de 1988*. São Paulo: Atlas, 1991.

ANDERSEN, K. G. et al. "The proximal origin of SARS-CoV-2". *In: Nature Medicine*. 17 March 2020.

BARBEIRO, H. *O Relatório da Cia*: como será o mundo em 2020. Rio de Janeiro: Ediouro, 2012.

BRASIL. Lei n. 10.650, de 16 de abril de 2003, que dispõe sobre o acesso público aos dados e informações existentes nos órgãos e entidades integrantes do Sistema Nacional de Meio Ambiente (SISNAMA).

_____. Lei n. 13.979, de 6 de fevereiro de 2020, Disponível em: <http://www.planalto.gov.br/ccivil_03/_Ato2019-2022/2020/Lei/L13979.htm>. Acesso em 10/04/2020.

_____. Portaria Interministerial 125 de 19 de março de 2020.

_____. Portaria Interministerial n. 132 de 22 de março de 2020.

_____. Portaria Interministerial n. 8 de 2 de abril de 2020.

CHARLIER, P. et. al. « Global warming and planetary health: An open letter to the WHO from scientific and indigenous people urging for paleomicrobiology studies" *In: Infection, Genetics and evolution*, vol. 82, august 2020.

GOULD, E. "Emerging viruses and the significance of climate change" *In: Clinical Mocrobiology and Infection* vol. 15, issue 6, June 2009, p. 503.

LE BRIS, C. « Esquisse de l'humanité juridique : L'humanité juridique, une sphère infinie dont le centre et partout, la circonférence nulle part » *In: R.I.E.J.* 2012.69 .

GUILLEBAUD, J.-C. *Le principe d'humanité*. Paris: Editions du Seuil, 2001.

LE PRESTRE, P. « Sécurité environnementale et insécurités internationales » *In: Revue Québécoise de droit international*, vol. 11-1, 1998. Cinquantenaire de la Déclaration américaine des droits et devoirs de l'homme. pp. 271-291 Disponível em <https://www.persee.fr/doc/rqdi_0828-9999_1998_num_11_1_1834>. Acesso em 10/04/2020.

LEUZINGER, M. D. *Meio ambiente, propriedade e repartição constitucional de competências*. Rio de Janeiro: Esplanada, 2002.

LÖWY, M. "Crise ecológica, crise capitalista, crise de civilização: a alternativa ecossocialista". *In: Cad. CRH.*, vol. 26, n. 67, p. 79-86, apr. 2013. Disponível em: <http://www.scielo.br/scielo.php?script=sci_arttext&pid=S0103-49792013000100006&lng=en&nrm=iso>. Acesso em 10/04/2020.

MIRSKI, T. et al. "Impact of Climate Change on Infectious Diseases". *In: Pol. J Environ. Stud.* vol. 21, n. 3, 2012, pp. 525-532.

PRIEUR, M. *Droit de l'environnement*. 5ᵉ ed. Paris: Dalloz, 2004, p. 49.

ROCKSTRÖM, J., et al. "Planetary boundaries: exploring the safe operating space for humanity". *In: Ecology and Society* 14(2): 32, 2009. Disponível em: <http://www.ecologyandsociety.org/vol14/iss2/art32/>. Acesso em 10/04/2020.

SCHVOERER, E. et al. "Climate Change : Impact on Viral Diseases" *In: The Open Epodemiology Journal*, vol. 1, 2008, pp. 53-56.

SILVA, S. T. da. "Competência legislativa em matéria ambiental: uma análise da evolução jurisprudencial no STJ e STF". *In: Revista dos Tribunais*, vol. 945, 2014, pp. 39-58.

SILVA, S. T. da: "Direito à informação em matéria ambiental". *In:* SAMPAIO, R. S. R. e al. (orgs.) *Tópicos de Direito Ambiental*: 30 anos da Política Nacional do Meio Ambiente. FGV: Rio de Janeiro, pp. 425-441.

SOUZA FILHO, C. M. "Coronavírus e conceito de riqueza". *In: Revista Pub Diálogos Interdisciplinares* n. 25/2020. Disponível em: <https://www.revistapub.org/post/01042020>. Acesso em 10/04/2010.

STEFFEN, W. et al. "Planetary boundaries: guiding human development on a changing planet". *In: Science*, vol. 347, issue 6223, 13 Feb 2015. [on line] Disponível em: <https://science.sciencemag.org/content/347/6223/1259855>. Acesso em 10/04/2020.

STF, ADPF 672, 08.04.2020. Disponível em < http://www.stf.jus.br/arquivo/cms/noticiaNoticiaStf/anexo/ADPF672liminar.pdf> Acesso em 10/04/2020.

STF, MC na ADIn 3.937-7, Rel. Min. Marco Aurélio, 04 jun. 2008.

STF. ADIn (MC) 6.351- DF, 26.03.2020. Disponível em <http://portal.stf.jus.br/processos/detalhe.asp?incidente=5881853>. Acesso em 10/04/2020.

WHO. *Coronavirus disease 2019 (COVID-19) Situation Report-49*. Disponível em <https://www.who.int/docs/default-source/coronaviruse/situation-reports/20200309-sitrep-49-covid-19.pdf?sfvrsn=70dabe61_4>. Acesso em 10/04/2020.

WHO. *Coronavirus disease 2019 (COVID-19) Situation Report-80*. Disponível em < https://www.who.int/docs/default-source/coronaviruse/situation-reports/20200409-sitrep-80-covid-19.pdf?sfvrsn=1b685d64_4>. Acesso em 10/04/2020.

WHO. *Critical preparedness, readiness and response actions for COVID-19*, (WHO/2019-nCoV/Community Actions/2020.3), 19 March 2020. Disponível em: <https://www.who.int/publications-detail/critical-preparedness-readiness-and-response-actions-for-covid-19>. Acesso em 10.04.2020.

Jornais

"Após reações, governo apaga publicações com slogan 'O Brasil não pode parar'". *Jornal Estado de Minas,* 28 mar. 2020. Disponível em: <https://www.em.com.br/app/noticia/politica/2020/03/28/interna_politica,1133397/apos-reacoes-governo-apaga-publicacoes-slogan-o-brasil-nao-pode-parar.shtml>. Acesso em 10/04/2020.

GIRARDI, G. "Em meio ao coronavírus, desmatamento da Amazônia foi única coisa que não parou em março". *O Estado de São Paulo,* 10 abr. 2020.

GUIMARAES, A. et al. "Covid-19 e o desmatamento amazônico". *El Pais,* 31 mar. 2020.

HARARI, Y. N. « La coopération est le véritable antidote à l'épidémie ». *Le Monde,* 07 abr. 2020, p. 24.

MOUTERDE, P. « Les maladies émergentes favorisées par la dégradation de la biodiversité » *In*: *Le Monde,* 08 abr. 2020.

OLIVEIRA, C. "Subnotificação esconde dimensão da covid-19 no Brasil". *Rede Brasil Atual,* 09 abr. 2020. Disponível em < https://www.redebrasilatual.com.br/saude-e-ciencia/2020/04/subnotificacao-esconde-dimensao-da-covid-19-no-brasil/>. Acesso em 10/04/2020.

SOUZA, A. e al. "Ministério da Saúde descobre que coronavírus chegou ao Brasil em janeiro" *In*: O Globo, 02. abr. 2020. Disponível em: <https://oglobo.globo.com/sociedade/ministerio-da-saude-descobre-que-coronavirus-chegou-ao-brasil-em-janeiro-1-24347029>. Acesso em 10/04/2020.

Sites

JOHS HOPKINS UNIVERSITY & MEDICINE. CORONAVIRUS RESOURCE CENTER. *Covid-19 Dashboard by the Center for Systems Science and Engineering (CDDE).* Disponível em: < https://coronavirus.jhu.edu/map.html>. Acesso em 10/04/2020.

OPEN KNOWLEDGE BRASIL. *Boletim #2 – Coronavírus: metade dos estados melhora em transparência.* 10 abr. 2020. Disponível em <https://transparencia covid19.ok.org.br/files/Transparencia-Covid19_Boletim_2.pdf>. Acesso em 10/04/2020.

COVID-19, MEIO AMBIENTE, ASPECTOS PROCESSUAIS E ADMINISTRATIVOS

WERNER GRAU
ANDRÉ MARCHESIN

O avanço da pandemia do novo coronavírus e as rigorosas recomendações das autoridades públicas, visando o enfrentamento de uma situação atípica de crise na saúde pública, afetaram radicalmente o cotidiano da população em geral, assim como dos magistrados, servidores, instituições do sistema de justiça, como o Ministério Público e Defensoria Pública, profissionais do meio jurídico e a dinâmica processual de diversos casos.

Das inúmeras frentes, em que afetadas as relações humanas, sociais e econômicas, trataremos brevemente aqui dos efeitos sobre os aspectos ligados ao direito ambiental em suas vertentes administrativa e judicial.

Para tanto, após breve descrição das medidas adotadas pelos entes administrativos de controle ambiental, e pelo Judiciário, cuidaremos de comentar algumas questões que nos parecem relevantes.

1. OS REFLEXOS DA PANDEMIA DO NOVO CORONAVÍRUS NO PODER JUDICIÁRIO E SUAS CONSEQUÊNCIAS NA TRAMITAÇÃO E JULGAMENTO DE CAUSAS AMBIENTAIS COMPLEXAS

Logo após a chegada em nosso país dessa odiosa pandemia, forçando a sociedade ao isolamento social, o Poder Judiciário reagiu de início por medidas específicas de cada um dos Tribunais, nas esferas federal e estadual, para regulamentar os feitos que teriam ainda andamento, observadas regras a tanto.

Em comum, as medidas que vieram de pronto restringiram o expediente nas repartições judiciárias, para reduzir o fluxo de pessoas nos prédios do Poder Judiciário, contribuindo para a preservação da saúde e proteção da coletividade.

Buscando garantir a continuidade da prestação da tutela jurisdicional, os diversos tribunais adotaram sistemas diferenciados de atendimento, incluindo meios eletrônicos para atendimento remoto, ainda que poucos Tribunais estejam efetivamente estruturados para tanto.

Os normativos do Poder Judiciário indicam que a utilização desses meios de atendimento consideraria a necessidade de deslocamento de servidores aos prédios do Poder Judiciário para viabilizar a realização de solenidades e a continuidade da prestação jurisdicional, como ocorreu no Tribunal de Justiça do Rio Grande do Sul. Para tanto, deve ser considerada a disponibilidade de equipamentos eletrônicos para a prática dos atos processuais, a teor do previsto no parágrafo único do artigo 198 do CPC.

Em outros casos, na impossibilidade de realização de solenidades virtuais, os Tribunais permitiram encontros presenciais, desde que realizados com o menor número de participantes possível. É o caso do que adotou como regra o Tribunal de Justiça de São Paulo.

Ocorre que outras medidas estabelecidas, ao invés de garantirem apenas a menor circulação de pessoas possível no espaço físico de desenvolvimento das atividades do Poder Judiciário, para minimizar o risco de propagação do novo coronavírus, afetaram a regular prestação jurisdicional.

Em muitos casos, as restrições resultaram na suspensão dos prazos processuais, administrativos e jurisdicionais, a publicação de acórdãos, sentenças e decisões, bem como a intimação de partes ou advogados, na Primeira ou Segunda instâncias. A ressalva, em alguns casos, era feita em relação às medidas consideradas urgentes e às obrigações objeto de acordo ou de ordem cronológica.

A rigor, a suspensão dos prazos deveria restringir-se apenas aos processos físicos, nos quais a juntada de petições ou de manifestações não ocorre de forma automática, pois depende de ato de serventuário da Justiça, e os procuradores necessitam consultar os autos, consoante racional dos artigos 228, § 2º, e 229, do CPC.

Estender a suspensão de prazos aos autos eletrônicos é medida que, em tese, violaria a paridade de tratamento em relação ao exercício de direitos e faculdades processuais, dado não observar a proporcionalidade, razoabilidade e eficiência, previstos no artigo 8º do CPC. Admitida a suspensão dos prazos, também para o processo eletrônico, criar-se-ia, segundo algumas relevantes vozes, completa paralisação da atividade jurisdicional, o que seria incompatível com sua natureza essencial.

Diante desse cenário, coube ao Conselho Nacional de Justiça (CNJ) orientar os Tribunais em relação à situação de pandemia do novo coronavírus, o que fez por meio da Resolução n. 313, de 19 de março de 2020 (prorrogada pela Resolução 314, de 20.4.2020, para uniformizar o funcionamento do Poder Judiciário, eliminando disparidades, evitando insegurança jurídica e potenciais prejuízos à tutela de direitos fundamentais diante do quadro excepcional e emergencial que vivenciamos.

O CNJ orienta que os prazos judiciais fixados em processos – sejam autos físicos ou eletrônicos – que tratem de medidas prioritárias e urgentes devem fluir normalmente. Não há, na orientação, distinção entre processos físicos ou eletrônicos.

O mesmo tratamento deve ser aplicado aos casos considerados pelas próprias partes como emergenciais, com fundamento no artigo 5º, § único, combinado com o artigo 6º da Resolução CNJ n. 313/2020, tal como já ocorre para as causas que, no entendimento dos juízes e tribunais, exijam urgência na condução e julgamento, ou ainda na concessão de medida judicial ou tutela de urgência, conforme artigos 12, § 2º, IX; 153, § 2º, I; 294; e 300 do CPC.

A noção de urgência aplica-se, por natural, às ações coletivas que, envolvendo direitos de ordem difusa, objetivam a reparação e recuperação de efeitos decorrentes de fatos como o rompimento das barragens de Fundão (Mariana/MG), em 2015, e da barragem I do Córrego do Feijão (Brumadinho), em 2019. Outros casos, evidente, devem ser considerados pelo Poder Judiciário, sempre a partir da natureza do direito em debate, da grandeza e relevância do objeto do feito.

A noção de urgência incluirá sempre, entre outros elementos, a relevância e alcance dos fatos geradores da controvérsia, a gravidade dos efeitos físicos e prejuízos econômicos, sociais e ambientais, bem como a necessidade de reestabelecimento da ordem e as respostas de emergência e de gerenciamento de risco que são e devem ser postas em prática. Ao Magistrado, ouvidas as partes, caberá decidir acerca da natureza urgente dos casos submetidos ao crivo do Judiciário.

No tocante às demandas envolvendo questões de ordem ambiental, em regra, estar-se-á diante de relevância e urgência, a justificarem o regular processamento do feito mesmo durante o período de isolamento. Pode-se realizar aqui um corte, uma divisão, por assim dizer, entre as categorias gerais de feitos envolvendo as questões de ordem ambiental.

O primeiro corte que se pode realizar segmenta as demandas entre aquelas de natureza preventiva (em regra embaladas pelo invocar o princípio da precaução) e as de natureza reativa (fundadas na obrigação de reparar o dano, mas também podendo trazer pleito de medida tendente e estancar a ocorrência do dano apontado).

Em ambas as classes de demandas, dada a urgência da tutela voltada a evitar ou estancar o dano, ter-se-á a urgência a dar ao feito a necessidade de processamento, ao menos até que obtida a medida de precaução, controlando-se o risco de dano, ou até que se obtenha a medida de estancamento do dano afirmado.

O processamento do feito em seu mérito, em ambos os casos, poderá, a rigor, aguardar a retomada do estado de normalidade. Poderá o Magistrado entender de forma diversa, no entanto, de acordo com o objeto do feito, o que leva à segunda secção.

Tal secção será aquela tocante ao objeto do feito. Se de natureza pura e simplesmente acautelatória do dano, ou seja, voltada a evitar um dano que se aponta potencial, ter-se-á aí, com a obtenção da tutela de urgência, razão para estancar o andamento do feito até a retomada da normalidade.

A exceção surgirá quando o empreendedor demonstrar que a suspensão da liberdade de empreender – presumida a regularidade do licenciamento até então obtido para o empreendimento – trará, se alongada no tempo indefinidamente, perecimento do direito de empreender, se restar ao final revertida a tutela jurisdicional suspensiva do licenciamento.

O exame de tal peculiaridade, no entanto, não será tarefa fácil, à medida em que, a rigor, qualquer atividade, se obstada em seu regular procedimento de licenciamento e implementação, por lapso temporal longo, poderá encontrar obstáculo à retomada de seu plano, dada a variável econômica, a oportunidade do empreender, e outros fatores.

Nos feitos de ordem reativa, no entanto, tudo estará a indicar a necessidade de trâmite mesmo durante períodos de restrição. Isto porque, em regra, demandas que buscam a reparação dos danos ambientais encontrarão não apenas a sempre urgente recomposição do ambiente afetado, lesado, como trarão pleito de recomposição dos efeitos causados a terceiros em razão do dano ao meio ambiente. O dano ambiental puro, assim como o impuro, reclamarão, aqui, o tramitar do feito. A demora na reparação ou compensação, aqui, é lesiva ao direito em sua essência.

O terceiro corte que se poderá fazer diz respeito à magnitude do fato objeto da demanda. Estando-se diante de questões de impacto restrito, tanto no que toca ao meio ambiente quanto no que diz respeito aos efeitos a terceiros, ter-se-á a possibilidade de o Magistrado, observados os critérios outros, enxergar a desnecessidade de trâmite durante o regime de restrição – a descaracterização da urgência, em temas de ordem difusa, será no entanto trabalho de esforço único, porque militará sempre em favor do trâmite das questões envolvendo o meio ambiente e sua higidez o interesse público na resolução da questão.

113

Para os casos de grande impacto, como seria o exemplo dos já citados casos de Mariana e Brumadinho, é natural que se entenda pela urgência e adote-se o regime de continuidade da instrução processual.

Há, no entanto, um ponto chave a se considerar. O que se busca em matéria ambiental, diante do dano, é sua reparação, assim entendida a restituição do *status quo ante*, restando a indenização, na forma do que impõe o artigo 14, § 1º, da Lei n. 6.938, de 31.8.1981. O mote da lei, são vastas a doutrina e a jurisprudência, é a recomposição do bem afetado, seguida da busca pela compensação *in natura*, ou seja, pela reposição do que se perdeu por outro bem de igual valor ecológico – verde por verde – ao invés de substituir-se o bem afetado por pecúnia. A fungibilidade natural das demandas em que se discute perdas de ordem material, nas quais troca-se a reposição do bem lesado por pecúnia com velocidade invencível, não se verifica nas demandas em que o objeto seja a busca de resposta à ofensa a bem de ordem ambiental. Aqui, preferir-se-á, sempre, a recomposição ou, alternativamente, à compensação por medida de igual valor ecológico, para só depois de descartadas estas, por impossíveis, assumir-se a reparação em pecúnia como opção.

Ocorre que a recomposição do bem ambiental lesado, ou sua compensação, porque medidas que demandarão, insofismavelmente, intervenção no meio afetado, trarão em vários casos o risco da contaminação pelo odioso vírus, tornando, pois, de risco extremo sua adoção. Não é raro, para os danos ambientais impuros, aqueles que a lei denomina de "a terceiros", fazer-se necessário adotar debate quanto à sua adequação, demandando a realização de audiências públicas, por exemplo. Veja-se, no caso Mariana, a necessidade de realização de reuniões, verdadeiras audiências públicas, com a participação dos atingidos pelos efeitos do rompimento da barragem, aqueles que os representam, os agentes processuais legitimados, e as autoridades envolvidas, além, é claro, aqueles que representam os titulares do empreendimento do qual derivada a questão: realizar tais encontros, vigente o isolamento social, beiraria o escárnio, a ofensa direta à necessidade de observância de medidas de proteção à saúde.

A solução, que passaria pela aceitação de todas as partes envolvidas, seria a substituição dos encontros presenciais por reuniões virtuais, de sorte a atingir o objetivo buscado sem submissão dos envolvidos a risco.

Nem sempre, no entanto, será viável tal substituição, de sorte que ao obrigado, em casos que tais, caberá demonstrar ao Magistrado a impossibilidade de dar cumprimento à obrigação, demonstrando (A) ter buscado os meios alternativos a tanto; e (B) ter-se visto impossibilitado de adoção de tais meios por fato alheio à sua vontade. Apenas em tais hipóteses excepcionar-se-á o cumprimento a tais obrigações, de natureza difusa, de ordem pública, e voltadas à recomposição de efeito de monta.

A última forma de corte seria a secção entre processos eletrônicos e físicos. Os primeiros, observadas as exceções de impossível cumprimento sem riscos acentuados, tenderão a tramitar sempre, já que virtuais, ao passo que os segundos, em regra, suspender-se-ão a bem do isolamento, observadas as exceções em razão das categorias acima indicadas.

Na esfera administrativa, em que os entes de controle e licenciamento ambiental, em regra, tratam de atividades cuja suspensão poderá agregar risco ao meio ambiente e à sociedade, caberá realizar exercício similar ao aplicado às demandas em Juízo.

Passemos a isto.

2. O CUMPRIMENTO DE OBRIGAÇÕES E PRAZOS ADMINISTRATIVOS DE NATUREZA AMBIENTAL – A NOÇÃO DE ESSENCIALIDADE DA OBRIGAÇÃO AMBIENTAL EM UM CENÁRIO DE CRISE

O estado nacional de calamidade pública que se impõe, reconhecido pelas autoridades públicas brasileiras e internacionais, e com efeitos jurídicos limitantes em várias esferas relativamente às medidas que devem ser adotadas para controle da disseminação do novo coronavírus, não suprime o cumprimento das obrigações de natureza ambiental, no que inerentes à prevenção de impactos e danos ambientais, especialmente para as obrigações que possuem um caráter de essencialidade – o que é observado caso a caso.

As medidas de controle relativas à segurança de barragens (artigo 17, V, da Lei n. 12.334/2010) e operação de instalações nucleares (artigo 26 da Lei n. 6.453/1977), por exemplo, são revestidas de essencialidade, porquanto são indispensáveis à manutenção irrestrita das atividades e serviços a elas associados. As medidas de controle ambiental são ainda indispensáveis porque, sem elas, a atividade não se adequaria aos preceitos e requisitos de proteção do meio ambiente.

Certo é que há muitas obrigações aplicáveis, por exemplo, ao setor metalúrgico e industrias pesadas de modo geral, que, se não cumpridas em qualquer hipótese, podem implicar em conhecidos danos ao meio ambiente e à saúde. Nesses casos também haverá a consequente responsabilização tríplice dos infratores pelos danos causados, conforme comando previsto no artigo 225, § 3º da Constituição Federal.

O cumprimento diferido ou condicionado das obrigações ambientais no cenário atual de calamidade pública e a viabilidade operacional do empreendimento, em alguns casos, podem ser inconciliáveis. Por esse motivo, ao nosso ver, a situação de anormalidade causada pelo novo coronavírus não pode limitar automaticamente as obrigações ambientais.

Há que se realizar, aqui, o primeiro corte que propomos para o exame das obrigações ambientais na esfera administrativa. As obrigações de ordem material, ou seja, o cumprimento de medidas de controle de risco ambiental, estabelecidas como parte do licenciamento ambiental, sejam condicionantes do licenciamento ou não, deverão ser examinadas à luz dos efeitos que decorreriam da paralisação de seu cumprimento. As obrigações vinculadas ao controle <u>direto</u> do risco da atividade, dedicadas, portanto, a evitar a materialização do risco dela derivado, demandarão cumprimento contínuo, ainda que dele decorra a necessidade de gerenciar o risco de contaminação pelo odioso coronavírus.

Já os prazos ao cumprimento de obrigações de ordem material que envolvam o controle não diretamente vinculado à minimização dos riscos da atividade, como por exemplo os prazos atinentes ao cumprimento de condicionantes compensatórias do licenciamento ambiental, bem assim os prazos de ordem processual, para cumprimento de medidas de quaisquer natureza, e afetos a defesas e recursos administrativos, estes restarão suspensos, especialmente os últimos, no que toca à esfera administrativa, porque tratados em expressa normativa emitida pelo Instituto Brasileiro do Meio Ambiente e dos Recursos Naturais Renováveis – IBAMA, a Portaria 826, de 21.3.2020. Vários Estados da Federação adotaram a mesma postura.

O deixar de operar, assim, não isenta o empreendedor da continuidade da adoção das medidas voltadas ao controle do risco de sua atividade, à medida em que tais medidas, se interrompidas, gerem a materialização do risco que, pelo licenciamento ambiental, definiu-se como impedir ocorressem.

Nos casos em que há diálogo com os órgãos da Administração Pública Ambiental, com fundamento no artigo 478 do Código Civil, deve haver um impedimento real e tecnicamente comprovado que justifique a impossibilidade de cumprimento temporário das condicionantes ou obrigações, porquanto sua execução, em tese, será em essência incompatível com as medidas de controle do novo coronavírus.

A formalização e assentimento do ente de controle – ou obtenção de ordem judicial a tanto – ao não cumprimento temporário dos termos das condicionantes e obrigações ambientais cuja suspensão não gere a materialização do risco prestar-se-á a evitar o risco de apontamento de conduta administrativa e criminalmente censurável. O deixar de cumprir a condicionante ou obrigação ambiental sem obtenção do aval do ente de controle ambiental sujeitará o empreendedor, em tese à imputação do crime previsto no artigo 54 da Lei n 9605/98, dado o operar em desacordo com o licenciamento ambiental, ou ainda, se diante de obrigação posta em instrumento outro, o crime previsto no artigo 68 da mesma lei, pelo descumprimento a obrigação legal ou contratual de relevante interesse ambiental.

A impossibilidade de cumprir a obrigação ambiental deve decorrer de risco excessivo à saúde pela implementação ou ainda de inviabilização em razão dos efeitos do isolamento social (obrigação dependente da interação de terceiro, por exemplo, que possa resultar no descumprimento da recomendação sanitária de isolamento social).

Por isso, devem ser esclarecidas ao órgão ambiental competente as características peculiares da atividade, a ausência de risco ou risco tolerável em razão do não cumprimento da obrigação – cotejo analítico envolvendo a essencialidade da obrigação e as ordens/recomendações das autoridades públicas –, e até mesmo a ausência de meios técnicos alternativos para cumprimento das obrigações.

Por outro lado, é medida salutar que os órgãos ambientais, em atenção aos deveres constitucionais previstos no artigo 37, *caput*, orientem proativamente os interessados e envolvidos no cumprimento de obrigações de natureza ambiental no cenário atual de calamidade pública.

Diante do cenário de incertezas envolvendo a paralisação e retomada de atividades empresariais e públicas, ao nosso ver, é recomendável que os empreendedores, quando necessário, reapresentem documentos e informações aos órgãos ambientais quando estes normalizem o atendimento presencial e retomarem todas as atividades ordinárias.

Nesse contexto, ressalta-se o Comunicado n. 02, expedido pelo IBAMA em 02.04.2020, pelo qual o órgão ambiental, em razão da pandemia do novo coronavírus, definiu um conjunto de diretrizes temporárias relacionadas ao cumprimento das obrigações referentes aos impactos decorrentes das atividades e empreendimentos licenciados pela autarquia federal.

O Comunicado do IBAMA prevê nove diretrizes para o cumprimento das obrigações no cenário de pandemia do novo coronavírus, dentre elas: (i) o cumprimento da obrigações legais perante o licenciamento ambiental deve ser mantido, na medida do possível, pelas empresas; (ii) as medidas ambientais ligadas de forma imediata e direta a níveis adequados de qualidade ambiental devem ser mantidas; (iii) se o cumprimento de alguma medida ou obrigação ambiental não for operacionalmente possível, a empresa deverá agir para minimizar os efeitos e a duração desta não conformidade, devendo realizar avaliação específica caso a caso; (iv) apresentar informações periódicas ao órgão ambiental quanto às obrigações que não forem operacionalmente possíveis; dentre outras diretrizes.

Em linhas gerais, o Comunicado do IBAMA, reforçando a excepcionalidade do momento atual, incentiva que os empreendedores busquem meios alternativos para cumprir as obrigações ambientais, evitando cancelá-las, suspendê-las ou postergá-las.

As ações do IBAMA nesse contexto têm caráter orientativo e objetivam, em essência, que não haja comprometimento da qualidade ambiental e do bem-estar público. Para tanto, recomenda-se aos empreendedores agirem proativamente na identificação de fatores associados à pandemia do novo coronavírus e que, na impossibilidade de cumprimento das obrigações, dirijam-se aos órgãos ambientais para apresentar justificativas técnicas.

As obrigações que não impliquem a necessidade ou risco de desrespeito ao mote do isolamento social, a rigor mantêm-se, mas podem ser, caso a caso, atreladas a debate de suspensão, dada a potencial qualificação do caso concreto como elemento de força maior. Importante destacar que a situação terá efeito caso a caso, como é observado no Comunicado n. 02/2020 do IBAMA, não se podendo afirmar a aplicação da figura jurídica a todos os casos de semelhante condição técnica.

Todas as outras obrigações de natureza ambiental, em tese, deveriam ser suspensas no cenário de risco atual, desde que sua implementação não acarrete risco à saúde humana pela exposição desnecessária de pessoas, ou dependa de realização de medidas que imponha, contato social elevado – audiências públicas, por exemplo.

Na ausência de regulamentação específica do órgão ambiental competente, deve o empreendedor justificar a impossibilidade de cumprimento da obrigação junto ao ente administrativo, solicitando prorrogação ou suspensão de prazo da obrigação. Deve haver diálogo contínuo com a Administração Pública Ambiental, sendo que tal postura deve ser permeada pela boa-fé objetiva e princípio da cooperação, estandartes do Direito Ambiental.

Os procedimentos administrativos, por sua vez, estarão, evidentemente, sujeitos às determinações de cada ente da Administração Pública Ambiental, observada a necessidade de dar andamento e cumprimento àquelas medidas que sejam necessárias a evitar que da imobilidade decorram riscos ao meio ambiente e à saúde humana.

Os prazos procedimentais, por sua vez, não obstante estarem suspensos em quase sua totalidade por vários entes públicos, devem, na medida do possível, ser cumpridos, especialmente aqueles que não demandem exposição a risco em ofensa à orientação de isolamento social. É o caso da apresentação de relatórios, defesas e recursos administrativos, por exemplo.

Da mesma forma, as obrigações ambientais derivadas de Termos de Ajustamento de Conduta – TAC, Termos de Compromisso – TC e tantos outros instrumentos devem ter seu adimplemento mantido naquilo em que, se suspensas ou diferidas, acarretarem riscos de impactos – aqueles que se destinam a evitar ou controlar ou ainda outros, derivados da suspensão.

No que toca à continuidade dos serviços de controle e fiscalização ambiental, ao nosso ver, estes devem ser reconhecidos como essenciais, dado voltarem-se ao controle do Estado sobre um interesse que caracteriza elemento de configuração de direito fundamental, já que é vasta a doutrina e o entendimento jurisprudencial de que ao direito ao meio ambiente hígido é elemento essencial à dignidade e saúde.

Não por outra razão, a essencialidade dos serviços de controle e fiscalização foi reconhecida no cenário de crise atual, a teor do previsto no artigo 3º, § 1º, XXVI do Decreto n. 10.282/2020.

Não obstante isso, os órgãos da Administração Pública Ambiental ajustaram seus expedientes e atividades para atender as recomendações das autoridades de saúde, reduzindo riscos e proporcionando segurança jurídica aos interessados e envolvidos nos processos e procedimentos ambientais.

As mudanças dos órgãos ambientais, de um modo geral, envolvem ajustes no deslocamento de equipes e uso de instrumentos, realização de vistorias *in loco*, coleta de amostras, dentre outras atividades. Também houve importante simplificação dos procedimentos internos dos órgãos ambientais objetivando resguardar a qualidade ambiental, a segurança da população e, ao mesmo tempo, a continuidade da operação segura e ambiental hígida de empreendimentos e atividades essenciais e de utilidade pública.

Nesse contexto, ousamos discordar da diretriz adotada pelo Environmental Protection Agency – EPA, o ente administrativo de controle ambiental em âmbitos federal nos Estados Unidos da América, que conferiu excessiva flexibilização das regras de controle naquele país durante a pandemia.

Por fim, há que se pesar as medias de controle e seus efeitos *vis-a-vis* o quanto estabelecido pelo artigo 170, parágrafo único, da Constituição Federal. Atividades econômicas lícitas, devidamente licenciadas, somente podem ter sua operação obstada diante de necessidade a tanto, sob pena de caracterização de ato arbitrário. Assim, a restrição imposta pela prevenção e combate à pandemia deve limitar-se ao mínimo necessário.

Como corolário da norma constitucional acima, se adotadas medidas de escalonamento na retomada às atividades produtivas, critério a tanto deveria, a nosso ver, ser definido pelo que traz o inciso VI do referido artigo 170 da Constituição Federal, ou seja, se efetivamente adotada a propalada liberação controlada, teriam preferência e seriam antes liberados os empreendimentos cujos modos de produção gerem menor impacto ambiental – na dicção do dispositivo constitucional, tratamento diferenciado conforme o impacto ambiental dos produtos e serviços e de seus processos de elaboração e prestação (artigo 170, VI, conforme redação dada pela Emenda Constitucional 42, de 19.12.2003).

Parte III
DIREITO CIVIL

AS IMPLICAÇÕES DA COVID-19 NO DIREITO CIVIL

MARIA HELENA MARQUES BRACEIRO DANELUZZI

INTRODUÇÃO

A pandemia da COVID-19 (variante SARS-Cov-2) tem atingido o mundo todo nos mais diversos âmbitos da vida privada e social. O novo coronavírus, como é conhecido, destaca-se por impactar a saúde, a economia, a vida humana e, como não poderia deixar de ser, o ordenamento jurídico, fazendo nascer regulamentações extraordinárias com o fito de promover o escorreito enfrentamento da crise ora vivenciada.

Desde 20 de março de 2020, o Governo Federal vem editando uma série de medidas provisórias, deflagradas a partir do Decreto Legislativo n. 6/2020, que reconhece o estado de calamidade pública. No entanto, é preciso cautela para analisar os efeitos dessa legislação que, apesar de necessária e temporária, pode gerar efeitos ainda mais gravosos aos mais vulneráveis no cenário atual.

Com o Direito Civil não é diferente. Por disciplinar as relações entre os indivíduos, este ramo tem sido substancialmente afetado, tendo em vista que a prevenção consiste justamente na restrição de circulação de pessoas e bens, o que acaba por abalar as liberdades civis em geral.

É notório que o direito à saúde é o mais afetado, porém não se pode olvidar que outros direitos como os de liberdade, contratuais, familiares, sucessórios e potencialmente os reais podem ser igualmente prejudicados.

Também merece destaque questões concernentes à prescrição e decadência.

Nesse contexto, faz-se mister examinar os principais desafios impostos ao Direito Civil e suas possíveis soluções, ainda que vinculados a período excepcional e temporário.

1. LEI TEMPORÁRIA

De início, antes de adentrar aos concretos desafios que deverão ser enfrentados diante dessa situação inusitada, cumpre-nos analisar o aspecto contingencial que se procura tutelar com a nova legislação.

Como é cediço, as normas jurídicas são editadas com vistas a produzir efeitos futuros e por prazo indeterminado, em observância ao princípio da continuidade, previsto no art. 2º da Lei de Introdução às Normas do Direito Brasileiro.[1] É dizer, a vigência somente cessará com a promulgação de outra norma que poderá derrogá-la ou ab-rogá-la expressa ou tacitamente.[2]

Configura-se como exceção a essa regra a norma de vigência temporária, que pode ocorrer quando o legislador fixa o tempo de sua duração – como ocorre, por exemplo, com as leis orçamentarias – ou quando estabelecidas em determinadas circunstâncias – como guerras e calamidades públicas[3] originadas de epidemias, endemias, pandemias ou até mesmo decorrentes de fatos da natureza.

---

[1] Art. 2º Não se destinando à vigência temporária, a lei terá vigor até que outra a modifique ou revogue.

[2] Revogação é o gênero que contempla duas espécies, a saber: i) ab-rogação, que significa a supressão total da norma anterior; ii) derrogação, que consiste na supressão parcial da norma.

[3] *Vide* art. 2º, IV, do Decreto 7.257/2010.

Tais normas desaparecem do cenário jurídico com o decurso do prazo estabelecido ou com a cessação das causas excepcionais que a originaram, podendo, até mesmo, ultrapassar o período, desde que justificadamente, para que disciplinem de forma transitória a passagem para a normalidade, podendo sobrestar os efeitos da lei anterior ou revogá-los, observando a regra da não repristinação, nos termos do art. 2º, § 3º, LINDB.[4]

Feitas essas considerações, sem dúvida alguma a COVID-19 enquadra-se nas situações excepcionais que ensejam a regulação por meio de normas temporárias.[5] Assim, depreende-se que todo o arcabouço legislativo produzido neste período, além de ter vigência temporária – qual seja enquanto perdurar a pandemia e seus efeitos –, deve ter como foco tão somente a solução dos impactos ocasionados pela pandemia na vida humana sob todos os aspectos.

Em outras palavras, não se pode utilizar desta situação atípica para, de forma discricionária e abusiva, cometer excessos que infrinjam os postulados constitucionais e, especificamente, civis.

2. LIBERDADES CIVIS
2.1 Direitos da personalidade

O art. 6º da Constituição Federal eleva a saúde à categoria de direito social.[6] Na mesma toada, o Código Civil confirma em seus arts. 13, 14 e 15 esse preceito fundamental como um direito da personalidade, sendo um desdobramento do próprio direito à vida (art. 5º, *caput*, CF).

Por outro lado, o art. 5º, XV, CF, também preceitua, pela via oblíqua, o direito de ir e vir como um postulado constitucional.

---

[4] § 3º Salvo disposição em contrário, a lei revogada não se restaura por ter a lei revogadora perdido a vigência.

[5] *Vide* art. 1o do Projeto de Lei n. 1.179/2020.

[6] *Vide* art. 196, CF.

Nessa linha, a COVID-19 proporcionou uma verdadeira antinomia real[7] entre duas normas constitucionais que envolvem tais direitos da personalidade, rompendo a harmonia, de maneira inusitada, com a consequente colisão entre os direitos. Explica-se.

A Organização Mundial da Saúde editou uma série de orientações para o combate do novo coronavírus[8]. Dentre seus anúncios, o confinamento horizontal passou a ser uma das medidas de maior relevância e eficiência para o efetivo combate à doença. Assim, passou a ser fortemente recomendada a suspensão da maioria das atividades econômicas e restrição de convivência social, cuja aplicação foi adotada por muitos países e replicada no Brasil na grande maioria dos estados-membros.

Destarte, abriu-se margem a uma discussão que, ao meu ver, mostra-se até desarrazoada, com o devido respeito às opiniões contrárias, diante da magnitude do conteúdo jurídico dos direitos envolvidos. Sem dúvida alguma, os direitos à vida e à saúde devem se sobrepor aos direitos de liberdade, tanto de locomoção quanto de reunião[9] ou de livre iniciativa (art. 170, CF). Isto porque o art. 5º da LINDB[10] prevê que a norma deve atender ao bem comum, sendo a equidade critério que se impõe para a solução do conflito real de normas jurídicas.

Ora, o bom senso e a lógica do razoável não permitem outra conclusão senão um esforço coletivo para a proteção da vida humana, principalmente dos mais vulneráveis.

---

[7] Segundo Tércio Sampaio Ferraz Jr., antinomia real é *"a oposição que ocorre entre duas normas contraditórias (total ou parcialmente), emanadas de autoridades competentes no mesmo âmbito normativa, que colocam o sujeito numa posição insustentável pela ausência ou inconsistência de critérios aptos a permitir-lhe uma saída nos quadros de um ordenamento dado."* (FERRAZ JR., SAMPAIO, Tércio. "Analogia". *In: Enciclopédia Saraiva de Direito*. São Paulo: Saraiva, 1977. pp. 14-18.

[8] ESPII, o mais alto nível de alerta da OMS, em 30 de janeiro de 2020.

[9] *Vide* art. 4º do PL n. 1179/2020, que suspende a realização de reuniões e assembleias presenciais das pessoas jurídicas elencadas nos incisos I a IV do art. 44 do Código Civil.

[10] Art. 5º Na aplicação da lei, o juiz atenderá aos fins sociais a que ela se dirige e às exigências do bem comum.

Portanto, o conflito aqui exposto acaba por permear todas as liberdades civis que serão a seguir examinadas (contratuais, reais, familiares, etc.), sendo a equidade o vetor preponderante que pautará a aplicação da norma jurídica em cada caso concreto, tanto no aspecto da subsunção, da integração, quanto da correção.[11]

2.1 Direitos contratuais

2.1.1 Revisão e resolução dos contratos

Não se discute que a pandemia ora enfrentada é algo inusitado para os dias atuais, sendo considerada como um fato extraordinário na sociedade, cujos efeitos são imprevisíveis e que certamente impactam, conforme já salientado, a vida sob os aspectos patrimonial e extrapatrimonial. Por essa razão, legislar acerca do tema e suas consequências, mostra-se tarefa árdua e, muitas vezes, em descompasso com a realidade que transmuda quase que diariamente.

A solução caso a caso e o diagnóstico de quem desempenha o papel de vulnerabilidade nas relações deve nortear a aplicação da norma jurídica pelo intérprete. É logico que a legislação deve pautar e reafirmar princípios já consolidados e que se aplicariam para o momento, contudo é o aplicador da norma que possui o dever de criar a norma jurídica individual.

Em outros termos, ainda que não existissem regulamentações civis específicas para reger as relações jurídicas entabuladas neste momento, o próprio ordenamento jurídico seria apto a dar soluções para que o aplicador pudesse decidir de forma justa no caso posto, notadamente no campo contratual, onde a autonomia da vontade – hoje denominada princípio da autonomia privada –, apesar de prevalente no campo do negócio jurídico, deve ser relativizada frente ao princípio da função social dos contratos e seus desdobramentos,[12]

---

[11] DINIZ, Maria Helena. *Curso de Direito Civil Brasileiro*, 37ª ed., vol. 1. São Paulo: Saraiva, 2020, p. 109.

[12] DANELUZZI, Maria Helena Marques Braceiro. *Direito Civil Contratos*. Rio de Janeiro: Elsevier, 2008. pp. 12/17: "*a função social do contrato é um princípio traduzido numa cláusula geral (CC, art. 421) que tem como escopo limitar a autonomia privada, além de*

exteriorizados na boa-fé objetiva e na equivalência material dos contratos.[13]

Importante destacar que os princípios contratuais, mesmo antes da pandemia, não sofreram qualquer alteração teleológica pelo o advento da Lei n. 13.874/2019, ante o princípio da dignidade da pessoa humana (art. 3º, III, CF) e a liberdade econômica limitada por valores sociais e de interesse público, conforme previsão do art. 170, CF.

A aplicação desses princípios para o ambiente contratual é de suma importância, uma vez que em sede de contratos diferidos ou de execução continuada a gravidade de sua efetivação implicará na impossibilidade de seu cumprimento.

Uma das frentes que se coloca é a onerosidade excessiva[14] provocada pela pandemia nos contratos em curso, forçando a flexibilização de pactos já firmados, porquanto possam causar manifesta desvantagem a uma das partes ou mormente a ambas, em razão do desequilíbrio instalado. Indaga-se, desse modo, quem é a parte vulnerável e como tutelá-la.

São os casos de contratos de atividades que até podem ser exercidas, mas em razão dos acontecimentos no mundo fático não encontram meios

---

constitui-se em norte do sistema integrador dos princípios fundamentais do contrato, ao lado da boa-fé objetiva, probidade e equivalência materia, construído sob a égide de princípios do Código Civil de 2002 – eticidade, socialidade e operabilidade (...).

Vale lembrar que por trás do princípio da boa-fé objetiva há o interesse social, coadunando-se com o princípio da função social do contrato, já estudado, e também com o princípio da equivalência material que relativizaram os princípios tradicionais informadores da teoria contratual (...) O princípio da equivalência material, também denominado princípio econômico do contrato – com inspiração na Constituição Federal de 1988, nos arts. 3º, III, e 170 – ou princípio do equilíbrio econômico contratual que já no Código Civil de 1916 era princípio informador da teoria da imprevisão, cuja expressão revelava-se na cláusula rebus sic stantibus, de construção pretoriana – da justiça contratual – normatizada pelo art. 317 do Código Civil de 2002 (....) como ainda revelam os arts. 478, 479 e 480 do mesmo diploma de 2002, esse princípio também é observado nas relações de consumo (CDC, arts. 6º, VI; e 51)".

[13] Vide arts. 421, 422, 317, 478, 479, 480, todos do Código Civil e arts. 3º, III e 170, da Constituição Federal.

[14] Nessa toada o art. 7º do PL n. 1179/2020: Não se consideram fatos imprevisíveis, para os fins exclusivos dos art. 478, 479 e 480 do Código Civil, o aumento da inflação, a variação cambial, a desvalorização ou substituição do padrão monetário.

para viabilizar a atividade econômica. A título exemplificativo, cita-se as companhias aéreas e agências de viagens,[15] lojas de flores e lojas de roupas, que mesmo pela via eletrônica perderam grande parte de seu público.

Os prestadores dessas atividades certamente terão dificuldades para exercer seu desiderato, o que demonstra a necessidade de intervenção estatal para resgatar o equilíbrio econômico perdido em todas as searas da sua atividade.

Pode-se invocar, para tanto, o art. 317, CC para promover a revisão – em nome do princípio da conservação dos negócios jurídicos[16] –, ou, até mesmo, a excepcional resolução do contrato, consoante disposição do art. 478, CC, o que deve ser evitada ante o princípio da equidade, que permite a renegociação (art. 479, CC). Outrossim, mostra-se possível a redução ou o abatimento do valor do contrato para afastar a onerosidade excessiva, em observância ao art. 480, CC.

Entretanto, a solução da onerosidade excessiva, que por si só resultaria na revisão ou resolução contratual, não abarca todas as hipóteses contratuais atingidas pela COVID-19.

É possível mencionar situações de suspensão temporária total de certas atividades econômicas e de lazer, que foram impostas por Decretos estaduais ou pela própria realidade fática, tais como as de *shoppings centers*, casas de espetáculo, estádios desportivos e tantas outras, que de um momento para o outro não puderam ser exercidas.[17] É o que se extrai dos arts. 234, 238, 248, 250, 393, 396 e 607 do Código Civil, nos quais se afasta a culpa do devedor no cumprimento da obrigação, dispensando

---

[15] Não analisada aqui sob o prisma consumerista.
[16] *Vide* art. 170, CF.
[17] Nesse sentido, Eduardo Nunes de Souza e Rodrigo da Guia Silva sustentam*: "Essas hipóteses têm uma relevante circunstância em comum: um ato estatal inviabilizou o cumprimento da prestação a cargo de algum dos contratantes – o cinema não pode reproduzir o filme, a arena não pode abrigar o show, o transportador não pode conduzir o passageiro e assim por diante."* – Disponível em https://www.migalhas.com.br/coluna/migalhas-contratuais/322574/resolucao-contratual-nos-tempos-do-novo-coronavirus. Acesso em 05/04/2020.

a indenização por perdas e danos, aliada ao fato de que genericamente poderá ser invocado em seu favor caso fortuito ou força maior, desde que não preexista a mora, ou, existindo, prove que os fatos ocorreriam da mesma maneira.[18]

Noutro giro, também haverá quem suportará as consequências econômicas no futuro de forma mediata e que pode se valer do princípio da equivalência material dos contratos, que contempla a denominada cláusula abstrata *rebus sic stantibus*.

2.1.2 Impactos no contrato de locação

Em que pese o fato da teoria da imprevisão e do princípio da equivalência material dos contratos também serem aplicáveis aos contratos de locação de imóveis urbanos na hipótese de desequilíbrio econômico decorrente da pandemia da COVID-19 caso-a-caso, o Projeto de Lei n. 1.179/2020 traz em seu bojo previsão específica acerca do tema: o art. 10 preceitua a possibilidade de suspensão, total ou parcial, de alugueres vencíveis entre o período de 20 de março de 2020 até 30 de outubro de 2020, quando o locatário residencial sofrer alteração econômico-financeira em virtude de demissão, redução de carga horária ou diminuição da remuneração.

Contudo, conforme já salientado, a análise da vulnerabilidade contratual há que ser verificada pelo aplicador da norma jurídica, de forma individualizada, e não por meio de lei genérica que imputa a vulnerabilidade ao locatário.

A previsão projetada não se coaduna com o próprio princípio da equidade e demais informadores da função social do contrato. Exemplo disso seria o caso das pessoas, principalmente idosas, que vivem de pequenos rendimentos extraídos de alugueres. De outra parte, nem todos os locatários experimentaram diminuição de rendimentos a ponto de justificar um comando geral e abstrato de suspensão do pagamento de alugueres.

---

[18] Art. 393, parágrafo único, CC.

É preciso, portanto, aperfeiçoar ou readequar o dispositivo do projeto de modo a considerar ambos os lados da relação contratual, uma vez que não se pode fixar previamente qual será a parte vulnerável sem a respectiva análise do caso concreto.[19]

Tanto é assim que, como já destacado, o próprio ordenamento jurídico fornece instrumentos de abatimento e renegociação, como o parcelamento, para tais situações excepcionais, de modo a afastar a rigidez generalizada da proposta.

2.2 Prescrição e decadência

Nesse passo, o art. 3º do Projeto n. 1.179/2020 andou bem ao considerar impedidos ou suspensos, conforme o caso, os prazos prescricionais a partir da eventual vigência da lei até 30 de outubro de 2020.

Trata-se de uma medida importante e necessária. Ressalta-se, todavia, que as hipóteses específicas de impedimento, suspensão e interrupção dos prazos prescricionais previstas no ordenamento jurídico, prevalecem sobre os casos gerais determinados no *caput*, como prevê acertadamente o parágrafo primeiro do referido dispositivo.

Contudo, superadas as causas impeditivas, suspensivas e interruptivas dos prazos prescricionais, aplicar-se-á o comando geral previsto no art. 3º do Projeto n. 1.179/2020, consoante previsão do parágrafo segundo.

O parágrafo terceiro do art. 3º do referido Projeto ainda fixa a possibilidade de aplicação do impedimento e suspenção à decadência, quando afirma que as regras do art. 3º serão aplicadas ao art. 217, CC, que justamente preceitua o contrário: que não se aplica à decadência as normas que impedem, suspendem ou interrompe a prescrição.

A prescrição e decadência são institutos de direito material voltados à segurança jurídica, para que o direito seja efetivo dentro de

---

[19] Corrobora com tal entendimento o parecer da Senadora Simone Tebet (MDB-MS).

um certo lapso de tempo, de maneira a impedir que o conflito se protraia no tempo.

Dentro do ambiente perpetrado pela pandemia da COVID-19, inverte-se o conteúdo do princípio da segurança jurídica no que diz respeito à prescrição, de modo a considerá-lo também sob o prisma do titular do direito e não sob o enfoque de quem sofre as agruras da pretensão condenatória, ou do exercício do direito potestativo por parte de seu titular, no caso da decadência. Assim, o princípio da segurança jurídica se harmoniza com o princípio da conservação dos direitos.

Nesse caso, não haveria outra alternativa senão a de suspender ou impedir o curso dos prazos de acordo com o princípio da equidade (art. 5º da LINDB), ainda que não houvesse o referido comando legal projetado, acreditando que tenha sido essa a teleologia consubstanciada no art. 3º do mencionado Projeto. Mesmo contrariando a essência do instituto plasmada no Código Civil, eis a medida que deve ser adotada.

2.3 Direitos reais

2.3.1 Usucapião

O instituto da usucapião é um modo aquisitivo de propriedade, que se opera pela posse prolongada ao longo do tempo. Por coerência, o art. 14 do Projeto 1179/2020 suspende os prazos de aquisição para a propriedade imobiliária ou mobiliária nas diversas espécies de usucapião até 30 de outubro de 2020, uma vez que, conforme preleciona o art. 1244, CC, estende-se ao possuidor o disposto quanto ao devedor acerca das causas que obstam, suspendem ou interrompem a prescrição, as quais também se aplicam à usucapião.

Muito embora a usucapião não se revele em prescrição aquisitiva, por ser uma energia criadora e não extintiva, o Código Civil manda aplicar a usucapião às causas que obstam, suspendem ou interrompem a prescrição.

2.3.2 Condomínio edilício

No âmbito condominial, sendo o condomínio edilício um local onde convivem simultaneamente diversas unidades familiares, o risco de contágio da doença que o ora acomete o mundo mostra-se elevado, principalmente nas áreas comuns.

Demais disso, é cediço que cabe ao síndico a administração do condomínio, especificamente as atribuições previstas no art. 1.348, CC. Como não poderia deixar de prever, o art. 15 do Projeto 1.179/20 amplia esse rol de poderes de maneira a adequar as restrições destinadas ao combate da pandemia ao ambiente condominial, com o fito de evitar aglomerações.

De seu turno, aludindo aos arts. 1.349 e 1.350 do Código Civil, o art. 16 do mencionado Projeto faculta, em caráter emergencial, a realização de assembleias condominiais pela via virtual, equiparando os efeitos jurídicos à assinatura presencial, não liberando, todavia, a prestação de contas regular pelo síndico pelos atos de administração, nos termos do art. 17 projetado.

2.3 Direito de família

A pandemia da COVID-19 teve impacto relevante na sociedade em geral, mas é na família onde torna-se mais complexo, em razão de um confinamento obrigatório entre seus membros, o que poderá gerar fonte de conflitos futuros.

Para o momento, há temas que deverão ser observados de plano, como a própria prisão do alimentante, prevista no art. 528, §3º e seguintes do CPC.

A prisão civil por dívida alimentícia vem a ser a única prisão civil autorizada constitucionalmente, ante a garantia de subsistência do alimentando (art. 5º, LXVII, CF).

Em virtude da pandemia, o Superior Tribunal de Justiça decidiu garantir a todos os presos por inadimplemento de obrigação alimentar o cumprimento da pena em regime domiciliar.[20] Nesse mesmo sentido, o Conselho Nacional de Justiça emitiu a recomendação n. 62/2020 aos Tribunais para a adoção de medidas preventivas à propagação da infecção pelo novo coronavírus, no âmbito da justiça penal e socioeducativo e, notadamente, no art. 6º a recomendação cingiu-se que considerassem a colocação em prisão domiciliar das pessoas presas por dívidas alimentícias, visando à redução dos riscos epidemiológicos em observância ao cenário atual.

Nessa toada, o Projeto de Lei 1.179/20, em seu art. 22, normatiza o comando já manifestado pelo Poder Judiciário para o combate da doença.

Outra questão igualmente importante que poderia ter sido tratada pelo Projeto de Lei 1.179/2020 diz respeito à guarda compartilhada (art. 1.634, CC c/c Leis n. 13.058/2014 e 8.069/90). Na mesma linha de combate ao novo coronavírus, em posição de confinamento horizontal na grande parte das cidades brasileiras, o exercício da guarda compartilha pode sofrer abalos, uma vez que as restrições atingem diretamente o direito de locomoção.

Tendo em vista o superior interesse da criança e do adolescente, o exercício da guarda compartilhada e até o mesmo o direito de visitas na guarda unilateral, no nosso entendimento, poderia sofrer limitações, principalmente atinentes a deslocamentos, enquanto perdurar o período de pandemia, que, pelo que se depreende do aludido Projeto de Lei, lança-se como termo final o dia 30 de outubro de 2020.

2.4 Direito das sucessões

Como determina o art. 1.784, CC, a abertura da sucessão ocorre com a morte, transmitindo-se, desde logo, aos herdeiros legítimos e testamentários a herança. O art. 611 do CPC estabelece prazo de dois

---

[20] STJ, HC n. 568.021/CE (2020/072810-3), Rel. Min. Paulo de Tarso Sanseverino, DJ 23/03/2020; STJ, HC n. 566.897/PR (2020/0068179-5), Rel. Min. Nancy Andrighi, DJ 17/03/2020.

meses, a contar da abertura da sucessão, portanto a partir da morte, para que o processo de inventário e partilha seja instaurado e fixado no prazo de doze (12) meses subsequentes para que seja ultimado, permitindo a lei a prorrogação desse prazo pelo juiz de ofício ou à requerimento das partes.

O art, 23 do aludido Projeto, acertadamente, dilata o termo inicial para a instauração do inventário e partilha para o dia 30 de outubro de 2020, em relação às sucessões abertas a partir de 1º de fevereiro de 2020, sem alterar, certamente, o termo inicial de abertura da sucessão. Frise-se que se trata de prazo dilatório e impróprio.

O parágrafo único do referido art. 23 salienta que o prazo de doze (12) doze meses do art. 611, CPC, para que seja ultimado o processo de inventário e de partilha, caso iniciado antes de 1º de fevereiro de 2020, será suspenso a partir da eventual vigência da Lei até 30 de outubro de 2020.

Outrossim, em tempos de pandemia do novo coronavírus, a realização de testamentos públicos encontrará maiores dificuldades se as determinações do Poder Público forem firmadas no sentido de proibição de abertura dos tabelionatos.

Por essa razão, acreditamos que em virtude do confinamento horizontal, notadamente pessoas idosas e portadoras de comorbidade deverão valer-se de testamentos particulares, na modalidade emergencial para dispor, sendo dispensada a necessidade de testemunhas, consoante art. 1.879, CC. Justifica-se como circunstância excepcional a ser declarada na cédula testamentária a própria pandemia e todo o cenário que a envolve de maneira a impedir até mesmo a realização de um testamento particular comum, por ser inviável, na maioria das vezes, o deslocamento e convívio entre pessoas.

Em não se realizando o evento morte, entendemos que se aplicaria, por interpretação extensiva, o prazo de caducidade de 90 dias previstos nos testamentos especiais, descritos nos arts. 1.891, CC – relativo ao testamento marítimo e aeronáutico – e no art. 1.895, CC – atinente ao testamento militar –, em razão da omissão legislativa de prazo de caducidade para o testamento emergencial.

CONCLUSÃO

Ao final desse breve estudo, podemos afirmar que a COVID-19 impõe ao Direito Civil inúmeros desafios nos âmbitos dos fatos jurídicos (prescrição e decadência), contratos, direitos da personalidade, direitos reais e direitos de família e sucessões, como aqui foram expostos. Isto não significa, contudo, o exaurimento do tema, porquanto o prolongamento desta crise sem precedentes poderá acarretar novos desafios.

Também é preciso considerar que o próprio Direito Civil pode fornecer mecanismos para amortizar os efeitos e impactos que a crise ora experimentada pode gerar e, ao mesmo tempo, diminuir os danos causados por esse fenômeno extraordinário, revendo cláusulas contratuais, resolvendo contratos, estabelecendo regras mais rígidas de convivência – tanto condominial quanto familiar –, dilatando prazos, entre outras.

Uma legislação civil temporária certamente tende a amenizar os fortes impactos causados pela pandemia. No entanto, no exame do caso concreto é que se poderá dar a correta solução, inspirado na equidade, até porque podem surgir, eventualmente, novos efeitos dessa crise, cujos desfechos ainda são imprevisíveis.

REFERÊNCIAS BIBLIOGRÁFICAS

DANELUZZI, Maria Helena Marques Braceiro; MATHIAS, Maria Ligia Coelho. *Contratos*. Rio de Janeiro: Elsevier, 2008.

DINIZ, Maria Helena. *Curso de Direito Civil Brasileiro*, 37ª ed., vol. 1. São Paulo: Saraiva, 2020.

SOUZA, Eduardo Nunes; SILVA, Rodrigo da Guia. "Resolução contratual nos termos do novo coronavírus". Disponível em https://www.migalhas.com.br/coluna/migalhas-contratuais/322574/resolucao-contratual-nos-tempos-do-novo-coronavirus. Acesso em 05/04/2020.

Parte IV
DIREITO CONCORRENCIAL

AS CONSEQUÊNCIAS DA COVID-19 NO DIREITO BRASILEIRO

EDUARDO CAMINATI ANDERS
GUILHERME TENO CASTILHO MISALE

1. QUAL SÃO OS PRINCIPAIS DESAFIOS QUE A COVID-19 IMPÕE AO DIREITO CONCORRENCIAL?

A pandemia da COVID-19 impõe desafios das mais diferentes naturezas sob um prisma abrangente. Trata-se de um tema evidentemente complexo, multifacetado e desafiador, que demanda um necessário olhar multidisciplinar de inúmeras ciências para a adequada compreensão dos fenômenos, a fim de propiciar reflexão crítica e embasada, com debate dinâmico e arejado de ideias, discussão de perspectivas e proposição estruturada de caminhos, medidas e soluções para o orientado enfrentamento do assunto. A reflexão coletiva, colaborativa e transversal se faz de primeira ordem para catalisar ações e iniciativas inteligentes, profícuas e efetivas, que fundamentalmente proporcionem benefícios coletivos, com sinergias compartilhadas para a sociedade e a economia.

Os efeitos mais imediatos da COVID-19 podem ser observados generalizadamente e de maneira dramática ao redor do globo, sintetizando uma crise sistêmica e histórica que afeta diversos setores da sociedade, da economia, da política etc. Assim como outros países, o Brasil declarou estado de calamidade pública diante da pandemia. Nesse cenário emergencial e de sensibilidade extrema, as medidas a serem adotadas por Estado, agentes econômicos e sociedade devem ocorrer de maneira célere e eficaz, sob um modelo convergente e com diálogo fluido e cooperativo, construindo pontes firmes e comuns para atravessar o difícil momento que aflige o mundo. O senso de solidariedade, o espírito humanista e o paradigma da ética e integridade conformam e informam a espinha dorsal das iniciativas que devem ser levadas a contento responsavelmente pelos atores dos setores público e privado.

O Direito em tempos de COVID-19 será – e já está sendo – desafiado. Particularmente, do ponto de vista do Direito Concorrencial, podemos situar os principais desafios em duas principais vertentes, quais sejam, no âmbito das Condutas Anticompetitivas (controle de condutas) e no âmbito dos Atos de Concentração (controle de estruturas).

Em nossa opinião, para abordar os principais desafios e dilemas que emergem nessas duas principais vertentes, deve-se ter em mente uma premissa fundamental, qual seja, como regra, a legislação concorrencial brasileira não deixa de ser aplicada por força da COVID-19. Em termos objetivos, não há "isenção" antitruste automática, leia-se, pura e simplesmente em virtude do momento atual. Ressalva-se, entretanto, que à luz das circunstâncias concretas e das especificidades que acompanham a grave pandemia da COVID-19, sublinhando o senso de emergência, entendemos que há sim substrato de razoabilidade para se relativizar, com parcimônia e temporariamente, determinados institutos e pressupostos legais na seara concorrencial (assim como em outras searas do arcabouço jurídico).

Importante que fique claro: a relativização não é casual. A nosso ver, há fatores efetivos que contribuem para justificar a flexibilização de certos postulados concorrenciais, desde que de forma limitada, provisória e controlada. A realidade dos fatos é luminosa e inquestionável, evidenciando um sem número de preocupações resultante da COVID-19, que entendemos podem ser mitigadas também com o esforço jurídico concatenado de diversas áreas, havendo margem para a adoção de medidas excepcionais de flexibilização, incluindo medidas afeitas à área concorrencial.

AS CONSEQUÊNCIAS DA COVID-19 NO DIREITO BRASILEIRO

No atual estado das coisas, o Sistema Brasileiro de Defesa da Concorrência continua funcionando e desempenhando o seu imperioso papel, com seus órgãos competentes para atuar na prevenção e repressão de atos que possam limitar ou prejudicar a livre concorrência. Nessa linha, em particular, o Conselho Administrativo de Defesa Econômica ("CADE") é a autarquia federal vinculada ao Ministério da Justiça e Segurança Pública com a missão institucional de zelar pela livre concorrência no mercado, prevenindo e reprimindo abusos de poder econômico.

No que concerne às Condutas Anticompetitivas, alguns dos principais desafios devem guardar relação mais estreita com a conformidade da atuação de agentes econômicos *vis-à-vis* eventuais práticas no setor de saúde neste primeiro momento,[1] sem descartar que outros setores também podem ser alvo de escrutínio da autoridade concorrencial visando apurar a regularidade de seus agentes no atual cenário.

Outro desafio que pode surgir tem a ver com a necessidade de renegociação de compromissos e obrigações pactuados por agentes que celebraram acordo com o CADE para pôr fim à determinada investigação (leia-se, Termo de Compromisso de Cessação). Trata-se de uma problemática atrelada essencialmente à capacidade econômico-financeira do compromissário, visto que alguns agentes podem experimentar mais gravemente os efeitos da crise da COVID-19, gerando maior vulnerabilidade e dificuldades para o recolhimento da contribuição pecuniária e para a implementação de eventuais compromissos acordados.

A título ilustrativo, considerando o panorama tormentoso que sucedeu de modo abrupto e que alterou radical e estruturalmente relações, perspectivas e a dinâmica empresarial, a prioridade de grande parte dos agentes econômicos neste momento está canalizada para temas emergenciais e vitais a fim de garantir, em suma, a sobrevida da empresa,

---

[1] A propósito, em 18/03/2020, o CADE instaurou um procedimento preparatório para investigar o setor de produtos médicos-farmacêuticos. Ver: http://www.cade.gov.br/noticias/cade-abre-investigacao-no-setor-de-produtos-medicos-farmaceuticos. Acesso em: 05/04/2020.

assegurar a prestação de serviços para os consumidores e resguardar o bem-estar e o sustento de seus colaboradores, visando, ao fim e ao cabo, se manter e preservar a sua função social. As adversidades e os choques econômicos resultantes da COVID-19 podem impactar sobremaneira o provisionamento estratégico-financeiro de alguns agentes, de modo a remanejarem e realocarem compromissos face ao novo cenário de emergência. Por conseguinte, dentro do espírito da legalidade, para assegurar a continuidade de suas atividades e, ao mesmo tempo, honrar com seus compromissos, seria crível supor de determinados agentes econômicos o pedido de renegociação de compromissos, e, nessa esteira, pleitearem a dilatação de prazos para recolhimento de contribuição pecuniária e para estruturação de alguma medida acordada, por exemplo.

Ainda nesse eixo temático, não se pode ignorar situações mais gravosas, em que eventualmente o agente econômico venha a perder completamente o fôlego financeiro (a ponto de ruir, se isso não ocorrer de fato), necessitando de socorro e ficando sem condições de honrar seus compromissos nos primeiros anos do pós-crise. Alternativas técnicas, consistentes e equilibradas para enfrentar essas hipóteses devem ser ponderadas sistematicamente pela autoridade concorrencial.

Outrossim, chamamos a atenção para a possível emergência de teses nos moldes dos chamados "cartéis de crise" (ou "cartéis do bem"), sob o fundamento de que seriam alegadamente justificáveis/toleráveis em função da circunstância atual. Como assinalado mais acima, é imperativo avaliar cada situação em seu contexto próprio, ponderando princípios, interesses e especificidades, tendo em conta a premissa fundamental de que, em regra, a Lei continua em vigor.

Por um lado, determinadas iniciativas empresariais visando unir empresas podem ser meritórias e louváveis sob um propósito maior de beneficiar a coletividade (sob um paradigma de ordem pública) mediante ações conjuntas, que se justificam jurídica e economicamente, e seriam inclusive necessárias para capacitar maior alcance, escala, potência, eficiência e efetividade na circunstância específica. Por outro lado, em nosso juízo, tais ações não autorizam a coordenação entre concorrentes com o condão de impedir, falsear ou restringir a concorrência, na medida em que a prática concertada com vistas a fixar preços ou outras condições comerciais, a exemplo da divisão de clientes e/ou territórios, prejudica os consumidores, especialmente em razão do sobrepreço gerado, restrição de ofertas etc., acarretando drenagens e ineficiências cíclicas no mercado. Ou seja, só se agrava uma situação que já é intrinsicamente crítica e delicada.

Em termos de Atos de Concentração, um desafio natural, em primeiro lugar, está relacionado ao próprio ritmo de análise das operações, especialmente naqueles casos mais complexos sob o prisma concorrencial, demandando instrução pormenorizada e envio de ofícios a agentes de mercado, com intervenção de terceiros interessados etc. O contexto de crise, em princípio, pode repercutir no *timing* da análise concorrencial, influenciada pelo fluxo de respostas e colaboração das empresas, seja daquelas envolvidas diretamente no ato de concentração, seja daquelas oficiadas no âmbito dos testes de mercado e também de eventuais terceiros interessados. Aliás, outro elemento que pode ser afetado no controle de concentrações reside na implementação de remédios antitruste, tendo em conta cronograma para execução e monitoramento de compromissos, eventuais hipóteses envolvendo desinvestimento de ativos e o desafio de identificar interessados na aquisição neste particular momento, etc.

Além disso, a própria marcha de condução de casos por parte da autoridade pode sofrer algum impacto em função das limitações operacionais impostas pelo trabalho remoto, sob um contexto em que a recomendação sanitária e de profilaxia – bem adotada pelo CADE – é a quarentena e o procedimento de *home office*. De toda sorte, os servidores do CADE aparentam estar bem estruturados, minimizando preocupações a esse respeito.

É oportuno observar, como nota geral, que o próprio apetite dos agentes econômicos para realizar novos investimentos, expandir negócios, desenvolver produtos, ampliar serviços etc., tende a ser impactado em diferentes graus ante o cenário de incertezas, riscos e desafios resultante da pandemia da COVID-19, emergindo, assim, uma rede de prioridades emergenciais neste momento, que, por sua vez, pode desviar o foco empresarial de novos projetos e planos de negócios. Por seu turno, esse fato tende a se refletir no número de casos a serem apresentados para análise do CADE.

Outra variável a ser ponderada com atenção, notadamente ante a conjuntura de emergência e de crise que vivenciamos, desborda para a necessidade de "autorização precária e liminar" para a implementação de determinadas operações. O CADE pode autorizar tal medida desde que observados certos requisitos cumulativos, a saber, não houver perigo de dano irreparável para as condições de concorrência no mercado; as medidas cuja autorização for requerida forem integralmente reversíveis; e a parte requerente demonstrar a iminente ocorrência de prejuízos financeiros substanciais e irreversíveis para a parte adquirida.

Nessa ótica, considerando a sensibilidade ao fator *timing* no contexto da análise prévia do ato de concentração *vis-à-vis* a iminente ocorrência de impactos financeiros substanciais e irreversíveis ao negócio da parte adquirida, em conjunto com os dois outros requisitos, uma tendência é que tal instituto possa ser evocado com mais frequência, exigindo análise expedita e responsável da autoridade e boa-fé e colaboração dos agentes econômicos. Pontue-se o diminuto histórico dessa medida na experiência do CADE, além de não se poder garantir uma análise extremamente célere – o que alguns casos no cenário atual poderiam exigir (um eventual tipo de "procedimento sumaríssimo").

Ainda, com parcimônia e sob ponderação de interesses, poder-se-ia cogitar eventual dispensa do crivo antitruste para atos de concentração versando sobre hipóteses específicas de arranjos cooperativos, alianças e parcerias comerciais, por exemplo – e esse assunto tem imbricação com os "cartéis de crise". Nessa hipótese, em princípio, entendemos que a leitura deveria ser restritiva, provisória e controlada, de sorte que eventual "isenção" somente se aplicaria para negócios jurídicos ante suas características específicas – e.g., escopo/natureza da cooperação e necessidade da medida, tempo de duração, setor envolvido, benefícios e eficiências geradas para o consumidor e para a ordem econômica.

A propósito, há uma evidente intersecção entre o controle de condutas e o controle de estruturas nessa temática. Eventuais negócios que sejam dispensados da análise prévia do CADE não afastam a competência da autoridade antitruste em examinar posteriormente a operação ou mesmo em apurar eventual infração econômica cometida por força de eventuais abusos praticados ao tempo do abrandamento legal. Essa temática será retomada na segunda questão, logo a seguir, em virtude de projeto de lei recentemente aprovado pelo Senado Federal.

Por fim, uma ideia que perpassa, direta ou indiretamente, nossos apontamentos e reflexões leva em conta que, como regra, a sistemática do modelo antitruste brasileiro orienta sua aplicação sob um enfoque de ponderar, ante o caso concreto, as circunstâncias e as especificidades da prática / negócio jurídico, averiguando, dentre outros, os efeitos líquidos, sob uma análise que, em última instância, deve(ria) sopesar o binômio eficiências *vs.* restrições à concorrência. Trata-se, pois, de racional de análise amparado pela "regra da razão". Particularmente em "cenários atípicos", tal como se infere no atual contexto da pandemia da COVID-19, a análise de eficiências que usualmente recai sobre variáveis de custo/preço pode não ser suficiente para apreender com propriedade e adequação a realidade mais nuançada dos fatos. Sob tal pressuposto, outros elementos que não diretamente atrelados ao custo/preço, como questões de saúde pública e abastecimento, por exemplo, podem exercer impacto ponderável e influenciar o modelo de eficiências econômicas suportado pela lente da análise antitruste, merecendo grau de sopesamento.

2. QUAL É A SUA AVALIAÇÃO DAS MEDIDAS QUE ESTÃO SENDO TOMADAS PELOS ENTES DA FEDERAÇÃO NO ENFRENTAMENTO DA PANDEMIA?

Do ponto de vista do CADE, a nossa avaliação é que, até o momento, a autoridade antitruste está empenhada, agindo com cautela e comprometida em manter as boas práticas e o nível de excelência de atuação que a distingue nacional e internacionalmente. Em linhas gerais, o CADE tem sido ponderado, refletindo sobre suas ações de modo cuidadoso, evocando bom-senso e razoabilidade com as demandas nesse período desafiador e de maior sensibilidade, ciente de sua responsabilidade, em especial para orientar a sociedade e ajudar a reaquecer a economia.

A autoridade concorrencial brasileira se mostra publicamente sensibilizada aos efeitos da COVID-19.

Tanto é assim que, por meio de seu Presidente, o CADE emitiu mensagem à comunidade antitruste e à sociedade em geral,[2] manifestando solidariedade às nações afetadas pela COVID-19 em tom de encorajamento e união. Internamente, o CADE tomou uma série de providências no intuito de mitigar os riscos de contágio – segundo o Presidente, foram os pioneiros na Administração Pública a adotarem medidas nesse sentido, buscando conciliar as medidas sanitárias com a grande responsabilidade de continuar prestando serviço à sociedade, contribuindo para não afetar ainda mais a economia, já combalida pelos efeitos da crise.

Ato contínuo, por meio de Nota Informativa assinada pelo Presidente e pelo Superintendente-Geral do CADE,[3] foram prestados esclarecimentos à sociedade acerca dos prazos processuais do órgão antitruste diante da Medida Provisória n. 928/2020, reforçando que o CADE segue em funcionamento,[4] e que avaliará com cuidado cada caso concreto, à luz das circunstâncias que acometem o Brasil e o mundo, para eventualmente prorrogar outros prazos processuais a partir de pedidos justificados e fundamentados.

Nesse contexto de crise, mais que nunca, é imprescindível que haja clareza, previsibilidade e segurança jurídica para os agentes econômicos e, a nosso ver, o CADE tem se destacado nesse mister, tendo

---

[2] BARRETO, Alexandre. "Mensagem do Cade à comunidade antitruste e à sociedade em geral". CADE, 23 mar. 2020. Disponível em: http://www.cade.gov.br/noticias/mensagem-do-cade-a-comunidade-antitruste-e-a-sociedade-em-geral. Acesso em: 05/04/2020.

[3] "Nota informativa". CADE, 25 mar. 2020. Disponível em: http://www.cade.gov.br/noticias/nota-informativa. Acesso em: 05/04/2020.

[4] Os prazos processuais do CADE estão correndo normalmente, com exceção dos seguintes procedimentos: Processos Administrativos para Imposição de Sanções Administrativas por Infrações à Ordem Econômica; Procedimentos Administrativos para Apuração de Atos de Concentração; e Processos Administrativos para Imposição de Sanções Processuais Incidentais. O CADE esclareceu que a ausência do curso dos prazos processuais contra os representados não impede "a normal tramitação de todos os processos e procedimentos no âmbito do Cade, no que toca aos autos processuais que competem à Administração". Vide nota acima.

redobrado seus esforços para garantir que tais baluartes não sejam eclipsados, zelando diuturnamente e de forma assertiva por uma relação saudável, harmônica e de mútua confiança com os administrados.[5-6] Igualmente, é positivo encorajar o papel de *advocacy* desempenhado pela autoridade concorrencial, sobretudo com vistas a discutir com outras esferas e autoridades as implicações e reflexos competitivos das medidas econômicas em pauta no arcabouço político-legislativo, sempre com o interesse em zelar por um ambiente concorrencial saudável.

A propósito, vale sublinhar, recentemente, em 03 de abril de 2020, a aprovação do projeto de lei n. 1.179/2020[7] pelo Senado Federal,[8] que

---

[5] Na esteira do desenvolvimento da COVID-19, o CADE criou uma página específica em seu sítio eletrônico, destinada a manter a comunidade jurídica e a sociedade em geral a par de sua atuação no enfrentamento da COVID-19 ("Coronavírus: Cade em ação"). O objetivo com isso é facilitar o acesso às medidas adotadas pelo CADE, disponibilizando notícias, investigações, orientações, notas técnicas etc. Disponível em: http://www.cade.gov.br/coronavirus. Acesso em: 08/04/2020. Ainda, cumpre observar que o CADE disponibilizou uma seção de Perguntas e Respostas nessa página, abordando questões atinentes à pandemia da COVID-19, sendo que a maior parte do conteúdo versa sobre o funcionamento do órgão e questões processuais/procedimentais. Disponível em: http://www.cade.gov.br/imagens/perguntas-e-respostas.pdf. Acesso em: 08/04/2020. Aliás, evocando a sensibilidade da autoridade concorrencial no contexto de pandemia, a última pergunta (12) indaga se o CADE irá adotar alguma medida excepcional em relação às empresas diante da crise. A resposta, ainda que genérica, informa que o CADE está "preparado para, em situações excepcionais, receber e atender demandas de empresas que desejem realizar ações específicas no contexto da crise do coronavírus". Em nossa leitura, fica claro que o exame dos pleitos das empresas nesse cenário não prescindirá na análise da circunstância concreta – e é muito importante que seja assim.

[6] Destacamos também que, no início de abril, o Tribunal Administrativo do CADE aprovou a Resolução n. 26, alterando o Regimento Interno do CADE para prever e regulamentar a realização de sessão de julgamento por meio virtual, também disciplinando os procedimentos para que os patronos das partes envolvidas possam realizar sustentação oral durante a sessão, bem como solicitar requerimento de ordem. Nesse sentido, ver: http://www.cade.gov.br/assuntos/sessoes/sustentacao-oral-em-sessoes-virtuais. As sessões de julgamento do CADE, que passaram a ser realizadas de forma virtual, são transmitidas em tempo real no sítio eletrônico e no canal do CADE no YouTube. Disponível em: https://www.youtube.com/channel/UCM85SohEsy3kzfSO-iKgoIA. Acesso em 08/04/2020.

[7] SENADO FEDERAL. Projeto de lei n. 1.179/2020. Disponível em: https://legis.senado.leg.br/sdleg-getter/documento?dm=8081773&ts=158593 4130468&disposition=inline. Acesso em: 05/04/2020.

[8] O projeto ainda está sujeito à apreciação da Câmara dos Deputados e sanção presidencial.

altera relações jurídicas privadas durante a pandemia da COVID-19. No âmbito concorrencial, sob uma perspectiva excepcional, restritiva e temporária em face do contexto emergencial, o texto aprovado estabeleceu a flexibilização de determinados institutos e parâmetros legais.[9]

Em suma, na vertente das Condutas Anticompetitivas, duas práticas tipificadas como ilícitos concorrenciais foram objeto de suspensão temporária até o final de outubro de 2020. Trata-se das práticas de (i) venda de mercadoria ou prestação de serviços injustificadamente abaixo do preço de custo; e (ii) cessação parcial ou total das atividades empresariais sem justa causa comprovada. Para fins dessa suspensão, o projeto de lei considera as práticas iniciadas a partir de 20 de março de 2020. A suspensão foi justificada sob o mote de atender às necessidades de escassez de serviços e produtos haja vista a natureza crítica do período de pandemia. Em complemento, o projeto de lei estabelece que, para as demais condutas praticadas a partir de 20 de março de 2020 e enquanto durar o estado de calamidade pública nacional, o CADE deverá considerar, em sua análise, as circunstâncias extraordinárias decorrentes da pandemia de COVID-19.

Na vertente de Atos de Concentração, também foi estabelecida a suspensão temporária, até o final de outubro de 2020, da necessidade de aprovação prévia de operações envolvendo contratos associativos, consórcios e *joint ventures*. Para fins dessa suspensão, o projeto de lei considera acordos iniciados a partir de 20 de março de 2020. Note-se que, em princípio, referida suspensão não elide a possibilidade de análise posterior do ato de concentração ou de apuração de infração à ordem econômica pelo CADE, no que se refere aos acordos que não forem necessários ao combate ou à mitigação das consequências decorrentes da pandemia de COVID-19.

Ante esse novo quadro, é aconselhável cautela redobrada, sobretudo para que tal "isenção", de caráter excepcional, não sirva de

---

[9] Com a ressalva de que certos aspectos, em nossa opinião, não estão absolutamente claros, inclusive dando azo a certas inquietudes, que não entraremos na minúcia nesta oportunidade diante da delimitação temática.

pretexto para oportunismos e incentive a união ilícita entre concorrentes, por exemplo. Em face da crise sem precedentes que estamos vivenciando, sob o enfoque estatal, a flexibilização em tela tem o condão de viabilizar procedimentos, minorar custos de transação e contribuir para o maior dinamismo e celeridade dos negócios empresariais ante o pressuposto do benefício coletivo. Segundo pontuado, o cuidado nesse momento é ainda mais crucial, notadamente para evitar que operações envolvendo associação/cooperação/atuação conjunta entre concorrentes, ou mesmo "arranjos criativos" viabilizados nesse contexto, não gerem prejuízos para os consumidores, extrapolando os limiares da permissividade controlada. Em paralelo, o CADE tem sinalizado que está vigilante e atento para abusos que possam advir, com competência para investigar e punir agentes econômicos que desvirtuem a lógica da isenção temporária e excepcional estabelecida no texto do projeto de lei, valendo a premissa fundamental que abordamos na primeira questão.

Ainda, cumpre anotar que o Departamento de Estudos Econômicos do CADE ("DEE") já teve a oportunidade de se debruçar sobre algumas variáveis que emergiram no âmbito de outros projetos de lei que tramitam perante o Congresso Nacional. Em suas notas técnicas, o DEE sinalizou preocupações concorrenciais resultantes dos projetos, recomendando cautela, particularmente em vista de propostas versando sobre (i) congelamento de preços de medicamentos, em especial devido ao fato de já existir regulação específica sobre precificação de medicamentos no país,[10] e (ii) estabelecimento de teto máximo de preços para itens essenciais (e.g., medicamentos, máscara e álcool em gel) ao combate da COVID-19 durante o período da pandemia, destacando risco de efeitos negativos resultantes da medida, como o desabastecimento do mercado.[11]

Por derradeiro, e sob um viés reflexivo-propositivo, jogamos luz para o Fundo de Direitos Difusos ("FDD"), que, em geral, costuma

---

[10] MJSP. Nota técnica, 30 mar. 2020. Disponível em: http://www.cade.gov.br/acesso-a-informacao/publicacoesinstitucionais/publicacoes-dee/nota-tecnica-15-2020-dee-cade.pdf. Acesso em: 05/04/2020.

[11] MJSP. Nota técnica, 01 abr. 2020. Disponível em: http://www.cade.gov.br/acesso-a-informacao/publicacoes-institucionais/ publicacoes-dee/nota-tecnica-16-2020-dee-cade.pdf. Acesso em: 05/04/2020.

passar ao largo das discussões. Trata-se de fundo gerido pelo Ministério da Justiça e Segurança Pública, cujos recursos decorrem das multas aplicadas pelo CADE, bem como de valores recolhidos por força de acordos firmados por tal autarquia, além de condenações judiciais em ações relacionadas a outros direitos difusos.[12] Apenas como nota informativa, em 2018, o CADE foi responsável por mais de 94% de todo valor recolhido ao FDD, a saber, um montante de aproximadamente R$591 milhões. O FDD financia projetos nas áreas de meio ambiente, direito do consumidor, direito da concorrência e patrimônio histórico, cultural e artístico, como forma de retornar à sociedade os valores arrecadados.

Nesse prisma, uma proposição ora ventilada, a título de reflexão e eventual refinamento, consiste na implementação de ajustes normativos à Lei e ao Decreto que dispõem sobre o funcionamento do FDD, objetivando contemplar a destinação de parte dos recursos arrecadados pelo fundo para projetos emergenciais focados em saúde, assistência, saneamento e infraestrutura, por exemplo, à vista das implicações da crise da COVID-19, de sorte a contemplar projetos dessa natureza dentro dos eixos temáticos do FDD. Em sendo assim, ajustes normativos também visando à liberação mais célere dos recursos seriam de grande valia.

3. DO PONTO DE VISTA DO DIREITO CONCORRENCIAL, O QUE SERIA RECOMENDÁVEL PARA COMBATER A PANDEMIA?

O Direito Concorrencial contribui para o debate e exerce um imperioso papel nas discussões relacionadas à pandemia da COVID-19, haja vista, dentre outros, os reflexos das políticas e iniciativas de cunho concorrencial para a dinâmica competitiva dos mercados, com efeitos que repercutem, ao fim e ao cabo, sobre os consumidores e a economia.

Dito isso, entendemos que os pontos abordados nas questões anteriores mapeiam e sumarizam, objetivamente, os principais desafios,

---

[12] Para mais informações sobre o FDD, ver: https://www.justica.gov.br/seus-direitos/consumidor/direitos-difusos. Acesso em: 05/04/2020.

a postura recomendada e as cautelas necessárias para o enfrentamento da pandemia sob a ótica concorrencial. Obviamente que os desafios são inúmeros e complexos – e não se pode ignorar o potencial de adensamento e expansão, elevando a instigação. Porém, em nossa leitura, os elementos centrais que orbitam a discussão neste momento foram pontuados nas duas questões que antecederam.

Não obstante, a título de reforço, ressaltamos a importância de que seja assegurado aos administrados transparência, previsibilidade e segurança jurídica. Em verdade, essa observação pode (e deve) ser expandida para as demais searas. Nesse compasso, consideramos de fundamental importância a consolidação do paradigma colaborativo entre a Administração Pública, os agentes econômicos e a comunidade antitruste, viabilizando um diálogo virtuoso e construtivo, sedimentado na base da confiança e do respeito mútuo. Acreditamos, em especial neste momento, que tal predicado deve ser ainda mais valorizado.

Consideramos importante, também, que o regulador seja dotado de razoabilidade adicional em suas análises durante o período da pandemia, e que os agentes econômicos sejam cautelosos em suas iniciativas, acompanhando *pari passu* a legislação, seus avanços e atualizações. Esse conjunto de recomendações é parte fundamental dentre as estratégias mais amplas para se navegar com maior segurança, responsabilidade e comprometimento em tempos de COVID-19.

Outrossim, o papel desempenhado por institutos e associações civis, organizações internacionais, *think tanks*, academia etc. agrega componente de suma relevância nesse estado de coisas, a fim de contribuir com ponderações técnicas, análises aprofundadas e iniciativas integradas em prol da retomada do saudável ambiente de negócios e do bem-estar, beneficiando a sociedade e a economia. Nesse tocante, à guisa de exemplo, poderia ser conveniente a movimentação desses atores no intuito de sistematizarem medidas e propostas a serem apresentadas ao CADE, vocalizando questões mais emergenciais e sensíveis sob o enfoque empresarial e da comunidade antitruste para atravessar esse momento de crise, interagindo e ouvindo da autoridade possíveis espaços para flexibilização, diretrizes e salvaguardas, inclusive à luz de ações e práticas que estão sendo adotadas internacionalmente em outras jurisdições. Em particular, observamos possíveis impactos mais agudos da crise sobre empresas novas e de pequeno e médio porte, que poderiam receber um olhar mais especial da autoridade na atual circunstância.

Em síntese, a circunstância atual é inegavelmente desafiadora e complexa para as mais diversas searas jurídicas (como também o é para inúmeras outras ciências, daí a abordagem multidisciplinar ser peça-chave). Há uma miríade de questões novas e urgentes que aflora cotidianamente. Sem prejuízo, dentre os pontos em comum para o combate à COVID-19 a partir da salutar visão holística, recomendamos a necessária dose de cautela, prudência e realismo nas avaliações e iniciativas, sempre amparadas por fundamentos sólidos e com racional consistente, especialmente considerando o (inescapável) entrelaçamento entre os ramos jurídicos e as respectivas implicações e consequências práticas das medidas (a serem) implementadas sobre vários campos.

Por fim, não se deve olvidar do componente político que subjaz à discussão, particularmente no que diz respeito à técnica legislativa, de tal forma que o alinhamento técnico entre as arenas política e jurídica com vistas a buscar soluções efetivas e eficazes para o momento (considerando também o cenário pós-COVID-19), de maneira racional e embasada, é providencial para a boa marcha das propostas e medidas (que estão sendo) arquitetadas.

Parte V
DIREITO CONSTITUCIONAL

LEGALIDADE EXTRAORDINÁRIA E CONSTITUIÇÃO

PEDRO ESTEVAM ALVES PINTO SERRANO
ANDERSON MEDEIROS BONFIM
JULIANA SALINAS SERRANO

INTRODUÇÃO

A disseminação do "novo coronavírus" SARS-Cov-2, ou COVID-19, tomou a agenda mundial e tem sido objeto de discussão sob diversos aspectos. O caráter absolutamente inesperado, emergencial e exponencial impôs a adoção de medidas sanitárias, econômicas, políticas e mesmo jurídicas de enfrentamento. No plano jurídico, a existência de uma pandemia, nos termos reconhecidos pela Organização Mundial de Saúde (OMS),[1] inscreve-se como uma situação de emergência ou calamidade pública de caráter extraordinário, para a qual a ordem jurídica pode e deve oferecer respostas.

O constitucionalismo democrático prevê que, em situações de emergência como a que atravessamos, o Estado tenha seus poderes

---

[1] WORLD HEALTH ORGANIZATION. *Director-General's opening remarks at the media briefing on COVID-19*. Disponível em: https://www.who.int/dg/speeches/detail/who-director-general-s-opening-remarks-at-the-media-briefing-on-covid-19---11-march-2020. Acesso em: 29/03/2020.

ampliados, podendo, inclusive, suspender parcialmente direitos fundamentais para atender às momentâneas exigências. O Estado, para atender à emergência sanitária que se impõe com a pandemia, pode avocar poderes com vistas à suspensão de direitos, afastamento regras procedimentais, tais como às relativas ao processo licitatório para fins de contratações públicas, e mesmo compromissos orçamentários, inclusive relativos aos limites impostos ao endividamento público.

O objetivo do presente estudo é realizar o cotejamento do fenômeno jurídico que chamamos de legalidade extraordinária, o qual não se confunde com as medidas de exceção clássicas baseadas na ação arbitrária de persecução de *inimigos,* da suspensão de direitos por motivos políticos e de disputa de poder. A exceção clássica, conforme demonstraremos, caracteriza-se pela anomia, ao passo que a legalidade extraordinária ou o regime jurídico especial, estabelecido para reger uma situação excepcional, insere-se nos quadrantes do próprio Direito.

Também consoante será demonstrado, os poderes excepcionais são vinculados ao estritamente necessário à solução da emergência. Se o Poder Público extrapola os poderes-deveres excepcionais que lhe são atribuídos para esse fim, ele comete um ilícito. Por outro lado, se deixa de exercê-los, omitindo-se nas suas funções, também comete ilícito que, dependendo das circunstâncias, pode até ser caracterizado como *crime* de responsabilidade (a infração político-administrativa de *impeachment* prevista nos arts. 85 e 86 da Constituição da República e regulamentados pela Lei n. 1.079/1950) ou mesmo contra a humanidade, consoante Estatuto de Roma.

1. O *NOVO CORONAVÍRUS* E SUAS REPERCUSSÕES SANITÁRIAS, SOCIAIS E ECONÔMICAS

A pandemia decorrente do *novo coronavírus* acarretou singulares repercussões sanitárias, sociais e econômicas, as quais se amalgamam para redefinir, momentaneamente, o próprio papel do Estado brasileiro. A violação aos preceitos fundamentais que garantem o acesso universal e igualitário às ações e serviços de saúde é notoriamente histórica no Brasil e ganhou contornos ainda mais fatais com a pandemia. Acidulou-se o cenário de grave e massiva violação de direitos fundamentais e sociais, decorrentes de falhas estruturais em políticas públicas de saúde. Portanto, a pandemia, sob vários aspectos, mas sobretudo do ponto de vista do sistema de saúde, reflete nossa profunda desigualdade social.

Conforme estimado por especialistas, cerca de 15% dos pacientes infectados precisam ser internados em leito qualificado como de Unidade de Tratamento Intensivo (UTI), sendo que também de acordo com a Associação de Medicina Intensivista Brasileira (AMIB),[2] a quantidade de leitos existentes no Brasil é próximo de dois para cada 10 mil habitantes, cumprindo a recomendação da OMS. No entanto, a distribuição desigual entre as redes pública e privada, além da forte concentração territorial, torna a situação preocupante. Segundo dados da entidade, apenas 44% das UTIs são do âmbito do Sistema Único de Saúde (SUS), o qual é responsável pela assistência de três quartos da população.

Nesse contexto, diversos preceitos constitucionais estão em risco, especialmente aqueles relativos ao direito social à saúde (art. 6º; art. 23, inciso II; art. 24, inciso XII; art. 194; art. 196; art. 197; art. 198; art. 199 e art. 200), ao direito fundamental à vida (art. 5º, *caput;* art. 227 e art. 230), ao direito fundamental à igualdade (art. 5º, *caput,* e art. 196), ao passo que a dignidade da pessoa humana é fundamento da República Federativa do Brasil (art. 1º, inciso III) e, ainda, é objetivo fundamental da República Federativa do Brasil construir uma sociedade justa e solidária (art. 3º, inciso I).

Diante desse cenário, a legalidade extraordinária é, sem dúvida, um dos remédios mais poderosos para conter o avanço da pandemia. Ela confere ao Estado o dever-poder de adotar as providências necessárias

---

[2] CAMBRICOLI, Fabiana. "Mais demandado em caso de surto de coronavírus, SUS só tem 44% dos leitos de UTI do País". *O Estado de São Paulo,* São Paulo, mar. 2020. Disponível em https://saude.estadao.com.br/noticias/geral,rede-mais-demandada-em-caso-de-surto-de-coronavirus-sus-so-tem-44-dos-leitos-de-uti-do-pais,70003230123. Acesso em 16/04/2020.

para estancar ou minorar os efeitos decorrentes da pandemia. Portanto, não se trata de uma prerrogativa facultada ao Poder Público fazer ou não uso dos referidos mecanismos, mas sim de um dever de implementar políticas públicas que assegurem a universalização do direito à saúde e, consideradas as repercussões sociais e econômicas, distribuam renda.

Países como Itália, Espanha e Irlanda adotaram mecanismos típicos de legalidade extraordinária mediante particular *estatização* dos recursos de saúde e, inclusive, atividades industriais de produção de medicação e equipamentos necessários à prestação de serviços de saúde. Na Espanha, por exemplo, o *Real Decreto* n. 463, de 14 de março de 2020, obrigou que o sistema privado de saúde contribua para o fortalecimento do modelo público capitaneado Sistema Nacional de Saúde. No dia seguinte, em 15 de março de 2020, por meio da *Orden* SND/232/2020, o Ministério da Saúde espanhol *apropriou*, temporariamente, centros e estabelecimentos de saúde privados do país.

Referidos exemplos demonstram que a pandemia alterou, significativamente, o papel do Estado, bem como dos instrumentos jurídicos à sua disposição. Antes que adentremos especificamente em tais aspectos, é fundamental que realizemos uma breve incursão no tema das funções do Estado, bem como do papel que é lhe conferido pela Constituição em situações excepcionais.

2. LEGALIDADE EXTRAORDINÁRIA NO CONTEXTO DAS FUNÇÕES DO ESTADO

As funções do Estado atrelam-se, explícita ou implicitamente, às suas características, fins e poderes, razão pela qual preleciona Jorge Miranda que "a conceituação *ex professo* das funções acompanha o desenvolvimento das teorias gerais do Estado e do Direito público".[3]

---

[3] MIRANDA, Jorge. *Manual de direito constitucional*, tomo V. Coimbra: Coimbra Editora, 2004, p. 12.

LEGALIDADE EXTRAORDINÁRIA E CONSTITUIÇÃO

A função do Estado reflete, para o mesmo autor, fim, tarefa ou incumbência correspondente à certa necessidade coletiva. Expressa, ainda, atividade com características próprias, modelo de comportamento.[4] No primeiro sentido, a função traduz o enlace entre a sociedade e o Estado e uma legitimação do exercício do poder. A função vincula-se, assim, ao Estado enquanto poder e como comunidade.[5] No segundo sentido enxergado pelo autor, a função expressa atividades que o Estado, constantemente, desenvolve em harmonia com as regras que o condicionam e o conformam.

A função do Estado, assim, é uma manifestação específica do poder político, um modo tipificado de seu exercício.[6] Em ambas as acepções, "exibe-se um elemento finalístico: directamente, na função como tarefa; indirectamente, na função como actividade".[7] Com efeito, a tarefa é o fim historicizado que implica na adstrição de um comportamento que inexiste por si mesmo. Por outro lado, a atividade é um meio para a consecução de fins qualificados. A função no sentido de atividade relaciona-se a um complexo ordenado de atos, os quais, ainda que interdependentes, são igualmente destinados à busca de um fim ou de vários fins conexos.

Marcello Caetano, do mesmo modo, adota o elemento finalístico para a conceituação de função do Estado ao conceituá-la uma "actividade específica, complementar de outras actividades também específicas cujo exercício coordenado é indispensável à produção de certo resultado".[8] As funções do Estado, assim, relacionam-se à compreensão da ação estatal

---

[4] MIRANDA, Jorge. *Manual de direito constitucional,* Tomo V. Coimbra: Coimbra Editora, 2004, p. 8.

[5] MIRANDA, Jorge. *Manual de direito constitucional,* Tomo V. Coimbra: Coimbra Editora, 2004, pp. 8-9.

[6] MIRANDA, Jorge. *Manual de direito constitucional,* Tomo V. Coimbra: Coimbra Editora, 2004, pp. 8-9.

[7] MIRANDA, Jorge. *Manual de direito constitucional,* Tomo V. Coimbra: Coimbra Editora, 2004, p. 9.

[8] CAETANO, Marcello. *Manual de ciência política e direito constitucional,* Tomo I. Coimbra: Almedina, 2009, p. 148.

haja vista os fins de segurança, justiça e bem-estar.[9] Funções do Estado são, assim, atividades específicas, coordenadas e teleológicas.

Traçando um quadro abrangedor das diversas modalidades das atividades desenvolvidas pelo Estado, o mesmo autor, ressaltando que elas não podem reduzir-se à criação e aplicação do Direito, ressalta a preocupação com atividades do Estado cujo conteúdo não seria jurídico. Essas outras atividades, qualificadas pelo autor como nem sempre em si mesmas jurídicas, e quando muito exteriormente reguladas pelo Direito, correspondem à função política e à técnica, as quais estão, respectivamente, em relação com as funções legislativa e executiva do Estado. A por ele chamada de teoria integral das funções do Estado, assim, implica em dizer que "se todas as funções do Estado podem considerar-se jurídicas no sentido de que podem constituir objeto do Direito, há atividades com conteúdo jurídico e outras sem conteúdo jurídico".[10]

A função política relaciona-se à atividade dos órgãos do Estado, cujo objeto direto e imediato é a conservação da sociedade política e a definição e persecução do interesse geral mediante a livre escolha dos rumos ou das soluções consideradas preferíveis.[11] A função técnica relaciona-se à atividade dos agentes do Estado cujo objeto direto e imediato consiste na produção de bens ou na prestação de serviços destinados à satisfação de necessidades coletivas de caráter material ou cultural.

A função legislativa define-se como a atividade dos órgãos do Estado que encerra o estabelecimento, direto e imediato, de normas de caráter geral e impessoal inovadoras da ordem jurídica.[12] A função

---

[9] CAETANO, Marcello. *Manual de ciência política e direito constitucional*, Tomo I. Coimbra: Almedina, 2009, p. 149.

[10] CAETANO, Marcello. *Manual de ciência política e direito constitucional*, Tomo I. Coimbra: Almedina, 2009, p. 158.

[11] CAETANO, Marcello. *Manual de ciência política e direito constitucional*, Tomo I. Coimbra: Almedina, 2009, p. 172.

[12] CAETANO, Marcello. *Manual de ciência política e direito constitucional*, Tomo I. Coimbra: Almedina, 2009, p. 166.

executiva consiste na atividade dos órgãos que tenham por objeto, direto e imediato, a promoção e garantia do cumprimento das leis e aplicação de sanções.[13] Essa função engloba as modalidades jurisdicional, caracterizada pela imparcialidade e passividade, e administrativa, marcada, ao contrário, pela parcialidade e iniciativa.

A legalidade extraordinária, objeto precípuo do presente estudo, não se encaixa, à perfeição, aos modelos clássicos definidores e demarcadores das funções do Estado. De todo modo, é inegável que, determinados autores, ao se debruçarem sobre o tema, apresentaram relevantes contribuições para a compreensão do fenômeno. De todo modo, convém destacar, desde já, que não há atividade do Estado senão nos limites do Direito, em discordância com o entendimento sufragado por Marcello Caetano.

O Estado, para Karl Loewenstein, exerce três funções. São elas: *policy determination*, relacionada à deliberação das decisões políticas fundamentais conformadoras da sociedade no presente e no futuro; *policy execution*, voltada à adoção de medidas necessárias à implementação das decisões fundamentais; e, por fim, *policy control*, vinculada ao controle político dos órgãos estatais.[14]

A legalidade extraordinária está diretamente relacionada à preservação da ordem constitucional do Estado, uma vez que a excepcionalidade demanda mecanismos específicos preservadores dos direitos fundamentais e das instituições democráticas e, numa escala mais ampla, do próprio Estado. Consequentemente, o seu exercício está diretamente relacionado a uma atividade de definição primária e

---

[13] CAETANO, Marcello. *Manual de ciência política e direito constitucional*, Tomo I. Coimbra: Almedina, 2009, p. 168.

[14] Quanto a esta função de determinação de decisões políticas pelo Judiciário, Karl Loewenstein destaca que "si el control judicial se aplica a decisiones políticas, adquiere entonces el carácter de un control político por parte de los tribunales que, teóricamente, no corresponde a la función judicial. Dado que una sentencia negativa anula la ley, el control judicial puede, de hecho, ocupar el lugar de la decisión del detentador político del poder" (LOEWENSTEIN, Karl. *Teoría de la constitución*. Barcelona: Ariel, 1986, p. 312).

global do interesse público mediante interpretação dos fins do Estado e escolha dos meios adequados para atingi-los. Por essa razão, é inegável que as relevantes contribuições realizadas por Karl Loewenstein em certa medida contribuem para a compreensão do regime especial, que muito se molda à por ele intitulada de *policy execution,* bem como à adoção de medidas necessárias à implementação de decisões fundamentais.

À luz da necessidade coletiva decorrente da pandemia que enfrentamos atualmente, o papel do Estado redefine-se, momentaneamente, para instaurar um especial enlace entre ele e a sociedade, razão pela qual a legalidade extraordinária é, antes de mais nada, a própria reafirmação da legitimação do poder do Estado, o qual, para tanto, deve atuar em harmonia com as regras que o condicionam e o conformam na excepcionalidade.

Com vistas à preservação do próprio Estado, a Constituição instituiu de mecanismos excepcionais destinados ao acionamento apenas em circunstâncias institucionais ou socialmente adversas para, consequentemente, substituir, de forma transitória, a legalidade ordinária e, assim, atribuir ao Estado determinadas competências especiais informadas e condicionadas pela temporariedade, proporcionalidade e vinculação teleológica. Portanto, outra questão que se coloca é que a legalidade extraordinária, específica manifestação do poder político, não apenas se exibe finalisticamente, como só existe à luz de um fim historicizado e na proporção estritamente necessária para tanto.

José Joaquim Gomes Canotilho, tratando do por ele chamado estado ou *direito de necessidade,* bem como da previsão normativo-constitucional das medidas necessárias para a defesa da própria Constituição em situações de anormalidade não passíveis de enfrentamento por seus instrumentos comuns, contata que o *direito de necessidade* não implica na suspensão da Constituição, mas na adoção, temporária, de um regime extraordinário a ela incorporado e válido para situações de anormalidade. Consequentemente, a legalidade extraordinária deve ser compreendida a partir da própria Constituição e de acordo com a sua conformação.[15]

---

[15] CANOTILHO, José Joaquim Gomes. *Direito constitucional e teoria da Constituição.* Coimbra: Almedina, 2003, p. 1099.

LEGALIDADE EXTRAORDINÁRIA E CONSTITUIÇÃO

Por essa razão, observa o autor, as *situações de anormalidade constitucional* ou de *legalidade alternativa,* na expressão adotada Paulo Otero,[16] "não são estados sem Constituição ou fora da Constituição, mas sim situações carecidas de uma disciplina jurídico-constitucional diferente daquela que está normativo-constitucionalmente consagrada para os estados de normalidade constitucional".[17] Em outras palavras, a submissão às situações de crise e de emergência à própria Constituição pressupõe um "direito normativo-constitucionalmente conformado", razão pela qual conclui que "o regime das situações de excepção não significa suspensão da Constituição (excepção da Constituição), mas sim um regime extraordinário incorporado na Constituição e válido para situações de anormalidade constitucional".[18]

A delimitação dos contornos da legalidade extraordinária impõe, nesses termos, a adoção de técnicas de jurisdicização compatíveis com o Estado constitucional, quais sejam a indicação dos órgãos de soberania competentes para adoção das medidas apropriadas ao enfrentamento do estado de emergência e, ainda, os pressupostos, formas, limites e efeitos dos regimes de anormalidade.

A excepcionalidade decorrente da irrupção de pandemias, nos moldes atualmente configurados no Brasil, impõe deveres-poderes específicos na proporção necessária ao enfrentamento sanitário e, ainda, dos seus efeitos sociais e econômicos. Por essa razão, descabe falar em *cláusula de plenos poderes* nos moldes do art. 48 da Constituição de Weimar e do art. 16 da Constituição da V República Francesa de 1958, excludentes de responsabilidade nos termos do *Act of Indemnity Bill* inglês e, em especial, indiscriminadas e injustificadas limitações aos direitos e garantias fundamentais, senão na exata proporção necessária ao enfrentamento da pandemia.

---

[16] OTERO, Paulo. *Legalidade e Administração Pública:* o sentido da vinculação administrativa à juridicidade. Coimbra Almedina, 2011.

[17] CANOTILHO, José Joaquim Gomes. *Direito constitucional e teoria da Constituição.* Coimbra: Almedina, 2003, p. 1086.

[18] CANOTILHO, José Joaquim Gomes. *Direito constitucional e teoria da Constituição.* Coimbra: Almedina, 2003, 1099.

Por fim, a legalidade extraordinária aqui estudada não se confunde com as clássicas medidas de exceção, as quais se inserem no campo da anomia. Por essa razão, é fundamental, antes que adentremos nas específicas medidas adotadas pelos Poderes Públicos brasileiros em sede da legalidade extraordinária que ora se instaurou, que realizemos uma breve incursão no tema da exceção nas perspectivas propostas por Carl Schmitt e Giorgio Agamben.

3. DA EXCEÇÃO EM CARL SCHMITT E GIORGIO AGAMBEN À LEGALIDADE EXTRAORDINÁRIA

A discussão acerca da teoria do estado de exceção encontra uma divisão entre aqueles que o inserem no ordenamento jurídico, tais como Santi Romano, Hauriou e Mortari, que concebem o estado de exceção como parte integrante do direito positivo e, ainda, Hoerni, Ranelletti e Rossiter, os quais entendem o estado de exceção como um direito natural do Estado à sua própria conservação. Por outro lado, há aqueles que o consideram a teoria do estado de exceção como um fenômeno extrajurídico, dentre os quais se incluem Biscaretti, Balladore-Pallieri e Carré de Malberg.[19]

Giorgio Agamben recuperou um instituto do direito romano – o *iustitium* – termo que significa "interrupção, suspensão do direito" para inscrever o tema da exceção como um estado kenomático, ou seja, um espaço vazio e de anomia, e não um estado pleromático, próprio das ditaduras e dos plenos poderes. Assim, nas palavras do autor, "o *iustitium*, enquanto efetua uma interrupção e uma suspensão de toda ordem jurídica, não pode ser interpretado segundo o paradigma da ditadura".[20] O que se verifica é que "o estado de exceção separa, pois, a norma da sua aplicação para tornar possível a aplicação. Introduz no direito uma zona de anomia para tornar possível a normatização efetiva do real".[21]

---

[19] AGAMBEN, Giorgio. *Estado de exceção*. São Paulo: Boitempo, 2011, p. 38.
[20] AGAMBEN, Giorgio. *Estado de exceção*. São Paulo: Boitempo, 2011, p. 74.
[21] AGAMBEN, Giorgio. *Estado de exceção*. São Paulo: Boitempo, 2011, p. 58.

LEGALIDADE EXTRAORDINÁRIA E CONSTITUIÇÃO

Segundo o autor, o moderno estado de exceção pode ser considerado o instituto do direito romano denominado *iustitium*. Ao sinal de perigo para a República, o Senado emitia um *senatus consultum ultimum*, requerendo alguma medida necessária à salvação do Estado. Esse pedido baseava-se num decreto que declarava o *tumultus* (uma situação de emergência) e dava lugar, habitualmente, à proclamação do *iustitium*.

O termo *iustitium* significa suspensão do direito, o equivalente à produção de um vazio jurídico. É a resposta à necessidade de romper o ordenamento para salvá-lo. Giorgio Agamben traz a definição de Nissen para o conceito: "o *iustitium* 'suspende o direito e, a partir disso, todas as prescrições jurídicas são postas de lado. Nenhum cidadão romano, seja ele magistrado ou um simples particular, agora tem poderes ou deveres'".[22] O *consultum* pressupõe o *tumultus*, que é a única causa do *iustitium*. O *iustitium* não pode ser interpretado como ditadura, mas como uma zona de anomia. Esse espaço vazio de direito é essencial à ordem jurídica, por isso o direito precisa manter-se em relação à anomia.

A questão mais relevante abordada pela doutrina quanto ao *iustitium* diz respeito à natureza dos atos cometidos durante sua vigência, já que, uma vez decretado, não há qualquer prescrição ou determinação jurídica que deva ser seguida pelo magistrado ou cidadão comum. Segundo Giorgio Agamben, "(...) aquele que age durante o *iustitium* não executa nem transgride, mas *inexecuta* o direito".[23]

A partir da contiguidade essencial entre soberania e exceção, posta por Carl Schmitt, e da formulação da modernidade como estado de exceção permanente de Walter Benjamin, Giorgio Agamben formula sua teoria, a qual é exposta fundamentalmente nas obras *Homo sacer: poder soberano e vida nua* e *estado de exceção*. Nas primeiras páginas de *Homo sacer*, o autor refere-se à clássica afirmação de Carl Schmitt de soberania como a capacidade de declarar a exceção. Verifica, portanto, que a estrutura da soberania é a exceção, ou seja, a capacidade de suspender o direito.

---

[22] AGAMBEN, Giorgio. *Estado de exceção*. São Paulo: Boitempo, 2011, p. 72.
[23] AGAMBEN, Giorgio. *Estado de exceção*. São Paulo: Boitempo, 2011, p. 77.

Em Carl Schmitt, a topologia dentro-fora pode ser explicada por meio da exceção como doutrina da soberania. Ao enunciar que soberano é aquele que decide sobre a exceção, garante a ancoragem desta à ordem jurídica. Ou seja, em que pese a exceção representar a suspensão da norma posta – fora do direito, portanto –, a decisão do soberano sobre tal suspensão só é válida porque este é juridicamente responsável pela decisão (dentro do direito). Segundo o autor, "o soberano se coloca fora da ordem jurídica normalmente vigente, porém a ela pertence, pois ele é competente para a decisão sobre se a Constituição pode ser suspensa *in toto*".[24]

Como Carl Schmitt, Giorgio Agamben constata a posição paradoxal do soberano em relação à ordem jurídica: de um lado está dentro dessa ordem, e de outro, está fora. Está excluído da ordem jurídica, pois só é soberano por poder suspender a validade e a eficácia da ordem jurídica, e está nela inserido porque é essa mesma ordem que reconhece o poder de estabelecer a exceção e de suspender sua própria validade.

Giorgio Agamben, no entanto, constata que a exceção que define a estrutura da soberania é complexa. A relação da exceção com a regra é de uma exclusão inclusiva, pois o que é excluído do Estado de direito, do direito vigente, não deixa de se conectar com o mesmo, pois o suspende. Nessa situação, a regra aplica-se justamente pela sua não aplicação:

> Aquilo que está fora vem aqui incluído não simplesmente através de uma interdição ou de um internamento, mas suspendendo a validade do ordenamento, deixando, portanto, que ele se retire da exceção, a abandone. Não é a exceção que se subtrai à regra, mas a regra que, suspendendo-se, dá lugar à exceção e somente desse modo se constitui como regra, mantendo-se em relação com aquela.[25]

---

[24] SCHMITT, Carl. *Teologia política*. Belo Horizonte: Del Rey, 2006, p. 8.
[25] AGAMBEN, Giorgio. *Estado de exceção*. São Paulo: Boitempo, 2011, p. 26.

LEGALIDADE EXTRAORDINÁRIA E CONSTITUIÇÃO

Por decorrência, Giorgio Agamben formula sua peculiar concepção de soberania, pela qual se distancia tanto de Carl Schmitt quanto de Hans Kelsen:

> (...) não é, então, nem um conceito exclusivamente político, nem uma categoria exclusivamente jurídica, nem uma potência externa ao direito (Schmitt), nem a norma suprema do ordenamento jurídico (Kelsen): ela é a estrutura originária na qual o direito se refere à vida e a inclui em si através da própria suspensão.[26]

Temos assim que, na perspectiva do autor, a soberania situa-se em zona complexa e indeterminada. Estando, ao mesmo tempo, dentro e fora do direito, não pode ser nominada simplesmente jurídica ou não jurídica. Trata-se de uma zona de ausência de norma reguladora, num território no qual essas distinções fazem pouco sentido. Desse modo, a exceção, em sua visão, não pode ser considerada mera situação de fato ou de direito, pois se encontra na fronteira entre os dois conceitos: "não é um fato, porque é criado apenas pela suspensão da norma; mas, pela mesma razão, não é nem ao menos um caso jurídico, ainda que abra a possibilidade de vigência da lei".[27]

Tanto Giorgio Agamben quanto Carl Schmitt constatam, contudo, que a exceção, enquanto anomia, zona vazia de direito, é relevante para confirmar o direito. A existência da exceção confirma o âmbito de validade da regra, qual seja, o caso normal, a situação cotidiana.[28]

No entendimento de Giorgio Agamben, o estado de exceção não é uma ditadura (constitucional ou inconstitucional, comissária ou soberana), mas um espaço vazio de direito, uma zona de anomia em que todas as determinações jurídicas – e, antes de tudo, a própria distinção

---

[26] AGAMBEN, Giorgio. *Estado de exceção*. São Paulo: Boitempo, 2011, p. 35.
[27] AGAMBEN, Giorgio. *Estado de exceção*. São Paulo: Boitempo, 2011, p. 26.
[28] AGAMBEN, Giorgio. *Estado de exceção*. São Paulo: Boitempo, 2011, p. 25.

entre público e privado — estão desativadas. Portanto, são falsas as doutrinas que tentam vincular diretamente o estado de exceção ao direito, o que se dá com a teoria da necessidade como fonte jurídica originária, e com a que vê no estado de exceção o exercício de um direito do Estado à própria defesa ou a restauração de um originário estado pleromático do direito (os "plenos poderes").

Mas igualmente falaciosas são as doutrinas que, como a de Carl Schmitt, tentam inscrever indiretamente o estado de exceção num contexto jurídico, baseando-o na divisão entre normas de direito e normas de realização do direito, entre poder constituinte e poder constituído, entre norma e decisão. O estado de necessidade não é um "estado do direito", mas um espaço sem direito (mesmo não sendo um estado de natureza, mas se apresenta como a anomia que resulta da suspensão do direito).

O espaço vazio de direito parece ser, sob alguns aspectos, tão essencial à ordem jurídica que esta deve buscar, por todos os meios, assegurar uma relação com ele, como se, para se fundar, ela devesse manter-se necessariamente em relação com a anomia. Por um lado, o vazio jurídico de que se trata no estado de exceção parece absolutamente impensável pelo Direito. Por outro lado, o impensável se reveste, para a ordem jurídica, de uma relevância estratégica decisiva e que, de modo algum, pode escapar.

A ideia de exceção, tanto no plano do Direito quanto no âmbito da Teoria do Estado e da Filosofia política, sempre se circunscreveu no campo da anomia, ou seja, da ausência de norma. Isto é, a relação autoritária do Estado com os indivíduos se dá por meio da suspensão de direitos pelo estabelecimento de uma espécie de soberania bruta, em que a vontade do soberano é imposta ao cidadão.

Na contemporaneidade, a exceção vem sendo produzida em consequência da crença na necessidade de exercício, pelo Estado, de indiscriminado poder e controle sobre a sociedade. Assim, incorpora-se o regime jurídico próprio da guerra para o plano interno, tomando parcela da sociedade como *inimiga* e retirando daqueles que fazem parte desse grupo a condição humana que lhes confere proteção política e jurídica.

LEGALIDADE EXTRAORDINÁRIA E CONSTITUIÇÃO

Uma das características do contemporâneo autoritarismo está, ao invés da interrupção do Estado democrático pela instauração de um Estado de exceção, na inserção de mecanismos típicos da exceção no interior da rotina democrática inclusive através de hipernomia. Portanto, referidos mecanismos hospedam-se na estrutura estatal na forma de um autoritarismo líquido que convive, ainda que em relação parasitária, com medidas democráticas e legítimas.

A hipernomia é uma antítese da anomia, palavra de origem grega que deriva de *anomos*, em que *a* significa inexistência e *nomos* norma. Portanto, a anomia denota, etimologicamente, ausência de norma.[29] O termo foi difundido nas ciências sociais por Émile Durkheim para significar a chamada desintegração das normas sociais e a perda de referências normativas, o que decorre da complexidade dos desejos humanos, naturalmente ilimitados, e da indeterminação dos objetivos a atingir.[30] Por outro lado, Robert K. Merton concebeu a anomia como uma ruptura na estrutura cultural, uma disjunção entre as normas sociais e os objetivos culturais e a capacidade de cumpri-las, o que gera a ausência de sanção e a incerteza.[31]

Independentemente das críticas e da menor aceitabilidade contemporânea do conceito nas ciências sociais, ao menos na concepção durkheimiana, o termo foi incorporado ao Direito para significar a ausência de norma. Por outro lado, a hipernomia é caracterizada pelo seu excesso. Portanto, a hipernomia é um fenômeno que decorre, essencialmente, da função estatal com intento modificativo de regras abstratas constitutivas de direito. Ademais, a hipernomia compreende não apenas o fenômeno de profusão de edição espécies normativas, mas também a atuação do intérprete qualificado que, valendo-se de regras e princípios, expressa normas com uma intensidade que lhe é incompatível.

Veja-se, portanto, que a exceção decorrente da anomia e da hipernomia não se confunde com a legalidade extraordinária, objeto

---

[29] CAVALIERI FILHO, Sergio. *Programa de sociologia jurídica*. São Paulo: Atlas, 2019.
[30] DURKHEIM, Émile. *Da divisão do trabalho social*. São Paulo: EDIPRO, 2016. DURKHEIM, Émile. *O suicídio*. São Paulo: Martins Fontes, 2000, p. 322.
[31] MERTON, Robert K. *Estrutura social e anomia*. In: Sociologia: teoria e estrutura. São Paulo: Mestre Jou, 1970.

precípuo do presente estudo. O Estado, para atender à emergência sanitária que se impõe com a pandemia decorrente do *novo coronavírus*, pode avocar poderes de suspensão de direitos e de obstáculos procedimentais sem que isso implique na adoção de medida de exceção clássica, bem como da instauração de um campo de anomia. Trata-se de um regime jurídico especial e, portanto, integrante do próprio Direito, que se estabelece para reger uma situação excepcional.

4. O PAPEL DA CONSTITUIÇÃO E DOS SEUS ELEMENTOS DE ESTABILIZAÇÃO

A falha no acesso universal e igualitário às ações e serviços de saúde, a despeito das previsões constitucionais e infraconstitucionais, é notoriamente histórica no Brasil e ganhou contornos ainda mais fatais com a pandemia que enfrentamos atualmente. Acidulou-se a grave e massiva violação de direitos fundamentais e sociais, bem como das falhas estruturais, razão pela qual são prementes políticas públicas que assegurem a universalização do direito à saúde e distribuam renda. Portanto, o atual contexto sanitário e social impõe o fortalecimento dos mecanismos sociais de proteção a vulneráveis.

A Constituição e as espécies normativas infraconstitucionais, isso nos limites informados pela primeira, exercem relevante papel delineador dos contornos da atuação estatal em situações absolutamente emergenciais, razão pela qual realizaremos uma breve incursão no papel assumido pela Constituição no referido cenário.

O debate sobre o papel da Constituição deve assumir conteúdo político ao englobar, em especial, princípios de legitimação do poder e de decisões relativas às políticas públicas. Alerta Gilberto Bercovici, recordando Konrad Hesse, que o campo de discussão deve ser ampliado para abranger toda a sociedade e não só o Estado. A política manifesta-se não apenas na instauração da Constituição, mas também nos momentos seguintes, de efetivação da ordem constitucional por meio de uma política constitucional:[32]

---

[32] BERCOVICI, Gilberto. *Constituição e política*: uma relação difícil. Lua Nova. 2004, n. 61, pp. 5-24, p. 9.

LEGALIDADE EXTRAORDINÁRIA E CONSTITUIÇÃO

A ideia da Constituição como totalidade, ressaltando-se o seu caráter dinâmico (não garante apenas uma ordem estática), 'politiza' o conceito de Constituição, que não se limita mais a sua normatividade. Esta concepção, elaborada (...) por autores como Schmitt e Smend, dá origem à Teoria Material da Constituição, ligada ao predomínio das Constituições sociais (ou programáticas) do pós-guerra. A Teoria Material da Constituição permite compreender, a partir do conjunto total de suas condições jurídicas, políticas e sociais (ou seja, a Constituição em sua conexão com a realidade social), o Estado Constitucional Democrático. Propõe-se, portanto, a levar em consideração o sentido, fins, princípios políticos e ideologia que conformam a Constituição, a realidade social da qual faz parte, sua dimensão histórica e sua pretensão de transformação.[33]

Rudolf Smend tinha por Constituição a ordenação jurídica do Estado, bem como sua dinâmica de integração e reestruturação.[34] Conforme conclusão de Gilberto Bercovici em análise específica do referido autor, ao exercer as funções de configuração das "condições de vida", limitação do poder estatal e formação da unidade política, a Constituição não esgota-se na regulação procedimental da decisão estatal. A Constituição é, portanto, *direito político,* retomando a expressão de Hans Peter Schneider.[35]

Por fim, a proposta de "Constituição dirigente" de José Joaquim Gomes Canotilho,[36] o qual, por meio da teoria material da Constituição, pondera que, como todas as Constituições conformam o político,

---

[33] BERCOVICI, Gilberto. *Constituição e política*: uma relação difícil. Lua Nova. 2004, n. 61, pp. 5-24, p. 10.

[34] SMEND, Rudolf. "Verfassung und Verfassungsrecht in Staatsrechtliche Abhandlungen und andere Aufsätze". Berlin: Duncker & Humblot, 1994, p. 274. *In:* BERCOVICI, Gilberto. *Constituição e política*: uma relação difícil. *Lua Nova.* 2004, n. 61, p. 8.

[35] SCHNEIDER, Hans Peter. "La Constitución: función y estructura". *In: Democracia y Constitución*, Madrid: Centro de Estudios Constitucionales, 1991, pp. 39-47.

[36] CANOTILHO, J. J. G. *Constituição Dirigente e Vinculação do Legislador:* contributo para a Compreensão das Normas Constitucionais Programáticas. Coimbra: Coimbra, 2001.

racionalizando-o, há o estabelecimento, pela Constituição, de uma vinculação jurídica para os atos políticos.

Nossa Constituição da República possui diversos elementos destinados à estabilização de emergências e concomitante preservação do próprio pacto social. Costuma-se elencar, dentre os principais mecanismos constitucionais de estabilização, os estados de defesa e de sítio.

Consoante art. 21, inciso V, da Constituição da República, compete à União, por ato do Presidente da República, ouvidos o Conselho da República e o Conselho de Defesa Nacional, decretar o estado de defesa e sítio, destinados à defesa do Estado e das instituições democráticas, sendo de competência exclusiva do Congresso Nacional aprová-los ou suspendê-los (art. 49, inciso IV).

O estado de defesa visa preservar ou prontamente restabelecer, em locais restritos e determinados, a ordem pública ou a paz social ameaçadas por grave e iminente instabilidade institucional ou atingidas por calamidades de grandes proporções na natureza (art. 136, *caput*), devendo ser fixadas as suas condicionantes, tais como duração não superior a 30 dias prorrogável, áreas abrangidas e as medidas coercitivas passíveis de adoção. Podem ser opostas restrições aos direitos de reunião, ao sigilo de correspondência e ao sigilo de comunicação telegráfica e telefônica. Do mesmo modo, poderá haver, na hipótese de calamidade pública, ocupação e uso temporário de bens e serviços públicos, respondendo a União pelos danos e custos decorrentes (§ 1º).

O estado de sítio pode ser decretado nos casos de comoção grave de repercussão nacional ou ocorrência de fatos que comprovem a ineficácia de medida tomada durante o estado de defesa ou de declaração de estado de guerra ou resposta a agressão armada estrangeira (art. 137, *caput*). No caso de decretação de estado de sítio em razão de comoção grave de repercussão nacional ou ocorrência de fatos que comprovem a ineficácia de medida tomada durante o estado de defesa, poderão ser restringidos direitos fundamentais para obrigar permanência em localidade determinada; detenção em edifício não destinado a acusados ou condenados por crimes comuns; restrições relativas à inviolabilidade da correspondência, ao sigilo das comunicações, à prestação de informações e à liberdade de imprensa, radiodifusão e televisão; suspensão da liberdade de reunião; busca e apreensão em domicílio; intervenção nas empresas de serviços públicos; e, ainda, requisição de bens.

Ainda que tais instrumentos excepcionais sejam efetivamente relativos ao fenômeno de legalidade extraordinária ora estudado, eles não são os únicos. Ademais, especificamente com relação ao atual cenário de pandemia, os mecanismos típicos de legalidade extraordinária consistentes em decretação dos estados de defesa e de sítio não são instrumentos que podem, legitimamente, adotados pelo Estado, isso tendo em vista as especificidades da pandemia e suas repercussões sociais e econômicas.

Dada a magnitude das causas justificadoras dos estados de defesa e de sítio especialmente para os direitos fundamentais, eles só devem ser exercidos em hipóteses absolutamente excepcionalíssimas e uma vez implementados os suportes fáticos por ela exigidos. Para o estado de defesa, é fundamental que a ordem pública ou a paz social sejam ameaçadas por grave e iminente instabilidade institucional ou atingidas por calamidades de grandes proporções na natureza, o que inexiste atualmente. Do mesmo modo, o estado de sítio só pode ser decretado na hipótese de comoção grave de repercussão nacional ou ocorrência de fatos que comprovem a ineficácia de medida tomada durante o estado de defesa ou de declaração de estado de guerra ou resposta a agressão armada estrangeira, requisitos os quais não estão configurados em razão da pandemia.

Conforme passaremos a detalhar, as medidas mais eficazes e, portanto, legitimadas, em tese, à adoção pelo mecanismo da legalidade extraordinária imposta pela atual pandemia, podem ser classificadas em afastamento de compromissos fiscais e de regras procedimentais, tais como aquelas relativas ao processo licitatório, condicionamentos sanitários e de saúde pública, limitações à liberdade, ao exercício de atividades econômicas e, ainda, intervenção do Estado na propriedade. Por fim, políticas públicas de subvenções sociais, benefícios fiscais e de acesso ao crédito público a agentes econômicos e alteração de regras trabalhistas foram, exemplificativamente, outras medidas praticadas recentemente em decorrência do estado de legalidade extraordinária ora instaurado.

5. MEDIDAS EXTRAORDINÁRIAS DE ESTABILIZAÇÃO EM RESPOSTA AO "NOVO CORONAVÍRUS"

Conforme antecipado o reconhecimento do estado de pandemia ocorreu em 11 de março de 2020 pela OMS, o que acarretou o reconhecimento de estado de calamidade pública no Brasil através do Decreto Legislativo n. 6/2020, nos termos da solicitação do Presidente da República (Mensagem n. 93/2020). Iniciativas similares foram adotadas por diversos entes da federação. Destaque-se, exemplificativamente, a decretação do estado de calamidade pública no Estado de São Paulo por meio do Decreto n. 64.879/2020 e, no Município de são Paulo, a decretação de situação de emergência por meio do Decreto n. 59.283/2020 e de estado de calamidade pública pelo Decreto n. 59.291/2020. Desde então, diversas medidas especialmente qualificadas como de legalidade extraordinária foram adotadas nos âmbitos federal, estadual e municipal.

A primeira consequência automática do estado de calamidade pública, inclusive viabilizadora, ao menos no seu aspecto econômico-financeiro, é o afastamento, ainda que parcial, de compromissos fiscais. Nos termos do art. 65 da Lei Complementar n. 101/2000, há imediata dispensa do atingimento dos resultados fiscais previstos no art. 2º da Lei n. 13.898/2019 e das limitações de empenho previstas no art. 9 da Lei Complementar n. 101/2000.

Quanto às regras procedimentais afastadas, a mais relevante é relativa ao processo licitatório. A Lei federal n. 13.979/2020, no seu art. 4º, previu que, com vistas ao enfrentamento da pandemia, é dispensável a licitação para aquisição de bens, serviços, inclusive de engenharia, e insumos. A licitação é um procedimento administrativo condicionado por princípios e orientado ao atingimento de certos fins. Ela visa assegurar a todos os interessados iguais oportunidades de acesso às contratações públicas e permitir a seleção da proposta de contratação mais vantajosa para a Administração pública, consoante determinação consubstanciada no art. 37, inciso XXI, da Constituição da República. A vantajosidade caracteriza-se pela seleção de proposta que satisfaça ao interesse público, o que deve ocorrer mediante execução de um contrato administrativo com a melhor relação *custo-benefício*. A economicidade está relacionada ao dever de adoção da escolha mais eficiente para a exploração dos recursos econômicos.[37] Isto é, exige-se o menor custo possível e a melhor e mais completa prestação.[38] Essa é a razão é que inspira a principiologia do procedimento licitatório, a qual é afastada pela legalidade extraordinária, que atribui ao Estado poderes especialmente intensos, isso com vistas a muni-lo de instrumentos efetivos.

Quanto aos condicionamentos sanitários e de saúde pública, a Lei federal n. 13.979/2020, no seu art. 3º, inciso III, previu a possibilidade de realização compulsória de exames médicos, testes laboratoriais, coleta de amostras clínicas, vacinação e outras medidas profiláticas, tratamentos médicos específicos, estudo ou investigação epidemiológica e, ainda, exumação, necropsia, cremação e manejo de cadáver. Do mesmo modo, o inciso VIII do mesmo dispositivo previu a possibilidade de autorização excepcional e temporária para a importação de produtos sujeitos à vigilância sanitária sem registro na Agência Nacional de Vigilância Sanitária (ANVISA), desde que registrados por autoridade sanitária estrangeira e, ainda, previstos em ato do Ministério da Saúde.

Limitações à liberdade estão previstas na mesma Lei federal n. 13.979/2020, a qual, no seu art. 3º, inciso I, previu a possibilidade de isolamento, assim entendido como a separação de pessoas doentes ou contaminadas, bem como de bagagens, meios de transporte, mercadorias ou encomendas postais. Do mesmo modo, o inciso II previu a possibilidade de *quarentena*, assim conceituada como a restrição de atividades ou isolamento de pessoas, bagagens, contêineres, animais, meios de transporte ou mercadorias. Por fim, o inciso VI previu a

---

[37] JUSTEN FILHO, Marçal. *Comentários à lei de licitações e contratos administrativos.* São Paulo: Dialética, 2012, p. 61.

[38] JUSTEN FILHO, Marçal. *Comentários à lei de licitações e contratos administrativos.* São Paulo: Dialética, 2012, pp. 62-63.

possibilidade de restrição, excepcional e temporária, de deslocamento por rodovias, portos e aeroportos.

No Estado de São Paulo, por meio do Decreto n. 64.881/2020, foi decretada *quarentena* no estado, bem como a vedação ao exercício atividades econômicas não essenciais em atendimento presencial ao público em estabelecimentos comerciais e prestadores de serviços. No Município de São Paulo, os Decretos n. 59.285/2020, n. 59.298/2020 e n. 59.335/2020 suspenderam o atendimento presencial ao público em estabelecimentos comerciais de bens e mercadorias, atacadistas, varejistas e ambulantes, e prestadores de serviço em funcionamento no Município.

Especificamente com relação às medidas relativas à intervenção do Estado na propriedade privada, a Lei federal n. 13.979/2020, no seu art. 3º, inciso VII, previu a possibilidade de requisição de bens e serviços de pessoas naturais e jurídicas, hipótese em que será garantido o pagamento posterior de indenização justa. Previsões similares constam de espécies normativas de diversos entes da federação. Referida regulamentação infraconstitucional decorre da previsão constante do art. 5º, inciso XXV, da Constituição da República, segundo o qual, no caso de iminente perigo público, a autoridade competente poderá usar de propriedade particular, assegurada ao proprietário indenização ulterior, se houver dano.

A requisição administrativa no sistema de saúde pública em hipóteses extraordinárias já estava prevista na Lei n. 8.080/1990, no seu art. 15, inciso XIII, o qual prescreve que, para atendimento de necessidades coletivas, urgentes e transitórias, decorrentes de situações de perigo iminente, de calamidade pública ou de irrupção de epidemias, a autoridade competente da esfera administrativa correspondente poderá requisitar bens e serviços, tanto de pessoas naturais como de jurídicas, sendo-lhes assegurada a justa indenização.

Especificamente com relação às providências de enfrentamento aos efeitos econômicos da pandemia, constata-se uma *sui generis* contrafação aos legítimos mecanismos de legalidade extraordinária pelos órgãos de cúpula do sistema financeiro nacional. Fundamentadas na necessidade de se garantir o adequado funcionamento do sistema financeiro brasileiro, bem como da sua solidez e estabilidade, as medidas já adotadas pelo Banco Central e pelo Conselho Monetário Nacional e aquelas pendentes de discussão legislativa violam as bases constitucionais que estruturam nossa ordem econômica e, inclusive, nosso sistema financeiro, o qual é informado pela necessária vinculação teleológica ao interesse público. Ao contrário, os mecanismos implementados atendem aos interesses egoísticos das instituições financeiras num cenário de absoluta escassez de recursos públicos.

A chamada "Linha Temporária Especial de Liquidez" do Banco Central, que sequer por metonímia significa mera liberação de liquidez, assegura empréstimos de recursos públicos no patamar de até R$ 740 bilhões de reais, os quais serão realizados sobre condições específicas não regulamentadas. Os empréstimos serão garantidos por meio de debêntures adquiridas no mercado secundário (Resolução n. 4.786/2020, Circular n. 3.994/2020 e Carta Circular n. 4.019/2020) ou, ainda, por ativos financeiros ou valores mobiliários das instituições financeiras (Resolução n. 4.795/2020 e Circular n. 3.996/2020), consoante autorizado pelo Conselho Monetário Nacional.

As citadas linhas de crédito foram acompanhadas de diversas outras ações flexibilizadoras de obrigações das instituições financeiras, em prejuízo da estabilidade do sistema financeiro nacional. Dentre outras, admitiu-se a captação de depósitos a prazo em favor do Fundo Garantidor de Créditos (FGC) e para ajustar a contribuição adicional das instituições financeiras associadas (Resoluções n. 4.785/2020 e n. 4.799/2020) e, ainda, a redução dos depósitos compulsórios sobre recursos a prazo (Circulares n. 3.993/2020 e n. 3997/2020 e Carta Circular n. 4.021/2020), do provisionamento para operações de crédito reestruturadas (Resoluções n. 4.782/2020 e n. 4.791/2020) e do adicional de conservação de capital (Resolução n. 4.783 e Carta Circular n. 4.016/2020). As instituições financeiras também foram desobrigadas de deduzir do seu capital os efeitos tributários das operações de *hedge* de moeda estrangeira (Resolução n. 4.784/2020 e Carta Circular n. 4.016/2020). Tais providências beneficiarão as instituições financeiras em valores da ordem de aproximadamente R$ 500 bilhões.

Outra providência, também no plano legislativo, é relativa à Proposta de Emenda à Constituição n. 10/2020 instituidora do regime extraordinário fiscal, financeiro de enfrentamento da pandemia, popularmente conhecido como o "orçamento de guerra". Dentre outras propostas, pretende-se autorizar o Banco Central a comprar e vender títulos de emissão do Tesouro Nacional, nos mercados secundários local e internacional, e direitos creditórios e títulos privados de crédito. O Banco Central deve prestar contas ao Congresso Nacional a cada 45 dias, sendo que a compra de direitos creditórios e títulos privados de crédito requer autorização pelo Ministério da Economia e aporte de capital de pelo menos 25% do montante pelo Tesouro Nacional. Não foram estabelecidos critérios, condições e, em especial, as características dos direitos creditórios e títulos privados de crédito elegíveis. Portanto, independentemente do nível de risco, eles podem ser adquiridos pelo Banco Central.

Poucas medidas foram implementadas em benefício direto de vulneráveis ou mesmo de agentes econômicos, as quais são pouco significativas quando comparadas aos vultosos valores destinados às instituições financeiras. Por meio do Programa Emergencial de Suporte a Empregos, a Medida Provisória n. 944/2020 viabilizou o financiamento da folha salarial por dois meses com 85% dos recursos do Tesouro Nacional e 15% das instituições financeiras, totalizando R$ 40 bilhões (Resolução n. 4.800/2020). Outro mecanismo recentemente instituído viabilizará a concessão de crédito e renegociação de dívidas dos agricultores familiares enquadrados no Programa Nacional de Fortalecimento da Agricultura Familiar (Resolução 4.802/2020). Por fim, o BNDES criou uma linha de crédito de R$ 5 bilhões para agentes econômicos em geral e de R$ 2 bilhões para as atividades privadas de saúde.

Veja-se, portanto, que a existência de um fator de desestabilização, qual seja a pandemia, ensejou a adoção de legítimas medidas de legalidade extraordinária, ao passo que muitas delas, fundamentadas na mesma excepcionalidade, são oportunistas e contrárias ao regramento constitucional.

6. LEGALIDADE EXTRAORDINÁRIA E FEDERALISMO

As diversas medidas de legalidade extraordinária adotadas pelos entes da federação despertaram questionamentos quanto ao regime constitucional de repartição de competências, razão pela qual é fundamental que adentremos, ainda que perfunctoriamente, no tema.

José Afonso da Silva, ao analisar o direito comparado, destaca a existência de três técnicas principais de repartição de competências: enumeração de poderes da União, reservando-se aos Estados os poderes remanescentes; atribuição dos poderes enumerados aos Estados e dos remanescentes à União; e, ainda, enumeração das competências das entidades federativas. Contudo, observa o autor que as dificuldades práticas na implantação dos sistemas de repartição podem ensejar a formulação de sistemas complexos, que integrem as técnicas mencionadas, isso em função das peculiaridades de cada Estado. Neste sentido, o autor classifica o modelo brasileiro como complexo.[39]

Adotando critério híbrido extraído da experiência histórica e tendo como alicerce os valores e fundamentos do Estado democrático de Direito (preâmbulo e art. 1º), bem como os objetivos da República Federativa do Brasil (art. 3º), a Constituição da República estabeleceu um complexo sistema de repartição de competências, consistente na técnica da enumeração dos poderes da União (arts. 21 e 22), com poderes remanescentes para os Estados (art. 25, § 1º) e poderes definidos indicativamente para os Municípios, sem prejuízo da possibilidade de delegação em determinados casos. Veio, nesses termos, a instituir um dado pacto federativo.

Com efeito, a forma federada parte de uma avença entre Estados que visa ao fortalecimento conjunto ou de uma descentralização de um poder central com vistas aos mesmos objetivos. Um pacto com tamanha grandeza conforma-se de modo mais eficiente com a concepção de um

---

[39] SILVA, José Afonso da. *Curso de direito constitucional positivo*. São Paulo: Malheiros, 2014, pp. 482-483.

manuscrito que defina sua origem, alcance e competências.[40] A Constituição, portanto, assume condição e possibilidade da nossa República Federativa.

O modelo constitucional de repartição de competências dos entes federados foi delineado tendo em vista o princípio da predominância do interesse, segundo o qual cabe à União as matérias de predominante interesse geral ou nacional, aos Estados as matérias de predominante interesse regional e que não estejam elencadas dentre as competências da União ou dos Municípios. Aos Municípios competem os assuntos de interesse predominantemente local.

No que concerne às competências legislativas da União, a elas foram reservadas, privativamente, as matérias arroladas no art. 22 da Constituição da República. Trata-se, portanto, de uma competência legislativa plena. Já quanto aos Estados, no tocante às mesmas matérias arroladas no art. 24 da Constituição da República, eles devem legislar de forma complementar e supletiva por meio do exercício de uma competência concorrente. Além destas, lhes foram conferidas competências residuais, ou seja, que não pertencem à esfera de competência da União e dos Municípios (art. 25) e, ainda, uma possível competência delegada, conferida apenas por lei complementar para disciplinar aspectos específicos das matérias de competência privativa da União (art. 22, parágrafo único). Aos Municípios foram conferidas competências reservadas, para atuação em assuntos designados como de *"interesse local"*, inclusive sobre os serviços públicos (art. 30, incisos I e V); comum, no caso de ensino público e saúde (art. 30, incisos VI e VII); e, por fim, suplementar no tocante às competências atribuídas à União e aos Estados.

No que tange à competência material, à União cabe atuar de forma exclusiva nas matérias arroladas no art. 21 da Constituição da República. A todos os entes federados foi atribuída competência acerca das matérias do art. 23, demonstrando elevada preocupação do

---

[40] Nessa linha é o que o primeiro coautor sustentou em obra específica (SERRANO, Pedro Estevam Alves Pinto. *Região metropolitana e seu regime constitucional*. São Paulo: Verbatim, 2009, p. 60).

constituinte originário com uma gama de bens especialmente relevantes para a federação, tais como a saúde pública (inciso II). Aos Municípios foi conferida, ainda, competência material para atuar nas matérias específicas contidas no art. 30, como, por exemplo, a prestação dos serviços de saúde (inciso VII).

Especificamente com relação à saúde, seu regramento constitucional consta de diversos dispositivos, os quais, inclusive, asseveram ser de competência de todos os entes da federação dela dispor legislativamente e prestar no exercício da função pública. Com efeito, o art. 6º, que previu o direito social à saúde; art. 23, inciso II, que estabeleceu ser competência comum a todos os entes da federação cuidar da saúde, art. 24, inciso XII, que estabeleceu a competência legislativa concorrente entre todos os entes da federação sobre proteção e defesa da saúde; art. 194; art. 196; art. 197; art. 198; art. 199 e, por fim, art. 200.

Veja-se, portanto, que nossa Constituição da República é detalhista ao prever que a "saúde é direito de todos e dever do Estado" que deve ser garantido mediante políticas sociais e econômicas com vistas à redução do risco de doença e de outros agravos. Para tanto, impõe, expressamente, ser de acesso universal e igualitário as ações e serviços relativos à promoção, proteção e recuperação. Instituiu-se, ainda, um sistema único de ações e serviços públicos de saúde através de rede regionalizada e hierarquizada organizada de acordo com, dentre outras, a diretriz de atendimento integral (art. 198, inciso II).

A Lei n. 8.080 1990, ao dispor sobre as condições para a promoção, proteção e recuperação da saúde, a organização e o funcionamento dos serviços correspondentes, previu, no seu art. 4º, que o conjunto de ações e serviços de saúde, prestados por órgãos e instituições públicas federais, estaduais e municipais, da Administração direta e indireta e das fundações mantidas pelo Poder Público, constitui o SUS.

O SUS, um dos sistemas públicos de saúde mais relevantes do mundo, foi instituído sob o pressuposto de que a saúde é um direito fundamental do ser humano, devendo o Estado prover as condições indispensáveis ao seu pleno exercício, o que requer formulação e execução de políticas econômicas e sociais redutores de riscos de doenças.

Recentemente foi proferida decisão em sede de controle concentrado de constitucionalidade (Ação Direta de Inconstitucionalidade n. 6341) em que, por meio de decisão monocrática referendada pelo colegiado, foi reconhecido que as medidas adotadas pela União, especialmente por meio da Medida Provisória n. 926/2020 destinadas ao enfrentamento da epidemia não afastam a competência concorrente nem a tomada de providências normativas e administrativas pelos estados, pelo Distrito Federal e pelos municípios.

Com efeito, à luz do regime constitucional de repartição de competências não há qualquer dúvida no sentido de ser de atribuição de todos os entes da federação, cotejado o princípio da predominância do interesse e a autonomia conferida aos entes federados de auto-organização, ser de competência de todos os entes da federação o exercício de prerrogativas extraordinárias destinadas ao enfrentamento da pandemia, as quais devem ser exercidas à luz dos princípios e regras que informam, por um lado, a repartição de competências e, por outro lado, as diretrizes que alargam, momentaneamente, seus poderes.

7. DISCRICIONARIEDADE E VINCULAÇÃO NA ADOÇÃO DE MEDIDAS EXTRAORDINÁRIAS DE ESTABILIZAÇÃO

Muito se discute a respeito da natureza discricionária ou vinculada das competências atreladas às medidas extraordinárias passíveis de serem adotadas pelo Estado. Os atos administrativos praticados no exercício de competência discricionária são aqueles em que, consoante lições de Celso Antônio Bandeira de Mello, "a disciplina legal faz remanescer em proveito e a cargo do administrador uma certa esfera de liberdade, perante o quê caber-lhe-á preencher com seu juízo subjetivo, pessoal, o campo de indeterminação normativa, afim de satisfazer no caso concreto a finalidade da lei"[41]. Entretanto, preceitua o mesmo autor que a variedade

---

[41] BANDEIRA DE MELLO, Celso Antônio. *Curso de direito administrativo.* São Paulo: Malheiros, 2009, pp. 951-952.

de soluções passíveis de serem adotadas no plano abstrato não significa que, obrigatoriamente, todas elas serão igualmente admissíveis no caso concreto:

> a variedade de soluções comportadas na regra outorgadora de discrição não significa que todas estas soluções sejam igual e indiferentemente adequadas para todos os casos de sua aplicação. Significa, pelo contrário, que a lei considera que algumas delas são adequadas para certos casos e outras para outros casos.[42]

Por outro lado, os atos administrativos exercidos no exercício de competência vinculada decorrem das hipóteses em que a norma a ser implementada "prefigura antecipadamente com rigor e objetividade absolutos os pressupostos requeridos para prática do ato e o conteúdo que este obrigatoriamente deverá ter uma vez ocorrida a hipótese legalmente prevista"[43]. Nesse caso, só existe uma decisão possível.

O sistema normativo impõe ao exercício da função administrativa a adoção, em cada caso concreto, da providência capaz de atender, com absoluta precisão, a finalidade que inspirou a edição da regra ou do princípio. Por essa razão, a multiplicidade das circunstâncias fáticas impõe a necessidade de se conceder ao administrador público a possibilidade de eleger, em cada caso concreto, a medida idônea para atingir a finalidade legal e, assim, atender, excelentemente, ao interesse público.[44]

Porém, isso não quer dizer que todas as soluções sejam igual e indiferentemente adequadas. Ainda que, abstratamente, sejam admitidas diversas soluções, isso não significa que a regra outorgadora de discricionariedade tenha conferido, obrigatoriamente, aceitabilidade a qualquer uma delas. É preciso que seja adotada a melhor solução possível.

---

[42] BANDEIRA DE MELLO, Celso Antônio. *Curso de direito administrativo*. São Paulo Malheiros, 2009, p. 953.

[43] BANDEIRA DE MELLO, Celso Antônio. *Curso de direito administrativo*. São Paulo Malheiros, 2009, p. 951.

[44] BANDEIRA DE MELLO, Celso Antônio. *Curso de direito administrativo*. São Paulo Malheiros, 2009, p. 952.

Em outras palavras, a variedade de soluções possíveis no plano abstrato não leva, necessariamente, à conclusão de que todas as soluções sejam adequadas. Ao contrário, o sistema normativo impõe que seja adotada a solução que, de forma excelente, atenda ao interesse público. Nesse sentido, preceitua o já citado autor:

> A discricionariedade ao nível da norma não significa, pois, que a discricionariedade existirá com a mesma amplitude perante o caso concreto e nem sequer que existirá em face de qualquer situação que ocorra, pois a compostura do caso concreto excluirá obrigatoriamente algumas das soluções admitidas in abstrato na regra e, eventualmente, tornará evidente que uma única medida seria apta a cumprir-lhe a finalidade.[45]

Em suma: ainda que, no plano abstrato, haja alguma indeterminação que permita o administrador público, em tese, editar atos administrativos no exercício de competência discricionária, isso não significa que, no caso concreto, subsistirá, necessariamente, margem para escolhas.

Quanto à requisição administrativa dos leitos qualificados como de UTIs, entendemos que, cotejadas as especificidades do atual estágio da pandemia no Brasil e, em especial, os sombrios prognósticos realizados pela comunidade científica, não há outra alternativa aos Poderes Públicos senão a sua imediata requisição na medida em que a pandemia já acarretou a escassez de leitos e de bens e serviços a eles instrumentais no sistema público de saúde, conforme veiculado por Boletim Epidemiológico do Ministério da Saúde.[46]

Assim considerando, a única solução idônea para cumprir excelentemente a finalidade legal, consistente na preservação dos preceitos fundamentais relativos ao direito à saúde e à igualdade, é a requisição administrativa de todos os bens e serviços privados de UTIs uma vez que

---

[45] BANDEIRA DE MELLO, Celso Antônio. *Curso de direito administrativo*. São Paulo: Malheiros, 2009, p. 953.

[46] BRASIL. Ministério da Saúde. *Boletim Epidemiológico n. 6*. Disponível em: https://portalarquivos.saude.gov.br/images/pdf/2020/April/03/BE6-Boletim-Especial-do-COE.pdf Acesso em: 04/04/2020.

inexistem quaisquer outras alternativas cogitáveis pelos Poderes Públicos federais, estaduais e municipais que sejam igualmente eficazes no enfrentamento da pandemia.

CONSIDERAÇÕES FINAIS

Tendo em vista a necessidade coletiva decorrente da pandemia que enfrentamos atualmente, o papel do Estado redefine-se, momentaneamente, para instaurar um especial enlace entre ele e a sociedade. A legalidade extraordinária é, antes de mais nada, a própria reafirmação da legitimação do exercício do poder, o qual, para tanto, deve ser exercido em harmonia com as regras que o condicionam e o conformam na excepcionalidade.

A Constituição instituiu de mecanismos excepcionais destinados ao acionamento apenas em circunstâncias institucionais ou socialmente adversas para, consequentemente, substituir, de forma transitória, a legalidade ordinária e, assim, atribuir ao Estado determinadas competências especiais informadas e condicionadas pela temporariedade, proporcionalidade e vinculação teleológica. Em outras palavras, o constitucionalismo democrático prevê que, em situações de emergência como a que atravessamos, o Estado tenha seus poderes ampliados, podendo, inclusive, suspender parcialmente direitos fundamentais para atender às momentâneas exigências do estado de crise.

A anormalidade decorrente da irrupção de pandemias, nos moldes atualmente configurados no Brasil, impõe deveres-poderes específicos na proporção necessária ao enfrentamento sanitário e, ainda, dos seus efeitos sociais e econômicos. Por essa razão, descabe falar em *cláusula de plenos poderes,* excludentes de responsabilidade e, em especial, indiscriminadas e injustificadas limitações aos direitos e garantias fundamentais, senão na exata proporção necessária ao enfrentamento da pandemia.

REFERÊNCIAS BIBLIOGRÁFICAS

AGAMBEN, Giorgio. *Estado de exceção.* São Paulo: Boitempo, 2011.

_____. *Homo sacer:* o poder soberano e a vida nua. Belo Horizonte: UFMG, 2004.

CAMBRICOLI, Fabiana. "Mais demandado em caso de surto de coronavírus, SUS só tem 44% dos leitos de UTI do País". *O Estado de São Paulo,* São Paulo, mar. 2020. Disponível em https://saude.estadao.com.br/noticias/geral,rede-mais-demandada-em-caso-de-surto-de-coronavirus-sus-so-tem-44-dos-leitos-de-uti-do-pais,70003230123. Acesso em 16/04/2020.

BANDEIRA DE MELLO, Celso Antônio. *Curso de direito administrativo.* São Paulo: Malheiros, 2009.

BERCOVICI, Gilberto. *Constituição e políticaz* Lua Nova. 2004, n. 61, pp. 5-24.

BRASIL. Ministério da Saúde. *Boletim Epidemiológico n. 6.* Disponível em: https://portalarquivos.saude.gov.br/images/pdf/2020/April/03/BE6-Boletim-Especial-do-COE.pdf Acesso em: 04/04/2020.

CAETANO, Marcello. *Manual de ciência política e direito constitucional,* Tomo I. Coimbra: Almedina, 2009.

CANOTILHO, José Joaquim Gomes, *Constituição Dirigente e Vinculação do Legislador:* Contributo para a Compreensão das Normas Constitucionais Programáticas. Coimbra: Coimbra, 2001.

_____. *Direito constitucional e teoria da Constituição.* Coimbra: Almedina, 2003.

CAVALIERI FILHO, Sergio. *Programa de sociologia jurídica.* São Paulo: Atlas, 2019.

DURKHEIM, Émile. *Da divisão do trabalho social.* São Paulo: Edipro, 2016.

_____. *O suicídio.* São Paulo: Martins Fontes, 2000.

JUSTEN FILHO, Marçal. *Comentários à lei de licitações e contratos administrativos.* São Paulo: Dialética, 2012.

LOEWENSTEIN, Karl. *Teoría de la constitución.* Barcelona: Ariel, 1986.

MERTON, Robert K. *Estrutura social e anomia. In:* Sociologia: teoria e estrutura. São Paulo: Mestre Jou, 1970.

MIRANDA, Jorge. *Manual de direito constitucional,* Tomo V. Coimbra: Coimbra, 2004.

OTERO, Paulo. *Legalidade e Administração Pública:* o sentido da vinculação administrativa à juridicidade. Coimbra: Almedina, 2011.

SCHMITT, Carl. *Teologia política*. Belo Horizonte: Del Rey, 2006.

SERRANO, Pedro Estevam Alves Pinto. *Região metropolitana e seu regime constitucional*. São Paulo: Verbatim, 2009.

SILVA, José Afonso da. *Curso de direito constitucional positivo*. São Paulo: Malheiros, 2014

WORLD HEALTH ORGANIZATION. Director-General's opening remarks at the media briefing on COVID-19. Disponível em: https://www.who.int/dg/speeches/detail/who-director-general-s-opening-remarks-at-the-media-briefing-on-covid-19---11-march-2020. Acesso em: 29/03/2020.

TELES, Edson. "Entre justiça e violência: estado de exceção das democracias do Brasil e da África do Sul". *In:* TELES, Edson; SAFATLE, Vladimir (coords.). *O que resta da ditadura*: a exceção brasileira. São Paulo: Boitempo, 2010.

ZAFFARONI, Eugenio Raúl. *O inimigo no direito penal*. Rio de Janeiro: Revan, 2011.

Parte VI
DIREITO DO CONSUMIDOR

IMPACTOS DA COVID-19 NAS RELAÇÕES DE CONSUMO BRASILEIRAS

RENATO AFONSO GONÇALVES

1. INTRODUÇÃO

Os ilustres coordenadores desta obra coletiva, Professores Doutores Walfrido Warde e Rafael Valim, destacados e reconhecidos Advogados e Juristas, formularam o convite para tecermos algumas reflexões sobre os impactos da COVID-19 no direito brasileiro, mais especificamente no direito do consumidor.

Trata-se de tarefa honrosa e desafiadora, seja porque o que se produz deve estar à altura da qualidade científica daqueles eminentes professores que coordenam e participam da obra, verdadeira constelação de expoentes do mundo jurídico brasileiro, seja pela aridez do tema já que não há doutrina e jurisprudência acumuladas ante o surgimento repentino da epidemia do novo coronavírus que apanhou desavisadamente o globo terrestre.

Nessa esteira, nossas reflexões se darão em duas etapas. Inicialmente abordaremos os aspectos fundamentais da relações de consumo no Brasil, para posteriormente analisarmos os instrumentos normativos produzidos neste momento de exceção e seus efeitos jurídicos no direito do consumidor.

2. ASPECTOS FUNDAMENTAIS DAS RELAÇÕES DE CONSUMO NO BRASIL

Preliminarmente à análise do objeto central deste artigo, faz-se necessário resgatarmos os aspectos fundamentais do direito do consumidor no Brasil, pois são eles que balizarão nossas reflexões.

A doutrina jurídica brasileira, quase que de forma uníssona, reconhece que a edição da Lei 8078/90 – Código de Defesa do Consumidor – CDC, promoveu profunda modificação do sistema nacional ao se coadunar com as legislações mais modernas e adequadas às demandas dos nossos tempos, mormente pelos instrumentos da jurisdição coletiva, entendendo o consumidor como parte de uma coletividade de pessoas, a categoria dos consumidores.[1]

O CDC é fruto do processo histórico ocidental que produziu diplomas legais que se contrapuseram aos instrumentos normativos dos séculos XVIII, XIX e XX, marcados pela influência do liberalismo econômico e reguladores das relações meramente individuais, objetivando a libertação do indivíduo em relação ao Estado e sua plena liberdade no mercado.[2]

Atualmente o campo de autonomia de vontade encontra-se limitado dando lugar aos chamados contratos de adesão com cláusulas de exclusão de responsabilidade, com prevalência do fornecedor sobre o consumidor e o domínio do marketing.[3]

Nessa esteira, o Brasil seguiu o caminho de países de capitalismo avançado como a Alemanha, França, Japão, EUA e Itália. Produto da

---

[1] Embora alguns doutrinadores, como Guido Alpa, entendam que não há heterogeneidade de classes sociais, e muito menos de consumidores. *Tutela del consumatore e controlli sull'impresa,* Societá Editrice il Mulino, Bolonha, 1977.

[2] BURDEAU, Georges. *O liberalismo.* Póvoa de Varzim: Publicações Europa-América, 1979.

[3] A preocupação com os consumidores tem como marco histórico o discurso proferido pelo Presidente estadunidense John Kennedy na ONU – Organização das Nações Unidas, em 1962, ao identificar os consumidores como um grupo econômico carente de proteção.

incansável luta do movimento consumerista brasileiro[4] e da habilidade da comissão de juristas que o elaboraram, serviram de inspiração ao CDC a Resolução n. 39/248 de 1985 da Assembleia Geral da ONU, o *Projet de Code de la Consommatiom* francês, a Lei espanhola 26/184, a Lei portuguesa 29/1981, bem como as normas mexicanas e de Quebec. Também serviram de base as diretivas europeias 84/450 e 85/374, além de *cases* e *statutes* dos EUA.[5]

O CDC vai além da mera regulação das relações no mercado de consumo. Na esteira do que determina a Constituição Federal de 1988, nos Artigos 5º, XXXII, e 170, V, o diploma consumerista reconhece que essas relações são desequilibradas e, portanto, promove uma intervenção para equilibrar os pratos da balança, tratando desiguais (fornecedores e consumidores) de forma desigual na exata medida das suas desigualdades.

Nesse sentido, a defesa do consumidor é direito fundamental (Artigo 5º, XXXII, CF) e princípio da ordem econômica (Artigo 170, V, CF). Como ensina Nelson Nery Junior a defesa do consumidor está no mesmo patamar que outros princípios da ordem econômica, como o da livre concorrência, soberania nacional e propriedade privada, não havendo hierarquia entre eles.[6-7]

Da conjugação dos dispositivos constitucionais com o inciso I do Artigo 4º do CDC, floresce o *princípio da vulnerabilidade do consumidor*, ou seja, o reconhecimento da sua fragilidade técnica, jurídica e econômica perante o fornecedor. Ensina o Mestre Celso Antônio Bandeira de Mello,

---

[4] José Geraldo Brito Filomeno retrata com primor a grande caminhada desse movimento. *In: Manual de direitos do consumidor*, 7ª ed. São Paulo: Atlas, 2003, pp. 22-29.

[5] Sobre o assunto ver *Código de defesa do consumidor comentado pelos autores do anteprojeto*, 6ª ed. Rio de Janeiro:Forense Universitária. 1999, p. 10.

[6] NERY JUNIOR, Nelson. "Os princípios gerais do código de defesa do consumidor". *Revista de Direito do Consumidor*. São Paulo: Revista dos Tribunais, n.3, set/dez, 1992, p. 52.

[7] Essa também é a lição de Fabio Konder Comparato, *In:* "A proteção do consumidor na constituição brasileira de 1988". *Revista de Direito Mercantil*, pp. 80/70, 1990.

o princípio *é o mandamento nuclear de um sistema, verdadeiro alicerce dele, disposição fundamental que irradia sobre diferentes normas compondo-lhes o espírito e servindo de critério para sua exata compreensão e inteligência.*[8]

Por isso o CDC instituiu um microssistema próprio de intervenção no mercado de consumo cujas regras de ordem pública e interesse social (caput do Artigo 1º do CDC) visam a proteção e defesa do consumidor. Como ensina Carlos Alberto Bittar nesse campo é *notório o desequilíbrio existente – e percebido mesmo em épocas primitivas – em razão da força de que dispõem as empresas, que usam seu poderio econômico no mundo negocial, gerando preocupações à luz da preservação dos interesses dos consumidores, ou seja, dos destinatários finais de seus produtos (como adquirentes ou usuários de bens ou de serviços).*[9]

Trata-se de um conjunto de normas de natureza cogente, de aplicação obrigatória e independente da vontade das partes, ou como prefere Maria Helena Diniz *normas de imperatividade absoluta ou impositivas que determinam, em certas circunstâncias, a ação, a abstenção ou o estado de pessoas, sem admitir qualquer alternativa, vinculando o destinatário a um único esquema de conduta.*[10]

Como ensina Bruno Miragem, além do já citado princípio da *vulnerabilidade do consumidor*, somam-se outros de igual valor como o da *solidariedade*, que implica na divisão de riscos previstos no CDC; da *boa-fé objetiva*, base de todas as relações de consumo; do *equilíbrio*, para a garantia da igualdade real; da *intervenção estatal*, como tarefa estatal para a consolidação dos mais diversos aspectos da defesa do consumidor; da *efetividade*, consistente da efetiva coibição de abusos e efetiva reparação de danos ao consumidor; e o da *harmonia das relações de consumo*, garantindo igualdade entre as partes, defendendo o consumidor mas sem gerar ao fornecedor ônus maior do aquele que naturalmente ele teria tendo em vista a natureza da sua atividade.[11]

---

[8] BANDEIRA DE MELLO, Celso Antônio. *Curso de direito administrativo*, 8ª ed. São Paulo: Malheiros, 1996, p. 450.

[9] BITTAR, Carlos Alberto. *Os direitos do consumidor*. Rio de Janeiro: Forense Universitária, 1990, p.2.

[10] DINIZ, Maria Helena. *Compêndio de introdução à ciência do direito*, 10ª ed. São Paulo: Saraiva, 1988, p. 376

[11] MIRAGEM, Bruno. *Curso de direito do Consumidor*, 6ª ed. São Paulo: Revista dos Tribunais, 2016. pp. 129-153.

Expostos estes fundamentos, passemos à análise dos instrumentos normativos produzidos na esfera federal desde que se iniciou a pandemia.

3. A COVID-19 E AS PRINCIPAIS MEDIDAS QUE IMPACTAM NO DIREITO DO CONSUMIDOR

A instalação no Brasil da pandemia da COVID-19, a exemplo de quase todo o mundo, para além de milhares de vidas perdidas e reflexos econômicos trágicos, fez surgir no ordenamento pátrio uma série de instrumentos normativos que tencionam solucionar ou minimizar esses reflexos.

Os mais emblemáticos desses diplomas talvez sejam o Decreto Legislativo 6, de 20/03/2020, que reconhece para os fins da Lei de Responsabilidade Fiscal a ocorrência do estado de calamidade pública, nos termos da solicitação do Presidente da República encaminhada por meio da Mensagem n. 93, de 18 de março de 2020; e a Lei n. 13.979, de 6/2/2020, que dispõe sobre as medidas para enfrentamento da emergência de saúde pública de importância internacional decorrente do coronavírus responsável pelo surto de 2019.

Essas e outras normas são objeto das reflexões inseridas nos artigos desta obra coletiva. Destaquemos, de nossa parte, aqueles que possuem interface direta com o direito do consumidor:

a) Medida Provisória n. 948, de 8 de abril de 2020, que dispõe sobre o cancelamento de serviços, de reservas e de eventos dos setores de turismo e cultura em razão do estado de calamidade pública reconhecido pelo Decreto Legislativo n. 6, de 20 de março de 2020, e da emergência de saúde pública de importância internacional decorrente do coronavírus (COVID-19).

Por este comando normativo provisório nas hipóteses de cancelamento de serviços, de reservas e de eventos, incluídos shows e espetáculos, o prestador de serviços ou a sociedade empresária não serão obrigados a reembolsar os valores pagos pelo consumidor, desde que:

- Fique assegurado ao consumidor, no prazo de doze meses contado da data de encerramento do estado de calamidade pública, a remarcação dos serviços, das reservas e dos eventos cancelados, considerando a sazonalidade e os valores dos serviços originalmente contratados;
- Seja disponibilizado ao consumidor o respectivo crédito para uso ou abatimento na compra de outros serviços, reservas e eventos, disponíveis nas respectivas empresas podendo ser utilizado pelo consumidor no prazo de doze meses contado da data de encerramento do estado de calamidade pública;
- Outro acordo seja formalizado com o consumidor.

Todas essas operações devem ocorrer sem custo adicional, taxa ou multa ao consumidor, desde que a solicitação seja efetuada no prazo de noventa dias, contado a partir de 8 de abril de 2020.

No caso de nenhuma das aludidas hipóteses for efetivada, a o fornecedor deverá restituir o valor recebido ao consumidor, atualizado monetariamente pelo Índice Nacional de Preços ao Consumidor Amplo Especial – IPCA-E, no prazo de doze meses contado da data de encerramento do estado de calamidade pública.

O diploma legal em apreço enfatiza a sua aplicação aos prestadores de serviços turísticos, cinemas, teatros e plataformas digitais de vendas de ingressos pela internet, concluindo-se que a MP em questão não se aplica às demais relações de consumo.

Por derradeiro estabelece que as relações de consumo por ela regidas caracterizam hipóteses de caso fortuito ou força maior e não ensejam danos morais, aplicação de multa ou outras penalidades, nos termos do disposto no art. 56 do CDC que trata das sanções administrativas.

Essas são as previsões normativas em relação ao direito do consumidor inscritas nessa MP. Inicialmente atente-se que como Medida Provisória que é, este diploma embora tenha eficácia imediata carecerá de aprovação do Congresso Nacional para ser convertido em lei, o que diante das incertezas temporais que caracterizam a epidemia pode ou não acontecer.

De outra parte atente-se que a MP 948/2020 não se aplica à todas as relações de consumo, mas tão somente àquelas ligadas ao turismo e cultura. Faz sentido que assim seja, uma vez que são nessas atividades de turismo e cultura que se manifestam com frequência a aglomeração de pessoas que deve ser evitada ao máximo para a contenção do surto epidêmico, visando a achatamento da curva e a preservação da capacidade do sistema de saúde.

Certamente, se debatida e avaliada no Congresso Nacional, esta MP pode gerar alguns intensos debates. É que o CDC (Artigos 18 ao 25) já prevê regras para o Vício do Serviço e do Produto, às quais estariam subsumidas as situações previstas na MP. Como ensina Bruno Miragem, em *matéria de vício do serviço, há clara aproximação da teoria do inadimplemento. Pode ofender o interesse útil do consumidor o fato do serviço ser prestado sem observar tempo, lugar e modo devidos em vista de oferta ou publicidade, ou ainda, de prévio ajuste entre as partes.*[12] Nesse sentido há um descompasso entre a MP e o CDC. As hipóteses previstas no Artigo 2º da MP não teriam o condão de afastar a incidência do CDC ante a sua natureza cogente, mormente de seu Artigo 20 que prevê a possibilidade do consumidor exigir, alternativamente e à sua escolha, a reexecução dos serviços, sem custo adicional e quando cabível (hipótese equivalente à remarcação); a restituição imediata da quantia paga, monetariamente atualizada, sem prejuízo de eventuais perdas e danos (hipótese não prevista na MP); e o abatimento proporcional do preço.

Outra questão que chama a atenção é aquela inscrita no Artigo 5º da MP, ao prever que as relações de consumo por ela regidas caracterizam hipóteses de caso fortuito ou força maior e não ensejam danos morais, aplicação de multa ou outras penalidades, nos termos do disposto no art. 56 do CDC que trata das sanções administrativas. Nesse tópico a MP encerra uma questão que ainda não é totalmente pacificada na doutrina consumerista e na jurisprudência.

---

[12] MIRAGEM, Bruno. *Curso de direito do Consumidor*, 6ª ed. São Paulo: Revista dos Tribunais, 2016. p. 653.

Em apertada síntese, existe o entendimento de que, em regra, nas relações de consumo, pelo fato do CDC ter adotado a responsabilidade objetiva e a teoria do risco integral, não se aplicariam as hipóteses de quebra do nexo causal do caso ou força maior. Esse é o entendimento de Rizzato Nunes ao asseverar que *o risco do fornecedor é mesmo integral tanto que a lei não prevê como excludente do dever de indenizar o caso fortuito e a força maior. Como a norma não estabelece, não pode o agente responsável alegar em sua defesa as duas excludentes.*[13]

É verdade que a jurisprudência do STJ[14] vem aplicando essas hipóteses como decorrência da teoria geral da responsabilidade civil e do próprio Código Civil, aplicável subsidiariamente às relações de consumo. Esse é o entendimento do Mestre Silvio Luiz Ferreira da Rocha, ao lecionar que as hipóteses de inexistência de defeito (Artigo 12, $ 3º, II, do CDC) e exclusão por fato de terceiro (Artigo 14, $3º, II do CDC) já seriam em si hipóteses de caso fortuito e força maior.[15]

Obviamente a MP procura mitigar os efeitos econômicos maléficos ante o necessário isolamento físico e social. Busca compor os interesses das partes sem que haja mais onerosidade para o fornecedor que neste momento se encontra, em regra, com suas atividades paralisadas. Nesse sentido, a MP se coadunaria com o já citado princípio da *harmonia das relações de consumo*, visando também a mitigação dos riscos econômicos sistêmicos dos setores de cultura e turismo.

De toda forma, pensamos que no geral a MP vem em bom tempo, pois emite um comando normativo claro para este momento de crise em que as situações ocorrem como verdadeira catadupa de cancelamentos, mas peca profundamente ao inviabilizar eventual reparação de danos ao consumidor ferindo de morte o *princípio da efetividade*.

---

[13] MIRAGEM, Bruno. *Curso de direito do consumidor*, 12ª ed. São Paulo: Saraiva Educação, 2018. p. 224

[14] Ver REsp 427.582/MS, REsp 402.227/RJ, REsp 685.622/RJ e REsp 589.051/SP.

[15] ROCHA, Silvio Luís Ferreira da. *Responsabilidade civil do fornecedor pelo fato do produto no direito brasileiro*. São Paulo: RT, 1992. pp. 111/112.

IMPACTOS DA COVID-19 NAS RELAÇÕES DE CONSUMO BRASILEIRAS

b) Medida Provisória n. 954, de 17 de abril de 2020, que dispõe sobre o compartilhamento de dados por empresas de telecomunicações prestadoras de Serviço Telefônico Fixo Comutado e de Serviço Móvel Pessoal com a Fundação Instituto Brasileiro de Geografia e Estatística, para fins de suporte à produção estatística oficial durante a situação de emergência de saúde pública de importância internacional decorrente do coronavírus (COVID-19), de que trata a Lei n. 13.979, de 6 de fevereiro de 2020.

Referido diploma determina que as empresas de telecomunicação prestadoras do STFC e do SMP deverão disponibilizar à Fundação IBGE, em meio eletrônico, a relação dos nomes, dos números de telefone e dos endereços de seus consumidores, pessoas físicas ou jurídicas. Tais dados serão utilizados direta e exclusivamente pela Fundação IBGE para a produção estatística oficial, com o objetivo de realizar entrevistas em caráter não presencial no âmbito de pesquisas domiciliares, tendo caráter sigiloso e utilizados para finalidade específica, não podendo ser utilizados como objeto de certidão ou meio de prova em processo administrativo, fiscal ou judicial, devendo a Fundação IBGE informar, em seu sítio eletrônico, as situações em que os dados foram utilizados e divulgando relatório de impacto à proteção de dados pessoais. O diploma em apreço prevê ainda que passada as informações compartilhadas serão eliminadas das bases de dados da Fundação IBGE.

O tema regulado pela MP 954/2020 ganha relevância porque um dos ativos mais valorosos da atualidade é o dos dados pessoais, inclusive no mercado de consumo. As transformações que ensejaram a sociedade digital globalizada, inciada a partir da segunda metade do século XX, fez com que dados de caráter pessoal circulassem livremente pelos meios eletronicos, superando as barreiras do tempo e do espaço, constituindo um novo paradigma comunicacional.

Os aspectos atinentes à manipulação de dados pessoais guardam relação direta com proteção jurídica conferida à individualidade da pessoa humana, mormente a honra, privacidade e intimidade. Essa proteção ganhou *status* constitucional a partir de 1988, com a promulgação da Carta Magna que marca a ruptura definitiva com o sistema autoritário instalado no país em 1964.

A *dignidade da pessoa humana* integra os fundamentos da República (Art. 1º, III), consistindo em valor norteador de todo o sistema jurídico. A grande dimensão da *dignidade da pessoa humana* como princípio norteador do Direito é explicitada pelo jurista Marco Antonio Marques da Silva, ao ensinar que *a dignidade humana está ligada a três premissas essenciais: a primeira refere-se ao homem, individualmente considerado, sua pessoalidade e os direitos a ele inerentes, chamados de direitos da personalidade; a segunda, relacionada a inserção do homem na sociedade, atribuindo-lhe a condição de cidadão e seus desdobramentos; a terceira, ligada à questão econômica, reconhecendo a necessidade de promoção dos meios para a subsistência dos indivíduos.*[16]

Nesse diapasão a Constituição Federal, como corolário da *dignidade humana*, confere proteção aos direitos da personalidade, prescrevendo que a pessoa tem direito a inviolabilidade da *intimidade,* da *vida privada,* da *honra* e da *imagem, assegurado o direito a indenização pelo dano material ou moral decorrente de sua violação* (Art. 5º, X). Consigne-se que esse preceito está em perfeita harmonia com o Art. XII da Declaração Universal dos Direitos do Homem, com os Artigos 16 e 17 do Pacto Internacional dos Direitos Civis e Políticos, e com os Artigos 11 e 18 da Convenção Americana de Direitos Humanos. Em outros dispositivos a Constituição amplia essa proteção ao dispor sobre a proibição da interceptação de comunicações telefônicas, telegráficas e de dados (Art.5º, XII); sobre a vedação à invasão de domicílio (Art. 5º, XI), a vedação à violação de correspondência (Art. 5º, XII), assim como a garantia do *Habeas Data* para o conhecimento de informações oriundas de registros ou bancos de dados públicos e sua retificação. (Art. 5º, LXXII).

A Lei n. 10406/2002 – Código Civil, dedica os Artigos 11 ao 21 para a proteção dos direitos da personalidade, tais como os direitos à identidade, ao próprio corpo, ao nome, à imagem, à honra, e à vida privada. No entanto, como adverte Gilberto Haddad Jabur, *os direitos da*

---

[16] SILVA, Marco Antonio Marques da. *Cidadania e democracia*: instrumentos para a efetivação da dignidade humana. *In:* MIRANDA, Jorge; SILVA, Marco Antonio Marques da (Coords.). Tratado luso-brasileiro da dignidade humana, 2ª ed. São Paulo: Quartier Latin, 2009. p. 224.

personalidade são, diante de sua especial natureza, carentes de taxação exauriente e indefectível. São todos indispensáveis ao desenrolar saudável e pleno das virtudes psicofísicas que ornamentam a pessoa.[17]

Nesse diapasão, a privacidade é a expressão mais ampla do espectro da vida humana e de sua personalidade. Deriva da expressão inglesa *privacy* e do latim *privus*. Significa, portanto, tudo aquilo que é reservado do público ou exclusivo do particular, conformando-se como um aspecto negativo da liberdade, no sentido de ser um *direito de estar só,*[18] um *direito a uma vida anônima,*[19] ou ainda, um *refúgio impenetrável para a coletividade.*[20] Já a intimidade – *intimus*, é o núcleo central da privacidade, o espaço mais recôndito da vida humana.

Destes pressupostos, dignidade da pessoa humana e direitos da personalidade, é que surge a imperiosa *proteção dos dados de caráter pessoal*, ou um *direito à proteção de dados pessoais*. Trata-se de reconhecer que dados pessoais expressam o espectro de privacidade, intimidade e dignidade da pessoa. Nessa esteira, a doutrina construiu o direito a *autodeterminação informativa,*[21] um direito derivado da privacidade e intimidade em face dos novos tempos, que nasce da tensão dialética entre norma jurídica e realidade social, a partir da conjugação de fatores sociopolíticos, econômicos e culturais, que fazem surgir o amplo leque de situações jurídicas subjetivas, decorrentes da ampliação das esferas de atuação do indivíduo em sociedade.

---

[17] JABUR, Gilberto Haddad. *Liberdade de pensamento e direito à vida privada*. São Paulo: Revista dos Tribunais, 2000. p. 28.

[18] Expressão cunhada pelo juiz norte-americano Cooley, em 1873, e que é analisada em obra referencial sobre o assunto denominada *The right to privacy*, de Samuel Warren e Louis Brandeis, 1890. Versão espanhola: WARREN, Samuel; BRANDEIS, Louis. *El derecho a la intimidad*. Madrid: Civitas, 1995.

[19] Noção de Adriano De Cupis. DE CUPIS, Adriano. *Os direitos da personalidade*. Lisboa: Livraria Morais, 1961.

[20] Lição de Gilberto Haddad Jabur, *Liberdade de pensamento e direito à vida privada*. São Paulo: Revista dos Tribunais, 2000, p. 225.

[21] Obra central sobre o assunto foi produzida pelo Professor Doutor Pablo Lucas Murilo, ao analisar o Artigo 18 da Constituição espanhola. MURILLO DE LA CUEVA, Pablo Lucas. *El derecho a la autodeterminación informativa*. Madrid: Tecnos, 1990.

A fragilização da privacidade ante as novas tecnologias é que fez surgir essa nova realidade com a produção de disposições constitucionais, legais ou precedentes jurisprudenciais em inúmeros países, inclusive no Brasil, a partir da segunda metade do século passado.

No Brasil, para além do tratamento constitucional já descrito, contamos com a Lei n. 13.709, de 14 de Agosto de 2018, Lei Geral de Proteção de Dados – LGPD,[22] que trata da proteção de dados pessoais. Cumpre-nos destacar que até a edição da LGPD o tema era regulado pelos Artigos 43 e 44 do CDC[23]; pela Lei 9507, de 12 de Novembro de 1997 – *Habeas Data*; pelo Decreto n. 7.962/2013 – Comércio Eletrônico; e pela Lei n. 12.965, de 23 de abril de 2014 – Marco Civil da Internet.

A LGPD institui princípios a serem observados na matéria, estipulados no rol exemplificativo do Artigo 6º, e que contempla a figura da boa-fé, delineada e consolidada no direito civil e no direito do consumidor.

Destarte, os princípios expressos na LGPD são: *finalidade* – o tratamento deve ser realizado para propósitos legítimos, específicos, e sem possibilidade de manipulação incompatível com essas finalidades; *adequação* – o tratamento deve ser compatível com as finalidades informadas ao titular; *necessidade* – o tratamento deve ser limitado ao mínimo necessário para a realização das finalidades; *livre acesso* – deve ser garantida aos titulares a consulta facilitada e gratuita sobre a forma e a

---

[22] A Lei 13.853, de 8 de Julho de 2019 fez alterações na Lei 13709/2018. BRASIL. Presidência da República. ***Lei n. 13.853, de 8 de julho de 2019***. Altera a Lei n. 13.709, de 14 de agosto de 2018, para dispor sobre a proteção de dados pessoais e para criar a Autoridade Nacional de Proteção de Dados; e dá outras providências. Disponível em: http://www.planalto.gov.br/ccivil_03/_ato2019-2022/2019/lei/L13853.htm.

[23] Em 2002 publicamos a obra *Os Bancos de Dados das Relações de Consumo*. Nela traçamos um panorama da matéria no cenário internacional, cuidamos da análise dos bancos de dados no Brasil e nas relações de consumo, estudando, ainda, a garantia constitucional do *habeas data* e sua lei. Sobre o assunto ver: GONÇALVES, Renato Afonso. *Bancos de dados nas relações de consumo*. São Paulo: Max Limonad, 2002 EFING, Antônio Carlos. *Bancos de dados e cadastros de consumidores*. São Paulo: Revista dos Tribunais, 2002; BESSA, Leonardo Roscoe. *O consumidor e os bancos de dados de proteção ao crédito*. São Paulo: Revista dos Tribunais, 2003.

duração do tratamento, bem como o acesso à integralidade dos seus dados; *qualidade dos dados* — deve ser garantida a exatidão, clareza, relevância e atualização dos dados; *transparência* — deve ser garantida a prestação de informações claras e facilmente acessíveis pelos titulares; *segurança* — deverão ser adotadas medidas técnicas e administrativas aptas a proteger os dados de acessos não autorizados; *prevenção* — deverão ser adotadas medidas para prevenir a ocorrência de danos em virtude do tratamento de dados pessoais; *não discriminação* — impossibilidade de tratamento para fins discriminatórios; *responsabilização e prestação de contas* — demonstração de medidas eficazes para observar e comprovar o cumprimento das normas de proteção de dados pessoais.

Nossa LGPD positivou o direito fundamental à autodeterminação informativa (Art. 2º, II), o que em nossa opinião é um aspecto positivo, pois consolida na cultura jurídica pátria esta importante conquista da humanidade frente as novas tecnologias.

Importante destacar a questão da manipulação de dados pessoais pelo poder público. Em outubro de 2019 a União editou o Decreto 10.046/2019, que regulamenta o compartilhamento de dados entre órgãos e entidades da administração pública federal, revogando expressamente Decreto n. 8.789/2016, sem qualquer processo de discussão e debates com a sociedade civil e a comunidade acadêmica. Esse regramento categoriza o compartilhamento de dados em diversos níveis e institui o Cadastro Base do Cidadão e o Comitê Central de Governança de Dados. Denota-se que o novo regulamento flexibiliza o compartilhamento e cruzamento de dados obtidos pela administração federal, e essa característica, ao nosso ver, colide de frente com a LGPD que como lei geral e hierarquicamente superior deve prevalecer.

A dispensa de celebração de acordos e convênios entre órgãos e entidades contida no revogado Decreto 8.789/2016 para o compartilhamento de bases de dados, foi mantida no novel Decreto. Há, portanto uma liberalização para a interconexão entre bancos de dados fragilizando a proteção da privacidade.

A criação do Cadastro Base é por si só polêmica, e não menos diferente é o Comitê Central de Governança de Dados, composto apenas por representantes da administração pública federal, sem participação da sociedade civil, o que aponta só mais um viés autoritário do atual governo instalado em Brasília. Tal Comitê deve deliberar sobre regras, orientações, diretrizes, parâmetros, controvérsias, e decisões relativas à gestão do Cadastro Base e dos níveis de compartilhamento de dados. Essa missão não está amparada regras e salvaguardas da privacidade do titular dos dados. Princípios, definições e regras estabelecidas na LGPD são completamente ignoradas no regulamento federal, que cria suas próprias expressões como *atributos biográficos* e *atributos biométricos*. Ao permitir o compartilhamento geral de dados o Decreto Federal viola claramente a LGPD, mormente seus artigos 23 e 26.

A MP 954/2020 num primeiro momento parece respeitar os princípios inscritos na LGPD, sobretudo pelo estabelecimento de sigilo, finalidade específica e destruição após o período necessário, ou seja, o fim da epidemia.

A dúvida que surge reside na utilidade da manipulação desses dados pelo IBGE para o combate da epidemia. Essa utilidade não está claramente disposta na MP. Outra questão é que a LGPD exige o consentimento do titular dos dados para o compartilhamento com terceiros visando outra finalidade que não aquela inicialmente estabelecida. Portanto, tudo indica que a privacidade e autodeterminação dos cidadãos poderão estar seriamente comprometidos.

Por essa razão o Conselho Federal da OAB ingressou com medida cautelar na ADI 6387/DF junto ao Supremo Tribunal Federal requerendo a suspensão da MP 954/2020, o que foi de pronto atendido liminarmente pela Ministra Rosa Weber, relatora do caso.

Em seu despacho a Ministra Rosa Weber assevera:

> *A parte autora afirma presentes os vícios da inconstitucionalidade formal, por inobservância dos requisitos constitucionais para edição de medida provisória, e da inconstitucionalidade material, ao argumento principal de violação das regras constitucionais da dignidade da pessoa humana, da inviolabilidade da intimidade, da vida privada, da honra e da imagem das pessoas, do sigilo dos dados e da autodeterminação informativa (arts. 1º,*

III e 5º, X e XII, da Constituição da República). 4. Conforme assinala, a inconstitucionalidade formal diz com a inobservância do art. 62, caput, da Constituição Federal, na medida em que não demonstrados os requisitos da urgência e da relevância material a autorizar a edição de medida provisória. À alegação da inconstitucionalidade formal, defende a possibilidade de sindicância jurisdicional, a despeito da jurisprudência construída, no período do regime militar, no sentido de sua inviabilidade quanto a atos de natureza política. Nesse sentido, reporta-se à ADI-MC 162, à ADI 2213 e à ADI 4029, em que reformulado o fundamento da legitimidade de controle constitucional dos pressupostos do exercício do poder extraordinário de legislar outorgado ao Presidente da República como instrumento de tutela do preceito fundamental da separação de poderes. Segundo argui, a MP n. 954/2020 não evidencia a importância superlativa da pesquisa estatística que embasa a solicitação de compartilhamento dos dados, tampouco explicita a forma como esta pesquisa contribuirá na formulação das políticas públicas de enfrentamento da crise sanitária, uma vez não informados os tipos de pesquisas a serem realizadas...

Noutro espectro, destaca não esclarecido o motivo para o compartilhamento de dados, já informado pelo IBGE o adiamento do Censo Demográfico para o ano de 2021. 5. Busca seja assentada a inconstitucionalidade material da MP n. 954/2020. Para tanto, assevera a necessidade de tutela do direito fundamental à proteção de dados pessoais, a teor do art. 5º, XII, da CF, que assegura a inviolabilidade do sigilo da correspondência e das comunicações telegráficas, de dados e das comunicações telefônicas, ressalvada a relativização, nessa última hipótese, mediante ordem judicial e para fins de persecução penal. Argumenta com o direito fundamental à inviolabilidade da intimidade, da vida privada, da honra e da imagem das pessoas (art. 5º, X, CF), como fundamento do indivíduo para determinar e controlar, frente ao Estado, a utilização dos seus dados. Seguindo essa linha discursiva, aponta para a existência, no desenho constitucional brasileiro, de um direito fundamental à proteção de dados, na concepção de um direito à autodeterminação informativa, em que fundamenta, inclusive, a edição da Lei Geral de Proteção de Dados (Lei n. 13.709/2018)...

Não se subestima a gravidade do cenário de urgência decorrente da crise sanitária nem a necessidade de formulação de políticas públicas que demandam dados específicos para o desenho dos diversos quadros de enfrentamento. O seu combate, todavia, não pode legitimar o atropelo de

> *garantias fundamentais consagradas na Constituição. Reforço, em cumprimento ao dever de justificação decisória, no âmbito de medida liminar, que a adequada tutela do direito à intimidade, privacidade e proteção de dados pessoais é estruturada pela característica da inviolabilidade. Vale dizer, uma vez afrontada a norma de proteção de tais direitos, o ressarcimento se apresenta como tutela insuficiente aos deveres de proteção. 24. Nesse contexto, e a fim de prevenir danos irreparáveis à intimidade e ao sigilo da vida privada de mais de uma centena de milhão de usuários dos serviços de telefonia fixa e móvel, com o caráter precário próprio aos juízos perfunctórios e sem prejuízo de exame mais aprofundado quando do julgamento do mérito, defiro a medida cautelar requerida, ad referendum do Plenário desta Suprema Corte, para suspender a eficácia da Medida Provisória n. 954/2020, determinando, em consequência, que o Instituto Brasileiro de Geografia e Estatística – IBGE se abstenha de requerer a disponibilização dos dados objeto da referida medida provisória e, caso já o tenha feito, que suste tal pedido, com imediata comunicação à(s) operadora(s) de telefonia.*[24]

Concluímos este tópico entendendo que agiram muito bem a OAB e o STF. A suspensão da MP mostrava-se imperiosa para a garantia da autodeterminação e privacidade dos cidadãos.

c) Projeto de Lei n. 1179/2020 de autoria do Senador Antonio Anastasia (PSDB/MG) que dispõe sobre o Regime Jurídico Emergencial e Transitório das relações jurídicas de Direito Privado (RJET) no período da pandemia do coronavírus (COVID-19).

Segundo o próprio autor do projeto em *linhas gerais, o projeto estabelece que: (i) Os prazos prescricionais e decadenciais estão impedidos ou suspensos. (ii) Atos associativos, como reuniões de colegiados e assembleias, poder-se-ão realizar por meio remoto. iii) Os efeitos da pandemia equivalem ao caso fortuito ou de força maior, mas não se aproveitam a obrigações vencidas antes do reconhecimento da pandemia. (iv) Os despejos de imóveis prediais ficam suspensos até 31 de dezembro de 2020, mas não se liberam os inquilinos de pagar os*

---

[24] O voto da Ministra Rosa Weber pode ser acessado em http://www.stf.jus.br/portal/autenticacao/autenticarDocumento.asp sob o código C1E5-B37F-D678-484D e senha 6658-0A17-4000-023E.

aluguéis, embora se possa diferir seu adimplemento em caso de perda de renda por desemprego. É possível o locador retomar o imóvel para uso próprio ou de seus familiares. (v) Flexibilizam-se regras de contratos agrários, mas se impede a contagem de tempo para usucapião durante a pandemia. (vi) Criam-se restrições temporárias de acesso e de obras em condomínios edilícios, ao tempo em que se admite a realização de assembleias virtuais. (vii) Assembleias e reuniões em sociedades comerciais podem ser virtuais. Os dividendos e outros proventos poderão ser antecipados. (viii) Algumas sanções por práticas anticoncorrenciais ficam suspensas, a fim de atender às necessidades da escassez de serviços e produtos. Cria-se um parâmetro para que, no futuro, certas práticas sejam desconsideradas como ilícitas em razão da natureza crítica do período da pandemia. (ix) Regras específicas são adotadas emergencialmente para prisão civil de devedor de alimentos e para início do prazo de abertura e de conclusão de inventários. (x) A vigência da Lei Geral de Proteção de Dados é postergada por mais 18 meses, de modo a não onerar as empresas em face das enormes dificuldades técnicas econômicas advindas da pandemia. Hoje, tanto o Código Civil quanto o Código de Defesa do Consumidor, possuem regras adequadas para resolver ou revisar contratos por imprevisão, no primeiro caso, e onerosidade excessiva, no segundo diploma. É preciso agora conter os excessos em nome da ocorrência do caso fortuito e da força maior.[25]

Muito embora seja apenas ainda uma mera proposta legislativa que neste momento encontra-se em análise na Câmara dos Deputados, e por isso deverá sofrer alterações até uma eventual sanção pelo Presidente da República, entendemos ser relevante refletirmos sobre os aspectos da proposta que impactam nos direitos dos consumidores.

Assim, estabelece o Artigo 7º da proposta que não se consideram fatos imprevisíveis, para os fins exclusivos dos art. 478, 479 e 480 do Código Civil, o aumento da inflação, a variação cambial, a desvalorização ou substituição do padrão monetário. Em seus dois parágrafos o Artigo 7º prevê que as regras sobre revisão contratual previstas no CDC e na Lei de Locações não se sujeitam ao disposto no caput, e que para os fins da futura lei, as normas de proteção ao consumidor não se aplicam às relações contratuais subordinadas ao Código Civil, incluindo aquelas estabelecidas exclusivamente entre empresas ou empresários.

---

[25] www25.senado.leg.br/web/atividade/materias/-/materia/141306

Pois bem, muito embora as relações de consumo estejam excluídas desse entendimento preconizado no *caput* do Artigo 7º, destaquemos que tais dispositivos do Código Civil tratam da resolução contratual por onerosidade excessiva nos contratos de execução continuada ou diferida, se a prestação de uma das partes se tornar excessivamente onerosa, com extrema vantagem para a outra, em virtude de acontecimentos extraordinários e imprevisíveis, podendo o devedor pedir a resolução do contrato, ou quando as obrigações couberem a apenas uma das partes, podendo ser pleiteado que a sua prestação seja reduzida, ou alterado o modo de executá-la, a fim de evitar a onerosidade excessiva.

Atente-se que aludidos dispositivos do Código Civil se aplicam subsidiariamente às relações de consumo, até porque o CDC em seu Artigo 6º, IV e V, e Artigo 53 estabelecem a revisão contratual ou sua resolução por onerosidade excessiva. Estamos a tratar da Teoria da Imprevisão aplicável aos contratos civis, empresariais e de consumo.

Em nossa opinião o Artigo 7º da proposta limita demasiadamente a aplicabilidade da Teoria da Imprevisão aos Contratos, quando em razão da epidemia as economias de todo o mundo estão em crise. Para isso serve a Teoria da Imprevisão e a pandemia e seus reflexos econômicos constituem um exemplo típico de fato a ensejar a sua aplicação. Por isso, em nossa opinião, não deveria prosperar a proposta, porque como ensinam os Professores Nelson Nery e Rosa Nery, imprevisíveis *são acontecimentos estranhos, independentes da vontade das partes, que elas não podem prever e que de tal forma alteram as circunstâncias que, na execução, o contrato deixa de corresponder, não só à vontade dos contratantes, como à natureza objetiva dele.*[26]

É verdade que há jurisprudência que relute a aplicação da Teoria da Imprevisão em decorrência de variações econômicas, como aquelas ocorridas com a desvalorização do Real em 1999.[27] Porém, as dimensões

---

[26] NERY JÚNIOR, Nelson; NERY, Rosamaria de Andrade. *Código civil comentado*, 8ª ed. São Paulo: RT, 2011. p. 589.

[27] STJ – AgRg no REsp: 716702 RS 2005/0004864-8, Relator: Ministro RICARDO VILLAS BÔAS CUEVA, Data de Julgamento: 13/05/2014, T3 – TERCEIRA TURMA, Data de Publicação: DJe 02/06/2014.

refletidas pela pandemia mundial afetam a economia do globo como um todo e o Brasil como importante ator comercial não está fora desse contexto. Quem no início de 2020 diria que já no mês abril o ano seria dado como perdido do ponto de vista econômico? Por isso, entendemos a proposta não deveria prosperar, para que cada caso, segundo as suas especificidades, seja solucionado ante a legislação já em vigor, para afastar desproporções e inadimplementos contratuais.

Menos ainda deveria prosperar a regra do Artigo 2º que impede a aplicação subsidiária do CDC às relações privadas. É que a proposta inviabiliza na pratica a aplicação da Teoria do diálogo das Fontes originada na Alemanha com Erik Jayme e introduzida no Brasil por Claudia Lima Marques, e que vem sendo acolhida pela jurisprudência.

Por esta teoria ensina Claudia Lima Marques que *o diálogo das fontes é muito útil nos dias de hoje, de grandes pluralismos de fontes e de incertezas em matéria de Teoria Geral do Direito.*[28] E prossegue a jurista ao asseverar que *o nosso método do Diálogo das fontes esclarece a lógica de tutela e proteção especial ao sujeito consumidor do CDC, possibilita uma visão unitária e coerente do direito privado, conforme a Constituição, e eleva a visão do intérprete para o do conjunto sistemático de normas... Método é o caminho, o método do diálogo das fontes é uma generosa luz que ilumina o nosso olhar, que nos guia por um caminho justo a seguir [...].*[29] Com isso, nada impede que em relações privadas onde se constate o desequilíbrio contratual entre as partes se aplique subsidiariamente o CDC.

Outra regra proposta ao mercado de consumo é a de seu Artigo 8º, que determina que até 30 de outubro de 2020, fica suspensa a aplicação do Artigo 49 do CDC na hipótese de produto ou serviço adquirido por entrega domiciliar (delivery).

Prescreve o Artigo 49 do CDC que o *consumidor pode desistir do contrato, no prazo de 7 dias a contar de sua assinatura ou do ato de recebimento*

---

[28] MARQUES, Claudia Lima. *Comentários ao código de Defesa do Consumidor*, 3ª ed. São Paulo: Revista dos Tribunais. 2010, p.61

[29] MARQUES, Claudia Lima. *Comentários ao código de Defesa do Consumidor*, 3ª ed. São Paulo: Revista dos Tribunais. 2010, pp. 62, 63.

do produto ou serviço, sempre que a contratação de fornecimento de produtos e serviços ocorrer fora do estabelecimento comercial, especialmente por telefone ou a domicílio, podendo ainda *exercitar o direito de arrependimento,* devendo nesse caso os valores eventualmente pagos, a qualquer título, durante o prazo de reflexão, serem devolvidos, de imediato, monetariamente atualizados.

Como o próprio texto legal preceitua, trata-se do direito de reflexão ou arrependimento, e é a única hipótese prevista no CDC justamente porque a aquisição é feita fora do estabelecimento comercial. Ora, mais uma vez nos parece que a proposta não deveria prosperar neste aspecto, posto que se há um segmento comercial que não foi tão afetado pelos nefastos efeitos econômicos da epidemia é justamente o das vendas *on line* ou por telefone. A lógica da regra consumerista é justamente proteger aquele que exerceu a sua autonomia de vontade de forma mais limitada, posto que não estando no estabelecimento comercial não teve a oportunidade conhecer fisicamente o objeto da sua aquisição. Ao suspender até o dia 30 de outubro de 2020 o Artigo 49 do CDC a proposta está acentuando a vulnerabilidade do consumidor perante um fornecedor que ao, contrário da grande maioria dos fornecedores, está exercendo plenamente a sua atividade econômica.

4. CONSIDERAÇÕES FINAIS

Como visto, os instrumentos normativos e proposta legislativa produzidos no transcorrer da epidemia pouco têm a acrescentar à defesa do consumidor. A preocupação com os efeitos econômicos da crise epidêmica é mais do que legítima, na medida em que todas as previsões apontam para a recessão econômica, aumento do desemprego e da exclusão social, e generalizada quebra de empresas de todas as espécies.

Por outro lado, o bem jurídico maior que é a vida humana deve ser preservada ao máximo, o que exige neste momento sacrifícios de todos os lados com o máximo de isolamento físico-social possível a fim de que o sistema de saúde consiga tratar todos os doentes, vítimas da COVID-19.

Ao nosso ver o CDC e os princípios atinentes à defesa do consumidor, se bem manejados, podem dar conta de solucionar as contendas advindas desse quadro. *Vulnerabilidade, Boa-fé objetiva, Efetividade* e *Harmonia das Relações de Consumo* são princípios que se cotejados à luz do fundamento republicano da dignidade humana podem nortear o julgador a encontrar soluções justas para todos que sofrem, em maior ou menor grau, as consequências da COVID-19.

Soluções jurídicas produzidas no afogadilho dos fatos inesperados e imprevisíveis, também têm consequências imprevisíveis. Medidas jurídicas produzidas em tempos de exceção devem ser obrigatoriamente transitórias e não podem ferir de morte as bases de um sistema de defesa consumidor construído às duras penas ao longo de 30 anos.

Por isso é imperiosa toda a atenção dos juristas, para impedir que eventuais oportunismos diante da crise introduzam no sistema jurídico mecanismos destrutivos da defesa do consumidor, a fim de que o que é transitório seja permanente. Ao longo destes 30 anos do CDC não foram poucas as iniciativas em todos os campos (legal, doutrinário e jurisprudencial) que objetivaram minar as conquistas civilizatórias do mercado de consumo brasileiro. Devemos caminhar unidos para combater o vírus sem perder pelo caminho aquilo que o direito brasileiro produziu de bom ao longo de sua história, em todas as áreas do mundo jurídico.

5. REFERÊNCIAS BIBLIOGRÁFICAS

BANDEIRA DE MELLO, Celso Antônio. *Curso de direito administrativo*, 8ª ed. São Paulo: Malheiros, 1996.

BESSA, Leonardo Roscoe. *O consumidor e os bancos de dados de proteção ao crédito*. São Paulo: Revista dos Tribunais, 2003.

BITTAR, Carlos Alberto. *Os direitos do consumidor*. Rio de Janeiro: Forense Universitária, 1990.

BURDEAU, Georges. *O liberalismo*. Póvoa de Varzim: Publicações Europa-América, 1979.

COMPARATO, Fabio Konder. *A proteção do consumidor na constituição brasileira de 1988*. Revista de Direito Mercantil, 1990.

DE CUPIS, Adriano. *Os direitos da personalidade*. Lisboa: Livraria Morais, 1961.

DINIZ, Maria Helena. *Compêndio de introdução à ciência do direito*, 10ª ed. São Paulo: Saraiva, 1988.

EFING, Antônio Carlos. *Bancos de dados e cadastros de consumidores*. São Paulo: Revista dos Tribunais, 2002.

FILOMENO, José Geraldo Brito. *Manual de direitos do consumidor*, 7ª ed. São Paulo: Atlas, 2003.

_____ et al. *Código de defesa do consumidor comentado pelos autores do anteprojeto*, 6ª ed. Rio de Janeiro: Forense Universitária, 1999.

GONÇALVES, Renato Afonso. *Bancos de dados nas relações de consumo*. São Paulo: Max Limonad, 2002.

GUIDO, Alpa. *Tutela del consumatore e controlli sull'impresa*. Bolonha: Societá Editrice il Mulino, 1977.

JABUR, Gilberto Haddad. *Liberdade de pensamento e direito à vida privada*. São Paulo: Revista dos Tribunais, 2000.

MARQUES, Claudia Lima. *Comentários ao código de Defesa do Consumidor*, 3ª Ed. São Paulo: Revista dos Tribunais. 2010.

MARQUES DA SILVA, Marco Antonio. "Cidadania e democracia: instrumentos para a efetivação da dignidade humana". *In*: MIRANDA, Jorge; SILVA, Marco Antonio Marques da (Coords.). *Tratado luso-brasileiro da dignidade humana*, 2ª ed. São Paulo: Quartier Latin, 2009.

MIRAGEM, Bruno. *Curso de direito do Consumidor*, 6ª ed. São Paulo: Revista dos tribunais, 2016.

MURILLO DE LA CUEVA, Pablo Lucas. *El derecho a la autodeterminación informativa*. Madrid: Tecnos, 1990.

NERY JUNIOR, Nelson. *Os princípios gerais do código de defesa do consumidor*. Revista de Direito do Consumidor. São Paulo: Revista dos Tribunais, n.3, set/dez, 1992.

NERY JÚNIOR, Nelson; NERY, Rosamaria de Andrade. *Código civil comentado*. 8ª ed. São Paulo: RT, 2011.

RIZZATTO NUNES, Luiz Antonio. *Curso de direito do consumidor*, 12ª ed. São Paulo: Saraiva Educação, 2018.

ROCHA, Silvio Luís Ferreira da. *Responsabilidade civil do fornecedor pelo fato do produto no direito brasileiro*. São Paulo: RT, 1992.

WARREN, Samuel; BRANDEIS, Louis. *El derecho a la intimidad*. Madrid: Civitas, 1995.

Parte VII
DIREITO ECONÔMICO

O DIREITO ECONÔMICO E A PANDEMIA: A DISCIPLINA JURÍDICA COM DIMENSÃO DE TEMPO, ESCALA E ESCOPO PARA RESOLVER SITUAÇÕES DE COMPLEXIDADE SISTÊMICA

ALESSANDRO OCTAVIANI

1. ESTADOS CAPITALISTAS CONTEMPORÂNEOS E AS FUNÇÕES KEYNES-SCHUMPETERIANAS[1]

A atual configuração do Estado capitalista posiciona-o no centro das estratégias de acumulação simultânea de recursos de poder político e recursos econômicos, cumprindo, entre outras, as chamadas "funções keynes-schumpeterianas", referentes aos cuidados com (i) a estabilidade global do sistema ("funções keynesianas" – garantia da estabilidade geral do ambiente macroeconômico) e com (ii) as políticas de geração de complexidade econômica e de criação de novos ciclos de acumulação

---

[1] O presente item baseia-se em trecho do livro de OCTAVIANI, Alessandro; NOHARA, Irene. *Estatais*, p. 16. São Paulo: RT, 2019.

("funções schumpeterianas" – garantia de incentivo a novos ciclos de inovação tecnológica e acumulação).[2]

Tais "funções keynes-schumpeterianas" agem nas duas pontas do sistema econômico, (a) tornando-o vivo e em condições de operabilidade e (b) propulsionando-o rumo a novas fases. Entre essas duas extremidades, é claro, há diversas outras infraestruturas econômicas criadas e operadas diretamente pelos Estados nacionais, que dizem com as definições concretas de seus "estilos nacionais de capitalismo". Por isso, os distintos Estados capitalistas contemporâneos – sempre em competição entre si por melhores posições no sistema econômico mundial – mobilizam enormes quantias de capital, quer como "Receita

---

[2] Cf. sobre a "função keynesiana", de estabilizador de ambientes macroeconômicos, cumprida pelos Estados capitalistas contemporâneos: KEYNES, John Maynard. *A Teoria Geral do Emprego, do Juro e da Moeda*. São Paulo: Atlas, 1992, pp. 123-135; MINSKY, Hyman. *Estabilizando uma Economia Instável*. São Paulo: Novo Século, 2009, pp. 245-304; MINSKY, Hyman. *John Maynard Keynes*. Campinas: Unicamp, 2011, pp. 147-177; WOLF, Martin. *A Reconstrução do Sistema Financeiro Global*. Rio de Janeiro: Elsevier, 2009, pp. 112-153; ROUBINI, Nouriel. *A Economia das Crises:* um curso relâmpago sobre o futuro do sistema financeiro internacional. Rio de Janeiro: Intrínseca, 2010, pp. 152-175. Sobre a "função schumpeteriana", de preparação dos ciclos de inovação tecnológica e acumulação, cumprida pelos Estados capitalistas contemporâneos: SCHUMPETER, Joseph. *Teoria do Desenvolvimento Econômico:* uma investigação sobre lucros, capital, crédito, juro e o ciclo econômico. 3ª ed. São Paulo: Nova Cultural, 1988, pp. 50-66; GALA, Paulo. *Complexidade Econômica*: uma nova perspectiva para entender a antiga questão da riqueza das nações. Rio de Janeiro: Contraponto: Centro Internacional Celso Furtado de Políticas para o Desenvolvimento, 2017, pp. 39-44; MOWERY, David; ROSENBERG, Nathan. *Trajetórias da Inovação:* a mudança tecnológica nos Estados Unidos da América no século XX. Campinas: Unicamp, 2005, p. 196; KIN, Linsu. *Da Imitação à Inovação:* a dinâmica do aprendizado tecnológico da Coréia. Campinas: Unicamp, 2005, pp. 223-224; FREEMAN, Chris; SOETE, Luc. *A Economia da Inovação Industrial*. Campinas: Unicamp, 2008, pp. 269-270; STOKES, Donald. *O Quadrante de Pasteur:* a ciência básica e a inovação tecnológica. Campinas: Unicamp, 2005, pp. 171-228; RONSENBERG, Nathan. *Por Dentro da Caixa-preta:* tecnologia e economia. Campinas: Unicamp, 2006, pp. 279-280; NELSON, Richard. *As Fontes do Crescimento Econômico*. Campinas: Unicamp, 2006, p. 227.

O DIREITO ECONÔMICO E A PANDEMIA: A DISCIPLINA JURÍDICA...

Pública", "Dívida Pública" ou "Gasto Público".[3-4]

---

[3] Sobre a competição intrassistêmica entre os Estados nacionais, cf., entre outros, FIORI, José Luis (Org.). *Estados e Moedas no Desenvolvimento das Nações*. Petrópolis: Vozes, 1999, pp. 11-46; FIORI, José Luis (Org.). *O Poder Americano*. Petrópolis: Vozes, 2004, pp. 11-64; TAVARES, Maria da Conceição; FIORI, José Luis (Orgs.). *Poder e Dinheiro*: uma economia política da globalização, 2ª ed. Petrópolis: Vozes, 1997, pp. 87-147; FIORI, José Luis (Org.). *Polarização Mundial e Crescimento*. Petrópolis: Vozes, 2001, pp. 269-289; FIORI, José Luis. *Os Moedeiros Falsos*. Petrópolis: Vozes, 1997, pp. 151-60; FIORI, José Luis. *Brasil no Espaço*. Petrópolis: Vozes, 2001, pp. 81-182; FIORI, José Luis. *60 Lições dos 90* – uma década de neoliberalismo. Rio de Janeiro/São Paulo: Record, 2001, pp. 217-220; MONIZ BANDEIRA, Luiz Alberto. *Formação do Império Americano*: da guerra contra a Espanha à guerra no Iraque. Rio de Janeiro: Civilização Brasileira, 2017; MONIZ BANDEIRA, Luiz Alberto. *A Segunda Guerra Fria*: Geopolítica e dimensão estratégica dos Estados Unidos – Das rebeliões na Eurásia à África do Norte e ao Oriente Médio. Rio de Janeiro: Civilização Brasileira, 2013, *passim*; MONIZ BANDEIRA, Luiz Alberto. *Brasil-Estados Unidos*: a rivalidade emergente (1950-1988), 3ª ed. Rio de Janeiro: Civilização Brasileira, 2011; WALLERSTEIN, Immanuel. *El Futuro de la Civilización Capitalista*. Barcelona: Içaria/Antrazyt, 1997, p. 29; WALLERSTEIN, Immanuel. "Social Development, or Development of the World-System?". *In*: WALLERSTEIN, Immanuel. *The Essential Wallerstein*. New York: The New Press, 2000, pp. 112-128; WALLERSTEIN, Immanuel. "World System Analysis". *In*: WALLERSTEIN, Immanuel. *The essential Wallerstein*, pp. 129-148; WALLERSTEIN, Immanuel. "Hold the Tiller Firm: On method and the unite of analysis". *In*: WALLERSTEIN, Immanuel. *The Essential Wallerstein*, pp. 149-159; WALLERSTEIN, Immanuel. "What Are We Bounding, and Whom, When Bound Social Research". *In*: WALLERSTEIN, Immanuel. *The Essential Wallerstein*, pp. 170-184; WALLERSTEIN, Immanuel et. al. *Aprire le Scienze Sociale*. Oreste Ventrone. Milão: Franco Angeli, 1997.

[4] De acordo com dados colacionados em 2017, há países nos quais a "Receita Pública" ultrapassa metade do PIB (*e.g.* Noruega: Receita Pública equivale a 54,8% do PIB; Gasto Público equivale a 44,0% do PIB; Dívida Pública equivale a 30,1% do PIB; ou França: Receita Pública equivale a 53,4% do PIB; Gasto Público equivale a 57,0% do PIB; Dívida Pública equivale a 95,1% do PIB). Há um conjunto de países nos quais a "Dívida Pública" tornou-se um ponto estrutural da economia, ultrapassando o total do PIB (e.g. Estados Unidos: Receita Pública equivale a 33,5% do PIB; Gasto Público equivale a 38,9% do PIB; Dívida Pública equivale a 104,8% do PIB; ou Japão: Receita Pública equivale a 35,9% do PIB; Gasto Público equivale a 42,3% do PIB; Dívida Pública equivale a 246,4% do PIB). Há inúmeros países nos quais o "Gasto Público" beira a metade do PIB (*e.g.* Alemanha: Receita Pública equivale a 44,7% do PIB; Gasto Público equivale a 44,3% do PIB; Dívida Pública equivale a 73,1% do PIB; Holanda: Receita Pública equivale a 43,2% do PIB; Gasto Público equivale a 46,8% do PIB; Dívida Pública equivale a 68,3% PIB; Canadá: Receita Pública equivale a 39,8% do PIB; Gasto Público equivale a 40,7% do PIB; Dívida Pública equivale a 86,5% do PIB;

Dadas as variedades culturais e institucionais de estilos nacionais de capitalismo, as estruturas e formas manifestas de cumprimento de tais "funções keynes-schumpeterianas" poderão variar; entretanto, o que se afigura invariável em relação às mais bem equipadas economias ao redor do mundo é *a busca do cumprimento de tais funções econômicas pelos Estados nacionais*, aproximando, inclusive, países aparentemente opostos, como a China e os Estados Unidos.[5]

Esse Estado propulsor da economia – uma modernização do Estado mercantilista – tem recebido diversas nomeações, como *Developmental State* ou *Estado empreendedor*, que tentam captar as principais características, funcionais e estruturais, do Estado capitalista contemporâneo.[6]

---

ou Israel: Receita Pública equivalente a 37,6% do PIB; Gasto Público equivalente a 41,3% do PIB; Dívida Pública equivalente a 68,8% do PIB). Cf. OCDE. *Government at a Glance*. Paris: OECD Publishing, 2015; MILLER, Terry; KIM, Anthony. *2016 Index of Economic Freedom*. Washington: The Heritage Foundation, 2016.

[5] Cf. OCTAVIANI, Alessandro. "Donald Trump em Pequim". *Jornal Valor Econômico*, 14 mar. 2017.

[6] Sobre o Estado capitalista em suas formas notadamente ativistas (do Estado mercantilista ao "Developmental State"), nos mais variados países, demonstrando que o absenteísmo estatal ou o "Estado que só cuida das regras do jogo" é uma ideologia desprovida de sustentação histórico-empírica, cf., entre tantos outros: WOO-CUMINGS, Meredith. *The Developmental State*. New York: Cornell University Press, 1990, pp. 4-10; TEICHOVA, Alice; MATIS, Herbert. (Ed.). *Nation, State and the Economy in History*. Cambridge: Cambridge, 2003, pp. 24, 32, 94 e 391-396; EVANS, Peter. *Embedded Autonomy*: States and industrial transformation. Princeton: Princeton University Press, 1995, pp. 3-20; CHANG, Ha-Joon. *Chutando a Escada*: a estratégia do desenvolvimento em perspectiva histórica. São Paulo: Unesp, 2004, pp. 29-121; CHANG, Ha-Joon. *Globalisation, Economic Development and the Role of the State*. London et al: Zed Books/ TWN, 2003, pp. 52-57; AMSDEN, Alice. *A Ascenção do "Resto"*: os desafios ao Ocidente de economias com industrialização tardia. São Paulo: Unesp, 2009, pp. 287-333; HECKSHER, Eli. *La Época Mercantilista*: historia de la organización y las ideas económicas desde el final de Edad Media hasta la Sociedad Liberal. Cidade do México: Fondo de Cultura, 1983, p. 764. Sobre o caso do Estado norte-americano: MAZZUCATO, Mariana. *The Entrepreneurial State*: Debunking public x private sector myths. London/New York: Anthem Press. 2014, pp. 73-112; MORAES, Reginaldo; SILVA, Maitá. *O Peso do Estado na Pátria do Mercado*: os Estados Unidos como país em desenvolvimento. São Paulo: Unesp, 2013, pp. 45-78; ARSLANIAN, Regis. *O Recurso à Seção 301 da Legislação de Comércio Norte-Americana e a Aplicação de Seus Dispositivos Contra o Brasil*. Brasília: Instituto Rio Branco, 1994, pp. 127-130; CHERNOW, Ron.

2. O DIREITO ECONÔMICO: A DISCIPLINA JURÍDICA DO ESTADO CAPITALISTA CONTEMPORÂNEO QUE MOBILIZA AS DIMENSÕES DE TEMPO, ESCALA E ESCOPO PARA A RESOLUÇÃO DE SITUAÇÕES DE COMPLEXIDADE SISTÊMICA

O Direito Econômico é, como ensina Fábio Konder Comparato, a técnica ou disciplina jurídica da "realização da política econômica", sendo, portanto, a disciplina jurídica com dimensão de (i) tempo, (ii) escala e (iii) escopo para resolver os problemas de maior complexidade do Estado capitalista contemporâneo, que, no específico caso brasileiro, deve ser, nos termos da Constituição Federal, a política econômica para a superação do subdesenvolvimento, tarefa para a qual se demanda simultaneamente (i) a criação de poder econômico próprio do Estado, bem como (ii) a subordinação ou coordenação dos mercados ao projeto político escolhido pela sociedade, plasmado na Ordem Econômica Constitucional.[7]

Alexander Hamilton. Nova York: Penguin, 2004, pp. 334-359. Sobre o caso japonês: JOHNSON, Chalmers. *MITI and the Japanese Miracle:* The growth of industrial policy. California: Standford, 1982, pp. 305-324. Sobre o Leste Asiático: WADE, Robert. *Governing the Market:* Economic theory and the role of Government in East Asian Industrialization. New Jersey: Princeton, 1990, pp. 52-112. Sobre o caso chinês: JACQUES, Martin. *When China Rules the World*: The end of the western world and the birth of a new global order, 2ª ed. London: Penguin, 2012, pp. 277-292; KISSINGER, Henry. *Sobre a China*. Rio de Janeiro: Objetiva, 2001, p. 319; ROACH, Stephen. *Unbalanced:* The codependency of America and China. New Haven/London: Yale, 2014, pp. 85-89. Sobre o caso brasileiro: DRAIBE, Sônia. *Rumos e Metamorfoses:* Estado e industrialização no Brasil – 1930-1960, 2ª ed. Rio de Janeiro: Paz e Terra, 2004, pp. 114-115; EVANS, Peter. *Dependent Development*: The alliance of multinational, State, and local capital in Brazil. New Jersey: Princeton, 1979, pp. 297-309; GONÇALVES, Reinaldo. *Desenvolvimento às Avessas*: Verdade, má-fé e ilusão no atual modelo brasileiro de desenvolvimento. Rio de Janeiro: LTC, 2013, pp. 63-88. Mesmo autores que se posicionam ideologicamente contrários à atuação do Estado, não podem deixar de reconhecer o peso de tal atuação e seu aumento nos últimos anos, mundo afora. Cf., entre tantos, MUSACCHIO, Aldo; LAZZARINI, Sérgio. Leviathan in Business: varieties of state capitalism and their implications for economic performance. *Harvard Business School Working Papers*, n. 12-108, 2012, pp. 5 e 13.

[7] Cf. BERCOVICI, Gilberto. "O ainda indispensável direito econômico". *In:* BENEVIDES, Maria Victoria M.; BERCOVICI, Gilberto e DE MELO, Claudineu

O Direito Econômico disponibiliza as mais sofisticadas técnicas de gestão jurídica aos Estados capitalistas contemporâneos, porque, na "dimensão do tempo", possibilita instrumentos para a longa duração (como, por exemplo, as disposições da Ordem Econômica Constitucional, a disciplina jurídica do planejamento, a formação da jurisprudência nas Cortes Superiores ou Conselhos Administrativos) ou curta duração (por exemplo, a capacidade normativa de conjuntura, a atuação econômica direta do Poder Executivo, a aprovação de Leis de Emergência Econômica, a captura da jurisprudência por interesses urgentes e prevalentes).

(orgs.). *Direitos Humanos, Democracia e República – Homenagem a Fabio Konder Comparato*. São Paulo: Quartier Latin, 2009, pp. 513-519. "Para repensar as bases e estrutura do Estado brasileiro, não se pode deixar de levar em consideração a questão central da atualidade: a prevalência das instituições democráticas sobre o mercado e a independência política do Estado em relação ao poder econômico privado, ou seja, a necessidade de o Estado ser dotado de uma sólida base de poder econômico próprio. O fundamento desta visão, consubstanciada no texto constitucional vigente, é o de que não pode existir um Estado democrático forte sem que sua força também seja ampliada do ponto de vista econômico, para que ele possa enfrentar os interesses dos detentores do poder econômico privado". Cf. VIDIGAL, Geraldo de Camargo. *Teoria Geral do Direito Econômico*. São Paulo: RT, 1977, p. 44. O Direito Econômico seria a "disciplina jurídica de atividades desenvolvidas nos mercados, visando a organizá-los sob a inspiração dominante do interesse social." Cf. NUSDEO, Fábio. *Da Política Econômica ao Direito Econômico*, pp. 147-8. Tese de Livre-Docência, Faculdade de Direito da Universidade de São Paulo, 1977. "O Estado, seja em função de seus objetivos econômicos, seja em virtude das falhas de mercado, encontra-se onipresente. Ele não é apenas o *Welfare State* de preocupações distributivistas e previdenciárias, com um amplo aparato assistencial. É também um *Public interest State*, no dizer de Reich, um Estado que introduz punições e distribui benesses, segundo se enquadrem ou não os particulares na sua visão do interesse público. No campo econômico, este não viria a ser nada mais do que o conjunto dos objetivos fixados para a política econômica. Atua como um descomunal sifão, retirando recursos, não apenas através do sistema tributário, mas igualmente por meio dos serviços e dos bens que, direta ou indiretamente, coloca à disposição dos cidadãos, bem como das crescentes contribuições paralelas obtidas em virtude da própria execução de sua política. A seguir, tais recursos passam a irrigar direcionalmente todo o sistema. Mais uma vez, não apenas mediante gastos orçamentários referentes a pagamentos com pessoal e material, mas também mediante investimentos colossais das empresas do governo, em subsídios de toda espécie, em financiamentos diversos, na formação de estoques reguladores. O Estado torna-se, assim, importante, já não mais como um centro decisório inserido no sistema, mas, sobretudo, como uma imensa fonte de riqueza. Incontáveis atividades dele retiram direta ou indiretamente os meios necessários para se manter, prosperar, crescer."

Na "dimensão da escala", o Direito Econômico tem a capacidade de ofertar pacotes normativos e diretamente econômicos/financeiros em escala nacional, subnacional, mundial ou multilateral. Na "dimensão do escopo", são mobilizados, sob a funcionalidade e a axiologia da resolução dos problemas sistêmicos, simultaneamente, instrumentos de todos os ramos do direito (a disciplina jurídica dos orçamentos, disciplina jurídica do crédito, disciplina jurídica dos contratos, disciplina jurídica da responsabilidade etc.) que se tornam hétero-integradas, ganhando unidade finalística, reescrevendo a racionalidade de seus *loci* de origem, que passam a ser meios, estruturas e instrumentos, de novos fins, funções e valores.

A riqueza dos instrumentos de gestão da "dimensão tempo" pode ser apreendida, por exemplo, na polaridade entre a disciplina jurídica do planejamento e a capacidade normativa de conjuntura. O planejamento é um dos instrumentos da "dimensão temporal" para a gestão jurídica do longo prazo, sendo a ferramenta por meio da qual alinham-se juridicamente os comportamentos econômicos pretendidos pelo Estado aos sujeitos de direito sob sua jurisdição, tornando compreensível a atividade global dos vários atores, vertidos aos mesmos fins. Nas palavras de Lea Vidigal, "[a] atuação estatal para o desenvolvimento econômico e social exige racionalização e coordenação dadas pela técnica do planejamento, que consiste na definição das diretrizes e metas a serem atingidas, e determina, também, os caminhos para a realização destes objetivos. A atuação planificadora do Estado se impõe a todas as economias, tornando-se a forma da política econômica do Estado. (...) O fundamento da ideia de planejamento é a perseguição de fins que alterem a situação atual, por meio de diagnósticos da situação presente, projeções globais e setoriais e de metas a serem buscadas no médio e longo prazo. Trata-se de diagnóstico do presente e projeção do futuro".[8]

---

[8] VIDIGAL, Lea. *BNDES – Um estudo de Direito Econômico*. São Paulo: Liberars, 2020, pp. 54-8. Cf. BERCOVICI, Gilberto. *Desigualdades Regionais, Estado e Constituição*. São Paulo: Max Limonad, 2003, pp. 191-2: "Esta necessidade do planejamento é ainda maior nos países subdesenvolvidos. O subdesenvolvimento exige uma política nacional de desenvolvimento, planejada e de longo prazo, abrangendo todos os setores da vida social (...). O fundamento da ideia de planejamento é a perseguição de fins que alterem

A capacidade normativa de conjuntura, por exemplo, é uma das tecnologias de gestão jurídica da complexidade do curto prazo, caracterizando por ser a titularidade para elaboração de normas (e, mesmo, inteiros e conexos programas normativos) visando a responder a urgências ou emergências, que aprofundem, remodelem ou retirem previsões contidas previamente no ordenamento. Como, entretanto, é certa a própria existência de futuras crises, a titularidade para a capacidade normativa de conjuntura é um instrumento permanente do Estado capitalista contemporâneo.[9]

As dimensões de escala e escopo serão concretizadas também por uma série de modelagens técnicas, nas quais se destacam pelo menos duas posições jurídicas basilares do Estado: atuação como *normatizador* e atuação como *produtor*. A atuação como normatizador é nomeada classicamente como Atuação do Estado *SOBRE A* economia; e a atuação como produtor recebe o nome de Atuação do Estado *NA* economia. Quando o Estado atua *SOBRE A* economia ele pode realizá-lo dispondo comandos obrigatórios (Atuação *SOBRE A* economia *POR DIREÇÃO*) ou criando incentivos por meio do direito (Atuação *SOBRE A* economia *POR INDUÇÃO*). Quando atua como produtor, realiza tal papel sozinho em determinado espaço econômico (Atuação *NA* economia

---

a situação econômica e social vivida naquele momento. É uma atuação do Estado voltada essencialmente para o futuro. O planejamento coordena, racionaliza e dá uma unidade de fins à atuação do Estado, diferenciando-se de uma intervenção conjuntural ou casuística. O plano é a expressão da política geral do Estado. É mais do que um programa, é um ato de direção política, pois determina a vontade estatal por meio de um conjunto de medidas coordenadas, não podendo limitar-se à mera enumeração de reivindicações. (...) O planejamento, embora tenha conteúdo técnico, é um processo político, especialmente nas sociedades onde se busca a transformação das estruturas econômicas e sociais. Por meio do planejamento, é possível demonstrar a conexão entre estrutura política e estrutura econômica, que são interligadas. O planejamento visa a transformação ou consolidação de determinada estrutura econômico-social, portanto, de determinada estrutura política".

[9] BERCOVICI, Gilberto. "Capacidade Normativa de Conjuntura. Os limites ao Poder Normativo do Conselho Nacional de Seguros Privados (CNSP): A Inconstitucionalidade da Resolução CNSP N. 224/2010, da Resolução CNSP N. 225/2010 e da Resolução CNSP N. 232.2011". *In:* BERCOVICI, Gilberto. *Direito Econômico Aplicado*. São Paulo: Contracorrente, 2016, pp. 289-350.

POR ABSORÇÃO) ou em cooperação ou concorrência com particulares (Atuação *NA* economia *POR PARTICIPAÇÃO*).[10]

3. MEDIDAS DE DIREITO ECONÔMICO: UM RECENSEAMENTO NO CALOR DA HORA[11]

Instituições e personalidades da arquitetura das finanças mundiais sugerem a atuação massiva, imediata e articulada dos Estados, mobilizando um vasto arsenal, com potência para gerir as dimensões de tempo, escala e escopo da atual pandemia, conjunto somente obtido nos quadrantes do Direito Econômico, como visto acima.

O "banco dos Bancos Centrais", Banco de Compensações Internacionais – BIS, declara que devem ser tomadas medidas que garantam liquidez, com injeção de dinheiro público: "O BIS, espécie de banco dos bancos centrais, distribuiu texto (...) no qual (...) nota que as turbulências financeiras provocadas pela pandemia trazem más

---

[10] GRAU, Eros Roberto. *Elementos de Direito Econômico*. São Paulo: RT, 1981, pp. 58-81; Eros Roberto GRAU. *Planejamento Econômico e Regra Jurídica*. São Paulo: RT, 1977, pp. 23-27; Eros Roberto GRAU. *O Direito Posto e o Direito Pressuposto*, 7ª ed. 2008, p. 27: "A atuação na economia: 1.1 atuação por absorção, quando o Estado assume, em regime de monopólio, o controle dos meios de produção e/ou troca de determinado setor; 1.2 atuação por participação, quando o Estado assume parcialmente (em regime de concorrência com agentes do setor privado) ou participa do capital de agente que detém o controle patrimonial de meios de produção e/ou troca; 2. Atuação sobre a economia: 2.1 atuação por direção, que ocorre quando o Estado exerce pressão sobre a economia, estabelecendo normas de comportamento compulsório para os agentes econômicos; 2.2 atuação por indução, que ocorre quando o Estado dinamiza instrumentos de intervenção em consonância e na conformidade das leis que regem o funcionamento dos mercados. (...). A classificação que proponho tem a virtude de apresentar, com nitidez, o peculiar e distinto caráter jurídico de cada uma das técnicas consideradas. Visualiza-se inicialmente a atuação do Estado como agente econômico (atuação na economia) e como regulador do processo econômico (atuação sobre a economia). Após, a atuação estatal mediante a imposição de comandos imperativos, cogentes, a serem suportados pelos agentes econômicos (atuação por direção) e, de outra parte, mediante a utilização de mecanismos do direito premial".

[11] O presente texto foi escrito entre 2 e 6 de abril de 2020, em resposta ao gentil e irrecusável convite dos coordenadores da publicação.

lembranças da crise financeira de 2008. (...) Como primeiro passo, (...) que sejam usadas as reservas acumuladas nos balanços, em previsão de dias mais difíceis. E, para aumentar as capacidades de financiamento, seja estabelecido um congelamento mundial de dividendos e recompra de ações de bancos. (...) Assim, sugere uma segunda medida para incitar os bancos a emprestar, com a criação de mecanismos de crédito baseados no financiamento de bancos centrais. Ou seja, créditos fornecidos pelos bancos garantidos pelo governo para pequenas e médias companhias (PMEs), num montante equivalente aos impostos pagos no ano anterior. Esses empréstimos podem ser concedidos pelos bancos baseados unicamente na prova de que os impostos foram pagos no ano anterior e serão securitizados e refinanciados pelos bancos centrais. As perdas irão para os governos".[12]

Um dos economistas que primeiramente apontou falhas nas finanças mundiais que levaram ao desastre de 2008, Raghuram Rajan, afirma que os Estados nacionais devem ter ação jurídica decisiva e imediata: "Existem governos com diferentes graus de riqueza e de capacidade. Os Estados Unidos e a Dinamarca têm uma capacidade de ajudar seus cidadãos que é diferente da de Serra Leoa ou da Etiópia. A questão é que, sim, existe uma espécie de contrato social segundo o qual o Estado nos protege tanto da violência física quanto de ataques externos, mas também quando ocorrem calamidades internas de enormes proporções. O Estado é uma espécie de mecanismo de seguro para garantir que o custo não será concentrado, e sim distribuído, não só entre essa geração, mas também entre as gerações futuras, por meio de empréstimos. (...) Mas que tipo de problema merece ajuda? Se a crise vai ser de curta duração, muitas das empresas com dificuldades agora serão bastante viáveis quando a crise acabar. Pode ser mais difícil reerguê-las se elas quebrarem e fecharem agora. De acordo com esse argumento, talvez valha a pena ajudar essas empresas a sobreviver nos próximos meses".[13]

Nos Estados Unidos presididos pelo empresário e Republicano Donald Trump, inicia-se a execução de um imenso pacote estatal de

---

[12] *Valor Econômico*, 3 abr. 2020, p. C-3.
[13] *Valor Econômico*, 3 de abr. 2020, p. Eu&Fim de Semana-5.

salvamento da economia, jorrando subsídios na ordem dos trilhões de dólares: "Corrida por crédito subsidiado começa nos EUA – Às vésperas do início do programa de US$ 350 bi para pequenas empresas, bancos ainda tinham dúvidas. Um dia antes de as pequenas empresas poderem se candidatar para empréstimos que fazem parte do pacote de ajuda financeira de US$ 2 trilhões anunciado pelos Estados Unidos, bancos ainda tentavam entender como fazer essas operações se qualificarem para ter a garantia do governo. Sob o Programa do Governo de Proteção de Salários para Pequenas Empresas, os bancos disponibilizarão até US$ 350 bilhões em empréstimos garantidos pelo governo para cobrir oito semanas de folha de pagamento e outras despesas".[14]

Para além do tecido empresarial, a força de trabalho norte-americana também passa a depender de programas estatais, a fim de suportar os efeitos do atual momento: "Dez milhões pedem auxílio nos EUA. (...) Mais de 6,6 milhões de americanos deram entrada ao seguro-desemprego na semana passada. Um recorde, enquanto as lideranças políticas e de saúde congelaram a economia, mantendo pessoas em casa e tentando desacelerar a disseminação do mortífero coronavírus. (...) Em março, 10,4 milhões de americanos perderam seus empregos e solicitaram ajuda do governo, de acordo com os dados mais recentes do Departamento de Trabalho, que inclui os pedidos feitos até 28 de março. Muitos economistas dizem que o número real de desempregados é ainda mais alto, pois muitos americanos que perderam recentemente o emprego não tiveram nem sequer tempo de preencher a solicitação. O governo americano ainda não divulgou um número oficial de desempregados, mas os economistas dizem que é provável que 10% da população já seja atingida, uma alta súbita e sem precedentes em relação a fevereiro, quando o desemprego no país era de 3,5%, o mais baixo em meio século. 'Nunca vimos nada parecido', disse Aaron Sojourner, economista do trabalho da Universidade de Minnesota. (...) Muitos dos recém-desempregados disseram não ter conseguido solicitar o seguro-desemprego, porque as linhas telefônicas de atendimento estavam tão sobrecarregadas que foi impossível completar a chamada. Os autônomos e trabalhadores da

---

[14] *Valor Econômico*, 3 abr. 2020, p. C-4.

economia dos bicos, como barbeiros e cabelereiros, só puderam fazer suas solicitações no fim de março, depois que o Congresso aprovou um pacote de resgate de US$ 2 trilhões para expandir a definição de quem teria direito ao benefício".[15]

Além disso, os Estados Unidos mobilizam seu arsenal jurídico de direcionamento cogente das atividades produtivas privadas, como no caso da incidência da chamada "Lei de Defesa da Produção" (que compõe o mesmo ecossistema protecionista de Direito Econômico da *Super 331*, do *CFIUS*, do *FIRMMA Act*, da *DARPA* e outros, infelizmente tão desconhecidos pelos juristas e políticos brasileiros apaixonados pelos EUA...): "O presidente dos Estados Unidos, Donald Trump, afirmou nesta sexta-feira, 27, que invocou a lei de defesa da produção do país para que a General Motors produza respiradores que serão usados durante a pandemia de coronavírus. 'Haverá um debate sobre custos com a GM', acrescentou o republicano, em coletiva de imprensa na Casa Branca. 'Não hesitaremos em usar autoridade total para lidar com essa crise', afirmou Trump, depois de dizer que milhões de equipamentos médicos já foram entregues. Segundo o presidente, os EUA receberam 110 mil respiradores adicionais, três vezes o que é produzido atualmente. Ele também disse que a Boeing vai oferecer aeronaves para a entrega de suprimentos e que a Apple criou um aplicativo que responde sobre os sintomas do coronavírus. 'Essa é a mobilização mais significativa desde a Segunda Guerra Mundial', disse o assessor de comércio da Casa Branca, Peter Navarro, que estava ao lado de Trump na coletiva."[16]

Na União Europeia também ocorre a formatação de um robusto pacote de Direito Econômico, que mescla medidas de despejo de

---

[15] *O Estado de São Paulo*, 3 abr. 2020, B-5.

[16] *O Estado de Minas*, 27 mar. 2020. Disponível em: https://www.em.com.br/app/noticia/internacional/2020/03/27/interna_internacional,1133326/trump-invoquei-lei-de-defesa-da-producao-para-que-gm-produza-respirad.shtml. Acesso em: 06/04/2020. Para que não reste dúvida sobre o intento protecionista e mercantilista do aparato e ecossistema de Direito Econômico norte-americano, veja-se um dos livros do assessor de Trump mencionado na reportagem, Peter Navarro: NAVARRO, Peter & AUTRY, Greg. *Death By China – Confronting The Dragon – A Global Call To Action*. New Jersey: Pearson, 2022.

dinheiro e remodelações normativas, em diversos âmbitos: "A União Europeia (EU) anunciou ontem plano de € 100 bilhões para ajudar os trabalhadores a manter sua renda e socorrer empresas em dificuldade (...). Ao anunciar o plano chamado de 'Sure' para 'salvar vidas e meios de subsistência', a Comissão diz que os € 100 bilhões servirão para dar aos países-membros crédito direto, sem condicionalidades, para financiar programas nacionais visando manter empregos durante a desaceleração da economia. As empresas poderão reduzir temporariamente a jornada de trabalho ou suspender o trabalho, e o Estado dará apoio à renda como compensação das horas não trabalhadas. A expectativa é proteger os trabalhadores dos efeitos econômicos e sociais da pandemia. A Comissão propôs também aumentar os adiantamentos em dinheiro aos agricultores sob a Política Agrícola Comum (PAC) da EU, assim como dar a eles mais tempo para solicitarem apoio e para que esses pedidos sejam processados. A ideia é que, com esse novo pacote, as empresas possam reagir rapidamente quando a economia global começar a se recuperar da crise do coronavírus e, assim, não perder participação de mercado".[17] A Alemanha, coração orçamentário da União Europeia, lança pacote que supera o da União, afirmando "empréstimos ilimitados a empresas afetadas".[18]

---

[17] *Valor Econômico*, 3 abr. 2020, p. A-13.

[18] *O Globo*, 14 mar. 2020, p. 38. Economia. "Alemanha lança pacote de socorro de US$ 555 bi, o maior do pós-guerra. O governo da Alemanha anunciou um plano econômico para amortecer o impacto do coronavírus, incluindo empréstimos 'ilimitados' a empresas afetadas e incentivos fiscais. O ministro da Economia alemão, Peter Altmaier, descreveu o pacote como único na história do pós-guerra da Alemanha e disse que não há limite para o financiamento. O pacote oferece inicialmente € 500 bilhões (US$ 555 bilhões) em financiamento. O ministro das Finanças, Olaf Scholz, ressaltou que o socorro é maior do que o aplicado na crise financeira de 2008: – Não há limites, esta é a mensagem mais importante – reforçou Scholz. O ministro da Economia acrescentou: – Esse é o começo. Não devemos falhar por falta de dinheiro ou vontade política. As propostas incluem permitir que as empresas adiem pagamento de impostos. Scholz disse que 'não é implausível' que a Alemanha tenha de assumir nova dívida para financiar o plano de resgate. A Suíça disponibilizará 10 bilhões de francos suíços (US$ 10,52 bilhões) em assistência imediata para mitigar o impacto do coronavírus. A presidente da Comissão Europeia, Ursula von der Leyen, prometeu adotar 'flexibilidade máxima' nas regras orçamentárias e nos auxílios estatais para ajudar os países da União Europeia (EU): – Faremos todo o necessário para apoiar os europeus e a economia europeia."

No Brasil, o Poder Executivo Federal iniciou a gestão da crise afirmando que usaria diversas tecnologias jurídicas de Direito Econômico, como as "mais de 20 medidas do ministro Paulo Guedes".[19] Entretanto, para além do próprio egoísmo de baixo conteúdo cognitivo do presidente da República e sua *coterie* (unicamente interessados na reeleição e em denunciar "os perigos do comunismo mundial", que existiriam até no "sinal de igual" das equações de segundo grau, prova cabal de que a matemática é uma terrível invenção da "esquerda cultural"...), a própria gestão da área econômica tem sido considerada plenamente incompetente, como dá exemplo a capa da revista *Isto É Dinheiro* de 8 de abril de 2020: "As falhas no pacote anticrise de R$ 800 bi. Maior parte do valor anunciado para combater os estragos da pandemia vem de desonerações fiscais, sem injeção de recursos necessários capazes de aliviar o caixa das empresas. Falta clareza sobre como o dinheiro para honrar os contratos e salários chegará aos mais afetados." A matéria cataloga as medidas como um "combate às cegas", com eficácia e concretização de baixa intensidade.[20]

---

[19] *O Globo*, 14 mar. 2020, p. 38. Economia: "Guedes disse que serão mais de 20 ações emergenciais, a serem lançadas de acordo com demandas dos setores. A intenção do ministro é fazer análises sobre os principais setores da economia e decidir como agir em cada um deles. Entre as medidas já decididas, está a criação de uma linha especial de crédito para empresas aéreas, um dos segmentos mais afetados pela crise, em razão da queda nas viagens, de acordo com uma fonte. As companhias terão até três meses para rolar financiamentos junto a bancos públicos, como o Banco do Brasil. O uso da linha de crédito seria uma substituição à demanda inicial do setor, de desoneração de tributos, justamente por falta de espaço para abrir mão da arrecadação. A redução de impostos é defendida pelo ministro da Infraestrutura, Tarcísio Gomes de Freitas. A ideia de Guedes é que as iniciativas respondam a demandas imediatas (...). Diante da crise fiscal, técnicos do Ministério da Economia buscam receitas para evitar um bloqueio no Orçamento na próxima semana a fim de destinar recursos a ações relacionadas à COVID-19. Além disso, é importante manter investimentos públicos. As opções em estudo incluem o pagamento antecipado de R$ 10 bilhões em dividendos do BNDES, além da perspectiva de contar com R$ 21 bilhões em recursos não sacados do PIS e do PASEP. O dinheiro foi liberado no ano passado a todos os cotistas, mas a maioria não sacou. O recurso poderia entrar para o governo em parcelas, e não todo de uma vez."

[20] A matéria aponta o seguinte recenseamento de medidas: (a) dia 16 de março de 2020: injeção de R$ 147,3 bilhões na economia; suspensão por três meses do pagamento do FGTS; R$ 5 bilhões de crédito para PMEs; redução de 50% dos repasses empresariais ao Sistema S por três meses (Medida Provisória 924/2020); antecipação da segunda parcela do 13º. Salário de aposentados e pensionistas do INSS (Medida Provisória

Se o Poder Executivo e, em especial, o Ministério da Economia estão sendo taxados de incompetentes, lentos e tímidos no manuseio do arsenal de Direito Econômico que têm à disposição e que está sendo largamente utilizado em todos os países do mundo, o Poder Legislativo e mesmo o Poder Judiciário buscam movimentar nessa arena.

Comprovando a extensão da dimensão do escopo do Direito Econômico, o presidente do STF, o vice-presidente do Senado Federal e a presidente da Comissão de Constituição e Justiça do Senado Federal publicam artigo denominado "Uma lei emergencial para o direito privado", em que afirmam: "Dois caminhos têm sido trilhados, isolada ou paralelamente, pelos parlamentos. O primeiro é o da legislação destinada à proteção das relações de trabalho, da economia das famílias e do setor produtivo. Ele se perfaz com aportes bilionários de recursos públicos, renúncias ou moratórias fiscais e de manutenção coativa de contratos de trabalho. Esse caminho depende fundamentalmente de iniciativas do Poder Executivo e de uma colaboração permanente dos parlamentos nacionais. O segundo caminho é da elaboração de normas

---

924/2020); R$ 4,5 bilhões do saldo do fundo do DPVAT para o SUS; redirecionamento de R$ 5 bilhões do Orçamento para a Saúde (Medida Provisória 924/2020); destino de R$ 3,1 bilhões para reativar os benefícios suspensos do Bolsa Família (Medida Provisória 924/2020 e crédito extraordinário; (b) dia 17 de março de 2020: a taxa de juros do empréstimo consignado para aposentados e pensionistas do INSS cai de 2,08% ao mês para 1,8% ao mês (Resolução CNPS 1338/2020); (c) dia 18 de março de 2020: pedido ao Congresso Nacional de decretação do estado de calamidade; proposta de pagar auxílio emergencial de R$ 200,00 por três meses aos trabalhadores informais, MEIs e desempregados (Projeto de Lei 873/2020); (d) 19 de março de 2020: inclusão de mais R$ 10 bilhões no Programa Antidesemprego; (e) 20 de março de 2020: com o estado de calamidade reconhecido, governo abre espaço para redirecionar recursos e dispensar meta de resultado primário em 2020; (f) 23 de março de 2020: R$ 88,2 bilhões no plano amplo de apoio a Estados e municípios (Medida Provisória não enviada); União garante valores da 2019 do FPE para Estados e FPM para municípios (Projeto de Lei 890/2020); suspensão do pagamento, por seis meses, das dívidas dos Estados com a União, totalizando R$ 12,6 bilhões (Projeto de Lei não enviado); (g) 27 de março de 2020: linha de financiamento a juros reduzidos para micro e pequenas empresas no valor de R$ 40 bilhões (Medida Provisória não enviada e Resolução do CMN); governo bancar até três salários mínimos nos rendimentos de trabalhadores que tiverem seus provisionamentos cortados (Projeto de Lei 895/2020); o governo disponibilizará, via Caixa Econômica Federal, uma linha de financiamento de R$ 5 bilhões para as Santas Casas.

emergenciais para controlar a onda avassaladora de descumprimento dos contratos. (...) O projeto de lei 1.179/2020 insere-se nesse segundo caminho. (...) o Senado Federal apresentou à sociedade um conjunto de regras para suspender prazos prescricionais; impedir condutas oportunistas de quem deseja usar a pandemia para não honrar compromissos anteriormente assumidos; vedar o despejo de locatários em situação de fragilidade econômica; diferenciar os contratos de consumo e os contratos empresariais, permitindo que se dê maior proteção aos primeiros; flexibilização de assembleias e reuniões de empresas e condomínio para que possam ocorrer em meios virtuais; maior controle do acesso aos condomínios, com eventual prorrogação de mandatos de síndicos; conversão da prisão do devedor de alimentos na modalidade domiciliar; restrição à contagem de tempo por usucapião; flexibilização de algumas condutas anticoncorrenciais durante a pandemia e um regime especial para pesquisadores de novos equipamentos para fazer frente à emergência".[21]

O presidente da Câmara dos Deputados tem capitaneado reforma nos instrumentos orçamentários: "A PEC (...) do Orçamento de guerra prevê medidas de suporte ao Tesouro Nacional e estímulos ao mercado de crédito privado para amenizar os efeitos da crise econômica decorrente do novo coronavírus. (...) O texto permite que o BC compre e venda títulos públicos e privados. Em uma ponta, a autoridade monetária daria retaguarda ao Tesouro na emissão de títulos públicos, garantindo a demanda quando investidores estiverem receosos de adquirir papeis por causa de turbulências financeiras. Em outra, o Banco Central poderia comprar títulos privados, o que daria liquidez a esses ativos em meio a incertezas e evitaria que o mercado de crédito travasse. (...) Articulado pelo presidente da Câmara, o projeto cria um Orçamento excepcional para o governo conseguir lidar com a pandemia. (...) As decisões serão tomadas por um comitê de gestão da crise (...). A ideia é separar o Orçamento fiscal, que reúne os desembolsos recorrentes com Previdência Social e custeio da máquina pública, por exemplo, do Orçamento extraordinário, criado para medidas a serem tomadas durante a pandemia

---

[21] *Folha de São Paulo*, 3 abr. 2020, p. A-3.

da Covid-19. A PEC também libera o governo de cumprir, esse ano, a chamada regra de ouro. Essa norma impede o governo de se endividar para pagar despesas correntes, como salários, Previdência e benefícios assistenciais".[22]

Cônscios de que o Estado é o ente social com magnitude e modulação para a resolução de problemas coletivos, na melhor das hipóteses, ou, na pior, ávidos por praticarem mais uma vez sua clássica drenagem de recursos públicos para si (e, logo depois, acusarem o Estado de incompetência, corrupção e todo o tipo de malvadezas...), representantes do mercado financeiro rapidamente posicionam-se para tirar o seu naco, sejam eles grandes conglomerados, pequenos bancos ou as cintilantes "fintechs", recém-chegadas, mas plenamente adaptadas à velha prática.

Nas diversas medidas referentes à disciplina jurídica do crédito, os grandes conglomerados banqueiros, como sempre, buscam refúgio no dinheiro público, seguindo sua tradição de apertar o pescoço dos clientes justamente quando esses mais precisam: "O presidente do Itaú Unibanco afirmou que a crise do coronavírus aumentou o risco e tornou mais difícil para os bancos conceder crédito. (...) O Banco Central (BC) atuou rapidamente liberando compulsório e adotando outras medidas para restaurar a liquidez do sistema, afirmou o executivo (...). O presidente do Itaú afirmou que a procura por recursos aumentou os juros para as grandes empresas, que nos últimos anos vinham se financiando no mercado de capitais. (...) Para Bracher, os bancos brasileiros estão 'preparados como nunca' para enfrentar uma crise como a atual, tanto em recursos tecnológicos como em capital. Na avaliação dele, é fundamental o Estado colocar recursos na economia para que a crise seja superada".[23]

Da mesma maneira que os grandes conglomerados afirmam ser o Estado a solução para problemas de magnitude sistêmica, os bancos menores também o fazem: "Medidas de CMN e FGC devem ajudar banco pequeno. Uma medida aprovada nesta quinta-feira pelo Conselho

---

[22] *Folha de São Paulo*, 3 abr. 2020, p. A-16.
[23] *Valor Econômico*, 3 abr. 2020, p. C-3.

Monetário Nacional (CMN) e outra em preparação pelo Fundo Garantidor de Créditos (FGC) têm como finalidade estabilizar o sistema financeiro e podem ajudar a injetar liquidez nos bancos pequenos e médios, que tendem a ser mais suscetíveis a crises. O CMN autorizou o Banco Central (BC) a conceder empréstimos com lastro em Letras Financeiras Garantidas, e estimou em R$ 650 bilhões o impacto potencial dessa medida no mercado de crédito. As operações terão prazos de 30 a 359 dias corridos, e estarão disponíveis para os bancos até o fim deste ano. O outro movimento é uma proposta do FGC para elevar para R$ 40 bilhões – o dobro do montante atual – o valor máximo de cobertura para os créditos de cada investidor em linhas de Depósito a Prazo com Garantia Especial (DPGE) contra uma instituição ou um conglomerado financeiro. (...) O DPGE é uma modalidade de captação de bancos pequenos e médios criada no pós-crise de 2008 e reativada no fim de março pelo Banco Central. À época, ajudou a levar liquidez empoçada nos grandes bancos para os bancos menores".[24]

Se os tradicionais atores do sistema bancário afirmam ser o Estado a entidade capaz de lidar com a complexidade do capitalismo contemporâneo, com injeção de liquidez e eficaz regulação jurídica, o mesmo se dá com as moderninhas fintechs brasileiras: "Fintechs entregam pacote de R$ 5 bi ao governo. Representantes das 'fintechs' entregaram propostas ao Banco Central para ampliar o número dessas empresas que podem aderir às medidas lançadas para atenuar os efeitos do coronavírus na economia e para reduzir os custos e tributos de suas atividades. O programa, que tem valor estimado de R$ 5 bilhões, traria mais recursos para micro, pequenas e médias empresas, grupo que tem sido fortemente impactado pelo período de quarentena e tem buscado empréstimos nas fintechs, diante da postura de maior aversão a risco dos bancos. As iniciativas lançadas até agora pelo BC incluem as fintechs reguladas. No dia 26 de março, o Conselho Monetário Nacional (CMN) permitiu às sociedades de Crédito Direto (SCD) e Sociedades de Empréstimos entre Pessoas (SEP) emitir cartões, repassar recursos do BNDES e securitizar suas carteiras para um número maior de investidores. (...) As fintechs

---

[24] *Valor Econômico*, 3 abr. 2020, p. C-1.

reguladas têm licença para atuar como instituições de pagamento, categoria que abrange bancos digitais, e como SEP ou SCD. As demais fazem parceria com instituições financeiras reguladas, atuando como correspondentes bancárias, o que abrange cerca de 90% do total dos casos. Dados da consultoria Finnovation mostram que o Brasil tem 504 fintechs, 17% da área de crédito. (...) Segundo a ABFintechs, o BC tem como controlar a própria instituição financeira que está fazendo a parceria com a fintech, a partir de relatórios frequentes sobre a situação financeira dessas empresas, algo que permitiria mais controle do negócio e ter mais certeza de que as iniciativas de ajuda estão realmente chegando às pequenas empresas. (...) A diretora executiva da ABFintech disse ainda que, entre as propostas entregues ao regulador, estão a redução de custos operacionais para as fintechs, muitos deles relacionados a serviços bancários, como a transferência de recursos, e a diminuição de tributos pelo período entre quatro e cinco meses".[25]

O Direito Econômico brasileiro é a mais avançada técnica jurídica de que nosso Estado dispõe para lidar com a complexidade do atual momento, por seus instrumentos de gestão da dimensão de tempo, de escala e de escopo. Teoricamente, estamos tão bem aparelhados como qualquer país do mundo. Entretanto, o direito não anda sozinho, por mais que isso cause surpresa aos adeptos de ideologias despolitizadoras de todos os matizes. O direito está inserido em uma sociedade embarcada em dada cultura, mediada por instituições e interesses. O Direito Econômico brasileiro, como instrumento, para cumprir seu potencial papel, precisará de atores à sua altura. De homens e mulheres com espírito de coletividade e solidariedade. De Estadistas, como o foram Churchill no drama da II Guerra, Juscelino Kubitschek ao envolver a Nação no sonho do desenvolvimento brasileiro, Mandela no combate ao regime do Apartheid ou Roosevelt frente à crise de 1929. Se o cume do Poder Executivo está longe, muito longe, dessa grandiosidade, certamente o país como um todo não está. Esses homens e mulheres andam entre nós, todos os dias. Eles sentirão esse chamado e manusearão o Direito Econômico para a Grande Obra da proteção e reconstrução do Brasil.

---

[25] *Valor Econômico*, 3 abr. 2020, p. C-6.

COVID-19, O DIREITO ECONÔMICO E O COMPLEXO INDUSTRIAL DA SAÚDE

GILBERTO BERCOVICI

A atual pandemia da COVID-19 e as crises sanitária e econômica dela decorrentes trouxeram à baila novamente as discussões sobre o direito em tempos de crise. No caso específico do direito econômico, a crise faz parte da sua própria essência, tendo em vista que é um campo que surge eP se consolida em virtude das grandes crises e transformações econômicas e sociais da primeira metade do século XX. Crises e transformações vinculadas às forças da industrialização e da urbanização que se ampliaram a partir da segunda metade do século XIX e aos conflitos sociais, políticos e econômicos gerados neste processo. Já ao final do século XIX, além das polêmicas em torno das relações entre o direito e a economia, pode-se afirmar que começou a se estruturar, com as transformações advindas da revolução industrial, uma espécie de *"direito econômico avant la lettre"*, na expressão de Michael Stolleis, muito marcado pela crise e mudanças do direito privado tradicional e focado em torno da empresa.[1]

---

[1] STOLLEIS, Michael. *Geschichte des öffentlichen Rechts in Deutschland*. München, C.H: Beck, 1999, vol. 3, pp. 226-228.

A formação da sociedade industrial acarreta o enfraquecimento do liberalismo, embora o discurso liberal permanecesse hegemônico. A ampliação da população urbana gerou uma maior demanda por serviços públicos e por infraestruturas essenciais, como transporte urbano, energia, saneamento, habitação, além da necessidade de investimentos maciços em ferrovias, portos, usinas geradoras de energia, estradas, etc. O processo de industrialização gerou também grandes conglomerados, especialmente em países como a Alemanha e os Estados Unidos.[2] Há a expansão dos bancos, das sociedades anônimas, das seguradoras, dos contratos de massa, entre outras modificações nos tradicionais institutos do direito privado. A codificação do direito privado havia deixado de fora uma série de campos vinculados às relações econômicas. As precárias condições de trabalho, especialmente nas fábricas, no decorrer de todo o século XIX, seriam contestadas pelos movimentos dos trabalhadores e de suas lutas surgiriam as primeiras leis trabalhistas e de seguridade social, além do início da ampliação do direito de voto, que culminaria na adoção do sufrágio universal, masculino e feminino, após a Primeira Guerra Mundial, em países como a Inglaterra e a Alemanha.[3]

Com a Primeira Guerra Mundial (1914-1918), os Estados envolvidos são obrigados a se reestruturar. Como primeira "guerra total" da história, a Primeira Guerra Mundial exige uma mobilização nunca antes vista de todas as forças econômicas e sociais dos países

---

[2] Em seu clássico livro *O Capital Financeiro* (*Das Finanzkapital*), de 1910, Rudolf Hilferding já havia constatado que o fenômeno da substituição da livre concorrência pela concentração de capital havia modificado as relações da classe capitalista com o poder do Estado. Cf. HILFERDING, Rudolf *Das Finanzkapital*, 2ª ed, vol. 2. Frankfurt-am- Main: Europäische Verlagsanstalt, 1973, pp. 406-407, 453-457 e 460-462.

[3] A bibliografia sobre estas transformações é inesgotável. Sobre o papel do Estado na criação e manutenção da infraestrutura, vide JELLINGHAUS, Lorenz Zwischen. *Daseinsvorsorge und Infrastruktur: zum Funktionswandel von Verwaltungswissenschaften und Verwaltungsrecht in der zweiten Hälfte des 19*. Jahrhunderts: Frankfurt-am-Main; KLOSTERMANN, Vittorio; GULDI, Jo. *Roads to Power*: Britain Invents the Infrastructure State. Cambridge: Harvard University Press, 2012. Sobre o início da seguridade social, cf. EWALD, François. *L'État Providence*. Paris: Grasset & Fasquelle, 1986; STOLLEIS, Michael. *Geschichte des Sozialrechts in Deutschland:* Ein Grundriss. Stuttgart: Lucius & Lucius, 2003, pp. 52-74.

envolvidos para o esforço bélico. A luta contra a economia do inimigo envolveu a disputa por matérias-primas, tecnologia e inovação. Novas formas de logística e de planejamento se fizeram necessárias, inclusive com a criação de corporações estatais específicas para a guerra, que organizaram a indústria e a agricultura. Era a organização do que se convencionou chamar de "economia de guerra". O direito, segundo Vital Moreira, é progressivamente chamado a cobrir zonas cada vez mais extensas da vida econômica.[4]

É do período da guerra o livro de Richard Kahn, *Rechtsbegriffe des Kriegswirtschaftsrecht* (*Conceitos Jurídicos de Direito Econômico da Guerra*), de 1918,[5] em que se trata de um direito econômico da guerra. Ou seja, para Kahn, o direito econômico é um direito excepcional, de guerra, voltado para a organização da economia de guerra. Além da ênfase na centralização econômica e no planejamento, também era preocupação de Kahn, e de outros autores, como Ernst Heymann (cujo livro, *Die Rechtsformen der militärischen Kriegswirtschaft als Grundlage des neuen deutschen Industrierechts – As Formas Jurídicas da Economia de Guerra como Fundamento do Novo Direito Industrial Alemão*, é de 1921),[6] ambos provenientes do direito civil, as mudanças profundas sofridas por vários setores do direito privado e a preponderância cada vez maior, desde a guerra, do direito público. Como não seria mais possível uma volta ao passado, estes autores sugerem

---

[4] MOREIRA, Vital. *A Ordem Jurídica do Capitalismo*, 3ª ed. Coimbra, Centelha, 1978, pp. 86-97 e 121-131. Sobre o intervencionismo estatal, a "economia de guerra", gerado pela Primeira Guerra Mundial, cf. CHENOT, Bernard. *Organisation Économique de l'État*, 2 ed. Paris: Dalloz, 1965, pp. 51-61; SCHRÖTER, Alfred *Krieg. Staat – Monopol, 1914-1918:* Die Zusammenhänge von imperialistischer Kriegswirtschaft, Militarisierung der Volkswirtschaft und staatsmonopolistischem Kapitalismus in Deutschland während des ersten Weltkrieges. Berlin: Akademie Verlag, 1965 e ROTH, Regina. *Staat und Wirtschaft im Ersten Weltkrieg*: Kriegsgesellschaften als kriegswirtschaftliche Steuerungsinstrumente. Berlin: Duncker & Humblot, 1997, pp. 28-39 e 320-390.

[5] KAHN, Richard. *Rechtsbegriffe der Kriegswirtschaft*: Ein Versuch der Grundlegung des Kriegswirtschaftsrechts, München/Berlin/Leipzig: J. Schweizer Verlag (Arthur Gellier), 1918.

[6] HEYMANN, Ernst. *Die Rechtsformen der militärischen Kriegswirtschaft als Grundlage des neuen deutschen Industrierechts*. Marburg: N. G. Elwert'sche Verlagsbuchhandlung, 1921, pp. 23-73 e 132-156.

soluções intermediárias, como um direito econômico apenas de guerra ou um direito industrial.[7]

A partir da Primeira Guerra Mundial, a política econômica ganhou evidência, assim como a política social. Este arcabouço jurídico que teria que lidar com as transformações profundas geradas pela industrialização e pela guerra, organizando juridicamente o espaço da acumulação de capital, ou seja, o processo econômico, seria o novo direito econômico. Não por acaso, em 1919, Walther Rathenau afirmava que *"a Economia é nosso destino" ("Die Wirtschaft ist unser Schicksal")*. Para ele, a partir da guerra, o Estado precisaria se pronunciar politicamente cada vez mais sobre a economia, que teria deixado de ser um assunto privado para se tornar um problema de toda a comunidade (*"Gemeinwirtschaft"*), com o objetivo final da democracia e da igualdade.[8] Esse "Estado econômico" (*"Wirtschaftsstaat"*), para Ernst Rudolf Huber, consolidou a posição privilegiada do direito econômico.[9]

Desde o período imediatamente posterior à Primeira Guerra Mundial, há, assim, um debate doutrinário gigantesco em torno das concepções de direito econômico. A utilização da denominação "direito econômico" (*"Wirtschaftsrecht"*) se consolidou após a guerra, com o seu emprego pelo civilista Justus Wilhelm Hedemann para designar uma nova disciplina jurídica.[10] Não se tratava mais de uma disciplina transitória

---

[7] KAHN, Richard. *Rechtsbegriffe der Kriegswirtschaft* cit., pp. 9-21, 38-54 e 154-156 e HEYMANN, Ernst. *Die Rechtsformen der militärischen Kriegswirtschaft als Grundlage des neuen deutschen Industrierechts* cit., pp. 6-23 e 156-227. Ainda sobre as relações entre a Primeira Guerra Mundial e o direito econômico, cf. CABRAL, Mário André Machado. "A Primeira Guerra Mundial e o Direito Econômico: o caminho para a 'normalização' em Weimar". *In*: Gilberto BERCOVICI (coord.). *Cem Anos da Constituição de Weimar (1919-2019)*, São Paulo: Quartier Latin, 2019, pp. 657-663.

[8] Walther RATHENAU, *Die neue Wirtschaft*. *In*: RATHENAU, Walther. *Gesammelte Schriften*, vol 5. Berlin: S. Fischer Verlag, 1918, pp. 181, 202-209 e 225-261.

[9] HUBER, Ernst Rudolf. "Das Deutsche Reich als Wirtschaftsstaat". *In*: HUBER, Ernst Rudolf. *Bewahrung und Wandlung*: Studien zur deutschen Staatstheorie und Verfassungsgeschichte. Berlin: Duncker & Humblot, 1975, pp. 37-39 e 48-58.

[10] Hedemann criou o Instituto de Direito Econômico (*Institut für Wirtschaftsrecht*), da Faculdade de Direito da Universidade de Jena, inaugurado em 1º de maio de 1919,

ou excepcional, como o direito de guerra,[11] e não era uma disciplina limitada à organização da economia em torno da indústria. Tratava-se uma nova concepção do papel do Estado e do direito em relação à economia, entendendo a dimensão econômica como elemento de especificidade do direito contemporâneo. Para Hedemann, o direito econômico não poderia ser limitado a um tradicional "ramo" do direito, mas teria um papel que transcenderia as visões jurídicas limitadas, sendo imprescindível para compreender o sistema jurídico como um todo.[12]

Vinculado à reestruturação do capitalismo que tem lugar no sistema mundial no início do século XX, o direito econômico desenvolveu-se como uma disciplina estreitamente ligada à razão macroeconômica dos processos nacionais de desenvolvimento. Não é por outra razão que a perspectiva macrojurídica vai ser firmada como a essência do direito econômico, destacando a economia dos agregados como a base do processo de regulação da política econômica do Estado.[13] Em geral, as concepções de direito econômico reportam-se à ordenação do processo econômico ou à organização da política econômica estatal. Eros Roberto Grau, por exemplo, em seu *Elementos de Direito Econômico*, conceitua o direito econômico como o *"sistema normativo voltado à ordenação do processo*

---

sendo o responsável pela publicação do periódico *Mitteilungen des Jenaer Instituts für Wirtschaftsrecht*, que durou de maio de 1921 a maio de 1936.

[11] Isso não significa que a associação entre direito econômico e guerra não voltaria com a Segunda Guerra Mundial (1939-1945). A mais exaustiva reflexão, paradoxalmente, foi realizada sobre o "direito econômico de guerra" de um país neutro, a Suíça, na monumental obra de Julius Lautner. Cf. LAUTNER, Julius G. *System des Schweizerischen Kriegswirtschaftsrechts*, vol. 3. Zürich: Polygraphischer Verlag, 1942-1944. Sobre o papel do Estado na economia de guerra durante a Segunda Guerra Mundial, cf. BLEYER, Wolfgang. *Staat und Monopole im totalen Krieg*: Der staatsmonopolistische Machtapparat und die "totale Mobilisierung". Berlin: Akademie Verlag, 1970 e HERBST, Ludolf. *Der Totale Krieg und die Ordnung der Wirtschaft*: Die Kriegswirtschaft im Spannungsfeld von Politik, Ideologie und Propaganda 1939-1945. Stuttgart: Deutsche Verlags-Anstalt, 1982.

[12] HEDEMANN, Justus Wilhelm. *Deutsches Wirtschaftsrecht*: Ein Grundriss. Berlin: Junker und Dünnhaupt Verlag, 1939, pp. 14-16.

[13] Neste sentido, cf. GRAU, Eros Roberto. *Elementos de Direito Econômico*. São Paulo: RT, 1981, p. 27.

econômico, mediante a regulação, sob o ponto de vista macrojurídico, da atividade econômica, de sorte a definir uma disciplina destinada à efetivação da política econômica estatal".[14] Em outra perspectiva, Geraldo Vidigal define o direito econômico como a *"disciplina jurídica de atividades desenvolvidas nos mercados, visando a organizá-los sob a inspiração dominante do interesse social"*.[15] Fábio Konder Comparato, por sua vez, entende o direito econômico como o direito que instrumentaliza a política econômica: *"O novo direito econômico surge como o conjunto das técnicas jurídicas de que lança mão o Estado contemporâneo na realização de sua política econômica"*.[16] Também enfatizando a instrumentalização da política econômica, Washington Peluso Albino de Souza afirma que *"Direito econômico é o ramo do direito que tem por objeto a regulamentação da política econômica e por sujeito o agente que dela participe. Como tal, é um conjunto de normas de conteúdo econômico que assegura a defesa e harmonia dos interesses individuais e coletivos, de acordo com a ideologia adotada na ordem jurídica. Para tanto, utiliza-se do 'princípio da economicidade'*".[17]

Qualquer que seja a perspectiva adotada, um elemento parece comum a todas as definições – a organização jurídica do espaço político-econômico da acumulação.[18] Não por acaso, ainda em 1923, Hans Goldschmidt definiu o direito econômico como o "direito da economia organizada".[19]

Na presente crise, o papel de organização do processo econômico do direito econômico se torna evidentemente fundamental. Essa

---

[14] GRAU, Eros Roberto. *Elementos de Direito Econômico*. São Paulo: RT, 1981, p. 31.

[15] VIDIGAL, Geraldo de Camargo. *Teoria Geral do Direito Econômico*, São Paulo: RT, 1977, p. 44.

[16] COMPARATO, Fábio Konder. "O Indispensável Direito Econômico". *Revista dos Tribunais*, n. 353, mar. 1965, p. 22.

[17] SOUZA, Washington Peluso Albino de. *Primeiras Linhas de Direito Econômico*, 3ª ed. São Paulo: LTr, 1994, p. 23. Cf. também, destacando a perspectiva em torno dos agregados econômicos: SOUZA, Washington Peluso Albino de. *Direito Econômico*. São Paulo: Saraiva, 1980, pp. 13-28.

[18] Cf. RITTNER, Fritz; DREHER, Meinrad. *Europäisches und deutsches Wirtschaftsrecht: Eine systematische Darstellung*, 3ª ed. Heidelberg: C. F. Müller Verlag, 2008, pp. 14-25 e 29-31.

[19] GOLDSCHMIDT, Hans. *Reichswirtschaftsrecht*. Berlin: Carl Heymanns Verlag, 1923, pp. 6-12.

importância não se deve a situação que muitos equiparam, equivocadamente, à chamada "economia de guerra". A "economia de guerra" exige a mobilização total dos fatores de produção para o esforço de derrotar o inimigo. Paradoxalmente, como já perceberam alguns autores, como James Meadway e Adam Tooze, a atual crise sanitária exige justamente a desmobilização de vários setores da economia, como vários segmentos da prestação de serviços, enquanto outros, como o setor industrial, por exemplo, devem ser não só mobilizados, como até ampliados. Tornou-se imprescindível ter que garantir a renda das pessoas, independentemente de estarem empregadas ou não, o abastecimento de produtos básicos e o funcionamento contínuo dos serviços essenciais exigindo a suspensão da lógica mercantil que vem dominando as relações econômicas e sociais nas últimas décadas. Como muito bem afirma Victor Marques, a mobilização dos poderes públicos trata, na atual conjuntura, *"da necessidade de uma desmobilização massiva, racional e planejada"*.[20] O planejamento e a estruturação do processo econômico exigem uma atuação mais presente e intensa do Estado por meio do direito econômico.

Em relação ao papel do Estado na economia, a Constituição de 1988 se distingue em relação às constituições anteriores ao determinar que a competência para atuar diretamente no domínio econômico não é exclusiva da União, mas foi ampliada para os Estados-membros, Distrito Federal e Municípios. Na Constituição de 1946, por exemplo, a intervenção estatal direta prevista no seu artigo 146[21] era restrita à União,

---

[20] MEADWAY, James. "The Anti-Wartime Economy". *Tribune*, 19 mar. 2020, Disponível em: <https://tribunemag.co.uk/2020/03/the-anti-wartime-economy>; KLEIN, Ezra. "What Both the Left and the Right Get Wrong about the Coronavirus Economic Crisis: Financial Historian Adam Tooze on the Lessons Policymakers Need to Learn, and Fast". *Vox*, 28 mar. 2020, <https://www.vox.com/2020/3/28/21195207/coronavirus-covid-19-financial-crisis-economy-depression-recession> e MARQUES, Victor. "Do Keynesianismo de coronavírus à Antiguerra Permanente". *Autonomia Literária*, 4 abr. 2020. Disponível em: <https://autonomialiteraria.com.br/do-keynesianismo-de-coronavirus-a-antiguerra-permanente>.

[21] Artigo 146 da Constituição de 1946: *"A União poderá, mediante lei especial, intervir no domínio econômico e monopolizar determinada indústria ou atividade. A intervenção terá por base o interesse público e por limite os direitos fundamentais assegurados nesta Constituição".*

pois exigia expressamente lei federal. Os Estados e Municípios só poderiam atuar de modo indireto na esfera econômica.[22]

O mesmo não ocorre sob a Constituição de 1988, que estabeleceu no seu artigo 24, I que o direito econômico é matéria de competência concorrente entre União, Estados e Distrito Federal (e Municípios, incorporados pelo disposto no artigo 30, II). Há, ainda, uma série de outros temas de direito econômico presentes na repartição de competências estabelecida pela Constituição de 1988. O artigo 24 estabelece como competência concorrente a legislação sobre produção e consumo (artigo 24, V), sobre florestas, caça, pesca, fauna, conservação da natureza, defesa do solo e dos recursos naturais, proteção do meio ambiente e controle da poluição (artigo 24, VI) e sobre responsabilidade por dano ao meio ambiente, ao consumidor, a bens e direitos de valor artístico, estético, histórico, turístico e paisagístico (artigo 24, VIII).[23] A previsão constitucional do direito econômico como tema de competência concorrente abre caminho à atuação econômica por parte dos Estados-membros e Municípios, estruturada nos ditames constitucionais dos artigos 173, 174 e 175, cuja aplicação não se restringe à União. Afinal, a atuação estatal direta por relevante interesse coletivo (artigo 173), assim como as competências de planejar, incentivar, regular e fiscalizar as

---

[22] FAGUNDES, Miguel Seabra. "Da Intervenção do Estado na Ordem Econômica, Em Face da Constituição Federal". *Arquivos do Ministério da Justiça e Negócios Interiores* n. 86, jun. 1963, p. 9 e CLARK, Giovani. *O Município em face do Direito Econômico*, Belo Horizonte: Del Rey, 2001, pp. 83-84.

[23] Além da previsão do direito urbanístico como matéria de competência concorrente (artigo 24, I), a Constituição de 1988 define expressamente a necessidade de atuação conjunta da União com os demais entes federados, particularmente os Municípios, na política de desenvolvimento urbano (artigos 182 e 183). Cabe ao Município executar a política urbanística, mas de acordo com diretrizes gerais fixadas em lei (no caso, o Estatuto da Cidade, Lei n. 10.257, de 10 de julho de 2001), bem como compete aos Estados-membros a instituição de regiões metropolitanas, aglomerações urbanas e microrregiões, visando o planejamento urbano integrado e a execução de políticas de interesse comum (artigo 25, §3º). Sobre as relações entre o direito urbanístico e o direito econômico, cf. especialmente MASSONETTO, Luís Fernando. "Pontos Cegos da Regulação Urbanística: Notas sobre uma Articulação Programática entre o Direito Econômico e o Direito Urbanístico". *Revista Fórum de Direito Financeiro e Econômico* n. 6, set/fev 2015, pp. 141-154.

atividades econômicas (artigo 174) e a prestação de serviços públicos (artigo 175) são passíveis de serem realizadas ou prestadas por qualquer ente da Federação, não se limitam à esfera federal de atuação.[24]

A Constituição de 1988 também incluiu a legislação sobre saúde entre as matérias de competência concorrente da União e demais entes da Federação (artigo 24, XII). Não bastasse isto, a repartição de competências materiais constitucionais entre União, Estados e Municípios, a saúde foi considerada uma competência comum (artigo 23, II),[25] embora o texto constitucional também tenha reforçado a importância da atuação municipal no atendimento à saúde (artigo 30, VII).[26] O significado das competências comuns é o de que todos os entes da Federação devem colaborar para a execução das tarefas determinadas pela Constituição, ou seja, nem a União, nem qualquer ente federado podem atuar isoladamente, mas todos devem exercer sua competência conjuntamente com os demais. Isto significa também que as responsabilidades são comuns, não podendo nenhum dos entes da Federação se eximir de implementá-las, pois o custo político recai sobre todas as esferas de governo. A cooperação parte do pressuposto da estreita interdependência que existe em inúmeras matérias e programas de interesse comum, o que dificulta (quando não impede) a sua atribuição exclusiva ou preponderante a um determinado ente, como é o caso das ações e serviços

---

[24] CLARK, Giovani. *O Município em face do Direito Econômico*, Belo Horizonte: Del Rey, 2001, pp. 94-96, 100-102, 143-148 e 175-183. A atuação dos entes federados no domínio econômico, no entanto, não é livre de restrições. A atuação direta prevista no artigo 173 pode se dar por relevante interesse coletivo ou segurança nacional. Especificamente no caso da segurança nacional, a atuação direta no domínio econômico só poderá ser efetuada, obviamente, pela União, mediante lei federal (artigos 22, XXVIII e 173, *caput*). Cf. GRAU, Eros Roberto. *A Ordem Econômica na Constituição de 1988 (Interpretação e Crítica)*, 14ª ed. São Paulo: Malheiros, 2010, pp. 286-287 e CLARK, Giovani. *O Município em face do Direito Econômico*, Belo Horizonte: Del Rey, 2001, p. 143.

[25] Artigo 23, II da Constituição de 1988: *"É competência comum da União, dos Estados, do Distrito Federal e dos Municípios: II – cuidar da saúde e assistência pública, da proteção e garantia das pessoas portadoras de deficiência"*.

[26] Artigo 30, VII da Constituição de 1988: *"Compete aos Municípios: VII – prestar, com a cooperação técnica e financeira da União e do Estado, serviços de atendimento à saúde da população"*.

de saúde.[27] Na realidade, há dois momentos de decisão na cooperação. O primeiro se dá em nível federal, quando se determina, conjuntamente, as medidas a serem adotadas, uniformizando-se a atuação de todos os poderes estatais competentes em determinada matéria. O segundo momento ocorre em nível estadual ou municipal, quando cada ente federado adapta a decisão tomada em conjunto às suas características e necessidades. Na cooperação, em geral, a decisão é conjunta, mas a execução se realiza de maneira separada, embora possa haver, também, uma atuação conjunta, especialmente no tocante ao financiamento das políticas públicas, como é o caso da saúde.[28]

A estruturação de um Sistema Único de Saúde, composto por uma rede regionalizada e hierarquizada, cujo objetivo é a garantia do acesso universal à saúde (artigos 198, 199 e 200), é uma inovação da Constituição de 1988,[29] fruto da luta e da mobilização de vários movimentos de defesa da saúde, particularmente as Conferências Nacionais de Saúde.[30] Todos

---

[27] ROVIRA, Enoch Alberti. *Federalismo y Cooperación en la República Federal Alemana*, Madrid. Centro de Estudios Constitucionales, 1986, pp. 369-370, 373-374 e 487; DALLARI, Sueli Gandolfi. *Os Estados Brasileiros e o Direito à Saúde*. São Paulo: Hucitec, 1995, pp. 38-42 e 79-80; BERCOVICI, Gilberto. *Desigualdades Regionais, Estado e Constituição*. São Paulo: Max Limonad, 2003, pp. 149-156; WEICHERT, Marlon Alberto. *Saúde e Federação na Constituição Brasileira*. Rio de Janeiro: Lumen Juris, 2004, pp. 138-139 e BERCOVICI, Gilberto. *Dilemas do Estado Federal Brasileiro*. Porto Alegre: Livraria do Advogado Ed., 2004, pp. 55-63.

[28] ROVIRA, Enoch Alberti. *Federalismo y Cooperación en la República Federal Alemana*, Madrid, Centro de Estudios Constitucionales, 1986, pp. 374-376. Cf. também BRASILEIRO, Ana Maria. "O Federalismo Cooperativo". *Revista Brasileira de Estudos Políticos*, n. 39, jul.1974, pp. 125-126 e ANASTOPOULOS, Jean. *Les Aspects Financiers du Fédéralisme*. Paris: L.G.D.J., 1979, pp. 114-115 e 224-227.

[29] WEICHERT, Marlon Alberto. *Saúde e Federação na Constituição Brasileira*. Rio de Janeiro: Lumen Juris, 2004, pp. 149-197; AITH, Fernando. *Curso de Direito Sanitário*: a Proteção do Direito à Saúde no Brasil. São Paulo: Quartier Latin, 2007, pp. 339-373 e SARLET, Ingo Wolfgang; FIGUEIREDO, Mariana Filchtiner. "Notas sobre o Direito Fundamental à Proteção e Promoção da Saúde na Ordem Jurídico-Constitucional Brasileira". *In*: ASENSI, Felipe Dutra; PINHEIRO, Roseni (orgs.), *Direito Sanitário*. Rio de Janeiro: Elsevier, 2012, pp. 41-46.

[30] Cf. ESCOREL, Sarah; BLOCH, Renata Arruda de. "As Conferências Nacionais de Saúde na Construção do SUS". *In*: LIMA, Nísia Trindade; GERSCHMAN, Silvia; EDLER, Flávio Coelho; SUARÉZ, Julio Manuel (coords). *Saúde e Democracia*: história e Perspectiva do SUS. Rio de Janeiro: Ed. Fiocruz, 2011, pp. 83-113.

os serviços e ações de saúde são constitucionalmente definidos como de relevância pública (artigo 197).[31]

A importância da saúde na construção da sociedade nacional sempre foi destacada pelos teóricos desenvolvimentistas. O ponto central da discussão sobre as relações entre saúde e desenvolvimento encontra-se na contraposição entre os que entendem ser a saúde (ou melhor, a falta de saúde) um obstáculo ou causa do processo de desenvolvimento e os que entendem ser a saúde (ou falta de saúde) uma consequência do desenvolvimento econômico e social. De qualquer modo, a garantia de melhores condições de saúde para a população tornou-se elemento central do discurso desenvolvimentista, buscando compreender as relações entre pobreza e doença e como promover a transformação socioeconômica efetiva do país.[32] Neste sentido, a Constituição de 1988 (artigo 196),[33] assim como a Lei Orgânica da Saúde,[34] são expressas ao determinarem

---

[31] Artigo 197 da Constituição de 1988: *"São de relevância pública as ações e serviços de saúde, cabendo ao Poder Público dispor, nos termos da lei, sobre sua regulamentação, fiscalização e controle, devendo sua execução ser feita diretamente ou através de terceiros e, também, por pessoa física ou jurídica de direito privado".*

[32] LIMA, Nísia Trindade; FONSECA, Cristina M. O.; HOCHMAN Gilberto. "A Saúde na Construção do Estado Nacional no Brasil: Reforma Sanitária em Perspectiva Histórica". *In*: LIMA, Nísia Trindade; GERSCHMAN, Silvia; EDLER, Flávio Coelho; SUARÉZ, Julio Manuel (coords). *Saúde e Democracia: História e Perspectiva do SUS*. Rio de Janeiro: Ed. Fiocruz, 2011, pp. 46-55. As políticas e ações de saúde fazem parte do processo de superação do subdesenvolvimento, explicita o artigo 3º da Lei Orgânica da Saúde (Lei n. 8.080, de 19 de setembro de 1990): Artigo 3º da Lei n. 8.080/1990: *"A saúde tem como fatores determinantes e condicionantes, entre outros, a alimentação, a moradia, o saneamento básico, o meio-ambiente, o trabalho, a renda, a educação, o transporte, o lazer e o acesso a bens e serviços essenciais; os níveis de saúde da população expressam a organização social e econômica do País"*. Parágrafo único – *"Dizem respeito também à saúde as ações que, por força do disposto no artigo anterior, se destinam a garantir às pessoas e à coletividade condições de bem-estar físico, mental e social"*.

[33] Artigo 196 da Constituição de 1988: *"A saúde é direito de todos e dever do Estado, garantido mediante políticas sociais e econômicas que visem à redução do risco de doença e de outros agravos e ao acesso universal igualitário às ações e serviços para sua promoção, proteção e recuperação"*.

[34] Artigo 2º, §1º da Lei n. 8.080/1990: *"§1º – O dever do Estado de garantir a saúde consiste na formulação e execução de políticas econômicas e sociais que visem à redução de riscos de doenças e de outros agravos e no estabelecimento de condições que assegurem acesso universal e igualitário às ações e aos serviços para a sua promoção, proteção e recuperação"* (grifos meus).

que o Estado brasileiro deve promover políticas econômicas e sociais para ampliar a garantia e o acesso à saúde a todos os cidadãos.

Uma das principais políticas econômicas que dizem respeito à saúde é a política industrial da saúde. As razões para a defesa de uma política industrial são várias. Geralmente, os motivos estratégicos (como manutenção do nível de emprego, proteção de setores vitais da economia ou ampliação da competitividade nacional) são os preponderantes. O que deve ser chamado à atenção é o fato de que se, na política industrial clássica, destacavam-se as chamadas indústrias pesadas (como siderurgia, bens de consumo durável, etc.), na atualidade, os setores considerados estratégicos dizem respeito a eletrônicos, telecomunicações e biotecnologia, o que inclui o Complexo Industrial da Saúde. Como afirmam Di Tommaso e Schweitzer, a indústria é vista como um instrumento para atingir objetivos maiores, como, entre outros, garantir um melhor acesso à saúde.[35]

O sistema nacional de saúde, portanto, pode também gerar benefícios para a economia como um todo, especialmente em termos de pesquisa e desenvolvimento tecnológico, possibilitando, ainda, a geração de produtos ou serviços exportáveis. Não por acaso, a própria Constituição de 1988, em seu artigo 200, V, determina ser também competência do Sistema Único de Saúde propiciar o desenvolvimento científico e tecnológico.[36]

---

[35] TOMMASO, Marco R. DI; SCHWEITZER, Stuart O. "Introduction: Why Apply Industrial Policy to Health Industry?". *In*: TOMMASO, Marco R. DI; SCHWEITZER, Stuart O. (coords.). *Health Policy and High-Tech Industrial Development: Learning from Innovation in the Health Industry*. Cheltenham/Northampton: Edward Elgar, 2005, pp. 4-6. Para a importância cada vez maior da biotecnologia no processo de desenvolvimento, vide, por todos, SAMPATH, Padmashree Gehl. *Reconfiguring Global Health Innovation*, London/New York: Routledge, 2011, p. 12 e OCTAVIANI, Alessandro. *Recursos Genéticos e Desenvolvimento*: os Desafios Furtadiano e Gramsciano. São Paulo: Saraiva, 2013.

[36] Artigo 200, V da Constituição de 1988: *"Ao sistema único de saúde compete, além de outras atribuições, nos termos da lei: V – incrementar em sua área de atuação o desenvolvimento científico e tecnológico"*.
Sobre a necessidade cada vez maior de compreensão da pesquisa em saúde como um dos componentes estruturantes do SUS e a necessidade de fortalecimento das autoridades de saúde na política de desenvolvimento científico e tecnológico do Brasil, cf. GUIMARÃES,

É neste contexto que se deve falar em um sistema sofisticado em que fornecedores, hospitais, seguradores e fabricantes estão interconectados, o Complexo Industrial da Saúde ou, na literatura estrangeira, um novo modelo de indústria da saúde (*"Health Industry Model"*).[37] Uma característica essencial do Complexo Industrial da Saúde é o fato de que ele tem múltiplos objetivos. O principal deles, obviamente, é produzir um nível de saúde aceitável para a maior parte da população. No entanto, o Complexo Industrial da Saúde também é um dos principais geradores de conhecimento científico e de inovação tecnológica. Ampliar o acesso e melhorar as condições de saúde não acarreta apenas melhoria no bem-estar social, mas também aumenta a capacidade produtiva da força de trabalho nacional.[38]

A estruturação do Complexo Industrial da Saúde parte do pressuposto que uma demanda cada vez maior por bens e serviços de saúde significa uma oportunidade não apenas para a ampliação do acesso à saúde, mas também para o desenvolvimento do país.[39] Estas políticas variam do financiamento e melhoria nas políticas públicas de saúde à criação de incentivos pró-mercado para encorajar um melhor desenvolvimento e mais geração de inovações no Complexo Industrial da Saúde. As vantagens destes incentivos vão da ampliação ao acesso à saúde ao fornecimento de

---

Reinaldo. "Ciência, Tecnologia e Inovação: um Paradoxo na Reforma Sanitária". *In*: LIMA, Nísia Trindade; GERSCHMAN, Silvia; EDLER, Flávio Coelho; SUARÉZ, Julio Manuel (coords). *Saúde e Democracia: História e Perspectiva do SUS*. Rio de Janeiro: Ed. Fiocruz, 2011, pp. 248-256.

[37] TOMMASO, Marco R. DI; SCHWEITZER, Stuart O. "Introduction: Why Apply Industrial Policy to Health Industry?", pp. 7-10 e TOMMASO, Marco R. DI; SCHWEITZER, Stuart O. (coords.). *Health Policy and High-Tech Industrial Development: Learning from Innovation in the Health Industry*. Cheltenham/Northampton: Edward Elgar, 2005, pp. 25-34. Cf. SAMPATH, Padmashree Gehl. *Reconfiguring Global Health Innovation*, London/New York: Routledge, 2011, pp. 26-27 e 56-58.

[38] TOMMASO, Marco R. DI; SCHWEITZER, Stuart O. (coords.). *Health Policy and High-Tech Industrial Development: Learning from Innovation in the Health Industry*. Cheltenham/Northampton: Edward Elgar, 2005, pp. 10-11. Sobre os fins e objetivos da política industrial, cf. VEELKEN, Winfried. *Normstrukturen der Industriepolitik: Eine vergleichende Untersuchung nach deutschem und französischem Wirtschaftsrecht*. Baden-Baden: Nomos Verlagsgesellschaft, 1991, pp. 31-35.

[39] Cf. TOMMASO, Marco R. DI; SCHWEITZER, Stuart O. (coords.). *Health Policy and High-Tech Industrial Development: Learning from Innovation in the Health Industry*. Cheltenham/Northampton: Edward Elgar, 2005, pp. 33-36.

produtos e serviços mais elaborados e sofisticados, passando pelo investimento mais elevado em pesquisa e inovação tecnológica. O mercado interno é beneficiado, assim como há a possibilidade de estruturação de um setor industrial exportador avançado e competitivo, além dos efeitos de geração de empregos e de maior capacitação científico-tecnológica da mão-de-obra do país.[40]

O Complexo Industrial da Saúde é uma parte essencial do sistema nacional de inovação,[41] contribuindo para o desenvolvimento científico e tecnológico do país. Boa parte das indústrias de saúde possui forte ligação com os núcleos de pesquisa científica no país. Os investimentos, públicos ou privados, em pesquisa geram efeitos positivos e inovações nos mais variados setores da indústria de saúde. Além disto, o Complexo Industrial da Saúde pode obter uma inserção considerável, a partir da sua expansão em inovações, no mercado internacional, transformando uma indústria doméstica em um sustentável setor industrial exportador.[42]

No Brasil, o Complexo Industrial da Saúde, inclusive, foi reconhecido formalmente por meio do Decreto de 12 de maio de 2008, da Presidência da República, que criou, no âmbito do Ministério da

---

[40] Cf. TOMMASO, Marco R. DI; SCHWEITZER, Stuart O. (coords.). *Health Policy and High-Tech Industrial Development: Learning from Innovation in the Health Industry*. Cheltenham/ Northampton: Edward Elgar, 2005, pp. 10-11; SAMPATH, Padmashree Gehl. *Reconfiguring Global Health Innovation*, London/New York: Routledge, 2011, pp. 56-58 e 219-222.

[41] Para a definição e o debate em torno da concepção de "sistema nacional de inovação", cf. NELSON, Richard R.; ROSENBERG, Nathan. "Technical Innovation and National Systems". In: NELSON, Richard R. (coord.), *National Innovation Systems: A Comparative Analysis*. Oxford/New York, Oxford University Press, 1993, pp. 3-20 e EDQUIST, Charles. "Systems of Innovation: Perspectives and Challenges". In: FAGERBERG, Jan; MOWERY, David C.; NELSON, Richard R. (coords.). *The Oxford Handbook of Innovation*, Oxford/New York: Oxford University Press, 2006, pp. 181-205, especialmente pp. 182-184. Especificamente em relação ao setor da saúde, vide a definição de "sistema de inovação de saúde" (*"health innovation system"*) em SAMPATH, Padmashree Gehl. *Reconfiguring Global Health Innovation*. London/New York: Routledge, 2011, pp. 41-43.

[42] TOMMASO, Marco R. DI; SCHWEITZER, Stuart O. (coords.). *Health Policy and High-Tech Industrial Development: Learning from Innovation in the Health Industry*. Cheltenham/ Northampton: Edward Elgar, 2005, pp. 36-38 e SAMPATH, Padmashree Gehl. *Reconfiguring Global Health Innovation*, London/New York: Routledge, 2011, pp. 3-4, 13 e 17-20.

Saúde, o Grupo Executivo do Complexo Industrial da Saúde (GECIS), e hoje é regulamentado por meio do Decreto n. 9.245, de 20 de dezembro de 2017. A principal preocupação do GECIS é o desenvolvimento das normas e atos jurídicos necessários para a concretização das estratégias e diretrizes da política industrial, da política de desenvolvimento científico e tecnológico e das políticas de saúde visando a viabilização do desenvolvimento do Complexo Industrial da Saúde. No entanto, percebe-se a fragilidade institucional da política brasileira de desenvolvimento industrial no setor de saúde, cuja base normativa é um decreto do Presidente da República, e não uma lei. Com a atual situação de calamidade pública sanitária, proclamada pela Mensagem n. 93 da Presidência da República, de 18 de março de 2020, e reconhecida pelo Decreto Legislativo n. 06, de 20 de março de 2020, as limitações da política industrial brasileira da saúde tornaram-se mais do que evidentes.

A título de comparação, nos Estados Unidos, o Presidente Donald Trump, após proclamar Emergência Nacional em virtude da pandemia da COVID-19, baixou a Ordem Executiva n. 13909 em 18 de março de 2020, atribuindo os poderes inscritos no Título I do *Defense Production Act* de 1950 ao Secretário de Saúde (*Secretary of Health and Human Services*) para que possa priorizar e alocar todos os recursos médicos e sanitários necessários para combater a pandemia nos Estados Unidos. Foram baixadas, ainda, a Ordem Executiva n. 13910, em 23 de março de 2020, atribuindo ao Secretário de Saúde autoridade para impedir a acumulação excessiva de produtos médico-hospitalares ou a sua aquisição visando a revenda acima dos preços de mercado, e a Ordem Executiva n. 13911, de 27 de março de 2020, delegando a mesma autoridade e poderes também ao Secretário de Segurança Interna (*Secretary of Homeland Security*).

O *Defense Production Act* de 1950 confere ao Presidente (ou às autoridades a quem ele delegar expressamente) uma série de poderes e competências para reestruturar e mobilizar a economia, dirigir e incentivar as indústrias norte-americanas no interesse da defesa nacional.[43]

---

[43] OLEA, Manuel Alonso. "El Estatuto Jurídico de la Movilización Industrial de Defensa

A definição de defesa nacional da versão original, elaborada para lidar com a Guerra Fria e, especificamente, com a Guerra da Coréia, foi continuamente revista e ampliada, hoje incluindo as atividades preparatórias para responder a um desastre ou calamidade e a proteção e restauração da "infraestrutura crítica" (*"critical infrastructure"*), o que inclui os sistemas de saúde pública e segurança.[44]

Dentre os poderes do Presidente destaca-se o de dar preferência ou prioridade à produção de determinado bem destinado à promoção da defesa nacional em relação a outros bens ou produtos (Título I, Seção 101). Trata-se de um poder de dirigir o processo industrial em casos de interesse da defesa nacional. O Presidente, portanto, tem o poder de controlar a distribuição dos materiais e serviços ao estabelecer prioridades no processo industrial, determinando, para tanto, a distribuição de insumos entre os diversos setores produtivos.[45] O Presidente pode, ainda, requisitar ao industrial que produza bens e serviços que ele não fornece ordinariamente. A exigência legal é a de que aquele que aceita o contrato governamental seja capaz de

---

(Estudio de la Movilización Norteamericana a través de la Defense Production Act de 1950 y sus Enmiendas de 1951)", *Revista de Administración Pública* n. 6, set/dez de 1951, pp. 302-303.

[44] LITTLEJOHN, J. Michael. "Using All the King's Horses for Homeland Security: Implementing the Defense Production Act for Disaster Relief and Critical Infrastructure Protection", *Public Contract Law Journal*, vol. 36, n. 1, 2006, pp. 2-14 e 20-21. Em sentido contrário, afirmando que o *Defense Production Act* perdeu o foco com a ampliação da sua utilização para o combate a desastres naturais e calamidades, devendo ser empregado apenas para casos afeitos à segurança nacional, cf. WATKINS, Emma; SPOEHR, Thomas. "The Defense Production Act: An Important National Security Tool, But It Requires Work". *Backgrounder* n. 3443, 15 out. 2019, pp. 5-15. Não é preciso ressaltar o equívoco desta posição diante do enfrentamento da pandemia da COVID-19.

[45] SCANLAN, Alfred Long. "The Defense Production Act of 1950". *Rutgers Law Review*, vol. 5, n. 3, 1951, pp. 520-522; FREY, Donald S. "Maintaining Economic Freedom under the Defense Act of 1950". *The University of Chicago Law Review*, vol. 18, n. 2, 1951, pp. 221-224; OLEA, Manuel Alonso. "El Estatuto Jurídico de la Movilización Industrial de Defensa (Estudio de la Movilización Norteamericana a través de la Defense Production Act de 1950 y sus Enmiendas de 1951)". *Revista de Administración Pública*, n. 6, set/dez de 1951, pp. 307-310 e SCANLAN, Alfred Long. "Defense Production Act Extended and Amended". *Notre Dame Law Review*, vol. 27, n. 2, 1952, pp. 192-196.

cumpri-lo. Por isso é possível a solicitação da chamada "reconversão industrial", ou seja, determinar que aquela planta industrial passe a fabricar outros produtos que não aqueles que produzia antes da requisição.[46]

O Presidente pode, ainda, providenciar incentivos financeiros para o desenvolvimento e a expansão da capacidade de produção essencial para a defesa nacional. Os órgãos públicos, quando autorizados, podem comprar ou se comprometer com a compra de bens e serviços, fazer pagamentos subsidiados, emprestar diretamente ou oferecer garantias para financiamentos e empréstimos e instalar ou comprar equipamentos para as instalações industriais, governamentais ou privadas, para expandir sua capacidade produtiva (Seções 301, 302 e 303). Esses incentivos visam ampliar a capacidade doméstica de produzir bens essenciais necessários (Seção 107).[47] O *Defense Production Act* estrutura uma política de crédito para o setor industrial estratégico, visando a expansão e garantindo a mobilização industrial.[48]

---

[46] Até a reforma promovida pela Lei n. 111-67, de 30 de setembro de 2009 ("*Defense Production Act Reauthorization of 2009*"), o Título II do *Defense Production Act* estabelecia que os poderes presidenciais de requisição se davam sobre qualquer material, equipamento ou instalação que entendesse ser necessário para a defesa nacional de forma imediata, desde que não houvesse outro meio viável para sua obtenção. As requisições eram efetuadas sempre mediante pagamento de indenização. Cf. RUTHERFORD, Day. "The Federal Government's Power to Requisition under the Defense Production Act of 1950". *Georgetown Law Journal*, vol. 41, n. 1, 1952, pp. 18-39. Cf. SCANLAN, Alfred Long. "The Defense Production Act of 1950" *cit.*, pp. 522-523; FREY, Donald S. "Maintaining Economic Freedom under the Defense Act of 1950". *The University of Chicago Law Review*, vol. 18, n. 2, 1951, pp. 225-226; OLEA, Manuel Alonso. "El Estatuto Jurídico de la Movilización Industrial de Defensa (Estudio de la Movilización Norteamericana a través de la Defense Production Act de 1950 y sus Enmiendas de 1951)". *Revista de Administración Pública*, n. 6, set/dez de 1951, pp. 310-312 e SCANLAN, Alfred Long, "Defense Production Act Extended and Amended". *Rutgers Law Review*, vol. 5, n. 3, 1951, pp. 196-199.

[47] SCANLAN, Alfred Long, "The Defense Production Act of 1950" *cit.*, pp. 523-526; FREY, Donald S. "Maintaining Economic Freedom under the Defense Act of 1950" *cit.*, pp. 226-228; OLEA, Manuel Alonso. "El Estatuto Jurídico de la Movilización Industrial de Defensa (Estudio de la Movilización Norteamericana a través de la Defense Production Act de 1950 y sus Enmiendas de 1951)" *cit.*, pp. 312-313 e SCANLAN, Alfred Long. "Defense Production Act Extended and Amended" *cit.*, pp. 199-202.

[48] FREY, Donald S. "Maintaining Economic Freedom under the Defense Act of 1950". *The University of Chicago Law Review*, vol. 18, n. 2, 1951, pp. 231-232; OLEA, Manuel Alonso. "El Estatuto Jurídico de la Movilización Industrial de Defensa (Estudio de la Movilización Norteamericana a través de la Defense Production Act de 1950 y sus

Há ainda a possibilidade prevista na Seção 708 do *Defense Production Act*, que autoriza o Presidente a consultar os representantes da indústria e outros interessados para providenciar acordos voluntários e planos de ação coordenados para ampliar a produção para a defesa nacional, colaborando na produção de materiais escassos ou criticamente necessários. Alguns autores entendem que o essencial da aplicação do *Defense Production Act* é a preservação dos contratos[49] ou a manutenção do sistema de concorrência empresarial como melhor garantia para a defesa nacional, devendo haver a valorização da utilização de mecanismos de cooperação com a indústria.[50]

Em suma, a legislação norte-americana, em especial o *Defense Production Act* de 1950, permite que a mobilização industrial em nome da defesa nacional estruture novas cadeias de suprimento para as matérias-primas, bens e serviços essenciais para a produção. Há a possibilidade do estabelecimento de um sistema de prioridades para destinação e/ou produção desses bens, a criação de fundos de reserva dos materiais escassos, além da organização da sua produção, utilização e distribuição, com o estímulo à produção nacional, ainda que com custos mais elevados. A política de mobilização industrial permite também a busca por materiais alternativos, sucedâneos de materiais escassos, com a implementação de novos processos produtivos que permitam essa substituição e a expansão da capacidade produtiva.[51]

Além de facilitar o crédito e o financiamento para a iniciativa privada e a produção diretamente administrada pelo Estado, o *Defense Production Act* obriga o Poder Executivo a tomar medidas para que as pequenas e médias empresas também possam participar da mobilização

---

Enmiendas de 1951)" *cit.*, pp. 325-328 e SCANLAN, Alfred Long. "Defense Production Act Extended and Amended". *Revista de Administración Pública*, n. 6, set/dez de 1951, pp. 216-218.

[49] FREY, Donald S. "Maintaining Economic Freedom under the Defense Act of 1950". *The University of Chicago Law Review*, vol. 18, n. 2, 1951, pp. 245-255.

[50] EDITORIAL BOARD, "The Defense Production Act: Choice as to Allocations". *Columbia Law Review*, vol. 51, n. 3, março de 1951, pp. 350-353.

[51] SCANLAN, Alfred Long. "The Defense Production Act of 1950" *cit.*, p. 523 e OLEA, Manuel Alonso. "El Estatuto Jurídico de la Movilización Industrial de Defensa (Estudio de la Movilización Norteamericana a través de la Defense Production Act de 1950 y sus Enmiendas de 1951)". *Revista de Administración Pública*, n. 6, set/dez de 1951, pp. 303-305.

industrial (Seções 108 e 701).⁵² Finalmente, o *Defense Production Act* estabelece meios para o Poder Executivo implementar, se necessário, e após deliberação do Congresso, um controle de preços e salários, com o objetivo de proteger os trabalhadores e os consumidores do aumento do custo de vida e da especulação (antigo Título IV, revogado pela Lei n. 111-67, de 2009, hoje vigente conforme a Seção 104, 'a').⁵³

O *Defense Production Act* é um instrumento de planejamento, não apenas uma ferramenta para lidar com as crises. Afinal, como muito bem destacou Richard H. Field, os controles econômicos não podem ser improvisados, eles necessitam ser planejados.⁵⁴ Fica evidente, portanto, que o papel do Estado é estratégico para o Complexo Industrial da Saúde, ainda mais em uma situação de emergência sanitária. Apenas o Estado tem capacidade de antecipar a necessidade da produção de determinados produtos ou serviços e formular uma política buscando concretizar aqueles objetivos, particularmente no campo da saúde. A capacidade industrial e de inovação em saúde está vinculada diretamente à redução das desigualdades e das deficiências no setor da saúde. O Estado tem um papel essencial na busca de superação das limitações científicas e tecnológicas e na mobilização de recursos para o desenvolvimento industrial.⁵⁵

---

[52] Especificamente em relação às políticas de incentivo às pequenas e médias empresas, cf. FREY, Donald S. "Maintaining Economic Freedom under the Defense Act of 1950". *The University of Chicago Law Review*, vol. 18, n. 2, 1951, pp. 241-243 e SCANLAN, Alfred Long. "Defense Production Act Extended and Amended". *Rutgers Law Review*, vol. 5, n. 3, 1951, pp. 218-221.

[53] FIELD, Richard H. "Economic Stabilization under the Defense Production Act of 1950". *Harvard Law Review*, vol. 64, n. 1, nov. 1950, pp. 1-26; SCANLAN, Alfred Long. "The Defense Production Act of 1950". *Rutgers Law Review*, vol. 5, n. 3, 1951, pp. 526-527; FREY, Donald S. "Maintaining Economic Freedom under the Defense Act of 1950". *The University of Chicago Law Review*, vol. 18, n. 2, 1951, pp. 228-230; OLEA, Manuel Alonso. "El Estatuto Jurídico de la Movilización Industrial de Defensa (Estudio de la Movilización Norteamericana a través de la Defense Production Act de 1950 y sus Enmiendas de 1951)". *Revista de Administración Pública*, n. 6, set/dez de 1951, pp. 313-317 e SCANLAN, Alfred Long. "Defense Production Act Extended and Amended". *Rutgers Law Review*, vol. 5, n. 3, 1951, pp. 209-216.

[54] FIELD, Richard H. "Economic Stabilization under the Defense Production Act of 1950". *Harvard Law Review*, vol. 64, n. 1, nov. 1950, p. 2 e SCANLAN, Alfred Long. "The Defense Production Act of 1950". *Rutgers Law Review*, vol. 5, n. 3, 1951, p. 520.

[55] SAMPATH, Padmashree Gehl. *Reconfiguring Global Health Innovation*. London/New York: Routledge, 2011, pp. 26, 59, 69-70 e 218-219.

No Brasil, várias das medidas presentes no *Defense Production Act* de 1950 podem ser entendidas como medidas de proteção da economia popular, um dos fundamentos da nossa legislação de defesa da concorrência.[56] Havia a previsão expressa na nossa legislação de inúmeros instrumentos que possibilitariam ao Governo ser capaz de lidar com as situações de crise, como a da atual pandemia da COVID-19. Neste sentido, destaca-se a Lei Delegada n. 4, de 26 de setembro de 1962, elaborada no período parlamentarista do Governo João Goulart, que tinha por objeto regular como o Governo poderia atuar para assegurar a livre distribuição de mercadorias e serviços essenciais ao consumo e uso do povo.[57] Tratava de medidas excepcionais para o caso de crises de abastecimento. O Poder Público Federal[58] tinha o poder de comprar, armazenar, distribuir e vender, entre outros produtos, medicamentos,

---

[56] Sobre a proteção da economia popular e suas relações com a defesa da concorrência, cf. BERCOVICI, Gilberto; ANDRADE, José Maria Arruda de. "A Concorrência Livre na Constituição de 1988". In: ADEODATO, João Maurício; BITTAR, Eduardo C. B. (coords.). *Filosofia e Teoria Geral do Direito: Estudos em Homenagem a Tercio Sampaio Ferraz Junior por seu Septuagésimo Aniversário*. São Paulo: Quartier Latin, 2011, pp. 450-453 e, especialmente, CABRAL, Mário André Machado. *Estado, Concorrência e Economia: Convergência entre Antitruste e Pensamento Econômico no Brasil*. São Paulo: Faculdade de Direito da Universidade de São Paulo (Tese de Doutorado), 2016, pp. 51-108 e 169-172.

[57] Cf. o percurso histórico em VENÂNCIO Filho, Alberto. *A Intervenção do Estado no Domínio Econômico: O Direito Público Econômico no Brasil*. Rio de Janeiro: Ed. FGV, 1968, pp. 117-119, 225-239 e 364-365 e LINHARES, Maria Yedda Leite; SILVA, Francisco Carlos Teixeira da. *História Política do Abastecimento (1918-1974)*. Brasília: Binagri Edições, 1979, pp. 89-117 e 156-173.

[58] As competências normativas da Lei Delegada n. 4/1962 eram atribuídas exclusivamente à União, cabendo aos Estados, quando fosse o caso, a sua execução, conforme determinava expressamente seu artigo 10: *"Compete à União dispor normativamente, sôbre as condições e oportunidade de uso dos podêres conferidos nesta lei, cabendo aos Estados a execução das normas baixadas e a fiscalização do seu cumprimento, sem prejuízo de idênticas atribuições fiscalizadoras reconhecidas à União.*
§1º – A União exercerá suas atribuições através de ato do Poder Executivo ou por intermédio dos órgãos federais a que atribuir tais podêres.
§2º – Na falta de instrumentos administrativos adequados, por parte dos Estados, a União encarregar-se-á dessa execução e fiscalização.
§3º – No Distrito Federal e nos Territórios a União exercerá tôdas as atribuições para a aplicação desta lei".

artigos sanitários e artefatos industrializados de uso doméstico e produtos e materiais indispensáveis à produção daqueles bens (artigo 2º, I, 'e', 'i' e 'k' da Lei Delegada n. 4[59]). Ficava o Poder Executivo autorizado a fixar preços e controlar o abastecimento, incluindo produção, transporte, armazenamento e produção, desapropriar ou requisitar bens e serviços necessários, sempre mediante indenização,[60] e promover estímulos à produção (artigo 2º, II, III e IV da Lei Delegada n. 4),[61] podendo, inclusive, adquirir bens e serviços no estrangeiro, caso necessário (artigo 2º, §1º da Lei Delegada n. 4[62]). A Lei Delegada n. 4/1962 ainda autorizava aos órgãos responsáveis pelo controle do abastecimento a regulação e disciplina da produção, distribuição e consumo de matérias-primas (artigo 6º, II), a regulação e disciplina da circulação e distribuição dos bens, podendo proibir a circulação ou estabelecer prioridades para o transporte e armazenamento (artigo 6º, I), instituir o tabelamento de preços máximos (artigo 6º, III e IV), manter estoque de mercadorias (artigo 6º,

---

[59] Artigo 2º, I da Lei Delegada n. 4/1962: *"A intervenção consistirá: I – na compra, armazenamento, distribuição e venda de: a) gêneros e produtos alimentícios; b) gado vacum, suíno, ovino e caprino, destinado ao abate; c) aves e pescado próprios para alimentação; d) tecidos e calçados de uso popular; e) medicamentos; f) Instrumentos e ferramentas de uso individual; g) máquinas, inclusive caminhões, "jipes", tratores, conjuntos motomecanizados e peças sobressalentes, destinadas às atividades agropecuárias; h) arames, farpados e lisas, quando destinados a emprêgo nas atividades rurais; i) artigos sanitários e artefatos industrializados, de uso doméstico; j) cimento e laminados de ferro, destinados à construção de casas próprias, de tipo popular, e as benfeitorias rurais; k) produtos e materiais indispensáveis à produção de bens de consumo popular".*

[60] Artigo 7º da Lei Delegada n. 4/1962: *"Os preços dos bens desapropriados, quando objeto de tabelamento em vigor, serão pagos previamente em moeda corrente e não poderão ser arbitrados em valor superior ao do respectivo tabelamento.*
Parágrafo único. Quando o bem desapropriado não fôr sujeito a prévio tabelamento, os preços serão arbitrados tendo em vista o custo médio nos locais de produção ou de venda" (redação alterada pelo Decreto Lei n. 422, de 20 de janeiro de 1969).

[61] Artigo 2º, II, III e IV da Lei Delegada n. 4/1962: *"A intervenção consistirá: II – na fixação de preços e no contrôle do abastecimento, neste compreendidos a produção, transporte, armazenamento e comercialização; III – na desapropriação de bens, por interêsse social; ou na requisição de serviços, necessários à realização dos objetivos previstos nesta lei; IV – na promoção de estímulos, à produção".*

[62] Artigo 2º, §1º da Lei Delegada n. 4/1962: *"§1º – A aquisição far-se-á no País ou no estrangeiro, quando insuficiente produção nacional; a venda, onde verificar a escassez".*

VII), entre outras medidas a serem empregadas em caso de necessidade ou em atendimento ao interesse público.[63]

Percebe-se, assim, que a Lei Delegada n. 4/1962 dotava o Governo de instrumentos fundamentais, muitos deles inspirados na legislação norte-americana, para poder agir em caso de graves crises, como a pandemia atual. No entanto, por motivos puramente ideológicos, o Brasil perdeu a possibilidade de empregar as medidas previstas pela Lei Delegada n.4/1962, tendo em vista a sua revogação expressa pelo artigo 19, I da Lei n. 13.874, de 20 de setembro de 2019, a chamada "Lei da Liberdade Econômica".[64] Com a revogação da Lei Delegada n. 4/1962, perderam-se os parâmetros legais para a atuação do Estado em momentos de graves crises econômicas e sociais.[65] As medidas previstas na Lei n. 13.979, de 06 de fevereiro de 2020, que estabelece as medidas a serem tomadas

---

[63] Artigo 6º da Lei Delegada n. 4/1962: *"Para o contrôle do abastecimento de mercadorias ou serviços e fixação de preços, são os órgãos incumbidos da aplicação desta lei, autorizados a: I – regular e disciplinar, no território nacional a circulação e distribuição dos bens sujeitos ao regime desta lei, podendo, inclusive, proibir a sua movimentação, e ainda estabelecer prioridades para o transporte e armazenamento, sempre que o interêsse público o exigir; II – regular e disciplinar a produção, distribuição e consumo das matérias-primas, podendo requisitar meios de transporte e armazenamento; III – tabelar os preços máximos de mercadorias e serviços essenciais em relação aos revendedores; IV – tabelar os preços máximos e estabelecer condições de venda de mercadorias ou serviços, a fim de impedir lucros excessivos, inclusive diversões públicas populares; V – estabelecer o racionamento dos serviços essenciais e dos bens mencionados no art. 2º, inciso I, desta lei, em casos de guerra, calamidade ou necessidade pública; VI – assistir as cooperativas, ligadas à produção ou distribuição de gêneros alimentícios, na obtenção preferencial das mercadorias de que necessitem; VII – manter estoque de mercadorias; VIII – superintender e fiscalizar através de agentes federais, em todo o País, a execução das medidas adotadas e os serviços que estabelecer".*

[64] Para uma análise das inúmeras inconstitucionalidades e decisões equivocadas da "Lei da Liberdade Econômica", cf. BERCOVICI, Gilberto. "Parecer sobre a Inconstitucionalidade da Medida Provisória da Liberdade Econômica (Medida Provisória n. 881, de 30 de abril de 2019)". *Revista Fórum de Direito Financeiro e Econômico*, n. 15, mar/ago 2019, pp. 173-202 e BERCOVICI, Gilberto. "As Inconstitucionalidades da 'Lei da Liberdade Econômica' (Lei n. 13.874, de 20 de setembro de 2019)". *In*: SALOMÃO, Luís Felipe; CUEVA Ricardo Villas Bôas; FRAZÃO, Ana (coords.). *Lei da Liberdade Econômica e seus Impactos no Direito Brasileiro*. São Paulo: RT, 2020, pp. 123-152,

[65] Cf. CORREA, Leonardo. "O Dogmatismo do Livre Mercado, a Pandemia e Direito". *Portal Disparada*, 20 mar. 2020. Disponível em: <https://portaldisparada.com.br/direito-e-judiciario/lei-delegada>.

no enfrentamento da emergência sanitária causada pela pandemia da COVID-19 não têm a mesma abrangência e não conferem a mesma possibilidade de atuação para o Estado, particularmente no que diz respeito à requisição de bens e serviços (artigo 3º, VII).[66]

A Constituição de 1988 (especialmente o artigo 196), assim como a Lei Orgânica da Saúde, são expressas ao determinarem que o Estado brasileiro deve promover políticas econômicas e sociais para ampliar a garantia e o acesso à saúde a todos os cidadãos. A atuação estatal pode, inclusive, lançar mão de vários instrumentos, como subvenções, controle de preços, financiamento público, abertura de linhas de crédito específicas,[67] entre outras medidas. O apoio estatal aos setores integrantes do Complexo Industrial da Saúde é, inclusive, um dever constitucional, conforme determina o artigo 200, I da Constituição.[68]

Estas políticas são ainda mais relevantes em virtude das ações e serviços de saúde, como já afirmado acima, serem constitucionalmente considerados de relevância pública (artigo 197 da Constituição). Ou seja, mesmo quando prestados diretamente pela iniciativa privada, conforme autoriza o artigo 199, *caput* da Constituição, os serviços e ações de saúde não podem estar submetidos às regras do livre mercado. O Estado deve exigir determinados parâmetros e determinada qualidade na prestação daquela atividade, dada sua importância para a coletividade. O próprio artigo 197 atribui ao Estado o poder de regulamentar, fiscalizar e controlar a execução de todos os serviços e ações de saúde.[69]

---

[66] Artigo 3º, VII da Lei n. 13.979/2020: *"Para enfrentamento da emergência de saúde pública de importância internacional decorrente do coronavírus, as autoridades poderão adotar, no âmbito de suas competências, dentre outras, as seguintes medidas: VII – requisição de bens e serviços de pessoas naturais e jurídicas, hipótese em que será garantido o pagamento posterior de indenização justa".*

[67] VEELKEN, Winfried. *Normstrukturen der Industriepolitik* cit., pp. 44-71, 75-82 e 87-96.

[68] Artigo 200, I da Constituição de 1988: *"Ao sistema único de saúde compete, além de outras atribuições, nos termos da lei: I – controlar e fiscalizar procedimentos, produtos e substâncias de interesse para a saúde e participar da produção de medicamentos, equipamentos, imunobiológicos, hemoderivados e outros insumos".*

[69] WEICHERT, Marlon Alberto. *Saúde e Federação na Constituição Brasileira*, pp. 127-135 e SARLET, Ingo Wolfgang; FIGUEIREDO, Mariana Filchtiner. "Notas sobre o

Reestruturar o Complexo Industrial da Saúde é possível e necessário. A urgência dessas medidas se faz evidente. O Estado deve tornar-se novamente o ente planejador e coordenador do processo econômico e das políticas sociais. O setor financeiro público, liderado pelo BNDES (Banco Nacional de Desenvolvimento Econômico e Social), é o suporte de apoio e financiamento dessas medidas de reconstrução e reconversão industriais, além de outras medidas emergenciais que se façam necessárias, não podendo se limitar a injetar recursos no sistema bancário e deixar as indústrias – grandes, médias e pequenas – quebrarem e o desemprego e a miséria aumentarem juntamente com a crise na saúde pública. O papel do Estado e do direito econômico são essenciais para o combate à pandemia e aos efeitos negativos das crises econômica e sanitária. Mas o direito econômico, em um Estado capaz de planejar e reestruturar os fatores de produção, é ainda mais importante para a reorganização do processo produtivo brasileiro no período pós-crise com o objetivo de construir um futuro em que seja possível voltar a buscar a superação do subdesenvolvimento.

Direito Fundamental à Proteção e Promoção da Saúde na Ordem Jurídico-Constitucional Brasileira", pp. 54-55.

Parte VIII
DIREITO EMPRESARIAL

OS NOVOS RUMOS DO DIREITO SOCIETÁRIO

WALFRIDO WARDE

1. INTRODUÇÃO

Este trabalho encerra uma crítica e uma proposição.

O direito societário foi concebido e se desenvolveu como um instrumento de concentração econômica, de salvamento do capital e das taxas de lucro do capital pelo Direito, que se sofisticou com a separação entre a propriedade e o controle da globalização da empresa.[1]

O direito societário se alinha, portanto, a um sem número de técnicas jurídicas manejadas por governos, sob intensa captura do poder econômico, que respondem pela galopante desigualdade social e econômica no Brasil e em todo o mundo. Isso é especialmente perceptível ao estudioso de direito societário, sobretudo, se o desejo de servir ao poder econômico não lhe afeta o juízo.

---

[1] Cf. BERLE, A. A., MEANS, G. C. *The modern Corporation and private property*. New Brunswick: Translation Publ., 1991. E, para uma visão crítica do fenômeno, WARDE JR., W. J. *Teoria geral da empresa*. São Paulo: Revista dos Tribunais, 2016, ou, em concreto, WARDE, W. *O Espetáculo da Corrupção:* como um sistema corrupto e o modo de combate-lo estão destruindo o país. São Paulo: Leya, 2018.

O direito societário, sob essa constatação, necessita de profundas reformas programáticas. E isso se faz sentir com força renovada em meio à maior e mais devastadora pandemia de que se tem notícia.

A pandemia da COVID-19 encontra um mundo globalizado, à míngua de fronteiras nacionais, sob a voragem das trocas econômicas massivas e da financeirização exponencial do capitalismo. Não há cura, não há vacina. O tratamento, para os casos mais graves, é a substituição dos pulmões por respiradores mecânicos, à espera de que os anticorpos ajam. A escassez de leitos de hospital, sobretudo nas unidades de tratamento intensivo, indispensáveis aos casos mais graves, impõe um isolamento social, mais ou menos intenso, para permitir que o contágio entre em compasso com a cura e, encontrado esse ritmo, gente não morra nas casas, nas ruas e nas intermináveis filas do nosso sistema de saúde.

O isolamento social promete erodir, a bem da verdade já alveja, duramente, as estruturas essenciais dos sistemas produtivos, por meio da diminuição drástica do consumo e, com isso, das relações de troca essenciais à geração de receita e de renda. Todos os ativos derivados da economia real já perderam valor e deverão sofrer, sob uma economia nacional e mundial morna, que deverá ainda desaquecer mais. A receita das empresas e a renda dos trabalhadores é a base da arrecadação do Estado, que, por sua vez, será, agora mais do que nunca, o esteio dos regimes de produção capitalista.

Uma horda faminta, engrossada pela classe média empobrecida e furiosa, deverá engrossar as fileiras da miséria.

O já vetusto direito societário será capaz de enfrentar esse desafio. E não me refiro às situações comezinhas, às formalidades da vida das sociedades. Mas ao papel estruturante que as sociedades empresárias desempenham, precisamente porque esse papel agrava o problema, fabrica concentração econômica e desigualdade.

É preciso implementar reformas que determinem novos rumos a uma disciplina que, redefinida, poderá servir a uma afetação produtiva e distributiva dos capitais.

2. A COORDENAÇÃO DE CLASSES SOCIAIS MEDEIA A RELAÇÃO ENTRE O *IUS ABUTENDI* E AS FORÇAS DE OPOSIÇÃO À PROPRIEDADE PRIVADA

A ideia de coordenação de classes sociais medeia a relação entre o *ius abutendi* e as forças de oposição à propriedade privada, por meio do implante de um elemento solidarístico nas dimensões axiológica e sociológica do Direito.

A concepção tradicional do direito de propriedade, sob forte influência de uma consciência pré-jurídica do fenômeno que a ele se refere, atribui ao "dono" um poder absoluto em relação à coisa sob o seu domínio, para a usar (*utendi*), para dela gozar (*fruendi*) e mesmo para a destruir (*abutendi*), segundo a sua vontade.

Essa concepção sofreu, ao longo dos séculos e dos muitos influxos civilizatórios, uma gradativa redefinição semântica. E não será outra a causa, senão uma antecedente redefinição do conteúdo da ética.

É certo que as visões coletivistas do mundo fizeram pressão sobre a propriedade privada, ao ponto de ruptura, como as que, de fato, trabalharam para o seu esvanecimento – com avanços e retrocessos – na União Soviética, a partir da Revolução de Outubro de 1917 e, sob a sua influência, com a internacionalização do comunismo.

O aparecimento do Estado do Bem-Estar Social foi uma resposta liberal ao impulso de relativização da propriedade. E não é à toa que a ideia de função social da propriedade apareceu, já nos anos 1910, na Europa, como uma tentativa de coordenar as classes sociais; uma tentativa precisamente projetada para suplantar o antagonismo de classes denunciado pelo marxismo.

Tratou-se, a toda prova, de um esforço de transformação social por meio do Direito.

A famosa aula de Léon Duguit, na Faculdade de Direito de Buenos Aires,[2] que daria vida ao trabalho seminal sobre "la proprietè fonction

---

[2] Trata-se de conferência, a última de uma série de seis, proferida em Buenos Aires, em setembro de 1911. Cf. DUGUIT, Léon. *Le transformations générales du droit privé depuis*

sociale",[3] representa esse esforço da Política do Direito para transformar a dogmática, o direito objetivo, e jurisdicizar, em princípio, uma relativização do direito de propriedade.

E é por isso que se pode afirmar que a ideia de coordenação de classes sociais, que subjaz à função social da propriedade, medeia a relação entre o *ius abutendi* e o fim da propriedade privada, por meio do implante de um elemento solidarístico nas dimensões axiológica e sociológica do Direito.

O direito de propriedade ganha um novo significado, para representar interesses transindividuais, que desbordam o campo dos interesses exclusivamente egoísticos do seu titular, porque interessam toda a sociedade, ao contemplar elementos de produção.

A sociedade, por meio do Estado, passa a ter um interesse sobre a propriedade privada, sobre o direito objetivo à propriedade e, o que é igualmente importante, sobre o direito subjetivo à propriedade, ou seja, à propriedade no caso concreto, sobre o modo de exercício do direito de propriedade por todos e cada um de seus titulares.

3. UMA INFLEXÃO RUMO AO INTERVENCIONISMO ESTATAL

As duas décadas que sucederam o fim da Segunda Guerra Mundial marcaram uma inconteste inflexão rumo a um intervencionismo estatal

---

le Code Napoléon, 2ª ed. Paris: Felix Alcan, 1920, p. 147. Entre nós, é notória a opinião de Fábio Konder Comparato, com ressalvas às suas fundadas preocupações acerca da inconveniente transferência de funções próprias do Estado ao controlador e à empresa. Cf. Função social da propriedade dos bens de produção. Comunicado apresentado no XII Congresso Nacional de Procuradores de Estado, Salvador, de 1º a 5.9.1986, painel sobre "A função social da propriedade". *Revista de Direito Mercantil, Industrial, Econômico e Financeiro.* São Paulo, vol. 25, n. 63, pp. 71-79, jul./set. 1986. "Estado, empresa e função social", Comunicação à XVI Conferência Nacional dos Advogados, Fortaleza (CE), setembro de 1996. *Revista dos Tribunais*, São Paulo, vol. 85, n. 732, p. 38, out. 1996.

[3] Ideia semelhante, no que concerne à função social da propriedade, já havia sido proposta pelos Fisiocratas. Cf. HUGON, Paul. *História das doutrinas econômicas*, 6ª ed. São Paulo: Atlas, 1959. p. 118.

que, valendo-se da planificação econômica como técnica, afastou-se significativamente de um puro regime de produção capitalista.[4]

O Estado se afirmou, no contexto dessa intervenção especializada, como protagonista no sistema econômico, ao determinar uma verdadeira política pública da intervenção econômica, norteada por juízos instrutores da economia política.

As técnicas de intervenção seriam as mesmas inventadas com o aparecimento do Estado moderno, sujeitas, então, a um manejo concertado por uma nova articulação funcional, sob novos fundamentos.

Com o Estado aparelhado, a disputa se estabeleceu para determinar a quem serviria.

3.1 A atualização prévia da macroestrutura jurídica para os fins da atuação do Estado na economia

Antes, porém, que a atuação do Estado na economia marcasse definitivamente o dístico de um novo modo de ser do capitalismo, uma alteração profunda e precedente nas estruturas constitucionais e estatais se fez necessária.

A constituição de Weimar foi o cenário de confronto de brutos fatos e relações políticos em contínua transformação. Propunha uma renovação democrática, sob a completa emancipação política dos governos populares e a igualdade de direitos, para expurgar os trabalhadores da marginalidade e, acima disso, para afetar o Estado com essas tarefas.[5]

Isso se deveu evidentemente à situação peculiar da classe trabalhadora naquele momento e de sua importância para a promoção de uma política econômica.

---

[4] Cf. SCHOFIELD, Andrew. *Modern capitalism*. Oxford: Oxford University Press, 1965.
[5] Cf. MOMMSEN, Hans. *The rise and fall of Weimar Democracy*. Chapel Hill & London: University of North Carolina Press, 1989.

A disputa por postos de trabalho foi muito acirrada, especialmente entre jovens trabalhadores, sobretudo nos anos anteriores a 1929.[6] As pressões sociais decorrentes dessa profunda instabilidade do mercado de trabalho foram determinantes à afirmação de um modelo de Estado mais abrangente e inclusivo. Não à toa, a Constituição de Weimar foi chamada, por alguns autores, de Constituição Trabalhista.[7]

Esse confronto de fatos e relações políticos marcou o desaparecimento de constituições homogêneas, com o que as constituições se propuseram à síntese de orientações ideológicas, das múltiplas pressões sociais e de interesses diversos no âmbito de um compromisso pluralista. A constituição se transformou e se expandiu para cobrir todas as relações sociais. O conflito e as diferenças que passou a descarnar invadiram as entranhas do texto constitucional, que se descaracterizou, justamente na constituição de Weimar, como um instrumento dedicado a plasmar concepções da classe dominante.

A constituição se afirmou, portanto, como um estatuto que disciplina as tensões político-jurídicas.[8]

A posição privilegiada do direito econômico se consolidou na constituição de Weimar e no "Estado econômico" (*"Wirtschaftsstaat"*) que dela se produz.

Já em 1919, Walter Rathenau afirmava deliberadamente: "A economia é o nosso destino". E, ao concluir que a economia era o destino da Alemanha, submeteu o Estado aos processos, mas, sobretudo, às finalidades dos sistemas econômicos e de seus agentes, em especial ao capitalista.

O Estado, na concepção de Rathenau, deveria se pronunciar politicamente cada vez mais sobre a economia, sobretudo depois da Guerra.

---

[6] Cf. STACHURA, Peter D. *The Weimar Republic and the younger proletariat. An economic and social analysis.* New York: St. Martin's Press, 1989, p. 95.

[7] Cf. DUKES, Ruth. *The Labour Constitution. The Enduring Idea of Labour Law,* Oxford: Oxford University Press, 2014, p. 46.

[8] Cf. BERCOVICI, Gilberto. *Constituição e estado de exceção permanente*: atualidade de Weimar, 2004, pp. 25-50.

A economia deixou de ser questão privada para se tornar um problema de toda a comunidade, com o objetivo final da democracia e da igualdade.[9]

É a consciência de que o capitalismo concorrencial, ao qual o Estado trabalhou apenas para prover enquadramento (i.e., as estruturas essenciais, as principais vias de direito), sucumbiu diante de sua incapacidade de geração (autogeração) do capital.

Uma infiltração do Estado nos sistemas econômicos, uma atuação estatal, muito mais intensa e complexa se mostrava indispensável para conter (e reverter) o colapso iminente do regime de produção capitalista.

Inicia-se, portanto, após Primeira Guerra Mundial um largo debate doutrinário no entorno das muitas correntes do direito econômico e os seus antagonismos de maiores ou menores proporções.

4. O DIREITO ECONÔMICO COMO O REITOR PROGRAMÁTICO DO DIREITO SOCIETÁRIO

Ainda em Weimar, o civilista Justus Wilhelm Hedemann empregaria a expressão "direito econômico" (*"Wirtschaftsrecht"*) pela primeira vez, para a ela se referir como uma nova disciplina jurídica.

Não se tratava mais, a exemplo do que se propôs no âmbito da economia e do direito de guerra, de uma disciplina transitória ou excepcional, tampouco de uma disciplina limitada à organização da economia em torno da indústria.

Tratava-se de uma nova concepção do papel do Estado e do direito em relação à economia, entendendo a dimensão econômica como elemento de especificidade do direito contemporâneo.

---

[9] Cf. RATHENAU, Walther. Die neue Gesellschaft. *In*: SCHRIFTEN und Reden. Herausgegeben von Hans Werner Richter. S. Fischer Verlag. Frankfurt-am-Main: S. Fischer Verlag, 1964, p. 278.

Para Hedemann, em verdade, o direito econômico transcendia mesmo a condição de rama do direito, alçado à condição de inteligibilidade de todo o sistema jurídico.[10]

Uma concepção de amplo espectro também se pode atribuir ao francês Gérard Farjat. Para Farjat, o direito econômico se afirmou como uma disciplina que ultrapassou as categorias jurídicas tradicionais, abrangendo o objeto de vários ramos tradicionais do direito. E isso é bem compreensível sob a ideia convergente de que as relações econômicas permeiam todo o tecido social, diante da vocação dos mercados para absorver uma miríade de condutas e de atividades.

O direito econômico não seria mais público ou privado, mas se afirmaria como a causa própria da decadência dessa dicotomia.[11]

A infiltração do Estado na economia, alçado à condição de agente econômico, ultrapassou as velhas concepções fundadas no imobilismo estatal.

Os ensinamentos de Washington Peluso Albino de Souza, no Brasil, propugnaram que a autonomia do direito econômico como ramo do direito[12] não decorreria apenas do seu objeto programático, i.e., do objeto de suas normas (intervenção estatal, empresa, etc.), mas, sobretudo, de sua maneira de ser, ou seja, da qualidade econômica dessas normas (princípio da economicidade).[13]

O direito econômico seria o ramo do direito que tem por objeto a regulamentação da política econômica e por sujeito o agente que dela

---

[10] Cf. HEDEMANN, Justus Wilhelm. *Deutsches Wirtschaftsrecht*. Alemanha: Junker and Dünnhaupt, 1939, p. 14.

[11] Cf. FARJAT, Gérard. *Droit économique*. Paris: PUF, 1971.

[12] Cf. SOUZA, Washington Peluso Albino de. *Primeiras linhas de direito econômico*, 3ª ed. São Paulo: LTr, 1994, pp. 48-79.

[13] A economicidade, para Washington Peluso Albino de Souza, é um instrumento hermenêutico que indica a medida do econômico determinada pela valoração jurídica. Valoração jurídica que está conformada pela política econômica do Estado, de acordo com a ideologia constitucionalmente adotada. Cf. SOUZA, Washington Peluso Albino de. *Primeiras linhas de direito econômico*, 1994, pp. 28-31 e SOUZA, Washington Peluso Albino de. *Teoria da Constituição Econômica*. Belo Horizonte: Del Rey, 2002. pp. 297-310.

participe. Afirma-se, portanto, como o conjunto de normas de conteúdo econômico que assegura a defesa e a harmonia dos interesses individuais e coletivos, de acordo com a ideologia adotada na ordem jurídica.[14]

Essa autonomia doutrinal foi formalmente determinada, mais recentemente, pelo disposto no artigo 24, I, da Constituição de 1988,[15] que atribui à União e aos demais entes da federação competência concorrente para a produção legislativa em matéria de direito econômico.

Simões Patrício também defendeu a autonomia do direito econômico sob o prisma da contenção da atuação estatal e da proteção dos demais agentes econômicos.

Tratou da necessidade de uma redefinição jurídica dos novos equilíbrios de poder entre o Estado e os demais agentes econômicos, um efeito colateral do aumento qualitativo da intervenção estatal na economia e de seus objetivos de transformar ou adaptar o sistema econômico.

O direito econômico, para Patrício, deveria ser projetado como a disciplina jurídica que estuda as normas que regulam a organização da economia (sistema e regime econômicos), a condução ou controle da economia pelo Estado e os centros de decisão econômica não-estatais.

Os privatistas, por outro lado, inclinaram-se a uma concepção do direito econômico que o caracterizou como *droit des affaires*, uma verdadeira modernização (revolução) do direito comercial clássico, que determinaria o aumento de seu âmbito.

Assim entendiam, grosso modo, Joseph Hamel e Claude Champaud.

---

[14] Cf. SOUZA, Washington Peluso Albino de. *Primeiras linhas de direito econômico*, 1994, p. 23.

[15] Cf. SOUZA, Washington Peluso Albino de. *Primeiras linhas de direito econômico*, 1994, pp. 23-24 e 46-47; SOUZA, Washington Peluso Albino de. Teoria da Constituição Econômica. São Paulo: Del Rey Editora, 2002, pp. 205-263.

Para Hamel, o direito econômico deveria reger a vida econômica, especialmente a produção e circulação de riquezas, consistindo em um alargamento de escopo do direito comercial.

Champaud, por sua vez, entendia que o conceito básico em torno do qual o direito econômico deveria se organizar seria o de empresa.

Suas visões deram continuidade às ideias de Lehmann e de Heymann sobre o "direito industrial", justificada pela superação do capitalismo mercantil ou concorrencial pelo capitalismo industrial ou monopolista (com central participação do Estado).[16]

O curioso é que a superação de uma forma de organização do regime de produção capitalista por outra será elemento central para diferenciar o direito econômico, produto do capitalismo avançado, do direito comercial. E, de mesmo modo, para determinar uma atualização metodológica drástica do direito comercial, que passaria a se referir a uma porção do direito da empresa, i.e., da dogmática destinada à disciplina do direito privado externo da empresa.[17]

Privilegiando o enfoque das relações entre agentes econômicos privados, a concepção de Geraldo Camargo Vidigal, grande jurista brasileiro, era próxima à do *droit des affaires*, porque entendia o direito econômico propriamente dito como o direito da organização dos mercados, a disciplina jurídica de atividades desenvolvidas nos mercados, para os organizar sob a inspiração dominante do interesse social.[18]

---

[16] Cf. HAMEL, Joseph; LAGARDE, Gaston. *Traité de droit commercial*. Paris: Dalloz, 1954. vol. 1, pp. 12-15. Vide também JACQUEMIN, Alexis; SCHRANS, Guy. *Le droit économique*, 3ª ed. Paris: PUF, 1982. pp. 56-60 e CARVALHOSA, Modesto. *Direito econômico*, pp. 188-189 e 224-228.

[17] Cf. JORGE WARDE JR., Walfrido; BAYEUX NETO, José Luiz. A metadogmática do direito comercial brasileiro. *In:* COELHO, Fábio Ulhoa; LIMA, Tiago Asfor Rocha; NUNES, Marcelo Guedes (coords.). *Reflexões sobre o Projeto de Código Comercial*. São Paulo: Saraiva, 2013.

[18] VIDIGAL, Geraldo de Camargo. *Teoria geral do direito econômico*. São Paulo: Ed. Revista dos Tribunais, 1977, p. 44.

Esse "direito da organização dos mercados" não seria nem direito público, nem privado, ao contrário das outras duas disciplinas que Vidigal refere ao "direito econômico", i.e., o direito administrativo econômico (sem autonomia científica) e o direito do planejamento, disciplina de direito público que deveria se afirmar autonomamente.

Muitos autores, que se alinham em direção à concepção hoje majoritária, entendem o direito econômico como o direito da intervenção estatal na economia, denominando-o direito público econômico ou direito administrativo econômico.

Não se trata, portanto, de um direito geral da economia, mas do direito especial da intervenção estatal no domínio econômico.

A grande referência do direito administrativo econômico é Ernst Rudolf Huber, que, nos anos 1930, tratou o direito administrativo econômico como o direito público da organização econômica.[19]

O direito econômico não poderia ser um método de observação de todo o direito, como defendia Hedemann, o que determinaria uma visão reducionista, puramente econômica do direito.

Para Huber, em sentido amplo, o direito econômico é o direito das relações econômicas e, em sentido concreto, o direito das relações econômicas da moderna sociedade industrial.

Não é um direito da economia livre de mercado, mas uma disciplina crítica que deve sempre levar em conta o conflito entre a liberdade individual e o compromisso coletivo.

O direito econômico se afirma, em Huber, na expressão do direito como conflito, pelo confronto entre liberdade individual e compromisso coletivo, ambos sob proteção principiológico-constitucional, em constante mediação (para os fins de convivência) pela administração pública, a precípua executora das decisões econômicas fundamentais.[20]

---

[19] HUBER, Ernst Rudolf. *Wirtschaftsverwaltungsrecht*. Alemanha: Tübingen, 1953, pp. 17-18 e 47-55.

[20] HUBER, Ernst Rudolf. *Wirtschaftsverwaltungsrecht*. Alemanha: Tübingen, 1953, pp. 7-12.

Huber observou que o Estado era fraco perante as forças econômicas, embora continuasse a intervir. E, por isso, propôs um Estado que garantisse o espaço da iniciativa privada, integrando as atuações individuais no real interesse público, ou, na expressão de Carl Schmitt, um "Estado forte em uma economia livre".[21]

Eros Roberto Grau transpõe o debate sobre a autonomia do direito econômico para o caracterizar como método de análise do direito. E o faz a partir da compreensão do direito como parte integrante da realidade social, incorporando essa realidade e o conflito social na análise jurídica.[22]

A doutrina de Grau enfatiza as possibilidades transformadoras da atuação do direito sobre o fenômeno econômico.

A ideia de direito instrumentalizador de transformações nos sistemas econômicos está, antes de tudo, em Dimoulis, para quem o direito econômico tem "caráter contrafático", no exercício de uma tarefa deliberada de transformar a realidade. E o faz ainda que se ponha a preservar o *status quo*, ao expressar a disposição de manter estruturas, em afronta a novas tendências ou limitações da realidade.

O caráter contrafático do direito econômico, que se desdobra sobre as relações entre direito e economia, é ainda mais evidente porque o direito econômico deve se lançar contra determinados fatos ou tendências, na condição de elemento reformador, sob pena de ser inútil.

Deve entrar em jogo, em verdade, uma relação biunívoca entre direito e economia, afinal, o direito é produzido pela estrutura econômica, mas também interage com ela, alterando-a.[23]

---

[21] Cf. BERCOVICI, Gilberto. *Constituição e estado de exceção permanente*: atualidade de Weimar. 2004, pp. 93-107.

[22] GRAU, Eros Roberto. *A Ordem Econômica na Constituição de 1988 (interpretação e crítica)*. 8ª ed. São Paulo: Malheiros Ed., 2003. pp. 130-132. Vide também JACQUEMIN, Alexis; SCHRANS, Guy. *Le droit économique*, pp. 87-91 e DIMOULIS, Dimitri. Fundamentação constitucional dos processos econômicos: reflexões sobre o papel econômico do direito. *In*: SABADELL, Ana Lucia; DIMOULIS, Dimitri, MINHOTO, Laurindo Dias. *Direito social, regulação econômica e crise do Estado*. Rio de Janeiro: Revan, 2006. p. 121.

[23] Cf. GRAU, Eros Roberto. *O direito posto e o direito pressuposto*, 5ª ed. São Paulo: Malheiros Ed., 2003. pp. 44-59 e DIMOULIS, Dimitri. Fundamentação constitucional

Nesse mesmo contexto de transcendência funcional e metodológica do direito econômico, Fábio Konder Comparato nos ofertou o seu influente "O Indispensável Direito Econômico".

Ali, Comparato explica que o direito econômico instrumentaliza a política econômica. Surge como o conjunto das técnicas jurídicas de que lança mão o Estado contemporâneo na realização de sua política econômica.[24]

O direito econômico, sob essa concepção, deve atingir as estruturas do sistema econômico, buscando seu aperfeiçoamento ou sua transformação. E, no caso de países como o Brasil, a tarefa do direito econômico é transformar as estruturas econômicas e sociais, com o objetivo de superar o subdesenvolvimento.

Esse é precisamente o chamado "desafio furtadiano", a que se lançou Celso Furtado, no livro *Brasil: A construção interrompida*.[25]

A tarefa do Estado brasileiro é, portanto, a superação do subdesenvolvimento do país.[26]

Deve, para tanto, reestruturar e fortalecer o Estado, sob uma perspectiva democrática e emancipatória.

A questão da não retomada do desenvolvimento no Brasil está ligada à crise do Estado brasileiro. E, sem uma reflexão sobre o Estado brasileiro, como deve ser estruturado e quais devem ser os seus objetivos, não é possível abordar temas como planejamento, políticas públicas ou desenvolvimento.

O desafio da reestruturação do Estado no Brasil envolve, assim, uma reflexão sobre os instrumentos jurídicos, fiscais, financeiros e

---

dos processos econômicos: reflexões sobre o papel econômico do direito, pp. 125-127 e 138.

[24] Cf. COMPARATO, Fábio Konder. O indispensável direito econômico. *Revista dos Tribunais*, São Paulo, n. 353, p. 22, mar. 1965, pp. 20-22.

[25] Cf. FURTADO, Celso. *Brasil*: a construção interrompida, 2ª ed. Rio de Janeiro: Paz e Terra, 1992. p. 13.

[26] Cf. FURTADO, Celso. *Pequena introdução ao desenvolvimento*: enfoque interdisciplinar, 2ª ed. São Paulo: Ed. Nacional, 1981, pp. 29-30.

administrativos necessários ou à disposição do Estado para a retomada do projeto nacional de superação do subdesenvolvimento. Ou seja, é uma tarefa preponderantemente do direito econômico, com dupla instrumentalidade: ao mesmo tempo em que oferece instrumentos para a organização do processo econômico capitalista de mercado, o direito econômico pode ser utilizado pelo Estado como um instrumento de influência, manejo e transformação da economia, vinculado a objetivos sociais ou coletivos, incorporando, assim, os conflitos entre a política e a economia.

Para repensar as bases e a estrutura do Estado brasileiro, não se pode deixar de levar em consideração a questão central da atualidade: a prevalência das instituições democráticas sobre o mercado e a independência política do Estado em relação ao poder econômico privado, ou seja, a necessidade de o Estado ser dotado de uma sólida base de poder econômico próprio.

O fundamento dessa visão, plasmada no texto constitucional vigente, é o de que não pode existir um Estado democrático forte sem que sua força também seja ampliada do ponto de vista econômico, capacitando-o a enfrentar os interesses dos detentores do poder econômico privado.

A mais atual concepção de direito econômico se manifesta, no Brasil, no seio da Faculdade de Direito da USP, por meio do pensamento de Gilberto Bercovici.

Para Bercovici, a racionalidade do direito econômico é essencialmente macroeconômica, porque trata da ordenação dos processos econômicos ou da organização jurídica dos espaços de acumulação.

O direito econômico atua diretamente nas questões referentes à estratificação social. No seu objeto programático estão também as formas e meios de apropriação do excedente, seus reflexos na organização da dominação social e as possibilidades de redução ou ampliação das desigualdades.

O direito econômico ocupa-se, de mesmo modo, da geração, da disputa, da apropriação e da destinação do excedente, pelo que se diferencia de outras disciplinas que também regulam comportamentos econômicos, invariavelmente sob a sua direção. Aliás, o excedente, e não a escassez, é precisamente o fundamento da disciplina jurídica engendrada e posta pelo direito econômico.[27]

5. A NECESSÁRIA SUBMISSÃO DO DIREITO EMPRESARIAL AO DIREITO ECONÔMICO

A realização de todas ou quaisquer dessas tarefas, a que se propõe o direito econômico, em suas mais distintas concepções modelares, pressupõe uma afinada articulação com o direito empresarial, que dispõe de exuberante material técnico de concreção à disposição das diretrizes do direito econômico. A bem da verdade, pressupõe que o direito empresarial informe o direito econômico, mas que, ao mesmo tempo, submeta-se a ele.

A empresa é um dos instrumentos jurídicos à disposição do Estado, no contexto de sua atuação nos sistemas econômicos, mas, antes disso, um instrumento do capitalismo.

Ayn Rand[28] reuniu artigos escritos desde o pós-guerra até a metade dos anos 1960 em *Capitalism: The unknown ideal*.[29] E o fez para professar, na companhia de alguns de seus melhores discípulos, dentre os quais o jovem Alan Greenspan (que ali ostentava uma bossa de regulador do *laissez-faire*),[30] os fundamentos do seu objetivismo, uma escola de

---

[27] Cf. BERCOVICI, Gilberto; MASSONETTO, Luiz Fernando. Limites da regulação: esboço para uma crítica metodológica do 'novo Direito Público da Economia'. *Revista de Direito Público da Economia*, Belo Horizonte, vol. 7, n. 25, p. 143-146, jan. 2009. E, também, em BERCOVICI, G. *Direito econômico do petróleo e dos recursos minerais*. São Paulo: Quartier Latin, 2011. pp. 298-309.

[28] Cf. RAND, Ayn. *The fountainhead*. New York: The Boobs-Merrill Co., 1944 e *Atlas shrugged*, New York: Random House, 1957.

[29] Cf. RAND, Ayn. *Capitalism: the unknown ideal*. With additional articles by Nathaniel Branden, Alan Greenspan and Robert Hessen. New York: Signet, 1970.

[30] Greenspan se tornaria presidente da Federal Reserve dos Estados Unidos, em 1987, nomeado por Ronald Reagan. Manteve-se no cargo por quase 20 anos, até 31 de

pensamento político-filosófico, pretenso estofo ideológico do capitalismo moderno e do livre mercado.

Os artigos se queixam do altruísmo, esteio de uma emergente economia política de forte base coletivista, que ameaçava de morte o capitalismo, um invento, cuja forma mais pura, coroa, acreditava Rand, o gênio americano e a sua indelével contribuição para a humanidade.

Ayn Rand nasceu em São Peterburgo, em 1905, foi escritora, dramaturga, roteirista e filósofa, com atuação nos Estados Unidos. Seu pensamento filosófico foi em grande medida ignorado ou rejeitado pelos meios acadêmicos, e ainda hoje merece reverência apenas entre os mais despudorados defensores do liberalismo. A enorme influência de sua concepção de mundo, desprovida de qualquer elemento solidarístico, sobre figuras como Alan Greenspan, deveria, por si, inspirar mais respeito; não se deve menosprezar a evidente relação de causalidade entre ideias e ações.

A reflexão de Rand vale pela precisa dissecção das origens históricas do coletivismo econômico moderno, fundamento de um capitalismo que se transformou desde os primeiros anos do século XX, influenciado por uma novíssima economia política, impregnada de interesses transindividuais e de "razões de Estado".[31] Uma economia política que

---

janeiro de 2006, durante os governos de George H. W. Bush, Bill Clinton e de George W. Bush. São particularmente elucidativos acerca de sua afiliação ideológica e de suas reflexões para um modelo de (des)regulação da economia "Gold and Economic Freedom" e "The assault of integrity". Cf. RAND, Ayn. *Capitalism: the unknown ideal*, cit., pp. 101 a 107 e 126 a 130. É curiosa a comparação desses primeiros artigos com seus escritos mais tardios, sobretudo com *The map and the territory*. Esse livro, de 2013, que gravita no entorno da grave crise de 2008, cujas causas alguns atribuem à frouxidão regulatória prevalente ao longo do mandato de Greenspan, oferta ao leitor novos paradigmas de racionalidade econômica, como técnica de proteção contra riscos inerentes ao funcionamento dos sistemas econômicos. Greenspan reafirma, portanto, uma renitente crença no mercado livre, infenso de qualquer intervenção pragmática (consequencialista) do Estado, com o que atribui ao *homo economicus* a tarefa de antever e de se prevenir contra as forças de mercado e os seus efeitos por vezes devastadores. Cf. GREENSPAN, Alan. *The map and the territory*: risk, human nature, and the future of forecasting. New York: The Penguin Press, 2013.

[31] Para uma análise definitiva sobre o tema, cf. BERCOVICI, Gilberto. *Soberania e Constituição*: para uma crítica do constitucionalismo, 1ª ed. São Paulo: Quartier Latin,

forjaria a alma de um regime de produção capitalista distinto de suas formas conhecidas[32], e particularmente distinto do capitalismo utópico de Rand, que exigia uma aparente separação entre Estado e empresa.

Refiro-me a um capitalismo moderno, monopolista e de Estado, sobre o qual já tratavam, nos estertores do século XIX, representantes do pensamento político alemão, em meio à intensa polêmica que se estabeleceu nas entranhas do partido socialdemocrata.[33] Um debate do qual, mais tarde, participariam pensadores russos, sob um penoso e infrutífero exercício descritivo. Um debate retomado nos anos 1970, quando o enfraquecimento de modelos desenvolvimentistas de planificação econômica, que desde o final da II Guerra Mundial se difundiram amplamente no mundo capitalista,[34] impôs que se requentassem as funções estatais e a sua crescente ascendência sobre os sistemas econômicos e os seus agentes.[35]

2008. E ainda, do mesmo autor, "Soberania econômica e regime jurídico do capital estrangeiro no Brasil". *Revista Brasileira de Estudos Constitucionais*, Belo Horizonte, vol. 5, n. 17, pp. 95-110, jan./mar. 2011; "A expansão do estado de exceção: da garantia da Constituição á garantia do capitalismo". *Revista Latino Americana de Estudos Constitucionais*, vol. 12, pp. 345-352, 2011; A atuação do Estado brasileiro no domínio econômico. *In*: PINTO, Eduardo Costa; CARDOSO JR., José Celso; LINHARES, Paulo de Tarso (coords.). *Estado, instituições e democracia*: desenvolvimento. Brasília: IPEA, 2010. vol. 3, pp. 473-503.

[32] Cf., por todos, PERELMAN, Michael. *The Invention of Capitalism*. Durham: London: Duke University Press, 2000.

[33] Cf. MECKLENBURG, Frank; STASSEN, Mandred. *German essays on socialismus in the nineteenth century*: theory, history, and political organization, 1844-1914. New York: Continuum, 1990; JAMES, C. L. R. *State Capitalism and world* revolution. Chicago: Charles H. Kerr, 1986; DUNAYEVSKAYA, Raya. *State-capitalism and Marx's humanism*. Detroit: News & Letters, 1967; BERNSTEIN, Eduard. *Die Briefe von Friedrich Engels na Eduard Bernstein*: mit Briefen von Karl Kautsky an Ebendenselben. Hrsg. Eduard Bernstein. Berlin: J. H. W. Dietz, 1925; *Karl Marx und Michael Bakunin*. Tübingen, 1910; *Die Grundbediengungen des Wirtschaftswesen und Wirtschaftswerden II*. Berlin: Buchhandlung Vorwärts, 1906; *Die voraussetzungen des sozialismus und die aufgaben der sozialdemokratie*. Stutgart: J. H. W. Dietz, 1899; *Gesellschaftliches und Privat-Eigenthun. Ein Beitrag zur Erläuterung des sozialistischen Programms*. Berlin: Verlag der Expedition des "Vorwärts", 1891.

[34] SCHONFIELD, Andrew. *Modern capitalism*. Oxford: Oxford University Press, 1993.

[35] Cf. URSELL, Gill. *State, capital and labour*: changing patterns of power and dependence. Houndmills, Bsingstoke, Hampshire: Macmillan Press, 1988; KRAMER,

Foi um debate parecido com o que hoje se põe, diante de uma espetacular concentração econômica, combinada à dependência e à subordinação dos agentes econômicos submetidos à atuação estatal, sob elogios e detrações que apenas reforçam a condição de "grande controlador" (direto ou indireto, interno ou externo) que o Estado assumiu.[36]

Esse capitalismo afirmou-se genericamente em razão da intensa atuação direta ou indireta do Estado nos mercados e de sua profunda influência sobre os agentes econômicos. Mas se moveu pelas transformações sociais, pela pressão das inovações, das cambiantes relações e dos particularismos regionais, no curso do referido debate, que dura mais de século.

O que distingue o regime, para além da organização dos meios de produção, no bojo de relações próprias do capitalismo, é a formação e a concreção de políticas de Estado e do Direito.

Essas políticas se formam ordinariamente por determinação do estatuto jurídico do político (a Constituição), mas a sua concreção pressupõe a instrumentalização da empresa e dos mercados.[37]

O direito provê meios para que o Estado: (*i*) organize e exerça exclusivamente uma empresa; ou (*ii*) exerça poder de controle societário sobre uma sociedade empresária de economia mista ou (*iii*) exerça

---

Daniel C. *State capital and private enterprise*: the case of the UK National Enterprise Board. New York, NY: Routledge, 1988; ROLLINGS, Andrew E. *The state, capital, and the structure of the worls system*: American foreign policy formation towards Japain in the interwar period. PhD Dissertation. New York University, 1981; BRUNHOFF, Suzanne de. *The state, capital and economic policy*. London: Pluto Press, 1978; OLSEN, Eric. *State capitalism and the proletarian dictadorship*. Detroit, Mich.: Revolutionary Marxist Committee, 1977.

[36] Cf. POLLARD, Vincent Kelly. *State capitalism, contentious politics and large-scale social change*. Leiden; Boston: Brill, 2011; BORÓN, Atilio. *State, capitalism, and democracy in Latin America*. Boulder, Colo: Lynne Rienner Publishers, 1995.

[37] Sobre a afirmação histórica da empresa como técnica de "regulação total", cf. JORGE WARDE JR., Walfrido; BAYEUX NETO, José Luiz. *A metadogmática do direito comercial brasileiro*, p. 168 a 170, nota 4.

influência significativa indireta sobre uma dada sociedade empresária, por meio da ingerência político-regulatória sobre entidades que dela detêm participação societária; ou (*iv*) exerça um controle externo ou influência significativa externa sobre uma empresa, que ao Estado se subordina em alguma medida, por força de regulação ou de contrato.

Antes de disponibilizar todo esse aparato técnico, o direito deve disciplinar o processo de formação das políticas concretizadas por ele. Disciplinar a formação das políticas de Estado e do Direito que instruem, em contínua circularidade, o arcabouço jurídico que as concretiza.

A receita desse regime de produção se viabilizou a partir do refinamento da concepção de "Estado empresário", em direção do "Estado controlador", do "Estado acionista minoritário" e do "Estado financiador".

O Estado tornou-se detentor de um poder multifário, provido por inúmeras técnicas jurídicas, que ganham, dia a dia, em sofisticação e eficiência, especialmente no que concerne à detenção, mantença e exercício desse poder.

As técnicas de controle[38] são incapazes de se sobrepor às suas afetações políticas, postas pelas políticas de Estado e do Direito (mesmo que em um contexto de intenso debate entre as suas dimensões normativa e sociológica), sob os gabaritos determinados pela Constituição.

O elemento político entretém com essas técnicas de controle uma relação vertical, subordinando-as, pelo que se apropria de quase todo o juízo e volição.

A viabilização do controle não decide, não escolhe, apenas provê controle.

A empresa, as suas formas de organização e seu exercício são, portanto, instrumentos precípuos da atuação do Estado nos mercados e

---

[38] Aqui, quando me refiro a controle, trato do poder necessário ao Estado, sobre toda a atividade econômica, para que desempenhe as complexas e desafiadoras funções que assumiu. A palavra não tem, portanto, o estrito significado dos termos controle societário e controle empresarial.

nos sistemas econômicos, assim como as técnicas de controle de toda a atividade empresarial pelo Estado.

As políticas de Estado e do Direito, que entretêm relações ortogonais entre si (apenas excepcionalmente verticais),[39] devem pretender que sejam (a empresa e o controle [preponderante influência] estatal da empresa) instrumentos capazes de gerar recursos, o mais das vezes sob regras de mercado, para o Estado e para a promoção de suas finalidades, por meio de modelos (politicamente determinados), de mercado para a comutação, e públicos para a distribuição, de recursos produtivos entre os agentes econômicos envolvidos.

Esse regime (as complexas relações e técnicas que o estruturam) é, por ora, diante do insucesso histórico de todos os outros sistemas econômicos inspirados pelo coletivismo e pelo altruísmo, a melhor via à promoção de ideais de justiça distributiva, à mitigação da pobreza e das desigualdades sociais. É capaz de fazê-lo justamente por meio do controle, pelas políticas de Estado e do Direito, das relações econômicas puramente comutativas.

O bom sucesso dessas Políticas (e, com isso, do regime e de suas finalidades) depende de sua afirmação democrática, refletida e isenta, bem como da adequada conformação das porções da ciência objetiva do direito que as implementam.

A captura do Estado, que permite um controle exógeno das políticas (e, com isso, um temível controle do "grande controlador"), ou a sua incapacidade de articular boas políticas a uma dogmática eficaz à sua implementação, afastará o regime de suas funções ideais.

Com essas singelas feições, esse regime de produção tem aproximado a atuação estatal sobre as economias de um grande número de países, onde, por vezes, predominam ideologias e políticas públicas

---

[39] Quando uma "razão de Estado" autoriza a transgressão de um direito e, portanto, da Política do Direito que o determinou, para o bem de um interesse público. Cf. MEINECKE, Friedrich. *Die Idee der Staatsräson in der neueren Geschichte*, pp. 1-9; SENELLART, Michel. *Machiavélisme et Raison d'État*, p. 5.

bastante distintas. Isso vale para realidades aparentemente opostas como a da China e a dos Estados Unidos.[40]

Para esses países, assim como para nós, a adoção de uma representação de capitalismo de Estado decorre das necessidades de: (*i*) prevalecer no cenário de concorrência global e de balanço de poder geopolítico, mas, sobretudo, (*ii*) de assegurar que as suas economias serão capazes de alocar recursos escassos por entre os seus cidadãos, de modo a atender requisitos mínimos de moralidade crescentemente universal e de guardar a estabilidade de suas sociedades heterogêneas; e, o que se for tratado de maneira subterrânea pode ser lamentável e destrutivo, de (*iii*) financiar a política.

A relação hipercíclica entre Estado, mercado e empresa, que marca uma convergência mundial, é o *ouroboros*, que ilustra a evolução e, talvez, o esvanecimento do capitalismo, em rumo a novos regimes de produção.[41]

As representações de capitalismo de Estado que se desenvolveram a partir de uma economia política de matriz coletivista, inspirada pelo altruísmo denunciado por Rand, carecem, contudo, de mecanismos que as contenham.

É fundamental, para evitar que sua utilidade se perca, que se mantenham conexionadas às mesmas ideologias que lhes deram causa.

Uma superação dessas ideologias em direção de um puro pragmatismo e de uma retórica de fundo consequencialista,[42] que se

---

[40] Nesse último, com relevante e paradoxal influência de um dos principais discípulos de Rand.

[41] O *ouroboros*, símbolo antigo em que a serpente persegue sua própria cauda, refere-se à circularidade, aos turnos intermináveis de nascimento, morte e renascimento, que marcam os processos evolutivos e a depuração dos fenômenos que a eles se submetem. Cf. HORMUNG, Erik. *The ancient Egyptian books of afterlife*. Cornell University Press, 1999. pp. 38 e 77 e 78; JUNG, Carl. *Collected Works*, vol. 14, § 513.

[42] Para uma compreensão abrangente do pragmatismo, em especial do pragmatismo pierciano, cf. *PEIRCE*, Charles Sanders. *Writings of Charles S. Peirce*: a chronological edition. Ed. Max H. Fisch. Bloomington: Indiana University Press, 1982; *Peirce and law*: issues in pragmatism, legal realism, and semiotics. Ed. Roberta Kevelson. New York: Lang, 1991; *Reasoning and the logic of things*: the Cambridge conferences lectures

prestam à manutenção e à justificação do poder dos governos, dos grupos políticos dominantes dentro dos governos e acima deles, arruinará sua razão de existir.

Arruinará também os processos civilizatórios que trabalham para a sua depuração.

A captura do Estado e de suas políticas, reduzidos ao interesse de poucos, conduz invariavelmente à desnaturação dos modelos de mercado (politicamente determinados) para a comutação e públicos para a distribuição de recursos produtivos entre os agentes econômicos envolvidos.

Um juízo particular substitui, então, a formação política dos modelos.

Nesses casos, o mais das vezes, em desfavor do erário e dos interesses legítimos de Estado, em meio à corrupção e ao compadrio, no torvelinho da privatização, em favor de poucos, de recursos públicos, que se tornaram públicos por meio da publicização de recursos privados que pertenciam a muitos.

Essa tragédia, enganou-se Rand, não produz altruísmo, mas sim a sua aniquilação, resultado das devastadoras crises de fiabilidade que contaminam, em meio ao escândalo renitente, esse capitalismo de inspiração coletivista e aqueles seus atributos essenciais, manejados à sua justificação: a promoção da justiça distributiva e a diminuição das profundas desigualdades sociais que prevalecem no planeta.

Esse estado de coisas é especialmente sensível entre nós. No Brasil, uma intimidade pornográfica entre o público e o privado, transcendeu a unção dos "campeões nacionais" e as suas compreensíveis vantagens à facilitação dos controles estatais e ao alcance de outras finalidades públicas.

Aqui, a conexão entre Estado e empresa teima em promover uma promiscuidade despudorada e, o que é pior, em prover garantias de

---

of 1898, Ed. Kenneth Laine Ketner; introdução de Kenneth Laine Ketner e Hilary Putnam. Cambridge, Mass.: Harvard University Press, 1992.

funcionamento do maquinário político e de governabilidade do país, em meio ao financiamento do *lobby* pré e pós-eleitoral.

Essas mazelas denotam defeitos na formação das políticas de Estado e do Direito, bem como no arcabouço técnico dedicado a implementá-las.

Operam na contrapropaganda de um regime de produção que, talvez, na falta de alternativas, seja a única viabilidade, certamente a mais palpável, à prevalência do coletivo sobre o individual, do público sobre o privado, do distributivo sobre o comutativo, do solidário sobre o indiferente.

6. MAS O QUE É O CAPITALISMO DE ESTADO?

O capitalismo de Estado é aquele ao qual Engels se referiu como o "capitalismo levado até o fim". É uma decorrência da maturidade do fenômeno estatal. Antes dela, o capitalismo se afirmou, a partir do período pré-capitalista, sob o patrocínio de um Estado emergente, que foi essencial à afirmação da sociedade burguesa e, portanto, do direito burguês.

O aparelho do Estado atuou como protagonista do "processo histórico de dissolução das relações pré-capitalistas e autor das condições de existência do capital".

O Estado responde, na fluência desse processo, pela diferenciação e separação dos produtores dos meios de produção, pela generalização do intercâmbio de mercadorias e a pela economia monetária.

A infiltração das relações capitalistas na formação de decisões de Estado e do Direito permite que o capitalista se assenhore dos processos produtivos e reduza o Estado a um instrumento de garantia às condições gerais e externas da produção capitalista.

A atuação estatal sobre as relações capitalistas se estabelece apenas para legitimá-las, com o que, de resto, desaparecem, uma vez que o processo de produção, sob a lei do valor, reproduz continuamente as suas próprias condições sociais.

A base da produção capitalista, o trabalho assalariado, repõe-se permanentemente por um modo de produção que consome a força de trabalho e que transforma o produto do trabalho em capital.

É certo que não pode haver capitalismo sem Estado.

O processo de acumulação garante a autogeração das relações sociais de dominação, mas não é capaz de determinar a continuidade da formação social em seu conjunto, i.e., a totalidade concreta de um sistema socioeconômico e cultural complexo.

É essa incapacidade o que pressupõe um aparelho político de dominação afetado pela tarefa de prover condições gerais essenciais à autorreprodução do capital. E tal aparelhamento político não é inventado por essa qualidade autogenerativa do capital.

O capital não provê as vias de direito essenciais à realização das trocas econômicas, não cria a propriedade privada, as relações jurídicas, os contratos, a empresa e o mercado.

O Direito, que pressupõe a existência do Estado, é quem o faz.

Sem o Estado, a serviço do capital, não existem garantias à disponibilidade da mão de obra, à apropriação "legítima" do trabalho, como objeto de trocas econômicas no mercado, que é essencial à exploração capitalista e, no seu bojo, até mesmo os direitos do trabalhador.

O aparelho estatal opera pela criação das estruturas fundamentais de funcionamento do regime de produção capitalista, sem jamais protagonizá-lo, pelo que se situa à margem de uma economia de mercado.

A economia capitalista, que nos seus primórdios prescinde do Estado, é precipuamente economia de mercado, não de Estado.

Essa sorte de coisas não minimiza a importância e a participação do Estado à prestação de garantias estruturais e de funcionamento do regime. E isso rechaça, por certo, o mito liberal da insignificância estatal.

O capitalismo, mesmo nesse contexto de rendição (de atuação frouxa) do Estado, ao menos em favor do povo, também é capitalismo de Estado, que determina e assegura a sua operação.

É inconsistente uma visão da reprodução do capitalismo como fenômeno restrito ao espaço exclusivamente econômico, automatizado, autorregulado, lançado ao ciclo infindável da produção e da distribuição de bens e de serviços.

O econômico não se dissocia do político, são desdobros dimensionais do mesmo fenômeno.

O Estado desincumbiu-se de um sem número de funções econômicas e, ao mesmo tempo, assumiu o seu lugar no "espaço econômico". Mas a economia, nesse caso, é mais de mercado do que de Estado.

A relação de colaboração mútua e de sustentação recíproca, que se estabelece entre Estado e capital sofre uma mudança qualitativa, pelo que a justaposição entre esses dois elementos dá lugar a uma interpenetração.

Essa segunda etapa se diferencia da primeira pelo grau de autonomia com que se estabelece o processo de acumulação.

No primeiro caso, o Estado é o provedor das estruturas indispensáveis (sociais, políticas e também econômicas), para que o capital realize o processo de valorização.[43] Um processo que engendra as condições objetivas da produção e responde também pela urdidura das relações sociais inerentes à produção (i.e., a posição social que os agentes de produção ocupam uns em relação aos outros).

As relações de produção são maquinal e incessantemente repetidas nas entranhas do processo de acumulação. E disso se dessume uma íntima cooperação entre Estado e capital, que se estabelece por imbricação, por contato, do lado de fora, sem a amalgamação que decorre da segunda etapa, e que às relações de exterioridade acrescenta relações de interioridade.

O Estado continua a pavimentar o processo de extração e de reinvestimento da mais-valia,[44] mas vai além, intervém no ciclo de reprodução ampliada do capital como relação social.

---

[43] Cf. MARX, Karl. *O Capital*: crítica da economia política. Livro 1, 3ª seção, 5º cap., item 2.

[44] Cf. MARX, Karl. *O Capital*: crítica da economia política. Livro 1, 5ª seção, 14º cap.

Esse novo modo de intervenção do Estado na economia penetra na intimidade do movimento do capital. Nesse fluxo de mutações, tanto das sofridas pelo Estado quanto pelo capitalismo, o que resulta se distingue de uma economia de mercado.[45]

As questões que naturalmente se põem diante desse desenvolvimento se referem à natureza e ao âmbito dessa atuação do Estado na economia.

Uma explicação para o movimento evolutivo, que transmuda o capitalismo em capitalismo de Estado, são os limites do processo de acumulação impostos pela modificação de composição do capital.

A produção capitalista se confronta com as forças produtivas que promove.

Segundo Hirsch, dada uma taxa de mais-valia constante e uma composição orgânica crescente, a taxa de lucro aportada ao capital total deve baixar.

Uma vez que, com a queda da taxa de lucro a massa de lucros se torna demasiado pequena para capitalizar de modo frutífero a mais-valia,

---

[45] Importantes os apontamentos de Bukharin acerca dos fundamentos desse fluxo de acontecimentos: "A evolução econômica, apenas acentuada nesse particular pela guerra, deverá fazer, e fará, com que a burguesia, em sua totalidade (e não apenas esse ou aquele setor da burguesia), mostre-se cada vez mais tolerante com respeito à intervenção do Estado na economia. Deve-se atribuir a causa principal disso ao fato de que o Estado estabelece relações cada vez mais estreitas com os círculos dirigentes do capital financeiro. Os estabelecimentos estatais e os monopólios privados tendem a fundir-se nos quadros do truste capitalista nacional. [...] Por outro lado, a enorme tensão da concorrência no mercado mundial exige do estado um máximo de centralização e de poder. Essas duas causas, de um lado, e razões de ordem fiscal, de outro, constituem os principais fatores da estatização da produção capitalista [...]. As necessidades da guerra e a preparação imperialista da guerra levam a burguesia a uma nova forma de capitalismo, à estatização da produção e da distribuição, à abolição definitiva do antigo individualismo burguês. É evidente que todas as providências do tempo de guerra não sobrevivem ao fim desta. Medidas como o racionamento de certos bens de consumo, a interdição à produção de determinadas mercadorias, a proibição de certas importações ou exportações etc. desaparecerão com a paz. Não é menos certo, porém, que a tendência do Estado apoderar-se da produção se desenvolverá cada vez mais. Cf. BUKHARIN, N. O imperialismo e a economia mundial. Rio de Janeiro: Laemmert, 1969. p. 206.

o que enseja uma superprodução relativa de capital. Então, atinge-se o ponto em que o processo de acumulação entra em colapso.

O pensamento marxista descreve um confronto entre essas tendências que promovem a ruína do capitalismo e, ao mesmo tempo, a ação de um sem número de mecanismos que, inversamente, trabalham ao bloqueio e ao adiamento de uma crise destrutiva final.

O Estado se especializa justamente ao se mover pelo salvamento do regime, com o que emergem novas funções estatais.

Essa dinâmica é essencial ao aparecimento do capitalismo de Estado, em substituição às formas anteriores de organização da sociedade burguesa.

É bem por isso que o capitalismo de Estado define um capitalismo de feições tardias, um instrumental que surge para evitar propriamente as "últimas consequências" de um processo que, ao se subordinar à lógica do capital, funciona por meio de uma lei de desenvolvimento adversa.

Uma queda tendencial na taxa de lucro não será refreada senão por meio de uma profunda reorganização das condições gerais de produção e, antes delas, de partes da própria estrutura de relações sociais preexistentes.[46] E essas pesadas estruturas sociais e de mercado se movem apenas por ação concertada sob o protagonismo do Estado.

Estado que também foi, repise-se, o agente histórico da dissolução das relações pré-capitalistas.

No estágio tardio do capitalismo, a função do Estado, contudo, não é a de prover condições existenciais ao capital, mas a de ajudar a impedir que cesse o seu desenvolvimento.

---

[46] Observa Mattick que, "[...] em cada época, as fronteiras de expansão do capital são determinadas por condições sociais gerais tais como, por exemplo, o nível de desenvolvimento tecnológico até então alcançado, o porte do capital já acumulado, as disponibilidades de força de trabalho, o grau possível da exploração da mão-de-obra, a extensão dos mercados, as condições políticas prevalentes, as fontes de matéria-prima descobertas, e assim por diante. Não é apenas o mercado, mas o conjunto da situação social e todas as suas ramificações que permitem e limitam a acumulação do capital". Cf. MATTICK, P. *Marx e Keynes*, p. 82.

As modificações das condições gerais de produção (a exemplo daquelas recorrentemente mencionadas pela literatura, i.e., o processo de monopolização e os seus correlatos, a expansão do capital no mercado mundial e a aceleração do desenvolvimento científico e tecnológico) são reações à queda da taxa de lucro. Reações que não partem apenas das forças autorreprodutivas do capital (ou seja, do movimento autorreprodutivo dos capitais individuais concorrentes).

As relações entre Estado e capital se modificam ao longo do tempo justamente em razão das crescentes incapacidades estruturais do capital, agravadas pelas progressivas contradições do sistema, apenas superadas pela metamorfose do Estado, que se transmuda em potência econômica, inserta direta ou reflexamente no processo de reprodução do capital.

Hirsh, no contexto de sua Teoria Materialista do Estado e do movimento derivacionista em que se insere, explica, por exemplo, o papel do Estado no desenvolvimento de ciência e de tecnologia.

Essa função, essencial à reprodução do capital, torna-se demasiado custosa e arriscada, e se afirma, diante do risco e do custo intoleráveis ao capitalista individual, como um domínio essencial das funções de administração do Estado.

O fato marca um novo patamar de desenvolvimento das forças produtivas em que a socialização da produção rompe até mesmo os limites impostos pelos monopólios privados.[47]

---

[47] Hirsh, no contexto de sua Teoria Materialista do Estado e do movimento derivacionista em que se insere, explica, sobre o papel do Estado no desenvolvimento de ciência e de tecnologia, que: "O que é decisivo no plano da teoria do Estado, é a incapacidade, que se torna cada vez mais patente ao longo do processo, apresentada pelos capitais individuais monopolistas (e não monopolistas) de produzir, por suas próprias forças, as taxas de progresso técnico e científico e, em geral, de desenvolvimento das forças produtivas, requeridas para a produção do capital no seu conjunto [...] A propensão às crises do processo de acumulação manifesta-se, ao nível dos capitais em expansão, sob a forma de uma pressão crescente para a inovação técnica [...] Contudo, para a fabricação dos produtos tecnologicamente avançados, o capital pode contar cada vez menos com dados naturais e com um saber social livremente disponível. De um modo crescente, essas duas coisas devem ser organizadas socialmente. [...] Por um lado, os conhecimentos e

O Estado assume, portanto, novas funções, das quais, antes, incumbia-se o capital.

Esse avanço importa evidentemente em uma diminuição do âmbito das relações entre particulares, razão pela qual alguns autores se referem à morte da sociedade civil.

Fazem-no, por certo, em alusão a uma acepção hegeliana de sociedade civil, i.e., àquela esfera da vida social em que os particulares se relacionam uns com os outros procurando, cada um, atingir os seus próprios objetivos mediante a realização simultânea daquilo que é o objetivo do outro.

Uma morte por asfixia.

A crescente politização objetiva das relações sociais marca o fim de um capítulo da história do capitalismo.

A reposição da sociedade civil capitalista por uma nova sociedade capitalista de Estado se escora no plano econômico, a partir da crise do sistema (independente do significado que lhe atribuam diferentes autores).

A crise do sistema, que para uns é crise de superprodução e para outros de subconsumo, impõe ao Estado a nova função de absorver o

---

as técnicas valorizáveis pelos capitais privados são produzidas pelo próprio capital numa proporção que tende a tornar-se cada vez mais insuficiente; por outro lado, os recursos organizacionais e financeiros, exigidos para tanto, tendem a ultrapassar até mesmo a capacidade dos grandes trustes [...] Não se trata apenas dos recursos em capital para a realização de grandes projetos de pesquisa; o que aumenta também, e de modo considerável, são os riscos em que os capitais individuais incorrem dada a prática do gasto 'moral' acelerado do capital fixo. Assim, a produção sistemática de ciência e tecnologia se torna um domínio essencial das funções de administração do Estado, o que significa que foi atingido um patamar de desenvolvimento das forças produtivas em que a socialização da produção rompe até mesmo os limites impostos pelos monopólios privados [...] A socialização da produção conduz a formas inéditas de organização do Estado e a uma modificação radical do caráter da atividade do Estado em geral (na medida em que) os capitais individuais privados acham-se, cada vez mais pronunciadamente, numa situação tal que a mais-valia por eles amealhada não é mais suficiente para realizar a reorganização das condições tecnológicas de produção necessária à manutenção do processo de acumulação". Cf. HIRSH, J. *Elementos para uma teoria materialista do Estado*, pp. 77-79.

excedente econômico. Excedente que se produz sob um regime inapto à autossubsistência, à contenção do crescimento excessivo e destrutivo do excedente.

O mercado, no capitalismo de Estado, por oposição ao que se passou no período competitivo do capitalismo, é menor do que a capacidade de produção.

Não há no mercado a demanda necessária à plena utilização dos meios de produção.

O Estado assume, então, uma função típica do capital e gera demanda.

As relações econômicas se politizam, desse modo, por meio da aquisição de bens ou pela tomada de serviços pelo Estado, senão com a distribuição direta de recursos, através de pagamentos pelos quais se transfere renda a determinadas coletividades.

A assunção dessas novas funções estatais pressupõe modificações igualmente magníficas das relações sociais de produção.

Dois processos têm curso: (*i*) a redistribuição das relações de produção entre as classes proprietárias, na virada da fase concorrencial à monopolista do capitalismo; e (*ii*) a redistribuição das relações de produção entre as classes proprietárias e o Estado.

A concentração e a centralização se tornam estratégias de sobrevivência do capital. Essa convergência dos centros formadores de juízo no mercado determina uma restruturação da propriedade dos meios de produção.

Ocorre um rearranjo dos dados que definem as classes, as frações e extratos de classe, assim como a correlação de forças preexistente entre elas.

O Estado, no bojo dessa reorganização social que mobiliza e desmobiliza agentes da produção, assume nova posição em relação ao regime da propriedade.

OS NOVOS RUMOS DO DIREITO SOCIETÁRIO

Uma classificação de Balibar esquematiza três relações básicas entre agentes e meios de produção: (*i*) a propriedade em sua acepção jurídica, como consequência jurídica (das formas de aquisição da propriedade) sancionada pelo Estado; (*ii*) a propriedade em sua acepção econômica, que é o poder de disposição efetiva dos meios de produção, de repartição do produto e de alocação do excedente; e (*iii*) a propriedade como um poder real de dirigir e de dominar efetivamente os diferentes processos de trabalho.[48]

O capitalismo distingue-se dos outros regimes de produção, justamente porque essas três relações são comandadas pelo capital.

O capitalismo de Estado marca, contudo, uma dissociação entre propriedade, na sua acepção jurídica, e controle efetivo sobre os meios de produção, sobre os processos de trabalho e sobre o excedente.[49]

Essa fragmentação da propriedade seria descrita, já nos anos 1930, pelo célebre intelectual, advogado e político americano, Adolf Berle, em *Modern Corporation and Private Property*, uma das mais influentes obras de seu tempo.

Esse livro simboliza o poder das ideias. Responde, em grande medida, pela mobilização de todo o aparato regulatório nos Estados Unidos, de modo a alinhá-lo à afirmação de capitalismo de Estado, que se fundou no controle da macroempresa por seus administradores (tecnocracia) e desses, por sua vez, pelo Estado.

A correlação técnica que se estabeleceu entre os veículos societários e a propriedade, naquele país, onde o capitalismo se desenvolveu mais rápida e pujantemente do que em qualquer outro lugar, foi o produto de uma reflexão que inspirou profundas reformas estatais.

A atuação do Estado, como regulador e como "grande controlador", justificou-se exatamente para salvar o regime capitalista, a pretexto das consequências apocalípticas da crise de 1929.

---

[48] Cf. BALIBAR, E. *Ler o Capital*. Paris: Maspero, 1975.

[49] Cf. BERLE, A.; MEANS. A moderna sociedade anônima e a Propriedade Privada. São Paulo: Nova Cultural, 1988.

A fase concorrencial, na qual o agente econômico é precipuamente o empresário capitalista, pressupõe a sobreposição das acepções jurídica e econômica de propriedade.

O titular do direito de propriedade é efetivamente aquele que detém o poder de dispor dos meios de produção.

Isso se modifica na fase monopolista, pelo que se dissociam, na linguagem própria da referida doutrina societária, propriedade e controle.[50]

Essa dissociação decorre da invenção da sociedade anônima e, com ela, do poder de controle societário, do controle minoritário, dos modelos de governança corporativa de ampla discricionariedade dos administradores e da amplíssima regulação estatal imposta pelo Estado às empresas e aos seus administradores.

A invenção da sociedade anônima confere ao acionista, titular originário das entradas de capital, em contraprestação à transferência de bens e de dinheiro para a sociedade (um centro de imputação ao qual o Estado passou a atribuir personalidade jurídica), direitos creditórios. São direitos de crédito bastante especiais, que consistem no direito de receber dividendos, ou seja, parte dos lucros que a sociedade experimentar e decidir distribuir, e o reembolso proporcional das entradas, em algumas hipóteses.

A alguns acionistas também se atribuíram direitos de influenciar, por meio do exercício do direito de voto, as deliberações da sociedade, como forma de zelar para que tome boas decisões empresariais, tenha bom sucesso e satisfaça esse direito de crédito eventual atribuído ao acionista.

7. O ESTADO MANEJA A EMPRESA, MAS QUEM MANEJA O ESTADO?

É evidente a transferência de poder que, desde logo, essa invenção determina sobre os meios de produção, que passam do comando individual ao coletivo.

---

[50] Aqui me refiro precisamente a controle empresarial.

OS NOVOS RUMOS DO DIREITO SOCIETÁRIO

Os anos 1850 marcaram uma profunda mudança no modo de governo desses meios de produção transferidos aos cuidados da sociedade anônima.

As grandes companhias americanas e inglesas, até então governadas pela regra de um voto por cabeça, sucumbiram à pressão do poder econômico, pelo que suas deliberações gradativamente passaram a ser tomadas segundo o critério de um voto por ação. Essa é hoje a regra.

O comando coletivo e democrático do acervo patrimonial aos cuidados da sociedade foi, portanto, na virada do século XIX, transferido para aquele acionista (ou grupo de acionistas) que detinha a maioria das ações: o controlador, i.e., o detentor do poder de controle societário, que dispõe, na linguagem da Escola de Rennes, dos bens de terceiros como se fossem seus.

A invenção do princípio majoritário e, portanto, do poder de controle (que é uma técnica jurídica, mas também um bem econômico) se somaria, ao longo do século XX, a uma série de outras técnicas que pavimentaram a afirmação do controle minoritário.[51]

---

[51] O controle minoritário é o poder do acionista ou do grupo de acionistas, que não detêm a maioria das ações votantes, de influenciar permanentemente as deliberações de uma companhia e de eleger a maioria de seus administradores. Até pouco tempo, a existência desse poder (que é uma realidade em mercados mais evoluídos como o americano) foi disputada no Brasil, sob o fundamento de que o artigo 116 (a) da LSA caracterizaria o controle como um poder permanente, que apenas a maioria das ações votantes seria capaz de prover. Esse argumento era frágil e sucumbiu. O controlador sofreu, no Brasil, uma sistemática "demonização". A Lei 6.404/76 lhe atribuiu amplíssimos deveres e responsabilidades; há quase a presunção de que o controlador abusa de seu poder, em prejuízo da companhia e dos *stakeholders*. Para essa lógica também contribuíram os casos de imputação de responsabilidade ao controlador, por dívidas da companhia, onde se escusaram acionistas minoritários, em vista da falta de ingerência sobre as deliberações e sobre a administração. Esse estado de coisas, somado à ampla proteção das minorias, diminuiria o interesse pelo controle, para sugerir que mais vale, considerados todos os riscos, ser minoritário do que controlador. Melhor ainda seria cumular a condição de controlador (com todos os seus poderes) e de minoritário (valendo-se de proteção legal, sem se submeter aos deveres do controlador). E, por incrível que pareça, essa situação paradoxal se pode produzir pela conjunção, cada dia mais frequente, de diversos fatores: dispersão acionária, absenteísmo e técnicas de

O crash da bolsa, em 1929, que determinou profundas crises de solvabilidade e financiamento, proveu os fundamentos à afirmação de um modelo de governança corporativa baseado na ampla discricionariedade dos administradores (supostamente mais suscetíveis aos ditames do Estado do que o controlador) e, consequentemente, de sua submissão à pesada regulação estatal.

Esses acontecimentos marcaram um paradigma de desenvolvimento do capitalismo nos Estados Unidos. Conduziram, ali, como em nenhum outro lugar, à fragmentação da propriedade e à institucionalização do controle, ainda que indireto, dos meios de produção pelo Estado.

---

estabilização do controle minoritário. A crescente dispersão acionária trouxe para a companhia uma grande quantidade de pequenos acionistas, prioritariamente interessados nos dividendos e no preço das ações. Imitam a conduta negocial dos grandes *players* e ostentam – incapazes de influenciar significativamente as deliberações – um profundo desinteresse pelas assembleias. O legislador brasileiro, aliás, anteviu essa consequência, para, nesses casos, permitir a redução justificada do quorum legal mínimo à aprovação das importantíssimas matérias do art. 137, I a X da Lei 6404/76. Nesse contexto, apenas a coordenação improvável entre os muitos pequenos acionistas ou uma possível tomada de controle por escalada impediria a afirmação do controle minoritário. Essa tomada de controle pode ser contida, todavia, por meio de técnicas de estabilização do controle minoritário. A mais notória é a *poison pill* brasileira. A ideia é simples e eficiente: impor àquele que adquirir determinada quantidade de ações de uma companhia o dever estatutário de realizar uma oferta pública de aquisição das demais ações, por um preço dissuasório, muito superior ao de mercado. Se o gatilho da OPA for baixo (e em alguns casos não passa dos 15%) e se houver um alto índice de absenteísmo, então, é perfeitamente factível que se possa deter poder de controle com uma quantidade minoritária de ações votantes. Fica ainda mais fácil quando autorizada uma redução do quorum legal mínimo. Tudo isso, favas contadas em mercados mais desenvolvidos, é ainda novo para nós. O controle minoritário não foi efetivamente tocado pelo direito, senão na famosa decisão do Colegiado da CVM, no Caso TIM (PA CVM n. RJ 2009/1956). Os votos dos diretores permitem entrever um claro reconhecimento do controle minoritário, mesmo que detalhes técnicos, mais ou menos questionáveis, tenham afastado a aplicação do 254-A da Lei 6.404/76 e o dever de realizar a chamada "OPA de *tag along*" naquele caso. É certo, contudo, que as repercussões da disciplina jurídica do controle minoritário desbordam o problema do tratamento do controle, para dificultar também a caracterização, a distinção e o regramento das minorias. A falta de um consenso mínimo sobre o assunto é consequência direta dos processos revolucionários a que se submetem o nosso mercado e o nosso direito. Não tardarão intensos debates e uma mais clara intervenção do Estado sobre a questão.

O mesmo se passou, em outros países, a exemplo do Brasil. E isso se deu certamente em razão (*i*) de transplantes conceituais; (*ii*) da emasculação regulatória do controlador e de sua amplíssima responsabilização; (*iii*) da sabotagem institucional sistemática do mercado de capitais, que atribuiu ao Estado a condição de principal financiador da macroempresa; (*iv*) da promoção de modelos de ampla dispersão acionária; (*v*) da frouxidão dos mecanismos de detecção do controle oculto etc.

Essa fragmentação da propriedade também se viabilizou no contexto das empresas, a partir das relações de dependência que podem entreter com terceiros que no seu entorno gravitam, para – com o controle de meios de produção que lhes são essenciais – submetê-las, senão para exercer influência significativa.

Trata-se, portanto, de um controle externo, invariavelmente instrumentalizado pelo direito, que permite que terceiros atribuam ao empresário a titularidade dos meios de produção, conservando, todavia, relevante influência sobre a sua disponibilidade.

O titular do direito de propriedade não é, portanto, necessariamente quem dispõe dos meios de produção ou quem dirige e domina efetivamente os diferentes processos de trabalho.

Há uma partição subjetiva e objetiva da propriedade dos meios de produção nas suas várias acepções.

Esse fracionamento subjetivo e funcional da propriedade gera paradoxalmente concentração e centralização do capital, porque instrumentaliza o domínio por poucos dos meios de produção de titularidade de muitos.

As duas etapas do capitalismo, a concorrencial e a monopolista, definem-se, em grande parte, por meio das diferentes formas pelas quais se estabelecem as prevalentes relações capitalistas de produção.

A etapa da concorrência desvela uma imaturidade das formas jurídicas de organização e de exercício da empresa, pelo que, mesmo que já disponíveis as sociedades (como forma de organização precípua da empresa), a empresa se exerce em meio a uma conjunção de propriedade e controle dos meios de produção (i.e., das acepções jurídica e econômica da propriedade), que a esse tempo restavam nas mãos do capitalista privado.

A passagem à etapa monopolista marca a ruptura dessa unidade entre propriedade e controle e, no bojo do controle, de uma dissociação entre a propriedade econômica integral e a apropriação real integral. Ou seja, uma dissociação entre o poder de disposição dos meios de produção e outro poder de dominação, que se exerce sobre os diferentes processos de trabalho.

A fragmentação desses poderes, outrora reunidos, viabiliza a sua transmissão e, portanto, a plurisubjetividade de seus detentores.

Essa fragmentação permite a convivência entre os vários graus de propriedade econômica e de apropriação real.

Essas transformações contribuem à construção do capitalismo de Estado, para diferenciar os agentes que, situados no terreno do capital, exercem essa variedade de poderes.

Esses novos poderes, importante dizer, que derivam da propriedade em sua acepção jurídica, são igualmente instituídos por "vias de direito".

A fragmentação da propriedade, escorada em um movimento dos aparatos político e jurídico do Estado, de que exsurge uma propriedade multifária, é a escaramuça de uma centralização de poder econômico.

As técnicas de fragmentação da propriedade viabilizam uma brutal concentração de poder econômico, por meio de uma transferência meramente formal de domínio sobre os meios de produção e sobre as relações de trabalho.

O direito fundamenta a influência do fornecedor de capitais, credor, sobre o devedor, em especial sobre as suas decisões enquanto agente econômico. Isso implica um domínio sobre os recursos objeto do direito creditório que deverá ser satisfeito, mas também uma influência mais ou menos intensa sobre os meios de produção que o devedor organizará para exercer a empresa, cuja operação – bem-sucedida – é essencial ao pagamento da dívida.

É um processo cíclico, que gera mais poder (que se concentra), de um lado, e dependência, de outro.

A monopolização do capital é, portanto, a história da perda sistemática da propriedade econômica por muitos em favor de poucos.

É à monopolização que se refere Marx, quando trata do significado do sistema de crédito e da sociedade anônima como a "[...] supressão do capital enquanto propriedade privada no interior dos limites do modo de produção capitalista".[52]

A monopolização, contudo, compõe, mas não determina a instauração do capitalismo de Estado. Para isso o Estado deve se converter de assistente em cobeneficiário direto do processo de centralização. E isso se põe ao Estado pelo capital.

É o capital que, ao executar o seu plano de centralização, captura o Estado. Conforma-o para que assuma, em graus variados, poderes associados à propriedade econômica de meios de produção e à apropriação real das relações de trabalho (a exemplo do papel do Estado no custoso e arriscado desenvolvimento científico e tecnológico).

O Estado continua a exercer as suas funções clássicas de aglutinador social, de organizador da hegemonia política e de provedor das condições gerais e externas da reprodução massiva do capital. Mas, ao mesmo tempo, entranha-se no contexto de relações outrora exclusivamente privadas, para geri-las e delas participar ao lado dos particulares.

Com a assunção de tarefas inerentes ao processo de monopolização, o Estado assume funções diretas do capital e toma o seu lugar de destaque na reorganização periódica das condições econômicas da acumulação.

Lênin e Bukharin alertaram sobre o fato de que não se apartam propriamente o capitalismo monopolista e o capitalismo monopolista

---

[52] Cf. MARX, Karl. *O Capital*: crítica da economia política, p. 102.

de Estado. O segundo simplesmente incrementa uma tendência de centralização fundada pelo primeiro, mas não dá vida a uma nova feição do desenvolvimento capitalista. São, portanto, partes do mesmo processo de maturação do capitalismo.[53]

Sob o capitalismo de Estado, o capital não é capaz de se autorreferir, não basta à sua autorreprodução, pelo que compartilha com o Estado a tarefa de reproduzir as condições monopolistas, particulares e internas, necessárias ao curso regular do processo de acumulação capitalista.

A unção de capitais individuais de grande porte (a macroempresa) dá o compasso do crescimento da produtividade do trabalho, instrui a lógica do emprego dos meios de produção, o crescimento e o giro da economia, a realização de lucros fantásticos que apenas as estruturas monopolistas facultam.

O processo de centralização subordina a economia nacional ao capital e ao Estado, que ao capital se conjuga, para participar de seu poder, em um ambiente de fragmentação da propriedade dos meios de produção.[54]

Essa tomada do Estado pressupõe transformações drásticas nas pesadas engrenagens da máquina burocrática, nos seus aparelhos repressivo, ideológico e econômico.

A profunda reforma estrutural garante o alinhamento das funções estatais às necessidades de sobrevivência do capitalismo em crise.

O aparelho econômico se presta à colheita e à sistematização da informação, de modo a instruir uma análise e um planejamento, aos quais se seguirão ações de manipulação do painel de instrumentos da política econômica do Estado: a política de planejamento, as políticas monetária, creditícia, tributária, salarial, cambial, de preços etc.

É certo que o aparelho econômico do Estado, e os quadros que determinam o seu funcionamento, datam da etapa concorrencial do capitalismo.

---

[53] Cf. GERRATANA, Valentino. *Ricerche di storia del marxismo*. Roma: Editori riuniti, 1972.
[54] Cf., nesse sentido, BUKHARIN, N. *O imperialismo e a economia mundial*. São Paulo: Nova Cultural, 1986, p. 206.

O processo de monopolização e de centralização, por certo, não concebe nada além de um realinhamento do aparato preexistente.

A burocracia estatal, sob nova direção, congrega, contudo, poderes novos, que habilitam seus quadros à tomada de decisões próprias do empresário, organizador da empresa privada, bem como para conduzir políticas macroeconômicas. E, então, o aparelho econômico da burocracia estatal exerce funções de controle societário e empresarial, direta ou indiretamente, tanto sobre empresas públicas quanto privadas.[55]

8. O QUE É E PARA QUE SERVE A EMPRESA?

A empresa aparece, portanto, diante dos fenômenos sociais, políticos e econômicos anteriormente descritos, que marcaram o curso dos processos civilizatórios a partir da virada do século XIX, em primeiro lugar, como uma técnica regulatória.

Decorreu do desejo de engendrar um regramento de toda a atividade econômica, na certeza de que sua importância deveria exorbitar o espaço privado (i.e., o âmbito da autoconfiguração [*Selbstgestaltung*] das relações jurídicas por particulares), à produção de efeitos que interessam o público e que, por isso, devem ser – sob um modelo de economia normativa – submetidos pela ordem jurídica total.

A ideia de um "direito da atividade econômica" se torna plausível na Alemanha de *Weimar*, em meio a uma forte degradação da economia e em resposta às suas causas precípuas, invariavelmente associadas ao oportunismo dos agentes de mercado e à ampla liberdade de que se beneficiavam.[56]

---

[55] Os quadros econômicos da burocracia estatal não se confundem com uma burguesia de Estado. A burocracia empresarial do Estado partilha com a burguesia um sem número de poderes empresariais. A burguesia de Estado, diferentemente, refere-se aos agentes de reprodução social que detêm poderes de disposição efetiva de meios de produção e de produtos pertencentes ao Estado. Cf. BETTELHEIM, C. *As lutas de classe na URSS*. Seuil: Maspero, 1974. p. 41.

[56] HEDEMANN, Justus Wilhelm. *Deutsches Wirtschaftsrecht*: ein Grundriss, 1939.

Nesse contexto, a empresa, que já era objeto de especulação doutrinária, afirmou-se como conveniente técnica de atuação do Estado na economia.

O pensamento jurídico de tradição germânica já trabalhava, nos meados do século XIX, uma noção de empresa, sem se dar conta da amplitude e da importância de seu emprego futuro.

A *Geschäft*, como propôs Endemann, era um organismo – afetado pelo lucro – para transcender os seus criadores.[57]

Autores como Hedemann, articulando essa forte orientação subjetivista ao interesse de dispor de uma técnica regulatória de amplíssimo espectro, propuseram que a empresa substituísse a pessoa jurídica.[58]

Seria, todavia, na condição de objeto unitário de negócios, sob a influência de Von Ohmeyer, Pisko e Isay, que a empresa permitiria, mais tarde, um maior avanço dogmático.[59]

8.1 Polissemia e variância tônica: do perfil subjetivo ao núcleo defletor de interesses

É certo, como nos dá conta Asquini, que na virada do século e ainda nas duas primeiras décadas do século XX, prevalecia, entre os muitos sentidos de empresa, um perfil subjetivo, sob a forte influência dos pais do Direito Econômico.[60]

---

[57] Cf. ENDEMANN, W. *Das Deutsche Handelsrecht. Systematisch dargestellt*. 2. Aufl. Heidelberg, 1868. p. 76.

[58] Cf. HEDEMANN, Justus Wilhelm. *Das bürgerliche Recht und die neue Zeit*: Rede gehalten bei Gelegenheit der akademischen Preisverteilung in Jena am 21 Juni 1919. Jena: G. Fischer, 1919, p. 17.

[59] Cf. OHMEYER, K. E. von. *Das Unternehmen als Rechtsobjekt. Mit einer systematischen Darstellung der Spruchpraxis betreffend die Exekution auf Unternehmen*. Wien: Manz, 1906. p. 8; PISKO, O. *Das Unternehmen als Gegenstand des Rechtsverkers*. Wien: Manz, 1907. p. 46; ISAY, R. *Das Recht am Unternehmen*. Berlin: Vahlen, 1910. p. 12.

[60] Cf. ASQUINI, Alberto. Profili dell' impresa. *Rivista del Diritto Commerciale e del Diritto Generale delle Obbligazioni*, Milano, vol. 41, pt. 1, 1943.

O perfil prevalentemente subjetivo, que se deflagrava pela intenção originária de suplantar a pessoa jurídica, sofreria ajustes, até que o conceito de empresa evoluísse em complexidade, permeado por influxos ideológicos e por interesses públicos, afirmando-se, ao fim, já nos anos 1940, um traço funcional mais acentuado, que se sentiu na conjunção das ideias de organização, afetação (função) e atividade.

Note-se, para explicar esse ajuste conceitual, que as mais adiantadas reflexões sobre a empresa iriam tratá-la, a partir dos anos 1930 e especialmente no auge do regime nacional-socialista, como especial núcleo defletor de interesses; assumiria a tarefa de introduzir importantes influxos ideológicos no ordenamento, a exemplo do que se tentou por meio da doutrina do *Unternehmen an sich*.[61] E superado, com a queda do Reich, um tom demasiado publicista (que inspirou, em 1937, as reformas da *Aktiengesetz*), à empresa remanesceria o sentido de centro de interesses ou de valores distintos daqueles dos seus suportes humanos, à afirmação de um *Unternehmensinteresse*, instruído por clamores de uma variada gama de "grupos de pressão" e, antes deles, por interesses de Estado (cf., nesse sentido, todas as leis que introduziram a participação operária nos órgãos de direção da macroempresa societária alemã, i.e., a *Gesetz über die Mitbestimmung der Arbeitnehmer in die Aufsichtsraten und Vorstanden der Unternehmen des Berghaus und der Eisen und Stahl erzeugende Industrie* (*MontaMitbestG* 1951), a *Betriebsverfassungsgesetz* de 1952 e a *gesetz über die Mitbestimmung der Arbeitnehmer* (*MitbestG*) de 1976).

Deve-se lembrar, contudo, que, curiosamente, a empresa não é uma categoria jurisdicizada pelo direito alemão atual, para o qual o direito comercial ainda é o direito das "pessoas do comércio" (*Recht der Kaufleute*).[62]

---

[61] Cf. RATHENAU, Walther. *Vom Aktienwesen*: Eine Geschäftliche Betrachtung. Berlin: Fischer Verlag, 1917; NETTER, O. Zur aktienrechtlichen Theorie des 'Unternehmens an sich'. *JWI*, pp. 2953-2956, 1927; "Gesellschaftsinteresse und Interessenpolitik in der Aktiengesellschaft. *Bank-Archiv*, vol. 30, pp. 57-65 e 86-95, 1930-1931. Para uma visão histórica desse processo, mesmo que algo distorcida, JAEGER, Pier Giusto. *L'interesse sociale*. Milano: Giuffrè, 1964. p. 17.

[62] Cf. HOFMANN, P. *Handelsrecht*. 11. Aufl. Berlin: Luchterhand, 2002; ROTH, G. H. *Handels- und Gesellschaftsrecht*. München: Vahlen, 2001.

Daí por que à concepção tradicional se opõe uma *Neokonzeption des Handelsrechts*.[63]

Essa mesma polissemia prevalece também entre nós. Ainda que o Código Civil tenha operado para tentar aplacá-la sob a preferência do perfil funcional, plasmado na ideia de atividade, que decorre da interpretação da norma do art. 966, esse não é o único sentido da palavra em um ordenamento onde se encontra empresa em profusão.

8.2 A difusão da empresa como técnica regulatória e a lógica geral da sua disciplina jurídica

Essas ideias influenciariam, alicerçadas em modelo de Estado, um grande número de ordenamentos nacionais.

A Itália de Mussolini, em vista de sua proximidade com a Alemanha nazista, atribuiu à empresa a condição de conceito estruturante para a matriz regulatória que se deduz do *Codice Civile* de 1942.

Outros países, em meio a um projeto de ampliação do Estado, também encontraram na empresa uma conveniente ferramenta.

Célebres comercialistas, a exemplo de Frederiq e VanRyn, cogitaram mesmo uma absorção do direito comercial pelo direito econômico, senão a sua completa superação, pelo advento de uma nova disciplina centrada na empresa como categoria fundamental.[64] Bem por isso, no direito francês, também, a empresa exerce, até hoje, papel fundamental.[65]

---

[63] Cf. SCHMIDT, K. *Handelsrecht*. Köln, Berlin, Bonn, München: Heymann, 1999. Para um conceito de empresa influente na Alemanha atual, cf. RAISCH, P. *Geschichliche Voraussetzungen*, dogmatische Grundlagen und Sinnwandlung des Handeslrechts. Karlsruhe: C. F. Müller, 1965. p. 119 .

[64] Cf. FREDERIQ, L. *Traité de droit commercial belge*. Gand: Rombaut-Fecheyr, 1946. vol. 1, p. 22; VANRYN, Jean. *Principes de droit commercial*. Bruxelles: Bruylant, 1954. p. 12.

[65] Cf. RIPERT, Georges. *Traité élémentaire de droit commercial*, 2ª ed. Paris: LGDJ, 1951. p. 6.

A forte influência das teses institucionalistas, a exemplo do institucionalismo de Hauriou, forçou, por fim, o reconhecimento de que o direito comercial é, e sempre foi, um direito das atividades econômicas que, essencialmente móveis, não impedem seja, em qualquer tempo e lugar, desenvolvido com base nas tendências contratual[66], estatutária[67] e institucional.

O elemento institucional apresentou-se, nas palavras de VanRyn, como o mais importante, compreendendo todas as combinações nascidas da prática dos negócios como instrumentos indispensáveis da vida econômica moderna.

Esses instrumentos são mecanismos da vida econômica que se traduzem em direito por um conjunto de instituições comerciais, sejam instituições-coisas (a regra jurídica, a limitação de responsabilidade, etc.), sejam instituições-pessoas (a sociedade por ações, a sociedade limitada, etc.)[68].

A reforma encabeçada pelo direito italiano seria em breve acompanhada por novos expoentes do direito comercial francês, a exemplo de Georges Ripert,[69] a sugerir uma modalidade revigorada de sistema subjetivo. Não se tratou, especialmente por seu desprezo à extrema variabilidade de profissões, de defender um direito profissional nos moldes do *Code de Commerce*, mas sim um direito das empresas, centrado, simultaneamente, em características compartilhadas pelas empresas como atividade econômica e em suas distinções e peculiaridades.

Nisso tudo, em especial no direito italiano, inspirou-se o nosso Código Civil, onde a norma do artigo 966, assim como a do artigo 2082 do *Codice Civile*, não conceitua a empresa, senão por meio da definição de empresário.

---

[66] O elemento contratual é constituído pelas regras aplicáveis às operações comerciais de formação voluntária.

[67] Compreende as regras que traçam o quadro no qual se desenvolvem as atividades econômicas.

[68] Voltarei adiante sobre a importância do institucionalismo ao enquadramento do fenômeno empresarial.

[69] Cf. RIPERT, Georges. *Traité élémentaire de droit commercial*, 2ª ed. Paris: LGDJ, 1951, p. 6.

Entre nós, a empresa, para além de todas as funções regulatórias já referidas, proveu, em meio à suposta unificação do direito privado, uma especialização mínima, indispensável à distinção de fenômenos econômicos e de sua disciplina jurídica.

A empresa é a atividade econômica, que decorre da organização e do emprego de elementos de produção, pelo empresário (individual ou sociedade empresária), em caráter profissional, para a produção ou à circulação de bens e de serviços, nos mercados.

A ideia de afetação empresarial serve para distinguir, nesse contexto, como se disse, de todos os demais, os fenômenos econômicos sujeitos a um regramento particular.[70]

A jurisdicização da empresa e o seu emprego como técnica regulatória ofertavam, para além de ampla cobertura da atividade econômica, um providencial efeito reflexo, capaz de superar a controvérsia original entre as concepções subjetiva e objetiva.

A vertente subjetivista, mais antiga e de inspiração corporativa, tinha no direito comercial uma disciplina jurídica de classe profissional.[71]

O objetivismo, defendido por autores do século XIX, restringia a atuação do direito comercial ao regramento dos atos de comércio.[72]

A noção de ato de comércio, de um lado, seria – no contexto da empresa – absorvida pela ideia de atividade e, de outro lado, o foco das atenções deixaria de ser a conduta do comerciante, substituído pelo empresário.

Em verdade, foi a natureza multifária e polissêmica da empresa que pacificou a antiga disputa pelo objeto do direito comercial (não sem

---

[70] Cf. BROSETA PONT, M. *La empresa, la unificacion del derecho de obligaciones y el derecho mercantil*. Madrid: Tecnos, 1965.

[71] Cf. BRACCO, R. *L'impresa nel sistema del diritto commerciale*. 1960, p. 26.

[72] Sobre o processo de "objetivação" e expansão do direito comercial, intrinsecamente relacionado com a Revolução Industrial e a produção em massa, cf. ASCARELLI, Tullio. *Iniciación al estudio del derecho mercantil*. Barcelona: Ed. Bosch, 1964, p. 101.

ensejar, como veremos, novas controvérsias); a amplitude e plasticidade conceitual da empresa abrangeu todos os objetos programáticos até então atribuídos ao direito comercial.

É certo que a transposição de tonicidade de um perfil a outro, especialmente a pendularidade subjetivo-funcional, proveria argumentos para acusações de uma superação putativa das velhas concepções subjetiva e objetiva.[73]

Mas a teoria da empresa, a teoria que se desenvolveu e se assentou sobre a empresa (plasmada em uma disciplina jurídica posta, a exemplo da inserta em nosso ordenamento), no seu sentido geralmente aceito, desvencilhou-se dessa crítica.

O sujeito ativo da atividade empresarial, aquele que – sob o aspecto criativo – apresenta-se como seu protagonista, é, o organizador dos vários fatores de produção.[74]

A apropriação preliminar desses fatores de produção, amplamente descrita e classificada por Weber,[75] é o pré-requisito essencial à existência do empresário.

Em verdade, o empresário é aquele que – tendo-se apropriado dos fatores de produção (e.g., terra, trabalho e capital) – organiza-os (deles faz uso e eventualmente dispõe, agindo como seu "dono") para exercer a empresa.[76]

---

[73] Cf. FANELLI, G. *Introduzione alla teoria giuridica dell'impresa*. Milano: Giuffrè, 1950.

[74] Cf. GHIDINI, Mario. *Disciplina giuridica dell'impresa*. Milano: Giuffrè, 1950, p. 2. Por esse motivo, Louis Baudin afirma que a empresa é o lugar de coordenação dos fatores de produção. Cf. BAUDIN, Louis. *Manuel d'économie politique I*, 5ª ed. Paris: LGDJ, 1947, p. 153.

[75] Cf. WEBER, Max. *Economia y sociedad*: esbozo de sociología comprensiva. México: Fondo de Cultura Económica, 1987, p. 102.

[76] A ideia do empresário como organizador dos fatores de produção não é em nada dissonante do conceito estabelecido pelo artigo 966 do nosso Código Civil. Em verdade, faz qualificar, mesmo que de maneira parcial, o conteúdo da empresa como atividade econômica organizada, não apenas em função de seus fins – a exemplo do que se dá no texto de lei – mas especialmente por seus meios.

A apropriação desses fatores de produção associada ao gênio criativo[77], necessário para conceber a organização de uma atividade econômica, torna legítimo ao empresário aproveitar-se diretamente dos resultados da empresa.

Nos casos em que o empresário é exclusivamente uma sociedade, os dividendos devidos aos sócios prestam-se a adimplir créditos decorrentes da transferência de propriedade de meios de produção essenciais ao exercício da empresa.[78] Pelo mesmo motivo, independendo da forma de organização jurídica da empresa, o empresário deverá remunerar o trabalho[79]. Essa destinação obrigatória de parte dos resultados da empresa é o que torna legítima, em um estado de direito, a "apropriação" dos meios de produção e a própria atividade empresarial.

O problema da dissociação entre titularidade e direção da empresa, a inviabilizar a função organizativa como forma de qualificar o empresário, a despeito de efetivo nos casos de incapacidade (cf. artigos 974 e 975 do Código Civil), tem, entre as pessoas jurídicas, todavia, manifestação condicionada à pretensa natureza da relação que se estabelece entre administradores e sociedade.[80]

Diante de uma interpretação orientada por uma teoria orgânica, é certo que não se deve aventar tal distinção. E mesmo, em se tratando de representação, não se pode dizer que o representante dirige a empresa, já que age em nome e por conta do representado.[81]

---

[77] Acerca do elemento criativo associado à figura do empresário, cf. RATHENAU, Walther. *Vom Aktienwesen*: Eine Geschäftliche Betrachtung. Berlin: Fischer Verlag, 1917, p. 19.

[78] Ghidini explica: "Sotto il profilo economico, l'impreditore non si identifica nè col capitale nè col lavoro, ma si pone come organizzatore di capitali altrui – *Fremdkapital* – e di lavoro di altrui". Cf. GHIDINI, Mario. *Disciplina giuridica dell'impresa*. Milano: Giuffrè, 1950, p. 4.

[79] Nesse sentido, cf. MÜLLER-ERZBACH, Rudolf. *Deutsches Handelsrecht*. Tübingen: J.C.B. Mohr (P. Siebech), 1928. S. 72; GRAZIANI, A. *Impresa e imprenditore*. Napoli: Morano, 1959. p. 21; FRANCESCHELLI, R. *Imprese e Imprenditore*. Editora Vari, 1964, p. 29.

[80] Para uma precisa exposição das doutrinas dominantes, cf. CORREIA, Luís Brito. *Os administradores de sociedades anônimas*. Coimbra: Almedina, 1993.

[81] Cf. JORGE WARDE JR., Walfrido. O negócio jurídico da comissão mercantil sob a luz da teoria da representação imperfeita: repercussões na órbita da

Por isso, no caso do administrador, à exceção dos "administradores-sócios" das sociedades de pessoas,[82] é pouco provável que sua responsabilidade tenha fundamento na condição de empresário.

No que concerne aos sócios, quando há alienação das entradas de capital, sem retenção de poderes de disposição – o que os desqualifica como empresários – não se poderá falar de responsabilidade. De outro modo, imputa-se-lhes responsabilidade nos casos em que a titularidade da empresa é compartilhada com a sociedade – em virtude da organização conjunta dos fatores de produção – ou é atribuída isoladamente a um, a alguns ou a todos os sócios, pela "apropriação", ou inadequada alienação desses fatores.[83]

9. A METODOLOGIA DO DIREITO EMPRESARIAL

9.1 O direito comercial é o direito privado externo da empresa

O direito comercial é o "direito privado externo da empresa".[84] Não é, bem por isso, o estatuto jurídico da empresa, ainda que na empresa se funde o seu objeto.

O direito comercial disciplina parte do fenômeno empresarial, que se secionou, para fins de regramento, por expurgos ideológicos e pela afirmação histórica de especialidades.

Essas assertivas caracterizam a chamada *Neokonzeption des Handelsrechts*.

Essa nova concepção do direito comercial é compatível com o nosso modelo, porque atribui à empresa – a exemplo do que já se dá

---

responsabilidade contratual. *Revista dos Tribunais*, São Paulo, vol. 85, n. 732, p. 57. out. 1996.

[82] Cf. as exigências do artigo 1.042 do Código Civil brasileiro.

[83] Verificaremos, oportunamente, que a alienação inadequada (ou insuficiente) das entradas de capital insere-se na noção de "apropriação" a que nos referimos.

[84] Para uma descrição pormenorizada dessa noção cf. SCHMIDT, K. *Handelsrecht*. Berlim: Heymann, 1999.

em nosso ordenamento – a condição de categoria jurídica estruturante do direito comercial alemão (mesmo que, naquele país, não a tenham positivado).

Isso se reforça pelos sucessivos expurgos que apartaram do nosso direito comercial a disciplina de porções significativas do fenômeno empresarial.

O regramento da empresa, que se refere a um direito interno (organização) e a um direito externo (exercício) da empresa, não é disciplina autônoma, mesmo que a empresa se converta crescentemente em uma categoria jurídica de grande força atrativa.

Do seu regramento já se ocupam o direito comercial, o direito societário, e porções de outras ramas, a exemplo do direito econômico, do direito do consumo e do direito do trabalho.

O direito comercial como "direito privado externo da empresa" – em razão de todo o direito de empresa que, sob intenso dirigismo e especialização, foi-lhe expurgado – é a parte especial do direito privado[85] que contempla, ao lado do direito civil (parte geral), muito do direito privado e, portanto, dos atos de configuração autônomo-privada de relações jurídicas.[86]

O "direito privado externo da empresa" disciplina o exercício da empresa, a atividade empresarial externa.

Essa assertiva pressupõe que a organização seja um dos sentidos da empresa, que corresponde, por certo, à "empresa de dentro"[87], à

---

[85] Cf. CANARIS, C.-W. *Handelsrecht*. 24. Aufl. Munique: Verlag C. H. Beck, 2006. §1 I 10, p. 4.

[86] Cf. FLUME, W. *Allgemeiner Teil des Bürgerlichen Rechts, Das Rechtsgeschäft*. Berlin; Heidelberg; New York; Tokyo: Springer-Verlag, 1992. vol. 2, p. 1.

[87] Os fundamentos de um conceito moderno de organização – dos quais o direito ainda se mantém distanciado – foram lançados pelos primeiros estudos sociológicos dedicados à descrição do fenômeno. Nesse sentido, merecem atenção os trabalhos seminais produzidos entre os anos 1940-1960. Cf. SELZNIK, P. *TVA and the grass roots*. Berkeley/Los Angeles: University of California Press, 1949. SIMON, H. A. *Organizations*. New York: John Wiley, 1958; PARSONS, Tallcot. A sociological approach to the theory

estrutura de que decorre uma organização voltada ao exercício de um tipo de atividade econômica, a atividade econômica empresarial ("empresa de fora").

O direito comercial não disciplina a "empresa-organização" (a "empresa de dentro"), mas regra, exclusivamente, parte da empresa-atividade (a "empresa de fora").

A disciplina da empresa-atividade corresponde ao regramento de algumas condutas do empresário em sentido amplo (o seu registro, o nome empresarial, a expressão contábil do estado da empresa, a representação do empresário, os contratos empresariais de exercício,[88] a garantia e a titularização de direitos creditórios etc.), mas também ao tratamento da empresa como bem econômico e como objeto de direito em si (e.g., a transferência, a compra e venda e o arrendamento de empresa),[89] de sua proteção (por meio da tutela (de interesses privados) da concorrência, dos elementos imateriais de produção e da identidade empresarial) e de sua continuidade (e.g., nos casos de mudança de titular e de crise) etc.

O direito comercial disciplina, contudo, apenas parte da empresa-atividade.

---

of organizations, cit.; Some Ingredients of a general theory of formal organization, cit.; MARCH, J. G. *Handbook of organizations*. Chicago: Rand MacNally, 1965. Para além desses trabalhos, e depois deles, muitos outros poderiam ser citados a destacar a seriedade das pesquisas conduzidas no campo da sociologia das organizações. É lamentável, contudo, o desprezo dos operadores do direito, especialmente daqueles dedicados ao estudo da empresa e de suas formas de organização jurídica, ao conhecimento produzido por essa parte da sociologia, tão importante à compreensão dos fenômenos que, particularmente o direito societário, mas também o direito comercial pretende disciplinar. São, de todo o modo, mais conhecidas entre os juristas algumas vertentes do institucionalismo organizacional, sujeitas a filtros analíticos monotemáticos e unidimensionais (mas não por isso menos importantes), a exemplo da chamada *theory of the firm*. Cf. COASE, R. H. "The nature of the firm". Economica, New Series, vol. 4, n. 16. vol., 1937, pp. 18-33.

[88] Correspondem ao que alguns autores italianos chamam de *rapporti commerciali di attuazione*. A expressão é empregada, por exemplo, por Ferri, para designar as relações que "sorgono dai *singoli atti* in cui l'attività intermediaria si concreta" e para distingui-las das relações comerciais de organização. Cf. FERRI, G. *Manuale di diritto commerciale*, 4ª ed. Torino: UTET. 1976.

[89] Aqui, o objeto é o controle empresarial, que é um poder do empresário.

Expurgos, governados pela Política do Direito e por sucessivas especializações regulatórias, submeteram – sob intenso dirigismo estatal – importantes porções do objeto programático do direito comercial a outras ramas, a exemplo do direito do trabalho (que disciplina a apropriação do trabalho como elemento de empresa),[90] do direito de consumo (que impõe drástica intervenção regulatória sobre os contratos empresariais de exercício)[91] e mesmo do direito da propriedade industrial (que provê tutela (de interesses privados) à concorrência, a elementos imateriais de empresa e à identidade empresarial).[92]

9.2 O direito societário é o direito privado interno da empresa

As sociedades são a forma prevalente de organização jurídica da empresa. E, por isso, o direito societário (ou, ainda, o direito societário interno)[93] corresponde a quase todo o "direito privado interno da empresa".

O direito comercial não disciplina a organização jurídica da empresa-societária, que se especializou à afirmação histórico-dialética do direito societário, rama autônoma e especialíssima do direito privado.[94]

---

[90] Para uma descrição da afirmação histórica do direito do trabalho a partir do direito corporativo medieval, cf. ROSSI, G. "Sul profilo della 'locatio operarum' nel mondo del lavoro dei comuni italiani secondo la legislazione statutaria". In: SARTI, Giovanni; SARTI, Nicoletta (a cura di). Studi e testi di storia giuridica medievale. Milano: Giuffrè, 1997.

[91] Cf. DUGGAN, A. J. "The economics of consumer protection: a critique of the Chicago Law School case against intervention". Adelaide Law Review, Research Paper, n. 2.

[92] É bastante questionável, contudo, que o direito da propriedade industrial caracterize disciplina autônoma.

[93] O direito alemão propõe uma separação entre direito societário interno e externo. Isso se explica, em grande medida, porque o modelo alemão de cogestão ampliou o objeto programático do direito societário, que passou a disciplinar importantes relações externas com eficácia interna. É certo que o crescente tratamento societário de interesses dos vários constituencies também contribui para prover fundamentos à distinção. A disciplina das relações internas, que correspondem (entre as sociedades empresárias) ao direito interno da empresa, nesse contexto, é tarefa do direito societário interno (ou direito interno das sociedades). Cf. SCHMIDT, K. Handelsrecht. Berlim: Heymann, 1999.

[94] Para uma descrição desse processo, mesmo limitada a eventos até a virada do século

OS NOVOS RUMOS DO DIREITO SOCIETÁRIO

A disciplina das sociedades aparece e se desenvolve sob a inspiração de valores e de finalidades cambiantes.

É possível distinguir vários momentos de inflexão no desenvolvimento do direito societário, que se firma como instituição, alinhada à caracterização de uma modelo de civilização ocidental capitalista.

Todos esses momentos são marcados por um evento, por uma invenção ou por uma prática emblemática singular, que influem drasticamente à afirmação do direito societário como disciplina jurídica autônoma, submetida a princípios e a regras próprios.

A redução de um conjunto intrincado de fenômenos, em fluxo e transformação constantes, à caracterização de momentos inflexivos, é, de todo o modo, uma técnica de descrição por aproximação. O estabelecimento desses padrões despreza regionalismos e aceita a supremacia de uma modelo ocidental e capitalista de direito societário, para o qual, pressupõe-se, converge a esmagadora maioria dos ordenamentos nacionais.

A passagem de uma fase a outra não importa, por certo, uma completa ruptura.

Muitos elementos estruturantes (que definem o direito societário como ramo autônomo do direito) sobrepõem-se, em camadas, fase a fase, para formar um amálgama em que devem predominar os traços da última fase. Seria impertinente, aqui, descrever detalhadamente cada uma dessas etapas.

Uma referência superficial é útil, contudo, para esclarecer a especialização que aparta direito comercial e societário.

XIX, cf. GOLDSCHMIDT, L. *Storia universale del diritto commerciale.* Torino: UTET, 1913. A exponencial e progressiva especialização do direito societário, que, por si, fundamenta a sua autonomia, pode-se acessar pela compreensão de suas atuais feições e complexidades, exemplarmente descritas em KRAAKMANN, R., DAVIES, P., HANSMANN, H., HERTIG, G., HOPT, K., KANDA, H., ROCK. E. *The anatomy of corporate law:* a comparative and functional approach. Oxford; New York: Oxford University Press, 2004.

A evolução do direito societário pode ser rememorada por alusão: (*i*) ao proto-direito societário: compropriedade afetada por fins econômicos;[95] (*ii*) a uma fase privatista;[96] (*iii*) à fase de gestão pública de externalidades: limitação de responsabilidade e privilégio;[97] (*iv*) ao financiamento massivo da macroempresa societária e o aparecimento do princípio majoritário;[98] (*v*) à "popularização societária" com a criação da pequena anônima;[99] (*vi*) à de tutela de interesses trans-societários;[100] e (*vii*) à fase de regulação de mercados.[101]

O direito societário não é, portanto, parte do direito comercial.[102]

---

[95] Cf. DALLA, Danilo; LAMBERTINI, Renzo. *Istituzioni di diritto romano*, 2ª ed. Torino: Giappichelli, 2001, p. 269.

[96] Cf. MONTANARI, M. *Impresa e responsabilità*: sviluppo storico e disciplina positiva. Milano: Giuffrè, 1990.

[97] Cf. ABBOTT, H.; SPRINGER, F. M.; EUGENE, A. G. *Corporation law*: a comprehensive treatise on federal and State legislation relative to private and public service corporations and interstate commerce. Chicago: American School of Correspondence, 1913, pp. 34, 79; COOKE, C. A. *Corporation, trust and company*: an essay in legal history. Manchester: Manchester University Press, 1950.

[98] Cf. DUNLAVY, C. A. Corporate governance in late 19th – Century Europe and U.S. The Case of Shareholder Voting Rights. *In*: HOPT, K. J. et al (Eds.). *Comparative corporate governance*: the State of the art and emerging research. Oxford: Oxford University Express, 1998. p. 17.

[99] Cf. BARROS DE MELLO. *História e constituição das sociedades de responsabilidade limitada*. Recife: Diário da Manhã, 1950; PEIXOTO, C. F. C. *As sociedades por cotas de responsabilidade limitada*: doutrina, jurisprudência, legislação e prática, vol. 1. 2ª ed. Rio de Janeiro: Forense, 1956.

[100] Cf. RIECHERS, A. *Das "Unternehmen an Sich"*. Mohr Siebeck, 1996.

[101] Cf. BERLE, A.; MEANS, G. *The modern corporation and private property*, 1932, p. 86; DOUGLAS, W. O. directors who do not direct. *Harvard Law Review*, vol. 47, n. 8, p. 1315, 1934.

[102] A organização jurídica da empresa não societária é uma evidente exceção programática do direito comercial. Decorre de um lapso, que se explica pela recente percepção da existência e da importância de organizações sob forma jurídica não societária. Esse lapso se mitiga, todavia, pelo amplíssimo conceito de sociedade prevalente no Brasil (capaz abranger quase toda a empresa coletiva). A fixidez dogmática dos institutos e das categorias fundamentais de direito privado convive com uma multiplicidade instrumental (decorrente de autorizações legais à conformação autônomo-privada de relações jurídicas), que os torna plásticos ao ponto de prover novas "vias de direito" a operações

10. CONCLUSÕES FINAIS: A PANDEMIA E A DISSOLUÇÃO DO SISTEMA DE INCENTIVOS NO BOJO DAS SOCIEDADES EMPRESARIAIS

A pandemia da COVID-19 ameaça alterar o sistema de incentivos no âmbito das sociedades empresárias.

As razões que levam a organizar e a investir em empresas deverão sofrer profunda modificação.

É provável que a pandemia e as perspectivas de várias ondas de contágio, até que advenha uma cura ou uma vacina, sejam capazes de varrer um sem número de empresas descompassadas com os novos modos

---

econômicas novas e supostamente indisciplinadas. Cf. FERNÁNDEZ DE LA GÁNDARA, Luis. *La atipicidad en derecho de sociedades*. Zaragoza: Portico, 1977. p. 195. Esses predicados são precipuamente expressos pelo contrato, que contempla o exercício particular da autonomia privada ao livre estabelecimento, pelas partes, do conteúdo das prestações a que se obrigam. Nele, a liberdade contratual, como liberdade de configuração autônomo-privada do conteúdo das relações jurídicas, difere, no particular, da autonomia privada, que trata propriamente da liberdade de celebração. As organizações empresariais não societárias assumem majoritariamente a forma jurídica dos contratos empresariais disciplinados pelo direito comercial. Não raro essas organizações serão desdobros dimensionais de contratos empresariais de exercício ou, incompreendidos os fenômenos em questão, simplesmente tratadas como contratos empresariais de exercício. Alguma doutrina, especialmente a portuguesa – sob a influência do direito alemão –, trata desses contratos sob a rubrica "contratos de cooperação", cf., nesse sentido, FERREIRA DE ALMEIDA, C. *Texto e enunciado na teoria do negócio jurídico*. Coimbra: Livraria Almedina, 1992. vol. 1, pp. 533 e ss., nota 211, e *Contratos II*, Coimbra: Almedina, 2007, pp. 127 e 128. Há, também, autores que se referem aos "contratos de cooperação associativa", como subcategoria dos contratos de cooperação, cf. BRITO, M. H. *O contrato de concessão comercial*. Coimbra: Almedina, 1990. pp. 205 e ss. Para um enquadramento dos contratos de cooperação entre empresas em outras tipologias de contratos empresariais de exercício, cf. ENGRÁCIA ANTUNES, J. A. *Contratos comerciais*: noções fundamentais. *Direito e Justiça*, UCP, p. 26, 2007; FERREIRA LEITE, L. *Novos agrupamentos de empresas*. Porto: Athena Ed., 1982; MORAIS, D. S. L. *Empresas comuns joint ventures no direito comunitário da concorrência*. Coimbra: Almedina, 2006; AMORIM PEREIRA, Alberto. O contrato de «joint venture» conceito e prática. *ROA – Revista da Ordem dos Advogados*. Lisboa, ano 48, n. 3, pp. 845-881, dez. 1988; LIMA PINHEIRO, L. *Joint venture contrato de empreendimento comum em direito internacional privado*. Lisboa: Cosmos, 1998; e VALLES, E. *Consórcio, ACE e outras figuras*. Coimbra: Almedina, 2007.

de vida, com as novas necessidades que a pandemia enseja e, sobretudo, com aquelas que esvanecerão.

Quem precisa de um vestido de festa? E de inúmeros pares de sapato? E do carro do ano? Os modismos, ao menos a maioria deles, perderam e perderão, mais e mais, qualquer sentido em isolamento social.

As famílias já não se sentam no entorno de uma grande mesa nos restaurantes, tampouco os casais em encontros românticos. Os amigos já não se batem mais sobre qual deles fez a viagem de férias mais emocionante. Voar de avião, hoje, é risco de vida, assim como andar de ônibus e de metro sempre foi arriscado num país violento como o nosso.

As maiores empresas do mundo, mas também pequenas e médias, gravitavam no entorno dos nossos hábitos. A mudança de hábitos cria e destrói empresas. Grandes transformações decorrentes de mudanças forçadas de hábitos e de modos de vida podem produzir efeitos cataclísmicos nos sistemas econômicos.

A crise das empresas, daquelas mais rapidamente afetadas pelo modo como combatemos a pandemia (ou melhor, pelo modo como garantimos o mínimo de dignidade aos enfermos), decorre de uma diminuição de receita, de demissões em massa e, portanto, de uma diminuição ainda maior do consumo e da renda, num ciclo vicioso que afetará todas as cadeias produtivas e os ativos que delas derivam.

Esse estado de coisas irá desequilibrar as concessões públicas ao ponto de ruptura, derrubar os lucros das instituições financeiras, aumentar os riscos de crédito ao ponto de escassear todo o crédito. Irá corroer a poupança, na medida em que todos os ativos se desvalorizam.

Algumas empresas, entretanto, em razão de sua essencialidade, a exemplo daquelas cujas atividades estão centradas em produtos ou serviços médicos, ou em outros gêneros de primeira necessidade, continuarão a experimentar forte demanda, mas de uma clientela empobrecida. Irão se deparar com necessidade de diminuir a lucratividade sob pena de sofrer a ação do Estado, de modo a garantir a universalização dos produtos ou dos serviços essenciais que ofertam.

OS NOVOS RUMOS DO DIREITO SOCIETÁRIO

Já se discute, aliás, ainda que com alguma confiança na mão invisível, a lucratividade excessiva e oportunista de alguns setores econômicos privilegiados pela crise. Se o problema persistir, diante do empobrecimento disseminado da população, uma atuação estatal advirá.

Alguns dirão, contudo, que esse é um contexto transitório, e que as forças e os agentes de mercado irão eventualmente se reorganizar, sob as mesmas premissas e com a mesma voracidade dos tempos pré-pandêmicos. É possível.

Mas quando isso vai acontecer? E, até que aconteça, o que será do mundo e das empresas nele?

Algumas perspectivas sombrias afirmam que a superação só virá em 2 ou 3 anos, com o advento de uma vacina segura, amplamente testada, fabricada em massa e distribuída para todo o planeta.

É o tempo de uma longa guerra. E, na guerra, só o planejamento permite sobreviver. No âmbito dos países, será indispensável a centralização do pensamento e a coordenação dos mecanismos à sua execução. A desarticulação produzirá cadáveres.

Apenas o Estado é capaz de planejar todo o sistema econômico e, como vimos, dispõe dos aparelhos técnico-jurídicos para fazê-lo. Dispõe de mecanismos de regulação total, dos quais deverão se desdobrar tantos outros que garantam que a produção atenda, em qualidade, quantidade e preço, as necessidades urgentes da população sob a crise.

Uma articulação intensa entre empresas e Estado, das empresas que sobreviverem, irá alterar drasticamente o esquema de incentivos, esse esquema de incentivos que nos empurra a empreender nos regimes de produção capitalista.

E o direito societário, um direito societário desses novos tempos, sejam eles transitórios ou permanentes (ou ainda parcialmente permanentes) deverá ser capaz de ressignificar-se e de produzir novos efeitos ao atendimento de novas necessidades e de realizar necessárias transformações sociais.

Apontar precisamente esses novos rumos seria certamente um exercício de adivinhação. Mas não há dúvidas de que a bruta realidade que invade os mercados, sem pedir licença, deverá diminuir a distância entre o Estado, grande controlador público, e o controlador privado, raptor contumaz do Estado. Diminuirá também as distâncias entre o controlador e os acionistas minoritários.

Alguns conflitos deixarão de ter qualquer propósito, enquanto outros, compassados com o interesse público, definitivamente infiltrado nas empresas, terão protagonismo.

O cumprimento da função social será concretamente a condição de existência das empresas.

As relações serão virtualizadas, absortas pela tecnologia que irá, de uma vez por todas, banir os vestígios de tecnologias ultrapassadas, que ainda se escoravam em pressões e interesses econômicos contramajoritários e contraproducentes.

A burocracia ineficiente e cartorial deverá ser em grande medida superada, porque a sua ineficiência e os seus catastróficos efeitos serão exibidos para a desmoralização de governos e de agentes públicos.

O controle das ações e dos operadores de mercado, nesse diapasão, irá se ampliar drasticamente, sob olhos estatais que tudo veem. E, excitados pela perspectiva desse poder total, os usurpadores de sempre se esforçarão para usurpá-lo e para conspurcá-lo.

É possível que todo o consumo ou sua esmagadora maioria seja financiada pelo Estado, com o que os lucros deixarão de ter o seu sentido atual, superados pela centralidade do poder que assumirão aqueles que alimentam, vestem e proveem as necessidades básicas do povo. Um poder inimaginável e que prescinde de dinheiro, da acumulação do capital. Quem sabe um núcleo de poder empresarial precisamente sobreposto ao poder estatal, com a responsabilidade de prover a uma vasta maioria e de controlá-la. E, sob essa hipótese, alguém deverá prevalecer, à tomada do Estado, a sua burocracia ou uma microelite (em termos quantitativos) empresarial com poderes absolutos.

OS NOVOS RUMOS DO DIREITO SOCIETÁRIO

A pequena e a média empresas, quando e se sobreviverem, serão levadas a graus ainda maiores de coletivismo, para a formação de verdadeiras mancomunhões, que superarão, no sentido psicológico, as expressões individuais à organização e ao exercício da empresa. E, nesse contexto, talvez experimentemos uma volta ao passado, ao companheirismo, que se refere à partilha do pão, gênese das companhias e, muito antes delas, da *societas* do direito romano.

Mas até mesmo essas modificações drásticas poderão ser superadas, repise-se, sem elevado grau de ordenação, de planejamento e de direção estatais. Superadas pelo caos, pela dissolução de estruturas essenciais dos sistemas econômicos, que, neles, são pressupostos de quaisquer atividades.

O Estado será, portanto, a salvação da vida, mas o risco do fim de todas as liberdades.

Não conhecemos, repito, vacina segura que se tenha desenvolvido em menos de 5 anos. A concepção, os testes, a produção e a distribuição de 7 bilhões de doses não se fará em tempo muito menor, a despeito dos esforços que hoje somam mais de 100 iniciativas sérias na busca dessa panaceia.

Os regimes de produção capitalista, como nós os conhecemos, não resistirão a esse tempo, não sobreviverão sob suspensão criogênica. Não é possível simplesmente adormecer grandes organizações até que uma solução apareça. Elas irão inevitavelmente perecer, aos montes. E as que remanescerem se organizarão, nas dimensões econômica, sociológica e jurídica, de modo bastante distinto, articuladas a uma nova e ainda mais poderosa concepção de Estado.

A solução da crise, o fim da pandemia, não importará na reversão de suas consequências estruturais, sobretudo se elas significarem a assunção de poderes ilimitados e altamente concentrados. Quem tem poder invariavelmente o exerce para evitar, a qualquer custo, a sua perda, a sua devolução ao legítimo titular, tanto mais a um soberano desarticulado, vulnerável, amedrontado e empobrecido.

Parte IX
DIREITO DO SEGURO

REFLEXÕES SOBRE O CORONAVÍRUS E OS SEGUROS PRIVADOS

ERNESTO TZIRULNIK

O seguro está definido no artigo 757 do Código Civil. É o contrato que garante o legítimo interesse do segurado para o caso de surgirem necessidades econômicas em razão da realização de um *risco* que incide sobre o *interesse* e que esteja compreendido na *garantia* do seguro. Para contar com essa garantia durante todo o tempo do contrato e para ter o direito, caso ocorra um sinistro (que é a realização do risco), ao recebimento da indenização, quando o seguro for de dano, ou de um capital, quando o seguro for de vida, o segurado paga um *prêmio*.

Estão, aí, quatro dos cinco elementos do contrato de seguro: garantia, legítimo interesse, risco e prêmio.

GARANTIA

Apesar da álea a que está condicionada a dívida pecuniária da seguradora, o contrato de seguro é sempre um contrato de altíssima carga comutativa, porque a seguradora deve ao segurado, desde a celebração do contrato, prestação que consiste em atribuição patrimonial muito importante: a garantia do interesse sujeito a risco. Um interesse assegurável, quando assegurado, aumenta de valor e permite ao seu titular liberar capital para outras atividades.

LEGÍTIMO INTERESSE

O legítimo interesse é a relação econômica entre uma pessoa e um bem da vida. Esse bem da vida pode ser uma *coisa* (seguro incêndio), a própria ou outra *pessoa* (seguro de vida), um *direito* (seguro de crédito e seguro prestamista) ou mesmo uma *expectativa* (seguro de lucro cessante).

O seguro garante o legítimo interesse e não o bem da vida sobre o qual ele recai.

Isso é muito importante por diversas razões. Para citar duas: *(i)* ajuda a identificar quem ocupa a posição jurídica de segurado no contrato (titular do legítimo interesse sobre o bem da vida assegurado) e *(ii)* ajuda a concluir qual é o valor devido pela seguradora ao segurado em caso de sinistro, pois a medida é exatamente a relação econômica entre o segurado e o bem da vida assegurado, observados os limites financeiros do seguro, é claro.

Entretanto, o maior proveito que a teoria do interesse produz para a exegese e a execução dos contratos de seguro é a noção de dano. O que é um dano para efeito da relação obrigacional securitária? Um dano para esse tipo especial de obrigação é a lesão ao interesse ou prejuízo.

A perda de utilidade de um bem, parcial ou completa, independentemente da alteração das suas qualidades e quantidades físicas, não difere ontologicamente da perda em razão do dano físico que a inutilize no todo ou em parte.

Melhor explicando, o que o segurador garante é a relação de interesse. Se houver dano físico e o interesse econômico do segurado relativo ao bem danificado não se alterar, o segurador nada deve ao segurado. Tenha-se como exemplo a demolição do muro que se encontrava por ser demolido pelo choque de um veículo ou o caso de ruptura de máquina sem valor de venda no mercado cuja substituição por outra era considerada urgente ao tempo da ruptura, mas que não havia sido ainda substituída porque sua destruição era necessária para retirá-la do local em que se encontrava contida. Em ambos os casos a relação de interesse não foi alterada em prejuízo do segurado. Os danos vieram a calhar para os seus interesses.

REFLEXÕES SOBRE O CORONAVÍRUS E OS SEGUROS PRIVADOS

Ao mesmo tempo, se houver a perda do interesse econômico numa caldeira porque sua montagem defeituosa não permite que ela seja ela posta em funcionamento, sob pena de explosão, ainda que nada se altere fisicamente, a perda da utilidade, ou seja, da relação econômica entre o segurado e o bem da vida, em outras palavras, do interesse, produz o mesmo efeito que produziria a total destruição caso tivesse havido a explosão ou ruptura integral da caldeira por qualquer outro motivo.

É assim que se compreende a existência, entre outras, da garantia autônoma de lucros cessantes por interrupção de negócios ou atividades e todas as demais perdas diretas e indiretas. O lucro que cessa é um dano patrimonial (sinônimo de dano material, em que pese a má utilização desta expressão por muitas apólices). Quando uma seguradora não quer garantir o lucro cessante sem a precedência causal de um dano físico, a apólice de seguro deve ser clara e inequívoca, ressaltando que a cobertura de lucro cessante somente atuará quando e se for causada pelo dano físico a uma coisa ou conjunto de coisas.

Assim como é comum entre os profissionais da operação de seguro a confusão entre danos materiais e danos físicos, também há confusão entre danos diretos e danos indiretos, alguns situando os lucros cessantes entre os indiretos. No entanto, na sua acepção jurídica, os lucros cessantes são perdas diretas típicas. Como ensinava Pontes de Miranda, "a expressão perdas e danos se refere a danos emergentes e lucros cessantes: perde-se o que se deixa de ganhar e sofre-se com a diminuição do valor do que se tem". O significado da expressão "perdas e danos" integra-se pelo dano emergente e pelo lucro cessante, sendo perfeitamente possíveis e acolhidos na nossa tradição jurídica os lucros cessantes *diretos e imediatos*.

Por que tem de ser *legítimo* o interesse? O que denota essa legitimidade? Tem de ser legítimo, em primeiro lugar, porque o interesse ilícito – consequentemente ilegítimo – sobre um bem não pode ser protegido pelo seguro poque isso ofenderia a ordem pública. Desse modo, o receptador não pode garantir por meio de seguro os defeitos da coisa receptada, nem o falsificador a aceitação de sua obra como verdadeira.

O comportamento doloso para a configuração do sinistro não se garante por meio de contrato de seguro porque, além de faltar-lhe a legitimidade-licitude, o segurado não tem uma relação econômica legítima com o bem da vida, isto é, legitimidade-preservação, suprimindo a álea essencial para a caracterização de um risco, seja quanto ao tempo de sua verificação, seja quanto à própria ocorrência. Quem torce para que o seu veículo seja furtado e facilita voluntariamente a ocorrência do furto, não tem interesse econômico na preservação do bem assegurado. A questão não é psicológica, é de *conduta*.

Há situações em que o dolo do contratante do seguro ou o do próprio segurado convive com o seguro. Isso acontece, por exemplo, quando se trata de seguros fidejussórios ("seguro-garantia"). Nestes casos, o devedor que estipula o seguro com a seguradora em favor do seu credor pode inadimplir dolosamente sem que isso prejudique ao direito do segurado ou quando o seguro é de custeio de despesas de defesa jurídica, em geral associado à cobertura de responsabilidade civil (E&O, D&O), pois o direito de defesa contra imputações é lícito e envolve álea, além de ser precedente ao reconhecimento da conduta dolosa. Reconhecido o dolo, emerge o pagamento indevido e o agente doloso que recebeu as indenizações para o custeio da defesa deve ressarcir a seguradora, restituindo as quantias recebidas e indenizando os custos havidos com a regulação do sinistro e outros prejuízos causados à seguradora.

Além dessas particularidades, um mesmo bem pode ter diversos interessados. Pense-se no seguro de uma empresa atacadista que funciona em prédio alugado. É contratado um seguro. O dono do imóvel e o locatário figuram como segurados. O dono está precisando de dinheiro e ateia fogo. O interesse dele mostrou-se ilegítimo, ele queria o sinistro e atuou nesse sentido. O do locatário, não. Este fará jus à indenização e o proprietário, além de perder direito ao seguro, terá de ressarcir a seguradora que indenizou o inquilino.

Se o interesse verdadeiro é de valor menor do que o valor pelo qual foi segurado, há *sobresseguro*. Se ele é maior, há *infrasseguro*.

Em caso de infrasseguro, costuma incidir uma regra proporcional conhecida como *cláusula de rateio*. Se eu asseguro minha casa por 10, sendo que ela vale 20, e não pactuo expressamente com a seguradora a cláusula padrão que prevê que em caso de sinistro ela pagará até 10, independentemente do valor da casa, o que seria um contrato com cobertura "a primeiro risco absoluto", a seguradora não me indenizará 10 se a casa for inteiramente perdida. Ela pagará apenas a metade do valor segurado. Pagará 5. E eu arcarei com a outra metade. Esse exemplo é para a cláusula de rateio proporcional cheia, mas há uma variedade de tipos de cláusulas de rateio padronizadas pelas seguradoras.

RISCO

Aqui, há dois conceitos importantes: *risco* e *precaução*.

Risco é ameaça futura de lesão ao interesse segurado *tecnicamente conhecida*, isto é, que foi quantificado com base na estatística e na atuária. O interesse sobre o prédio está ameaçado de lesão pelo fogo. Um automóvel está à mercê de abalroar outro e, além do prejuízo que o dono do automóvel sofre com os danos físicos ao automóvel, ele ainda pode ser civilmente responsável por uma reparação. Tudo isso é risco.

O risco pode ser algo social e individualmente negativo: a morte, a destruição de um bem, o inadimplemento do devedor etc. Temos a tendência de sempre considerá-lo como uma ameaça de infortúnio e não objetivamente, como possibilidade de ocorrer uma necessidade econômica. Em seguro não se trata de *bem* ou *mal*. Risco é algo que se define no contrato de seguro e que obedece a duas premissas: não ofenda a ordem pública e não deixe de ser individualmente aleatório – na *operação empresarial de seguro* é calculado e certo.

O risco pode ser a ocorrência de fato festejado pelo que o sofre. Sobreviver mais do que a média etária geral é desejado. Entretanto, traz necessidades econômicas. É delicioso ver os filhos entrando na escola, mas quando isso acontece surgem necessidades econômicas. São riscos asseguráveis a sobrevida e os estudos.

Os riscos são mensuráveis objetivamente: estatísticas e atuária resolvem o problema. A menos que haja desvios, o que se verá na sequência.

Digamos que a seguradora calcule que, no conjunto de dez mil pessoas com idades de 20 a 60 anos, 50 delas falecerão no período de um ano. Com essas premissas ela fixa a taxa para o cálculo do prêmio anual que cada um dos segurados deve pagar individualmente. Esse é o *prêmio de risco*.

Existe o prêmio chamado *comercial*, que é o *prêmio de risco mais os carregamentos*, especialmente as despesas de intermediação, lamentavelmente às vezes muito elevadas, superando até a soma dos sinistros.

Já *precaução* é a possibilidade de vir a existir um risco que *não é* socialmente conhecido, não sendo possível calcular tecnicamente. Isso fica mais claro quando pensamos, por exemplo, num empreendimento envolvendo o uso de uma nova tecnologia, ainda não testada. Podem existir riscos com o empreendimento que usa essa tecnologia, mas não são conhecidos. É a possibilidade de existir um risco desconhecido. Os seguros podem garantir esse tipo de situação – e aí está uma das suas principais funções, o estímulo ao empreendimento e à tecnologia.

PRÊMIO

Prêmio é o preço da garantia do seguro. Ele deve ser medido segundo o interesse e o risco. Se o risco diminui, o prêmio pode ser proporcionalmente devolvido pela seguradora, se o risco aumenta, a seguradora poderá cobrar a diferença, sempre mantendo a relação de equivalência *prêmio-risco-interesse* atribuída na operação seguradora, por meio das técnicas da estatística e dos cálculos atuariais. Em outras palavras, o seguro tem normas próprias para o caso de onerosidade excessiva.

EMPRESARIALIDADE

No parágrafo único do artigo 757 encontra-se o *quinto elemento*, para o qual é preciso chamar atenção, porque ele é muito importante. É o elemento *empresa* ou *empresarialidade*.

O que isso significa? Significa que o contrato de seguro, para que possa concretamente existir, precisa – numa expressão da moda – *viralizar*.

Quanto mais operações reunidas numa carteira de seguro, mais estável e acessível será a operação.

Ao contrário dos demais contratos previstos no Código Civil, o seguro se distingue, justamente, pelo fato de que ele precisa ser operado por uma empresa especialmente autorizada a figurar na posição jurídica de seguradora.

Em princípio, para caracterizar uma relação jurídica nos contratos em geral, não é requisito que as partes exerçam empresa profissional. Qualquer pessoa pode ser transportador, locador, mutuante, empreiteiro, representante etc. O seguro não funciona como esses negócios e os demais em geral. Por isso já se vê que é necessário tomar cuidado para não importar experiências e raciocínios dogmáticos formados a partir de institutos tradicionais do direito privado. A metodologia utilizada para os negócios civis em geral costuma deformar a compreensão do contrato de seguro e tirar-lhe as vantagens.

A operação seguradora é aquela empresa (atividade profissional organizada) que reúne uma massa de pessoas com interesses similares, sujeita a riscos do mesmo tipo, para formar um monte de dinheiro suficiente destinado a indenizar aqueles que vierem a sofrer o sinistro (a realização do risco garantido pelo seguro).

A operação seguradora penetra no contrato de seguro e molda-o. Por isso, é inadequado falar em contrato paritário de seguro. A operação empresarial seguradora exige contratos homogêneos e é impossível para uma seguradora operar um ramo qualquer de seguro sem que ela própria predisponha os textos contratuais, no que é essencial para a operação. A nota de adesão dos seguros, grandes ou pequenos, especiais ou massificados, é uma exigência técnica da operação seguradora.

CONSENSUALIDADE

É preciso, também, deixar claro que o seguro é um contrato consensual – o mais consensual dos contratos, aliás. Não se pode amenizar isso ou dizer o contrário. É tão consensual o contrato que basta examinar a generalidade das apólices de seguro, observando a data *de emissão da apólice* e a data *do início de vigência da cobertura* do seguro. Em geral, a cobertura começará antes da emissão da apólice.

A apólice é um documento típico do contrato de seguro, com função meramente probatória, emitido unilateralmente pela seguradora e posterior à avença, na quase totalidade das vezes. É tão consensual o contrato que pode formar-se pelo simples silêncio do oblato. O segurado apresenta a proposta à seguradora. Se ela não recusar expressamente no prazo de 15 dias, está aperfeiçoado o negócio. Não é tácita a aceitação, é pelo simples silêncio.

RESSEGURO E RETROCESSÃO

Para compreender a dogmática do seguro, é preciso falar sobre *resseguro* e *retrocessão*. O art. 4º do Decreto-lei n. 73/66 indica que três outros negócios são integrantes da chamada *operação de seguro*: o *cosseguro*, o *resseguro* e a *retrocessão*.

Cosseguro nada mais é do que a garantia de um interesse submetido a risco por duas ou mais seguradoras. Tenho um interesse a garantir e contrato a garantia com duas seguradoras, cada uma responsabilizando-se por uma cota parte. Não são devedoras solidárias as cosseguradoras, ao menos em princípio, pois pode haver anomalias operacionais que promovem, sob a denominação de cosseguro, a cessão de contrato. As apólices de cosseguro podem ser distintas, mas em geral uma das seguradoras emite a apólice e faz constarem os nomes e a respectiva cota parte de cada cosseguradora. A cosseguradora que emite a apólice é a líder. Ela representa e substitui processualmente as demais. O cosseguro existe porque algumas vezes o proponente quer garantir-se com duas seguradoras diferentes, mas, geralmente, é utilizado porque a seguradora procurada pelo proponente do seguro não quer suportar sozinha a ameaça ao interesse objeto da proposta de seguro. O cosseguro não é um negócio jurídico diferente do seguro. É a partilha de cotas de garantia, sem solidariedade, feita por duas ou mais seguradoras.

Já o *resseguro* é o seguro do interesse da seguradora na sua própria atividade empresarial. Como indicado acima, uma seguradora faz os estudos estatísticos e cálculos atuariais e define o valor da sua perda provável ou exposição.

Mas, como também já mencionado, a seguradora pode sofrer um desvio na sinistralidade e ver-se em "papos de aranha". Pode acontecer de cair o avião que ela assegurava com um grupo enorme de segurados de vida, também segurados dela, sobre uma planta industrial que, coincidentemente, está na sua carteira de riscos patrimoniais. Pode coincidir de a seguradora ter muitos clientes médicos, fisioterapeutas e outros profissionais da área da saúde, com os quais celebrou seguro saúde e de vida e diante de inesperada epidemia no âmbito da classe de profissionais da saúde sofrer perdas inesperadas.

Para se prevenir contra as perdas decorrentes desses desvios, a seguradora contrata resseguro. E assim a fila anda. As resseguradoras dela contratam retrocessões, concretizando-se um sistema de dispersão "pandêmica" de riscos.

Esse sistema de dispersão dos efeitos financeiros da realização dos riscos assegurados é o que se denomina *operação de seguro*, que engloba, inclusive por força de lei, o resseguro e as retrocessões. Veja-se a redação do artigo 4º do Decreto-Lei n. 73/66:

> "*Art. 4º Integra-se nas operações de seguros privados o sistema de cosseguro, resseguro e retrocessão, por forma a pulverizar os riscos e fortalecer as relações econômicas do mercado*".

Por essa razão, os desvios de sinistralidade, quando a atividade empresarial seguradora tem boa governança, não causam nenhum abalo à solvência das companhias seguradoras.

O conjunto de agentes econômicos e os organismos de controle estatal das operações de seguro (mais resseguro e retrocessões) formam o chamado *Sistema Nacional de Seguros Privados*, que tem como personagens centrais um órgão normativo, o *Conselho Nacional de Seguros Privados* (CNSP), uma autarquia fiscalizadora, a *Superintendência de Seguros Privados* (SUSEP), além das seguradoras e dos resseguradores, regulados basicamente na Lei Complementar n. 126/2007, além do Decreto-Lei n. 73/66. É um sistema uno e impermeável.

Assim funcionam – ou devem funcionar – os seguros.

A REGRA BÁSICA PARA A INTEPRETAÇÃO DAS EXCLUDENTES

A regra de construção do conteúdo obrigacional de seguro é a de que as disposições que atenuam ou liberam a responsabilidade da companhia seguradora, como é o caso da cláusula que exclui risco próprio do tipo contratual de seguro contratado, devem ser interpretadas restritivamente, contra a seguradora e em favor do segurado ou beneficiário.

O seguro, como indicado acima, é contrato por adesão. As apólices são – e não há como ser diferente no essencial das suas disposições – escritas e uniformizadas pelas companhias de seguro. Além disso, são contratos de complexidade técnica, sujeitos a uma linguagem muito particular, e à emissão de documento unilateral pela seguradora.

A PANDEMIA E OS SEGUROS

Agora, é preciso refletir sobre a pandemia do contágio do coronavírus (COVID-19) e os seguros. Há cinco aspectos importantes a considerar.

1) O primeiro é saber se *juridicamente podem ser assegurados* os interesses expostos aos riscos associados a epidemias ou pandemias;

2) O segundo é saber se pandemia e epidemia são propriamente um risco ou uma *circunstância* ou *condição* na qual se insere o risco de contágio pelo vírus;

3) O terceiro é saber *quais são e se são válidas* as excludentes de cobertura que existem no mercado e que possam ter relação direta ou indireta com a COVID-19;

4) Além disso, em quarto lugar, é importante discutir se a sinistralidade do coronavírus pode ser considerada *causa para a revisão* do contrato de seguro;

5) Por último, é necessário conhecer as diferentes espécies de efeitos deflagrados pelo enfrentamento do coronavírus (COVID-19), notadamente as *declarações de Calamidade Pública*.

SÃO ASSEGURÁVEIS OS RISCOS ASSOCIADOS A PANDEMIAS?

Admitindo que se possa falar em pandemia ou epidemia como um risco, a resposta é positiva. Sim, são riscos asseguráveis.

A assegurabilidade dos riscos pelo contrato de seguro está juridicamente sujeita a duas limitações: *(i)* a ordem pública e *(ii)* a casualidade ou *álea* individual dos sinistros.

Na preparação da operação seguradora, os sinistros devem ser calculados no seu conjunto e isso irradia efeitos nas relações individuais, seja para o desenho dos conteúdos contratuais padronizados, como as apólices e suas condições gerais e especiais, seja para a fixação da taxa para o cálculo dos prêmios. Mas, cada sinistro individualmente considerado não pode decorrer de conduta voluntária ou dolosa dos segurados. Pudessem os seguros garantir atos dolosos, seria inviável a operação.

Assim, o risco de morte ou o risco de perda patrimonial em circunstância de pandemia, em princípio, devem ser considerados riscos asseguráveis, pois não ofendem a ordem pública, nem fazem desaparecer a *álea*.

Quando da discussão a respeito da amplitude das garantias dos seguros, feita ao tempo da elaboração do Código Civil de 2002, apresentou-se um substitutivo propondo o seguinte parágrafo único ao primeiro artigo do Capítulo (atual art. 757), com o seguinte teor: "As cláusulas definidoras dos riscos interpretam-se estritamente."

A rejeição desse comando restritivo reforçou a ideia de que os seguros devem cobrir, em princípio, todos os riscos ordinariamente esperados para o tipo de seguro contratado, evitando o desequilíbrio de que trata o art. 51 do Código de Proteção e Defesa do Consumidor:

> *§ 1º Presume-se exagerada, entre outros casos, a vantagem que:*
> *II –* **restringe direitos ou obrigações fundamentais inerentes à natureza do contrato,** *de tal modo a ameaçar seu objeto ou equilíbrio contratual;*
> *III – se mostra excessivamente onerosa para o consumidor, considerando-se* **a natureza e conteúdo do contrato, o interesse das partes e outras circunstâncias peculiares ao caso.**

No direito do seguro em prospectiva, o PLC 29/2017, no art. 14, prevê que "*O contrato cobre os riscos relativos à espécie de seguro contratada*". A ideia, aqui, é deixar claro que todos os riscos do tipo contratual sejam garantidos, salvo os "*riscos excluídos e os interesses não indenizáveis*", que "*devem ser descritos de forma clara e inequívoca*".

O PLC 29/2017 prevê, ainda, no § 6º do art. 18, que "*Nos seguros sobre a vida ou integridade física a seguradora poderá cobrar a diferença de prêmio, em caso de agravamento voluntário do risco*". Isso significa que se o agravamento não for voluntário, mas decorrer de uma circunstância externa à vontade do segurado, como é o caso da pandemia, a seguradora não terá sequer o direito de cobrar prêmio adicional.

Tanto os riscos associados à pandemia são asseguráveis, que as companhias de seguro estão acolhendo as reclamações oriundas da frustração de grandes espetáculos e eventos esportivos, como o adiamento das Olimpíadas de Tóquio, com prejuízos estimados em US$ 2 bilhões, e o cancelamento do torneio de Wimbledon, com indenizações que alçaram mais de US$ 141 milhões.

Certamente as sociedades empresárias de espetáculos, como a Netflix, serão confortadas com os seguros que garantem os cancelamentos e os sobrecustos de suas produções, sempre que não forem arbitrárias essas ações – cancelamento ou elevação de custos – e sim decorrentes de condutas ajustadas ao enfrentamento da chamada crise do coronavírus.

PANDEMIA E EPIDEMIA PODEM SER CONSIDERADAS COMO UM RISCO NO SENTIDO TÉCNICO DA PALAVRA?

No plano dos contratos de seguro, não existe um "risco de pandemia ou epidemia". Se eu morro por causa de uma doença, a *causa* do sinistro, o risco, é a possibilidade de morrer por essa doença, e não o fato de essa doença vir a ocorrer com maior frequência ou numa amplitude territorial ampla.

A pandemia é uma *circunstância*, uma *condição*, e não propriamente uma *causa*. Se a pandemia for de hepatite, a causa da morte poderá ser a hepatite, nunca a sua ocorrência em condição endêmica ou pandêmica. São expressões genéricas e cuja utilização prejudica a compreensão e a previsibilidade dos segurados e beneficiários.

Quando a apólice exclui da cobertura do risco de incêndio aquele incêndio que acontece durante um período prolongado de seca, ela está claramente excluindo o incêndio *causado* pelo fato da seca e não todo e qualquer incêndio ocorrido durante o período. Caso, porventura, o fogo seja ateado por alguém, e não se encontrem excluídos da cobertura os atos praticados por terceiros, então esse incêndio será indenizado pela seguradora.

Nos riscos chamados catastróficos, como o risco de danos causados por guerra, acontece o mesmo. No *seu Tratado teórico e prático do contrato de seguro e prática do contrato de seguro incêndio*, de 1885, Henri LALANDE, cuidando da exclusão de risco de guerra, já ensinava que a prova do fato da guerra que *causou* o incêndio, ou seja, a prova da exoneração da seguradora, é ônus que cabe a esta. Não lhe basta provar que o incêndio aconteceu durante a guerra e em zona de guerra; é necessário provar que a causa do incêndio foi um ato de guerra.

Quando a apólice apresenta, como causa que exclui a cobertura, algo que não é causa, mas sim condição, gera uma grande confusão. Quem é profissional dedicado a uma atividade tão técnica e especializada não pode falhar ao escrever os instrumentos destinados a documentar o conteúdo dos seus contratos. No seguro de vida, por exemplo, não há morte por pandemia, mas morte por alguma causa (COVID-19) que está se verificando de forma ampla na causação de mortes.

O segurado que lê a exclusão de pandemia nunca poderia imaginar que, vindo a morrer por causa de uma virose ou "gripezinha", isso significará que seus beneficiários não terão direito ao capital segurado. Causa muita insegurança excluir de forma genérica a pandemia num seguro de vida. Além de não ser um risco, mas uma circunstância ou condição agravadora da possibilidade de realização do risco morte, a natureza da cobertura leva o segurado a acreditar que se sofrer uma morte natural, que não foi causada por doença preexistente que tenha omitido de má-fé da seguradora, o capital segurado será pago aos seus beneficiários.

Não seria difícil imaginar que apenas um pequeno punhado de segurados, de um grupo imenso, venha a falecer exclusivamente por causa da COVID-19. Muitos outros morrerão porque, acometidos por outras doenças ou traumas, se depararão com a falta de atendimento médico-hospitalar. De qualquer forma, a justificativa para a negativa de cobertura dessas mortes se mostraria mais do que abusiva, se considerarmos que o risco de aumento de sinistralidade foi protegido por mecanismos de dispersão no âmbito da operação de seguro e, desse modo, não se justifica a exclusão do ponto de vista atuarial.

Ainda que a sinistralidade da seguradora cresça por mortes ocorridas exclusivamente em razão da COVID-19, com relação à experiência estatística da seguradora, tal fato não justifica a exclusão.

Isso porque, como já dito, as seguradoras exercem uma empresa de previsão especial, que leva em conta a possibilidade de desvios e catástrofes. Elas lançam mão das técnicas de proteção de riscos de sua atividade e de técnicas de precaução. Trata-se do resseguro, que ela deve contratar de forma o mais prudente possível, justamente para evitar sua própria insolvência caso ocorram mais sinistros ou sinistros com efeitos mais severos do que o originalmente programado a partir dos seus cálculos matemáticos.

Isso explica o fato de seguradoras, que têm cláusulas de exclusão de pandemia nas suas apólices de seguro do ramo vida, haverem declarado publicamente que pagarão os capitais segurados aos beneficiários, mesmo que a morte seja causada *exclusivamente* por COVID-19. E não foram poucas, apenas uma pequena minoria ainda está apostando em políticas de negativa.

A insistência na palavra *exclusivamente* é proposital. Se a COVID-19 for concausa da morte, ou seja, se a morte for causada pelo agravamento de outras patologias em conjunto com o coronavírus, então, mesmo se reconhecermos a validade e a aplicação de uma exclusão de pandemia, a solução é de concorrência entre causas cobertas e causa excluída, e o seguro, nessas circunstâncias, deve ser pago, seja de vida ou de qualquer outro ramo.

As seguradoras de vida reticentes em assumir a cobertura das mortes por COVID-19 apegam-se no fato de que a própria autarquia fiscalizadora do setor segurador, a SUSEP, empreendeu a Resolução CNSP n. 440/2012, que estabelece parâmetros obrigatórios para os chamados microsseguros – que considero espécie de seguro para "micro cidadãos" com "micro direitos". No art. 12 dessa Resolução está escrito:

> *"As exclusões específicas relativas a cada cobertura deverão estar relacionadas logo após a descrição dos riscos cobertos em todos os documentos contratuais, inclusive nos bilhetes, apólices e certificados individuais.*
> *I – Nas coberturas classificadas como microsseguro de pessoas:*
> *(...) d –* **epidemia ou pandemia declarada por órgão competente**".

Ao assim proceder, a SUSEP acabou induzindo a possibilidade de serem utilizadas as exclusões de pandemia e epidemia nos seguros pessoais e, como é natural, há o risco de Magistrados, seduzidos pelo *pacta sunt servanda*, acabarem respaldando as negativas de cobertura desse pequeno grupo de seguradoras que não veio a público reconhecer que não aplicará as exclusões de pandemia aos seguros de vida.

Apesar de suas conaturais proteções (provisões, reservas, resseguro etc.), as seguradoras e resseguradoras não deixarão de sofrer o impacto da pandemia do coronavírus, que agravará a crise econômica, produzindo reclamações nos seguros patrimoniais, e é provável que haja um afunilamento das torneiras dos pagamentos de indenizações e dos critérios para a interpretação dos contratos durante a regulação dos sinistros reclamados.

No seguro saúde, a Agência Nacional de Saúde Suplementar (ANS) veio a público para dar a seguinte notícia, no seu sítio eletrônico:

> *"4 – Os planos de saúde cobrem o tratamento dos problemas de saúde causados pelo coronavírus?*
> *Sim, os planos de saúde já têm cobertura obrigatória para consultas, internações, terapias e exames que podem ser empregados no tratamento de problemas causados pelo coronavírus (COVID-19). É importante esclarecer que o consumidor tem que estar atento à segmentação assistencial de seu plano: o ambulatorial dá direito a consultas, exames e terapias; o hospitalar dá direito a internação".*

Entretanto, isso não é verdade. Segundo a Resolução n. 453 da ANS, apenas está coberto o exame "quando o paciente se enquadrar na definição de caso *suspeito* ou *provável* de doença pela COVID-19". A resolução não esclarece o que seriam *casos suspeitos* ou *prováveis* (ex., se é preciso indicação médica), mas será recusada cobertura para aquele que, por si próprio, decidir fazer o exame:

> *"Art. 3º O Anexo II da RN n. 428, de 2017, passa a vigorar acrescido dos itens, SARS-CoV-2 (CORONAVÍRUS COVID-19) – PESQUISA POR RT-PCR cobertura obrigatória quando o paciente se enquadrar na definição de caso suspeito ou provável de doença pelo coronavírus 2019 (COVID-19) definido pelo Ministério da Saúde, conforme Anexo II desta Resolução".*

A Federação Nacional de Saúde Suplementar (FenaSaúde) entende que é preciso indicação médica:

> *"Qualquer beneficiário pode se dirigir a um laboratório para fazer o exame específico para detecção da COVID-19 a ser coberto pelos planos?*
> *Não. Seguindo o estabelecido na resolução normativa n. 453, de 12/03/2020, da ANS, o exame específico será feito apenas nos casos em que houver indicação médica para casos classificados como suspeitos ou prováveis de doença pela COVID-19.*
> *Mas, desde 20/3, quando todo território nacional foi considerado em*

estado de transmissão comunitária, a orientação do Ministério da Saúde é realizar o exame específico para a COVID-19 apenas em casos graves de pacientes internados".

Caso o exame seja *anterior* à Resolução n. 453, de 12 de março, as seguradoras têm recusado a cobertura, assim como têm-na recusado quando o exame não é precedido de uma indicação médica, posturas sujeitas a críticas diversas e que dificilmente serão endossadas pelo Poder Judiciário.

Deixando de lado os seguros de vida e saúde e partindo para os ramos de seguros patrimoniais, pode-se afirmar que a pandemia, apesar do impacto que terá no setor de seguro como um todo,[1] não será propriamente a causa de sinistros, nem é comum que ela seja mencionada como risco excluído.

Existem apólices de seguro de crédito e de outros ramos de seguro de danos que trazem exclusão das patogenias, porém no contexto de manuseios industriais, como pesquisas de laboratórios e fabricação de armamentos, ameaças nucleares, armas químicas, desenvolvimento de tecnologias perigosas e situações similares:

*"1.3. Perda, dano, responsabilidade ou despesa, direta ou indiretamente causados por, ou que tenham contribuído para, ou decorrentes de: (a) reação nuclear, radiação nuclear ou contaminação radioativa; ou (b) elementos biológicos ou químicos, **patogênico**, tóxicos ou venenosos, em qualquer circunstância, incluindo, entre outros: (i) radiação ionizante resultante de, ou contaminação por radioatividade oriunda de qualquer combustível nuclear ou de qualquer resíduo nuclear ou da combustão de um combustível nuclear; (ii) propriedades radioativas, tóxicas, explosivas ou outras propriedades perigosas ou contaminantes de qualquer instalação, reator ou outra unidade nuclear ou componente nuclear da mesma; (iii) qualquer arma de guerra que empregue fissão atômica ou nuclear e/ou*

---

[1] *Forced COVID-19 payments could "bankrupt" industry: Chubb CEO.* Disponível em: <https://www.reinsurancene.ws/forced-covid-19-payments-could-bankrupt-industry-chubb-ceo/>. Acesso em: 21/04/2020.

> *fusão ou outra reação semelhante ou força ou matéria radioativa; (iv) propriedades radioativas, tóxicas, explosivas ou outras propriedades perigosas ou contaminantes de qualquer matéria radioativa. A exclusão neste item não se estende aos isótopos radioativos, além do combustível nuclear, quando tais isótopos estiverem sendo preparados, transportados, armazenados ou utilizados para fins comerciais agrícolas, médicos, científicos ou outros fins pacíficos semelhantes; (v) qualquer arma química, biológica, bioquímica ou eletromagnética.*

Aqui, o que desempenha papel central é o conjunto de atos normativos estatais, como *Declarações de Estado de Emergência* e *Declarações de Calamidade Pública*. Enfim, atos dos Poderes Públicos motivados pela pandemia da COVID-19, associados ao agravamento da crise econômica, poderão gerar impactos.

No plano das relações patrimoniais, haverá problemas decorrentes do inadimplemento de obrigações, impedimento de acesso a atividades, resoluções contratuais etc.

Ainda que haja incremento geral da sinistralidade, as seguradoras não podem opor aos seus segurados o caso fortuito ou de força maior. Suas dívidas são de prestação pecuniária e estão sujeitas a um regime muito especial de provisões, reservas, resseguro etc. Se nos seguros de vida é possível admitir que a contaminação epidêmica pode atingir níveis que a assemelhem a uma catástrofe natural, nos chamados seguros de danos isso é forçar demasiado, pois o nexo é mediato e não direto.

Os efeitos das ocorrências extraordinárias recebem tratamento muito cuidadoso na operação de seguro. A vantagem do contrato de seguro é que ele está inserido num sistema de solvência que, além das medidas para proteção da operação originária (estruturas técnicas, reservas e provisões), passa pelos resseguros e vai até as retrocessões (art. 4º do Decreto-Lei n. 73/66).

No plano econômico e financeiro, as companhias seguradoras bem fiscalizadas e com boa governança poderão sentir o aumento da sinistralidade do coronavírus, nos seguros de vida e saúde ou de fatos causados pelas medidas adotadas pela Administração Pública ou pela sociedade civil de modo geral. A sinistralidade pode sofrer desvio, mas a solvência do sistema não teria como ser abalada, caso organizada com a devida perícia.

Tudo isso justifica a existência, no Código Civil, de um regime especial para o contrato de seguro, que ouso chamar de "microssistema da onerosidade excessiva".

A seguradora que tenha tomado conhecimento, por qualquer modo, da existência de qualquer "incidente suscetível de agravar consideravelmente o risco coberto", caso queira liberar-se das obrigações contraídas com o segurado, tem o ônus de, no prazo de 15 dias, "dar-lhe ciência, por escrito, de sua decisão de resolver o contrato".

Essa "resolução só será eficaz trinta dias após a notificação" ser recebida pelo segurado e os prêmios pagos, nesse caso, devem ser restituídos proporcionalmente. É isso que preveem o artigo 769 e seus dois parágrafos.

De todo modo, é importante frisar que, ainda que se pudesse considerar válida a exclusão, o que não é possível, a liberação de responsabilidade da seguradora não abrangeria os sinistros já em curso, ou iminentes – pois aqui não se colocaria em cena o risco, mas a própria gestação do sinistro. Mesmo que se pudessem considerar meros riscos os que se concretizariam a seguir, a lei restringiria o direito de recusa apenas aos que viessem a ocorrer depois de terminado o prazo de trinta dias, contado do recebimento da notificação pelo segurado. Até lá, novos sinistros também estariam garantidos.

Nenhuma seguradora, por mais ciente de que a pandemia e os atos das autoridades poderão agravar consideravelmente os riscos que assumiu proteger, o que dispensa ser disso avisada pelos segurados ou beneficiários, decidiu resolver os contratos de seguro expostos à ameaça da circunstância de pandemia. Agora, *c'est un fait accompli*, embora fique o fantasma do eventual encolhimento das coberturas das futuras apólices.

O que certamente ocorrerá, isso sim, são efeitos nas relações obrigacionais dos segurados *com terceiros*. Isso repercutirá nas relações obrigacionais e no seguro.

Locatários deixarão de pagar os aluguéis e as fianças locatícias serão chamadas a funcionar. A causa, aí, não é a pandemia, mas a incapacidade de pagamento dos devedores ou a renegociação para prevenir eventual abalo.

Obras serão interrompidas e isso poderá gerar sinistros. Por exemplo, uma concretagem, que deveria de ser executada sem interrupções, vem a ser interrompida e essa mudança na metodologia construtiva acaba gerando uma fragilidade que resulta em sinistro.

Os seguros patrimoniais que garantem lucros cessantes, em certa medida, funcionarão. Isso dependerá de cada contrato, do teor de cada proposta e de cada apólice. Há apólices que impropriamente *coisificam* o conceito de dano material, definindo-o como dano físico à propriedade – um absurdo estrangeirismo, que o mercado brasileiro engoliu depois da desarticulação do IRB, a partir do início dos anos 1990.

Aqui o papel da jurisprudência será fundamental. Há doutrina e precedentes que reconhecem abusiva a coisificação da cobertura que priva de abrigo o interesse mais relevante que se procurou assegurar.

Há, também apólices que preveem que o dano material é sinônimo de dano patrimonial. Estas apólices são mais propícias para gerar, independentemente de disputas judiciais ou arbitrais, o pagamento de indenizações por lucros cessantes e gastos fixos e adicionais, quando garantidos o lucro cessante e os gastos independentemente de outro dano, pois o lucro cessante é um dano patrimonial ou material direto.

As apólices de seguros de danos de uma maneira geral (operacionais, riscos de engenharia etc.) não incluem, entre os riscos excluídos, as pandemias e epidemias, nem atos do príncipe de forma ampla. Veja-se uma exclusão típica:

> "A) *Guerra, invasão, ato de inimigo estrangeiro, hostilidades ou operações bélicas, guerra civil, insurreição, rebelião, revolução, conspiração ou ato de autoridade militar ou usurpadores de autoridade ou atos de qualquer pessoa que esteja agindo por parte de ou em ligação com qualquer organização cujas atividades visem à derrubada, pela força, do governo* "de

jure" ou "de facto" ou a instigar a queda do mesmo, por meio de atos de terrorismo, sabotagem ou subversão e suas consequências;

B) Confisco, nacionalização e requisição por ordem de qualquer autoridade que possua o poder "de facto" ou "de jure" para assim proceder;

C) Danos causados por atos ilícitos dolosos ou por culpa grave equiparável ao dolo praticados pelo segurado, pelo beneficiário ou pelo representante, de um ou de outro. Nos seguros contratados por pessoas jurídicas, a exclusão dos danos causados por atos ilícitos dolosos aplica-se aos sócios controladores, aos seus dirigentes e administradores legais, aos beneficiários e aos seus respectivos representantes".

As apólices de seguro de responsabilidade civil trazem sempre a exclusão da cobertura caso o sinistro decorra de caso fortuito ou força maior:

"Indenizações decorrentes de caso fortuito e força maior, conforme definido no artigo 393 do Código Civil Brasileiro".

Ora, no seguro de responsabilidade civil a exclusão de força maior é normal e não há por que ser disputada. Protege a seguradora da reclamação do segurado que, não sendo obrigado, indeniza o prejuízo sofrido pelo terceiro vitimado. Ou seja, quando o pagamento é ato de liberalidade.

Nos seguros de garantia de obrigações contratuais, o conceito de inadimplemento oferecido pelo artigo 6º da Circular SUSEP 477/2013 causa dificuldades para a exclusão de responsabilidade da seguradora, sempre que não se tratar de inadimplemento causado pelo segurado credor:

"Art. 6º Para fins desta Circular definem-se: I – Sinistro: o inadimplemento das obrigações do tomador cobertas pelo seguro...".

Nesse tipo de seguro, o esgotamento da capacidade do tomador para a execução do contrato, seja pela impossibilidade, seja pela onerosidade, ou por ter sido levado a estado de insolvabilidade, é sinistro típico, sempre que o segurado não tenha causado ou cooperado para que isso acontecesse.

O segurador garantidor do risco de inadimplemento, no caso de insolvência do devedor, pois, não é liberado de sua obrigação. Aliás, é para cobrir também esse risco que o credor (segurado) exige a prestação da garantia de seguro pelo seu devedor (tomador do seguro).

Assim, no seguro garantia, em princípio, a seguradora deverá pagar ao segurado a indenização pelos prejuízos que lhe forem causados pelo inadimplemento do tomador do seguro e voltar-se contra este.

O tomador, por sua vez, poderá defender-se da pretensão ressarcitória da seguradora arguindo força maior ou fato do príncipe.

Finalmente, preocupa o artigo 21 do "Projeto Anastasia" (PLS 1.179/2020): *"Fica suspensa até 31 de outubro de 2020 a aplicação dos incisos XV e XVII do § 3º do art. 36 e do inciso IV do art. 90 da Lei n. 12.529, de 30 de novembro de 2011".*

O inciso IV do art. 90 da Lei n. 12.529/2011 define ato de concentração quando "duas ou mais empresas celebram contrato associativo, consórcio ou *joint venture*". Suspensa a ilicitude, pode ocorrer de os acionistas controladores ou os administradores adotem a conduta anticoncorrencial, antes de 31 de outubro de 2020, ou seja, durante a suspensão.

Havendo reclamações, ou instauradas investigações, ou processos judiciais sobre o fato, poderão surgir discussões com a seguradora do seguro de responsabilidade civil D&O dos agentes da conduta anticoncorrencial, ensejando a utilização.

Os administradores segurados poderiam argumentar que não havia ilicitude quando adotada a conduta censurada, exigindo o pagamento, pela seguradora, dos custos de defesa e das indenizações devidas a terceiros pelos prejuízos causados.

Teria a seguradora de pagar? Entendo que não quando o ato for voluntário e apesar da suspensão de ilicitude (a) for socialmente conhecido como contrário à ordem econômica e concorrencial e (b) a conduta não for necessária para atender às necessidades criadas pela epidemia do coronavírus. Seria aqui, talvez, o caso de se arguir a incidência, pela seguradora, do art. 187 do Código Civil que reputa ilícito o desvio de finalidade do direito pelo seu titular: *"Também comete ato ilícito o titular de um direito que, ao exercê-lo, excede manifestamente os limites impostos pelo seu fim econômico ou social, pela boa-fé ou pelos bons costumes"*.

Parte X
DIREITO DO TRABALHO

COVID-19 E AS RELAÇÕES DE TRABALHO NO BRASIL – BREVES CONSIDERAÇÕES

RENATA MARCHETI
RICARDO DE ARRUDA SOARES VOLPON
HELOÍSA BARCELLOS POLO

O mundo mudou. Nunca mais seremos os mesmos, sob nenhum ponto de vista. Estamos em meio a uma crise sem precedentes, que veio de forma totalmente imprevisível e que tem proporções globais.

A pandemia da COVID-19 chegou, ou ainda chegará, a todos os cantos do planeta, impondo a todas as nações e a todos nós enormes desafios. Desafios que vão desde um aprendizado forçado de novas tecnologias para podermos trabalhar de casa, até questões macroeconômicas globais e complexas que já estão em pauta. E os reflexos dessa pandemia impactam aspectos humanitários, sociais, econômicos e culturais como nunca visto. Mudamos até a etiqueta social: não se cumprimenta mais com apertos de mão ou beijinhos...

No Brasil, umas das searas mais afetadas pela pandemia, além da saúde, é claro, foi a relação de trabalho.

Amplamente impactada pela paralisação da economia, empregadores, tomadores de serviços e trabalhadores estão embaralhados em inúmeras questões cruciais: inúmeros problemas de caixa ou receita para pagamento das contratações, o aspecto social da manutenção das relações de trabalho, a incerteza sobre como agir para controlar a contaminação em função dessas relações de trabalho e, em meio a tudo isso e muito mais, inúmeras regras jurídicas que nascem ou alteram-se do dia para a noite que, se por um lado tentam minimizar os impactos gerados pelo *status quo* que a COVID-19 impôs, por outro geram ainda mais dúvidas e ansiedade, tanto em quem contrata quanto em quem trabalha. E aqui falamos de relações entre contratantes e contratados, mas inegável que as relações de emprego propriamente ditas são as mais preocupantes.

Por óbvio, as demais relações jurídicas também estão sofrendo os efeitos da pandemia, mas as relações jurídicas de trabalho é a base do ganha pão de quase a unanimidade dos Brasileiros e está em xeque: quanto tempo levaremos para controlar a doença? Temos mesmo que parar de trabalhar? Como trabalhar em outro formato de relação? Que formato é esse e como implementá-lo? Quanto tempo teremos que ficar nessa paralisação? Quanto tempo levaremos para adaptar-nos à nova realidade? Quanto tempo levaremos para voltar a termos a vida econômica e social que tínhamos? Isso será possível algum dia? Em quais notícias acreditar? Questões mais simples que diariamente nos fazemos... As mais complexas são praticamente impossíveis de serem respondidas de modo direto e efetivo.

Fato é que o pior ainda não chegou e ninguém sabe o que será do nosso futuro, enquanto pessoa, enquanto país, enquanto mundo.

O que estamos vivendo não tem precedentes e nunca mais viveremos, trabalharemos ou interagiremos da mesma forma como fazíamos antes da pandemia.

Estamos ainda aprendendo a lidar com a situação. Muitos brasileiros sequer sabiam o significado da palavra "pandemia", epidemia que se espalha por diversas regiões do planeta.

E há muita insegurança no ar. Dito isso, importante consignar que não temos a intenção de trazer aqui um estudo filosófico ou jurídico. Nosso objetivo é trazer de forma simples e direta, algumas sugestões, informações, indicações e até mesmo considerações com o objetivo principal de ajudar, em especial tomadores de serviços e empregadores, nesse tempo de magna incerteza quanto ao que fazer.

Os impactos da pandemia, no Brasil, efetivamente começaram a ser sentidos já no início de fevereiro de 2020.

Após a Declaração de Emergência em Saúde Pública de Importância Internacional feita pela OMS, em 30 de janeiro de 2020, o Ministério da Saúde publicou a Portaria n. 188, em 04 de fevereiro, que declara Emergência em Saúde Pública de Importância Nacional (ESPIN), em decorrência da Infecção Humana pelo novo coronavírus (2019 nCoV).

No dia 06 do mesmo mês, foi sancionada a Lei 13.979 que *"dispõe sobre as medidas que poderão ser adotadas para enfrentamento da emergência de saúde pública de importância internacional decorrente do coronavírus responsável pelo surto de 2019"*, nos termos do seu artigo 1º.

Tal lei, regulamentada pela Portaria 356/2020, define o que é isolamento e quarentena, respectivamente: (i) separação de pessoas doentes ou contaminadas, ou de bagagens, meios de transporte, mercadorias ou encomendas postais afetadas, de outros, de maneira a evitar a contaminação ou a propagação do coronavírus; e (ii) restrição de atividades ou separação de pessoas suspeitas de contaminação das pessoas que não estejam doentes, ou de bagagens, contêineres, animais, meios de transporte ou mercadorias suspeitos de contaminação, de maneira a evitar a possível contaminação ou a propagação do coronavírus.

Também autoriza autoridades a adotar o isolamento ou quarentena, no âmbito de suas competências, trata de licitação, ou melhor, de sua dispensa diante do coronavírus, determina que será considerada falta justificada, ao serviço público ou à atividade laboral privada, o período de ausência decorrente das situações descritas em seu texto e ainda trata de outras medidas ou atos que eram entendidos como necessários naquele momento.

Estava estabelecida a gangorra jurídica que estamos presenciando e que leva a uma complexidade decisória, por parte do empregador, quando se fala em relação de trabalho.

Notem: recentemente o Direito do Trabalho passou por uma profunda reforma, que gerou diversas controvérsias e debates; mas, antes mesmo que pudéssemos consolidar os entendimentos sobre a reforma trabalhista de 2017 e todas as divergências por ela geradas, tal área do Direito está tendo que se reinventar novamente – e de forma abrupta.

A pandemia e as alterações legislativas vêm exigindo dos juristas uma grande velocidade de adequação em suas atividades e resiliência, desafios impostos que têm como objetivo buscar entender as soluções possíveis para os percalços que estamos vivendo, em especial na área trabalhista.

Jamais pensamos aplicar, com tamanha frequência e concomitância, e em todo o território nacional, aqueles artigos quase esquecidos na Consolidação das Leis do Trabalho (CLT) que tratam de força maior e fato príncipe; tampouco pensamos que aquelas previsões de teletrabalho seriam praticadas, do dia para a noite, em tamanha escala.

Certo é que, como tudo que é novo, estamos caminhando por um ambiente de incertezas e que influenciará, de maneira decisiva, a forma como o judiciário trabalhista reagirá, no momento posterior à pandemia.

Certo ainda que, ao término deste período, o Direito do Trabalho, em todos os seus temas principais, sofrerá profundas mudanças, não só nos textos legais como também nas bases interpretativas, mudanças estas que esperamos que tragam o amadurecimento tão necessário, principalmente nas relações entre empregados e empregadores.

Os operadores do Direito, por sua vez, de certo modo também já estão mudando e mudarão ainda mais a sua prática, após este turbilhão legislativo e regulatório recente e as inúmeras demandas judiciais que este momento certamente gerará, num futuro próximo.

Será mais do que nunca necessário contar com o bom senso dos Magistrados e Desembargadores, bem como de todo o mundo jurídico, para que não tenhamos uma exagerada judicialização dos assuntos trabalhistas afetos a esse momento de pandemia, e nem interpretações e decisões que possam gerar passivos indevidos, muitas vezes enormes e/ou irreversíveis.

Por outro lado, cautela é necessária ao tecermos julgamentos sobre o que vem sendo noticiado e, principalmente, precisamos analisar com muita atenção quais as melhores medidas a serem tomadas em relação aos contratos de trabalho.

As inovações trazidas pelo governo por meio de Decretos, Medidas Provisórias etc. tratam de situações diversas, das mais simples às mais extremas, como por exemplo a possibilidade de redução salarial por meio de acordo individual de trabalho, qu̵ ̵derá chegar ao patamar de 70%. E ao mesmo tempo, tais inovações ̵ ̵nadas. O próprio exemplo acima citado vem gerando ações ̵ ̵nalidade, por suposta-mente ferir o disposto no artig̵ ̵ão Federal.

Precisamos entender ̵ ̵do por um momento no qual tais medidas visam po̵ ̵ção dos postos de trabalho, de forma que esse prece̵ ̵considerado como principal *driver* para qualquer ati̵ ̵gamento feito sem, entretanto, deixar de lado a ne̵ ̵as empresas, posto que, se estas sucumbem, sucum̵ ̵lações de trabalho.

É extremamente ̵ ̵ue consigamos descobrir maneiras de continuar preservando o trab̵ ̵e a economia do País; para tanto, temos que focar em manter as empresas ativas e com os postos de trabalho ativos. **É a mais necessária busca pelo equilíbrio.**

Várias medidas simples podem ajudar bastante.

Devemos estar atualizados com as novas regras jurídicas trabalhistas. Cuidado, porém!! As fontes devem ser confiáveis. Não se pode tomar decisões empresariais, em qualquer área, baseadas em informações equivocadas, ou não confirmadas. Além da fonte, cuidado com as interpretações dos textos dessas novas regras. Muitas vezes interpretações equivocadas podem levar a providências também equivocadas, resultando em passivo judicial, ou financeiro, no futuro.

O RH da empresa precisa envolver-se com os contratados desta última. É importantíssimo passar aos contratados, quer sejam empregados ou prestadores de serviços, informações precisas do que a empresa espera deles em termos de trabalho, neste momento – se teletrabalho, *homeoffice*, *part time* etc.

Quanto mais cedo as relações forem redesenhadas e as partes se alinharem nesse novo desenho, menos perda de performance haverá para todos.

Além disso, o RH deve procurar saber, naqueles casos em que as pessoas farão seus trabalhos de casa, ou de qualquer outro lugar que não seu posto de trabalho físico anterior, qual a condição desse novo local de trabalho.

É preciso *dar* aos colaboradores o que for necessário para tanto – computadores, telefones etc. e passar a eles informações precisas sobre como acessar as tecnologias necessárias ao trabalho. A forma desse provimento dos itens necessários ao trabalho pode ser combinada entre as partes, como explicaremos melhor ao falar de teletrabalho.

Importante: em relação às tecnologias, cuidado com a segurança dos dados. A escolha de tais tecnologias deve ser extremamente cuidadosa, pois algumas ferramentas podem oferecer risco de segurança de informações, tanto da empresa quanto dos colaboradores e de terceiros, o que, ao final, pode gerar grandes perdas, ou complicações, das mais variadas naturezas.

Tenha uma estrutura e equipe de TI dedicada tempo integral, ao atendimento dos colaboradores que estiverem fazendo uso dessas tecnologias. Dê treinamento para o uso das ferramentas, ainda que sejam treinamentos *online*.

É preciso ainda verificar se o novo local de trabalho não irá gerar danos à saúde do trabalhador, em especial danos advindos de inadequações ergonômicas mobiliárias, que muitas vezes levam a quadros clínicos de natureza ortopédica, muscular etc. e acabará virando passivo para o empregador; lembremos que ao empregador incumbe assegurar um local de trabalho sadio aos seus funcionários. Se o arranjo para o trabalho foi colocar o funcionário trabalhando fora do estabelecimento da empresa, esse novo local de trabalho deve ser bem avaliado. Devemos lembrar que, muito embora haja um *factum principis* que está impedindo o trabalho regular nas empresas, o colaborador, principalmente aquele em regime celetista, faz jus às condições minimamente adequadas para exercer seu *múnus*.

Também é preciso monitorar, no caso de determinação de teletrabalho ou *homeoffice*, se o colaborador está seguindo as instruções da saúde pública.

Um alerta: é errado imaginar que o teletrabalho ou *homeoffice* é uma forma de trabalho mais *"tranquila"*, mais *"agradável"* ou mais fácil para o colaborador. Não o é! E menos ainda em uma situação de isolamento como a que vivemos.

Trabalhar de casa, em especial numa situação de *confinamento*, gera *stress*, angústia, ansiedade, podendo levar a depressão, atritos familiares etc.

A comunicação direta e aberta com os colaboradores, portanto, é extremamente necessária, sendo ideal que se crie uma plataforma ou canal de comunicação, na empresa, para que os colaboradores possam tirar suas dúvidas, trocar informações sobre as questões trabalhistas, instruir-se e atualizar-se sobre o coronavírus com informações confiáveis etc., bem como para que o RH monitore as condições de trabalho dos colaboradores enquanto fora do local normal de trabalho. E nenhuma colocação do colaborador deve ser ignorada, desconsiderada, tratada com desdém ou motivo de chacota etc.

E mais: deve haver flexibilidade e resiliência por parte da empregadora ou contratante. Trabalhando de casa, certamente um contratado que mora com mulher e três filhos terá uma menor produtividade que um contratado que mora sozinho, principalmente porque as escolas também estão fechadas. A empregadora é que toma a decisão em relação à nova formatação do trabalho e, portanto, ela deve prover os meios necessários, monitorar se sua nova formatação não está gerando danos aos trabalhadores e ser mais tolerante, sem ser leniente. Para isso, imprescindível a comunicação direta e constante entre as partes, bem como uma maior proximidade do com o RH, que deve conhecer a situação de cada um dos funcionários para poder tratar todos com igualdade, o que significa tratar desigualmente os desiguais, na medida das suas desigualdades.

Aqui vale lembrar que nossa legislação trabalhista brasileira dispõe que qualquer alteração do local de trabalho deve ser feita via acordo mútuo entre empregador e empregado. Assim, mesmo que a empresa decida por nova formatação do trabalho, tal nova situação deve ser aceita voluntariamente pelo empregado, aceitação esta consignada em documento específico.

Principalmente na crise, para se efetivar qualquer alteração na política geral e interna da empresa que gere mudança no local de trabalho, o empregado deve recebê-la, ter um canal para sanar todas as suas dúvidas em relação a ela e, na sequência, assinar documento específico aderindo à essa nova política. Nela deve estar claro quem será o responsável pela aquisição, manutenção, custos, guarda etc. dos equipamentos e demais instrumentos necessários à nova forma/local de trabalho, bem como as consequências no caso de danos ou perdas a tais equipamentos; e indicamos ainda que, no ato da entrega de tais bens ao colaborador, este assine um termo de responsabilidade sobre os bens.

Mesmo que a empresa esteja fornecendo tais bens necessários ao trabalho, mediante doação, o empregado deve responsabilizar-se por mantê-los na melhor condição de funcionabilidade, pois os recebeu para serem usados para o trabalho e essa condição deve ser consignada em documento apropriado. Caso as alterações no local de trabalho tenham sido feitas rapidamente, por força das circunstâncias, e bens entregues de forma emergencial, nunca é tarde para documentar corretamente, em data posterior, todo o ocorrido, ressalvando-se nos documentos que isso não fora feito antes justamente em função da necessidade de celeridade nas mudanças.

E aqui entra uma questão bastante relevante: a situação de exposição à COVID-19 dos trabalhadores que exercem funções tidas como essenciais.

Como é sabido existem trabalhadores que continuam seus trabalhos simplesmente porque são essenciais à manutenção da ordem social. Eles não podem parar! Aqui falamos de qualquer tipo de trabalho, desde médicos até os funcionários de concessionárias de transporte público, coletoras de lixo, policiais, carteiros etc.

O Decreto no. 10.282/2020 e a Medida Provisória 926/2020 estabeleceram várias regras que complementam a Lei 13.979/20. Em especial, o Decreto supra citado estabeleceu que:

> *"são serviços públicos e atividades essenciais aqueles indispensáveis ao atendimento das necessidades inadiáveis da comunidade, assim considerados aqueles que, se não atendidos, colocam em perigo a sobrevivência, a saúde ou a segurança da população".*[1]

Ocorre que os Chefes dos Executivos de vários Estados da Federação também promulgaram normas que proíbem determinadas atividades que se enquadram como serviços públicos e atividades essenciais, em dissonância com o Decreto Federal, gerando uma inconsistência e até mesmo contradição regulatória sobre os serviços que devem ser contínuos. Como exemplo podemos citar o Governo do Estado de São Paulo que entendeu, em um primeiro momento, como essenciais, apenas as atividades relacionadas ao fornecimento de alimentos, à saúde e infraestrutura.

A indicação, portanto, é que se avalie, caso a caso, se a atividade empresarial da qual se trata pode, ou não, ser enquadrada como essencial, no local em que é exercida.

Avaliado isso, importante ter em mente que, nas atividades em que existe a essencialidade, o risco ocupacional está intrínseco, pois os trabalhadores em atividade não estão obedecendo a quarentena imposta aos demais, permanecendo mais expostos à COVID-19.

Nesses casos, é relevantíssimo que as empresas tenham uma equipe médica monitorando tais colaboradores que, em razão do trabalho, não

---

[1] Artigo 3º do Decreto 10.282/2020 onde ainda são citados, exemplificativamente, alguns serviços e atividades, nos seus incisos de I a XL.

podem gozar de outras formas de trabalhar e continuam numa maior exposição à pandemia. Isso deve ser feito periodicamente, se possível diariamente; idealmente, no início do trabalho diário e ao final dele.

Esse monitoramento deve ser bem documentado pois servirá de prova em eventual e futura demanda indenizatória contra o empregador ou contratante, principalmente nas demandas trabalhistas. O mesmo vale para qualquer outra providência da empresa em tempos que fuja da normalidade, como é o caso hoje. A forma de documentar as providências é essencial para a validade e efetividade desses documentos como prova futura. Observar, entretanto, que não há como obrigar o colaborador a passar por exame médico, exceto nos casos dos exames legalmente previstos.

No caso de os colaboradores não desejarem aderir às novas políticas da empresa quanto a esse tema, a indicação é a avaliação pontual do caso, a discussão bem clara e aberta da situação diante de pelo menos mais duas pessoas na condição de testemunhas, com cuidado para que a conversa não configure ou soe como constrangimento ou imposição de conduta ao funcionário – e muito menos algum tipo de assédio moral – e a posterior documentação da situação através declaração dessas "testemunhas", lembrando que, após isso, se o empregador optar pela dispensa do empregado, em função da não permissão para o exame médico ou não enquadramento nas novas normas de conduta da empresa, tal demissão deverá ser sem justa causa.

Essa consciência é relevante na medida que a determinação de realização compulsória de exames médicos, testes laboratoriais, coleta de amostras clínicas, vacinação e outras ações profiláticas, ou tratamentos médicos específicos, somente pode ser imposta por autoridades públicas. Os empregadores privados não têm essa discricionariedade.

Não há também como forçar ou obrigar os empregados a delatarem colegas que estejam com sintomas do coronavírus. A forma mais efetiva de se ter essa informação é através da comunicação educativa com os empregados, onde se instrui, preventivamente, que todos que tiverem sintomas, ou que perceberem sintomas em outros, procurem o RH imediatamente, ou informem a empresa via algum canal de comunicação disponibilizado.

E da mesma forma que o empregador não pode obrigar o empregado à realização compulsória de exame, a CLT, em seu artigo 483 dispões que o empregado não é obrigado a trabalhar em áreas ou atividades que os exponha a risco ou perigo.

Assim, se houver comprovação de infectados no local de trabalho do empregado, ou risco de contaminação deste, e a empresa insistir que o empregado ali permaneça, isso é justa causa a favor do empregado, para a rescisão do contrato de trabalho e ainda indenização por danos, inclusive moral.

Também é importante ter um plano de contingência e o que chamamos de "mapas de riscos", para o caso de algum colaborador ser contaminado. Cada um deles deve ter seu "mapa de risco" pré-estabelecido. É basicamente um roteiro onde se consigna a situação do trabalhador durante o seu trabalho, os riscos que corre, os riscos que gera – e para quem – caso seja infectado ou esteja com suspeita de contaminação, e as providências a tomar caso a caso.

Queremos dizer com isto que, por exemplo, se um funcionário for identificado como possível infectado, a empresa deve já ter mapeado, de antemão, quais outros colegas tiveram contato com ele no exercício do trabalho, indicar isolamento imediato ao elemento sob suspeita e a todos os demais com o qual teve contato trabalhando, monitorar a situação individual de cada um a partir deste momento, dar o auxílio necessário ao (possível) doente e demais colegas isolados etc. Todas as providências possíveis e a serem implementadas devem estar pré-estabelecidas nos respectivos "mapas de riscos" dos colaboradores, para que não se perca tempo pensando no que fazer entre a constatação da ocorrência e as providências necessárias e, consequentemente, para que as ações ocorram o mais celeremente possível.

Os empregadores devem documentar todas essas ações e providências.

Temos um judiciário inegavelmente *"pro trabalhador"* e, no futuro, se houver demanda por parte dos empregados, o ônus da prova em relação às providências, a forma de sua implementação e sua efetividade, aos cuidados tomados com tais colaboradores etc. é do empregador, seja em relação aos casos de trabalho essencial, ou não.

Outras sugestões importantes: identificar as ações necessárias para que a empresa não sofra com as ausências daqueles que estão realmente infectados e impossibilitados de trabalhar. Desde o CEO até o mais baixo cargo da companhia.

Tais ausências devem ser rapidamente tratadas e, para que isto seja rápido, no plano de contingências devem já estar previstas as substituições necessárias, caso a caso. A celeridade sempre foi e sempre será um fator de competitividade no mercado. A empresa que mais rapidamente se adaptar às adversidades, com resiliência e soluções práticas e até inovadoras, melhor performance terá logo ali à frente. Em um cenário como este, não se pode perder tempo definindo estratégias de substituições, sucessões etc. quando o problema aparece. Em uma empresa que quer ser competitiva, isso tudo deve já estar planejado, em especial numa situação de crise na qual tudo é possível.

Nos casos dos colaboradores que tem planos de saúde oferecidos pela empresa, devemos avaliar antecipadamente se tais planos cobrirão tratamentos contra a COVID-19. Em especial dos trabalhadores mais expostos, como é o caso daqueles nos serviços essenciais. Lembremos que estamos tratando de uma pandemia que até poderia ser classificada como força maior, que pode ser excludente de responsabilidade ou desobrigar os contratantes. Todavia, nem sempre o uso deste argumento é o melhor caminho, principalmente nas contratações recentes, pois a imprevisibilidade nestes casos, já não existia. E, no futuro, não sabemos se o Judiciário assim vai encarar a situação atual. Aliás, no mundo jurídico, já houve que declarasse a posição entendendo que não se aplicam os argumentos de força maior, caso fortuito ou fato do príncipe ao caso da atual pandemia.

A sugestão é avaliar, o quanto antes, as políticas do plano de saúde e renegociar, se for o caso, para que a empresa não se veja na situação de ter que arcar com tratamento particular de funcionário contaminado em serviço, ou alegadamente contaminado em serviço. Em uma discussão no Judiciário, até que se prove que a contaminação não foi em função do trabalho – prova, diga-se de passagem, dificílima – certamente o trabalhador já conseguiu uma liminar que obriga a empresa a pagar o tratamento e isto é *"dinheiro voando pela janela em tempo de crise"*, situação que devemos procurar evitar ao máximo com ações preventivas, como a revisão dos planos de saúde.

Revisar os contratos de trabalho e avaliar se existe margem para alterações proveitosas, ou até mesmo questionar seus colaboradores sobre o interesse em assumir outras funções seria indicado também. No caso de serem absolutamente necessárias demissões, é bom que estas pesquisas e avaliações já estejam feitas e prontas para serem colocadas em prática. E, nesse *assessment*, seria interessante já avaliar também quais os colaboradores são de grupo de risco e como minimizar o risco nesses grupos, imediatamente. Há empresas, por exemplo, que não podem prescindir de pessoas cujo trabalho depende de viagens constantes, inclusive para outros países; ou de pessoas que são mais idosas e fundamentais para a empresa. Como prevenir ou minimizar a contração do coronavírus por estas pessoas e nessas circunstâncias?

Reveja seus procedimentos de emergência e comunique a todos os destinatários, de forma clara, as alterações ou adaptações feitas neste momento.

Nos casos em que as empresas necessitam continuar funcionando, imprescindível aumentar e realinhar as questões relativas à ventilação dos locais de trabalho, à higienização de bens e espaços (com atenção especial a teclados, telefones, maçanetas, botões de elevadores etc.), à disponibilização de álcool em gel eficaz contra a COVID-19 e outras medidas sanitárias que possam minimizar os riscos aos colaboradores.

Acessar recorrentemente os *guidelines* das medidas preventivas indicadas pelo Ministério da Saúde.[2] Esta providência auxilia – e muito – nas mudanças a serem implementadas pelas empresas junto aos seus colaboradores.

---

[2] MINISTÉRIO DA SAÚDE. "Saúde anuncia orientações para evitar a disseminação do coronavírus". 13 mar. 2020. Disponível em: https://www.saude.gov.br/noticias/agenciasaude/46540-saude-anuncia-orientacoes-paraevitar-a-disseminacao-do-coronavirus.

Alguns Sindicatos laborais têm enviado ofícios às empresas questionando as medidas adotadas. É válido não só responder como também enviar provas das providências adotadas (fotos, vídeos, relatórios de monitoramento etc.). Isto não só pacifica a preocupação sindical como também servirá de prova, futuramente, caso haja aforamento de demandas indenizatórias ou trabalhistas.

E não menos importante: explorar e discutir todas as possibilidades para que os empregos sejam mantidos, desde a redução de salários até licenças não remuneradas temporárias e não esquecer da comunicação com fornecedores e clientes.

O perfeito alinhamento entre *Board*, diretoria e áreas técnicas em um momento de crise é fundamental. Há empresas que, inclusive, criaram *comitês ou centros de emergência da COVID-19*, que são grupos multidisciplinares com membros do *Board*, diretoria e áreas técnicas, com seus suplentes já definidos, exclusivamente para constituírem uma força-tarefa para revisão de políticas, avaliação e mapeamento de riscos, implementação das ações emergenciais relacionadas à pandemia etc. Excelente providência, a qual indicamos.

E a título de maiores esclarecimentos, sugerimos a leitura da Recomendação[3] feita, em Inquérito Civil, por uma Procuradoria Regional do Trabalho, que mostra bem o posicionamento do Ministério Público do Trabalho (MPT) em relação às medidas preventivas neste momento de pandemia.

Aliás, o MPT está extremamente ativo nestes temas. Em sua página na internet[4] o MPT menciona que, até 13 de abril, já registrou 7.565 denúncias de violações trabalhistas relacionadas à COVID-19,

---

[3] file:///C:/Users/renata.marcheti/Documents/01%20-%20RAM/05%20-%20USP/PROJETO%20PESQUISA%20-%20PUBLICA%C3%87%C3%95ES%20-%20USP%20-%20WTORRE/Publica%C3%A7%C3%B5es/Recomenda%-C3%A7%C3%A3o%20MPT.pdf.pdf.

[4] MINISTÉRIO PÚBLICO DO TRABALHO. "Violações trabalhistas relacionadas à Covid-19 motivam mais de 7500 denúncias ao MPT". 13 mar. 2020. Disponível em: https://mpt.mp.br/pgt/noticias/violacoes-trabalhistas-relacionadas-a-covid-19-motivam-mais-de-7500-denuncias-ao-mpt.

número 30,2% maior do que o balanço datado do dia 3 de abril. Ainda, instauraram 1.322 inquéritos civis para apurar as irregularidades atribuídas aos empregadores, o total de notificações, ofícios e requisições referentes ao novo coronavírus, somavam 17.345 documentos expedidos, 10.835 despachos dos procuradores do MPT, e 4.977 recomendações emitidas.

Igualmente, sugerimos a leitura dos seguintes documentos:[5]

> *NOTA TÉCNICA 02/2020* – Documento norteia a atuação do MPT para reduzir impactos do coronavírus em trabalhadores e traz medidas voltadas a setores econômicos com atividades de risco muito alto, alto e mediado de exposição ao vírus.
>
> *NOTA TÉCNICA 03/2020* – Texto traça diretrizes para assegurar a igualdade de oportunidades e tratamento no trabalho para trabalhadoras e trabalhadores. Texto recomenda a flexibilização de jornada sem redução salarial para que trabalhadores atendam familiares doentes ou em situação de vulnerabilidade à infecção pelo coronavírus.
>
> *NOTA TÉCNICA 04/2020* – A nota traz diretrizes para a proteção de trabalhadoras e trabalhadores domésticos. Entre as recomendações estão o fornecimento de luvas, máscara e óculos de proteção a profissionais quando não for possível a dispensa do comparecimento.
>
> *NOTA TÉCNICA 05/2020* – Tem por objetivo a defesa da saúde dos trabalhadores, empregados, aprendizes e estagiários adolescentes.
>
> *NOTA TÉCNICA 06/2020* – Tem por objetivo a promoção do diálogo social, a negociação coletiva e a proteção ao emprego e à ocupação diante do contexto socioeconômico decorrente da pandemia da COVID-19.
>
> *NOTA TÉCNICA 07/2020* – A nota traz diretrizes a serem observadas por empresas, sindicatos e órgãos da Administração Pública, nas relações de trabalho, a fim de garantir a proteção de trabalhadoras e trabalhadores com deficiência.

---

[5] MINISTÉRIO PÚBLICO DO TRABALHO. "Pandemia Covid-19: veja aqui notas técnicas, recomendações e a atuação do MPT nos estados". 18 mar. 2020. Disponível em: https://mpt.mp.br/pgt/noticias/coronavirus-veja-aqui-as-notas-tecnicas-do-mpt;

Feitas essas considerações iniciais, falemos um pouco mais sobre temas específicos, novamente lembrando que não estamos aqui buscando escrever nenhuma tese jurídica, nem fazer uma avaliação jurídica aprofundada das questões aqui tratadas. Nesse momento de pandemia, temos que ser mais práticos e céleres, daí o tom quase casual desse texto.

Em relação ao que se chama de *teletrabalho*: tema até aqui quase que negligenciado, foi tratado na Reforma Trabalhista de 2017 e trazido à CLT em um capítulo inteiro. Ainda assim, como cada empresa é única, muitas vezes a lei não trata de determinados aspectos, e dúvidas de como proceder ficam pairando no ar.

Boas políticas de trabalho ou regulamentos internos mais completos e precisos das empresas podem eliminar tais dúvidas e ainda tornar o texto frio da lei de fácil entendimento para os seus colaboradores.

Há, todavia, situações incontornáveis e para as quais as regras do teletrabalho não têm serventia. É o caso, por exemplo, das relações de trabalho que não configuram relação de emprego, ou de empregados em funções de limpeza, policiamento, atividades de produção fabril etc. Nesses casos, o que fazer em tempos de pandemia? A melhor solução é dar aos empregados férias, ou negociar licenças, com ou sem remuneração; aos contratados sob outra modalidade, renegociar o contrato.

Para os casos em que pode ser aplicado o teletrabalho, este deve ser entendido, nos termos do art. 75-B da CLT, como *"a prestação de serviços preponderantemente fora das dependências do empregador, com a utilização de tecnologias de informação e de comunicação que, por sua natureza, não se constituam como trabalho externo"*.

Inclusive, na data de 13 de março, o Tribunal Superior do Trabalho (TST) se pronunciou a respeito da pandemia do coronavírus e relembrou a publicação da Lei 13.979/2020, as medidas como forma de contingência imediata da doença, as quais poderão aplicadas pelo Poder Público, como aquelas para evitar as grandes aglomerações etc. Nesse cenário o teletrabalho ganhou destaque.

Teletrabalho e o *home office* são institutos distintos, embora muitas vezes confundidos.

A primeira diferença é que o teletrabalho configura um verdadeiro elemento do contrato de trabalho, pelo qual há estabelecimento do local de trabalho – preponderantemente fora das dependências do empregador – devendo assim constar no instrumento contratual firmado, que especificará também as atividades que serão realizadas pelo empregado em teletrabalho – e como, da mesma forma como se consigna nos contratos de trabalho a prestação de trabalho presencial.

Por ser o estabelecimento de uma das condições contratuais de trabalho, aplica-se, desde a contratação nesse sentido até o seu distrato, quer pelo rompimento do vínculo trabalhista, quer pela alteração desse fator (local) da relação trabalhista. Tem o teletrabalho, portanto, uma maior, digamos, *longevidade* na relação entre empregado e empregador e deve ser estabelecido formalmente.

Por outro lado, o *home office*, é o trabalho feito de casa – daí a adoção da expressão em inglês -, que é, geralmente, eventual nos contratos celetistas e, justamente por ser eventual, não precisa constar no contrato de trabalho. É um acordo pontual entre empregado e empregador para controlar o efeito de determinadas situações específicas e rapidamente passageiras ou uma forma de minimizar reflexos de uma situação emergencial, como por exemplo uma enchente, uma greve no transporte público etc. Pode ainda, ser um *"benefício"* concedido esporadicamente a um funcionário com alguma necessidade pontual. Aliás, muitos até tratam as situações pontuais de *home office* como um *day off,* o que também é incorreto.

Por óbvio o teletrabalho pode ser feito de uma estação de *coworking,* de bibliotecas, de escritórios próprios e até mesmo da casa do trabalhador, mas nem por isso se confundiria com o informal e ocasional *home office* no Brasil.

Em tempos de pandemia combinada com determinação de isolamento e quarentena, o que vimos foi uma enxurrada de empresas determinando o *home office,* do dia para a noite, aos seus empregados.

Muitas de maneira informal, mediante aviso verbal apenas. Há riscos? Sim; e a situação configura mais o teletrabalho que o *home office*.

Primeiramente precisamos entender que, em razão de uma situação como a vivida hoje, a alteração do local de trabalho é uma medida sem data certa para a volta à normalidade, ou seja, o tempo que o empregado deverá ficar trabalhando *fora das dependências do empregador* é incerto, como também é incerto se o empregado estará trabalhando da própria casa... nesses tempos, muitas pessoas optam por ficarem nas casas dos pais (até para cuidar melhor dos mais idosos que compõem grupo de risco), em sítios mais afastados e com mais liberdade, principalmente para as crianças, em chácaras de lazer, casas de campo etc. A incerteza do tempo de permanência nessa situação de trabalho *fora das dependências do empregador* e não necessariamente de casa, desconfigura a situação como *home office* que, como já dito, deve ser esporádico e pontual, portanto, trata-se de verdadeira alteração do contrato de trabalho quanto ao local da prestação de serviço, que deve ser refletida nos documentos contratuais.

Se a colocação do funcionário em teletrabalho foi feita sem a respectiva alteração dessa condição, no contrato de trabalho, a situação pode ser vista como uma providência emergencial, mas, sob o nosso ponto de vista, quando eventuais ações trabalhistas vierem a nascer por conta dessas alterações, ou dos reflexos dessas alterações emergenciais, o calor deste momento que vivemos terá arrefecido e não sabemos qual será o comportamento do judiciário.

A melhor forma de minimizarmos os riscos, após o estabelecimento do nova forma de trabalho seria, ainda que paulatinamente, mas o quanto antes, formalizar os competentes aditamentos individuais das condições contratuais de trabalho, ou firmar termos individuais específicos sobre o teletrabalho, que passariam a integrar as condições de trabalho, para todos os fins, inclusive fazendo referência à situação emergencial e ressalvando, no documento, que a nova situação retroage à data na qual o empregado foi efetivamente colocado em teletrabalho.

Coletivamente poder-se-ia lançar mão dos acordos coletivos de trabalho, nos termos do artigo 611-A, inciso VII da CLT, lembrando que tanto num, quanto noutro caso, devem ser especificadas as atividades que serão realizadas pelo empregado em teletrabalho.

Eventualmente, mesmo o empregado em teletrabalho pode ser chamado a comparecer às dependências do empregador, para reuniões ou outros atos, sem que isso descaracterize o teletrabalho. Isso só deve ocorrer se for extremamente necessário, durante esse momento de pandemia, é importante tomar todas as precauções para evitar a contaminação, disponibilizando álcool em gel, máscaras se for o caso e tudo que for possível para proteger o empregado. E documente!

O empregado em teletrabalho, segundo o artigo 62, inciso III da CLT não terá, necessariamente, sua jornada controlada pelo empregador e, por consequência, não fará jus a remunerações por horas extras, noturnas, em sobreaviso etc. Importante consignar isso no novo documento contratual de trabalho. O controle da jornada de trabalho do empregado, nesse caso, é faculdade do empregador, nunca gerando direito ao empregado por jornadas suplementares. Apesar de ser faculdade, se o empregador desejar dela gozar, deverá negociar tal controle, bem como a sua forma, com o sindicato dos empregados, conforme Portaria 373/2011.

A volta ao regime presencial deve também ser feita via aditivo contratual individual do trabalho, ou de forma coletiva via acordos ou convenções coletivos de trabalho, exigindo a lei um prazo de 15 dias de transição. Mais uma vez a comunicação clara e aberta do empregador com seus empregados faz-se fundamental.

Outro aspecto importante, *um passant* referido antes, é a questão dos bens e infraestrutura necessários ao teletrabalho. Como já dito, essa responsabilidade é sempre do empregador, mas a lei não veda que outro arranjo seja feito entre as partes. Há, inclusive, precedentes jurisprudenciais que entendem ser legal a contratação sob a modalidade de teletrabalho, onde conste no documento contratual de trabalho que o salário já cobre as despesas do empregado com o que for necessário para o teletrabalho. Mais uma vez, ao formalizar o teletrabalho com o fim de evitar riscos desnecessários, importante a comunicação clara entre as partes, sempre lembrando que, se o teletrabalho for gerar custos adicionais para o empregado, estes devem, de alguma forma, ser cobertos pelo empregador ou diferentemente combinado, por escrito, entre ambos, sendo que nenhum pagamento, pelo empregador, destes custos adicionais com as necessidades do empregado em teletrabalho será considerado remuneração, desde que assim documentado nos documentos contratuais.

Da mesma forma, importante estabelecer, de alguma forma, regras básicas para os empregados em teletrabalho, quanto aos códigos de condutas e de vestimentas para reuniões por vídeo, proibição ou autorização de gravações destes eventos, frequência mínima na visualização de e-mails e atendimentos a compromissos etc., de modo a evitar situações inesperadas e indesejadas.

O art. 6º da CLT dispõe que:

> *"não se distingue entre o trabalho realizado no estabelecimento do empregador, o executado no domicílio do empregado e o realizado a distância".*

O empregado em teletrabalho faz jus, portanto, a todos os benefícios estabelecidos nas políticas da empresa, ou nos acordos e convenções coletivas de trabalho, exceto vale-transporte por razões óbvias.

A Medida Provisória 927/2020, também estabeleceu a possibilidade de o empregador alterar o regime de trabalho *da modalidade presencial para a de teletrabalho, trabalho remoto ou outra forma de trabalho à distância*, e também previu que o empregador pudesse exigir do trabalhador que retornasse às atividades presenciais, *sem qualquer formalidade ou garantia quanto à cessação do risco que motivou o afastamento do labor presencial.*

Entendemos equivocada uma interpretação literal desse texto. A convocação para retorno ao trabalho presencial não deve ocorrer antes da liberação das determinações de contenção previstas em instrumentos regulatórios, exceto nos casos de atividade essencial, como aqui tratado, ou de ser imprescindível a prestação do trabalho de forma presencial.

O artigo 4º, em seu § 5º, ainda prevê:

> "...o tempo de uso de aplicativos e programas de comunicação fora da jornada de trabalho normal do empregado não constitui tempo à disposição, regime de prontidão ou de sobreaviso, exceto se houver previsão em acordo individual ou coletivo".

Entendemos que tal disposição não significa que o empregador possa exigir ou tolerar jornadas de trabalho com duração superior aos limites legais, ou tempo à disposição, devendo ser garantido o devido direito ao repouso do trabalhador.

> *Na modalidade de teletrabalho, o empregador não está dispensado de respeitar as normas sobre duração do trabalho, dispostas no art. 7º, XIII, Constituição da República, muito embora não esteja obrigado a controlar a jornada dos empregados, como dito.*

Quanto ao *vale refeição*, poderá ser substituído pelo vale alimentação, também mediante acordo, individual ou coletivo, ou convenção coletiva. No caso de empresas que já fornecem ambos os vales (alimentação e refeição), entendemos que a supressão de um, outro ou ambos, dependeria de acordo, individual ou coletivo, ou convenção coletiva. Há quem entenda diferentemente, mas não indicamos a supressão unilateral, mesmo em época de crise, pois a consideramos risco potencial futuro.

As *mudanças legislativas pontuais*: a situação é tão inusitada que a Câmara dos Deputados e o Senado Federal publicaram o Ato Conjunto n. 1 de 2020, alterando a tramitação das Medidas Provisórias (MPs) durante a vigência da Emergência em Saúde Pública e do estado de calamidade pública decorrente da COVID-19. Com este ato, a Comissão Mista de ambas as casas não mais avaliará as Medidas Provisórias propostas pelo Executivo, ficando, inclusive, autorizada à votação remota das proposições. Também os prazos para análise destas MPs, por ambas as Casas, passam a ser mais curtos, tornando a tramitação das Medidas Provisórias, no Congresso Nacional, bem mais célere.

Paralização de obras e outras atividades: muitas obras e outras atividades foram suspensas por motivo de força maior (a pandemia) ou por fato do príncipe (a determinação governamental de paralização, isolamento e/ou quarentena). Configura medida de urgência, tendo em vista o dever da empresa de enfrentar a atual situação da saúde pública decorrente do coronavírus. Não deixem de fazer o comunicado aos colaboradores de forma clara e precisa, especificando o motivo de suspensão da obra ou atividade, por tempo indeterminado ou por um período especificado, utilizando como respaldo legal a situação de emergência, nos termos da Lei n. 13.979/2020.

Licença não remunerada: No caso de paralisação de atividades as pessoas contratadas **não** poderão ser colocadas em licença não remunerada. A Lei n. 13.979/2020 prevê, em seu artigo 3º, §3º, o abono dos dias de falta do empregado em virtude das medidas preventivas, para fins de controle da epidemia:

> *Artigo 3º, § 3º: Será considerado falta justificada ao serviço público ou à atividade laboral privada o período de ausência decorrente das medidas previstas neste artigo.*

No entanto, vale ressaltar que, como forma de 'compensação' a favor da empresa, pelo período de afastamento, o artigo 61, parágrafo 3º da CLT prevê que, nos casos de força maior, como pode ser encarada a situação epidemiológica em que vivemos, quando tais funcionários retornarem ao trabalho, a empresa poderá exigir, independente de ajuste escrito, o labor de 2 horas extras por dia, por um período de até 45 dias:

> *"Art. 61 – § 3º – Sempre que ocorrer interrupção do trabalho, resultante de causas acidentais, ou de força maior, que determinem a impossibilidade de sua realização, a duração do trabalho poderá ser prorrogada pelo tempo necessário até o máximo de 2 (duas) horas, durante o número de dias indispensáveis à recuperação do tempo perdido, desde que não exceda de 10 (dez) horas diárias, em período não superior a 45 (quarenta e cinco) dias por ano, sujeita essa recuperação à prévia autorização da autoridade competente".*

Lembrando que, nos casos possíveis, o teletrabalho é, sempre que possível, a melhor alternativa para a empresa, até mesmo para não perder a produtividade.

Férias: É possível a concessão de férias coletivas com pagamento antecipado previsto no artigo 145 da CLT, as quais poderão ser concedidas a todos os empregados ou apenas a alguns setores ou filiais, com a devida comunicação prévia ao Ministério da Economia. A princípio, a comunicação das férias coletivas deve ser realizada com antecedência de 30 dias. Em razão do quadro atual de pandemia, entendemos que a empresa pode comunicar com antecedência menor. O desrespeito ao prazo de 30 dias entre a comunicação e a concessão das férias, violando a regra contida no artigo 135 da CLT, gera risco de futuro questionamento acerca da validade da concessão das férias coletivas, mas entendemos que vale correr este risco, pois trata-se de situação emergencial, decorrente de força maior, e que visa a proteção da coletividade e do trabalho, ainda que tal posicionamento desrespeite o disposto no artigo 135 da CLT. Cremos firmemente que a relativização deste prazo será aceita pelo Ministério da Economia e também pelo Judiciário, no futuro.

O art. 6º, § 2º, da MP 927/2020, prevê que:

> *"empregado e empregador poderão negociar a antecipação de períodos futuros de férias, mediante acordo individual escrito".*

Por não estabelecer limite para essa antecipação tendo em vista o disposto na Constituição Federal, em seu artigo 7º., XVII, que trata como direito fundamental dos trabalhadores, o *"gozo de férias anuais remuneradas"*, entendemos que o empregador não pode antecipar férias de modo que o empregado passe, no futuro, tenha que trabalhar anos a fio sem o gozo de férias, que foram antecipadas.

As férias têm o objetivo de resguardar a energia física e mental do trabalhador. Muito embora a lei trabalhista disponha que o período de gozo de férias é aquele melhor atenda aos interesses do empregador, devemos ter em mente que a antecipação das férias, de forma ilimitada, ainda que por força da situação atual e excepcional do país, não tira do empregado o direito a férias relativas a períodos aquisitivos futuros, sendo a periodicidade anual intrinsicamente premissa desse direito. Assim, podem ser antecipadas férias, durante o reconhecimento do estado de calamidade pública, até 31 de dezembro de 2020, preservando a necessidade de gozo anual de férias para os períodos futuros.

Desligamento: Considerando a determinação governamental de paralisação de atividade, como no caso de bares e restaurantes, podemos considerar o disposto no artigo 486 da CLT, que prevê a rescisão do contrato por *factum principis*: caso em que a Administração Pública impossibilita a execução da atividade do empregador e, por conseguinte, da continuidade da execução do contrato de trabalho, de forma definitiva ou temporária, por intermédio de lei, ou ato administrativo. Eis o texto do art. 486 da CLT:

> *"No caso de paralisação temporária ou definitiva do trabalho, motivada por ato de autoridade municipal, estadual ou federal, ou pela promulgação de lei ou resolução que impossibilite a continuação da atividade, prevalecerá o pagamento da indenização, que ficará a cargo do governo responsável".*

Importante ainda ter em mente que prevalece o entendimento de que o governo arcará com o pagamento de indenização aos empregados desligados por *factum principis*. Importante documentar muito bem os motivos do desligamento, comunicar claramente tais motivos aos empregados e cumprir as demais regras demissionais trabalhistas, pagando ao empregado todos os seus direitos.

Licença Remunerada: A Lei 13.979/20 prevê medidas de afastamento, quarentena e restrição de circulação. Como já dito, em seu artigo 3º, parágrafo 3º, a referida lei prevê o abono dos dias de falta do empregado em virtude das medidas preventivas, para fins de controle da epidemia. Nestes casos, os contratos de trabalho dos funcionários atingidos pela quarentena ou necessário afastamento, mesmo que não infectados, ficarão interrompidos. Assim, o empregado deve receber o salário e benefícios, mesmo sem trabalhar, salvo se a empresa firmar com o empregado acordo individual de trabalho, nos termos da MP 936, que será tratado mais abaixo.

Se a licença for superior a 30 dias consecutivos, o empregado perde as férias proporcionais e novo período aquisitivo se inicia após o fim deste afastamento (artigo 133, III da CLT). Poderá o empregador ajustar por escrito com o empregado que o período de licença servirá como compensação das horas extras antes laboradas. Como a situação epidemiológica se enquadraria na categoria de força maior (artigo 501 da CLT), também poderia ser adotada a regra contida no artigo 61, §3º da CLT, como já colocado acima. Para os empregados que sempre trabalharam internamente, mas cujo serviço pode ser executado à distância através da telemática ou da informática, poderá ocorrer o ajuste, sempre de forma bilateral e por escrito, de que o serviço neste período deverá ser exercido à distância (artigo 75-C, §1º da CLT).

Como já dito, a lei exige a bilateralidade e ajuste expresso para essas mudanças. Entendemos, porem que, se bem documentada, é até possível a interpretação extensiva do artigo 61, § 3º da CLT para adotar o entendimento de que, por se tratar de medida emergencial e decorrente de força maior, a determinação unilateral do empregador para converter, apenas durante este período (única e exclusivamente), o trabalho presencial em teletrabalho e/ou *home office*, é válida e os riscos de questionamento futuro ficam minimizados, entretanto, sempre poderá haver consequências se, em ação judicial futura, o Poder Judiciário não concordar com esta interpretação extensiva.

<u>Trabalhador Infectado</u>: O empregado infectado pela COVID-19 vai se submeter às mesmas regras dos demais empregados enfermos, isto é, deverá sair em licença saúde e o empregador pagará seus direitos nos primeiros 15 dias, após o que, o INSS paga o benefício previdenciário (auxílio doença), desde que preenchidos os requisitos.

Este afastamento não se confunde com aquele destinado à prevenção, isto é, a quarentena ou isolamento, para evitar contato com outros trabalhadores, como medida de contenção. Este caso é de interrupção enquanto aquele é de licença médica (interrupção pelos primeiros 15 dias e suspensão pelo período posterior). É considerado acidente de trabalho atípico, o empregado que foi infectado no trabalho, pois se enquadra como doença ocupacional (artigos 19 e 20 da Lei 8.213/91).

Se o infectado for um empregado autônomo que preste serviços à empresa, ou estagiário, o afastamento também será necessário e mera comunicação basta para esse efeito. Se, todavia, for um empregado terceirizado, o tomador deverá impedir o trabalho imediatamente e comunicar a empresa prestadora de serviço empregadora para tomar as medidas cabíveis. Cabe lembrar que o terceirizado é subordinado à empresa prestadora e não ao tomador, mas é de responsabilidade do tomador os cuidados com o meio ambiente de trabalho, na forma do artigo 5º-A, §3º da Lei 6.019/74. Por isso, as ordens para cumprimento das medidas de segurança, de higiene, utilização do EPI devem ser monitoradas também pelo tomador, não excluindo a necessidade de o empregador também fazê-lo. No caso de algum desajuste, indicamos que o tomador fale com a empresa prestadora de serviço empregadora, jamais diretamente com o empregado terceirizado.

Trabalhador Suspeito de estar Infectado: Caso o empregador, ou o próprio empregado, suspeite que esteja contaminado, o isolamento é medida necessária a ser tomada para evitar o contágio a outras pessoas, empregados, terceiros e clientes, com as devidas precauções médicas antecedentes, como atestado médico recomendando o isolamento.

O empregador deve tomar precauções para não praticar discriminação no ambiente de trabalho, encaminhando apenas os casos realmente suspeitos ao INSS, ou ao médico do trabalho. Mais uma vez lembramos que, como não se pode obrigar o empregado a exames compulsórios, exceto em casos específicos, a boa comunicação entre empregador e empregado é fundamental.

Segurança e saúde no trabalho nos termos da MP 927/2020: O art. 3º, inciso VI da referida MP dispõe que poderá haver suspensão, por iniciativa dos empregadores, *"de exigências administrativas em segurança e saúde no trabalho"*.

Entendemos que esta disposição viola os direitos fundamentais consagrados na Constituição da República. Temos no texto constitucional as seguintes disposições:

> *Art. 5º: Todos são iguais perante a lei, sem distinção de qualquer natureza, garantindo-se aos brasileiros e aos estrangeiros residentes no País a <u>inviolabilidade do direito à vida</u>, à liberdade, à igualdade, <u>à segurança</u> e à propriedade, nos termos seguintes:*
>
> *(...)*
>
> *III – ninguém será submetido a tortura nem a <u>tratamento desumano</u> ou degradante;*
>
> *Art. 6º São direitos sociais (...) <u>a saúde</u>, (...)*
>
> *Art. 7º São direitos dos trabalhadores urbanos e rurais, além de outros que visem à melhoria de sua condição social:*
>
> *XXII – <u>redução dos riscos inerentes ao trabalho</u>, por meio de normas de saúde, higiene e segurança;*
>
> *Art. 193. A ordem social tem como base o primado do trabalho, e como objetivo o <u>bem-estar</u> e a justiça sociais.*
>
> *Art. 196. A <u>saúde é direito de todos e dever do Estado</u>, garantido mediante políticas sociais e econômicas que visem à redução do risco de doença e de outros agravos e ao acesso universal e igualitário às ações e serviços para sua promoção, proteção e recuperação.*

Ora, o disposto no art. 3º, VI, da MP, vai exatamente na contramão da Constituição, que traz normas de ordem pública para as questões de saúde e segurança no trabalho, não podendo, portanto, as partes disporem sobre supressão dos direitos nelas tratados. Sem falar na ofensa ao princípio constitucional da prevenção, à Declaração Universal dos Direitos Humanos e a tantos outros documentos que buscam a proteção da vida, saúde e segurança das pessoas, inclusive aqueles expedidos pela Organização Internacional do Trabalho (OIT).

As normas de saúde e segurança no trabalho visam exatamente prevenir doenças e acidentes, garantindo de condições dignas de trabalho. A prevenção dos riscos biológicos, como, por exemplo, a exposição ao coronavírus por força do trabalho, é um dos objetos dessas normas de ordem pública, e isso é inegociável. Pelo contrário, as normas de segurança e saúde diante de uma situação de pandemia devem ser fortalecidas, não suprimidas.

Por tudo isso, entendemos que o artigo 3º, VI, da MP, é inconstitucional.

Já as medidas previstas nos arts. 15 a 17 da MP, respectivamente (i) suspensão da obrigatoriedade de realização dos exames médicos ocupacionais, clínicos e complementares, exceto os demissionais; (ii) suspensão da obrigatoriedade de realização de treinamentos periódicos e eventuais dos empregados; (iii) manutenção dos quadros da Comissão Interna de Prevenção de Acidentes (CIPA) até o encerramento do estado de calamidade pública, com suspensão dos processos eleitorais, entendemos que estão de acordo com as normas constitucionais.

Norma Coletiva – Suspensão do Contrato ou Redução do Salário: É possível o acordo coletivo ou a convenção coletiva prever a suspensão contratual (artigo 611-A da CLT) ou a redução do salário do empregado durante o período de afastamento decorrente das medidas de contenção da epidemia, com base no artigo 7º, VI da CF e artigo 611-A da CLT. Como a norma coletiva revoga os dispositivos de lei ordinária será possível, ainda, a previsão em instrumento coletivo de compensação dos dias parados com o labor, por exemplo, de 3 horas extras por dia pelo período que se fizer necessário para a completa recuperação do trabalho ou de comunicação das férias coletivas com antecedência de até dois dias antes de sua concessão, alterando a regra do artigo 135 da CLT. Mais adiante falarmos da redução de jornada e salário e da suspensão do contrato de trabalho previstos na MP 936.

Meio Ambiente de Trabalho X Poder Disciplinar do Empregador: As empresas devem tentar conter a pandemia do coronavírus, praticando atos que evitem o contágio e a expansão da doença. A medida não é só de higiene e medicina de trabalho, mas também de solidariedade, de colaboração com a coletividade e de interesse público. Há o dever de colaboração. Por isso, medidas como o isolamento, quarentena, exames obrigatórios em determinados casos, obrigatoriedade de uso de luvas e máscaras em casos específicos estão de acordo com a Lei 13.979/20, sempre respeitando o princípio da razoabilidade e da preponderância do coletivo sobre o individual, da saúde coletiva sobre a lucratividade.

Sob este aspecto, o empregado que se recusar a utilizar EPI adequado, como luvas, máscara ou uso de álcool gel, ou que se recusar ao isolamento recomendado ou determinado coletivamente, poderá ser punido com advertência, suspensão ou justa causa.

Da mesma forma, o empregador que não adote medidas preventivas e de contenção pode estar praticando justa causa, de modo a ensejar a rescisão indireta daqueles que se sentirem diretamente prejudicados. É claro que a punição máxima depende do caso concreto e da probabilidade real de contágio e disseminação. O empregador não poderá impedir o empregado do exercício de atividades particulares, como comparecimento a locais públicos ou viagens internacionais, mas sugere-se reagendar viagens nacionais ou internacionais a trabalho, não urgentes, assim como feiras, congressos, palestras e todo e qualquer ato que coloque em risco seus trabalhadores.

Ressalte-se que o empregador que obriga o empregado a viajar em período de pandemia tem responsabilidade objetiva sobre eventual contágio pelo contato com outras pessoas em decorrência deste deslocamento a trabalho (doença ocupacional – artigo 118 da Lei 8.213/91 combinado com o artigo 29 da MP 927/2020). Note que para tal responsabilização objetiva é necessária a prova do nexo causal, ônus, no caso, do empregado.

Já a responsabilidade subjetiva do empregador pode ser afastada pela utilização de medidas de precaução, como higiene constante do local de trabalho, máscaras, luvas e outros EPIs, álcool gel etc. Por isso, todas estas práticas devem ser documentadas para evitar futura alegação de responsabilidade patronal pelo contágio e para materializar as provas que poderão ser necessárias no futuro.

É bom lembrar que não é apenas o ambiente de trabalho que coloca em risco a saúde do trabalhador pela possibilidade de contágio, mas também a utilização do transporte público para ir e voltar do trabalho. Assim, o isolamento é necessário mesmo no caso de a empresa possuir poucos empregados.

É claro que para as atividades essenciais ou aquelas cuja interrupção acarrete prejuízo irreparável, outras medidas podem ser tomadas de forma a manter contínua a atividade empresarial, como escalas de trabalho, *home office* em alternância dos funcionários (mesmo que não se enquadre em teletrabalho), utilização obrigatória de álcool gel na entrada, nas salas e setores, além de máscaras e luvas etc. Despesas que correrão sempre por conta do empregador. Na decisão do TST, já referida acima quando falamos do teletrabalho, o Tribunal se pronunciou a respeito da pandemia do coronavírus e apontou algumas recomendações de prevenção, sendo elas a limpeza e higienização do local de trabalho, a promoção regular de limpeza das mãos e a disposição de lenços em locais de fácil acesso.

E foram suspensos, por 15 dias, os trabalhos em relação aos colaboradores que tenham regressado de viagens a localidades em que o surto da COVID-19 tenha sido reconhecido.

Recomenda-se, antes de tudo, a negociação de boa-fé entre as partes e a comunicação clara para mitigar os danos.

Apesar de todo o colocado acima, há quem doutrine sobre a incerteza quanto à classificação da pandemia do coronavírus como evento de força maior. Isso porque, de um lado, o governo brasileiro editou uma Medida Provisória declarando que a epidemia de coronavírus era uma Emergência de Saúde Pública de Importância Internacional mas, de outro lado, no último dia 6 de março, o Ministério da Justiça emitiu a Nota Técnica n. 2/2020 / GAB- SENACON / SENACON / MJ, indicando que *"o contexto (brasileiro) não oferece, neste momento, situação classificável como de caso fortuito ou força maior"*.

<u>*Aspectos criminais para quem não observa as medidas de segurança impostas*</u>: Adverte-se que a propagação de doença contagiosa e a periclitação da vida constituem crimes, possibilitando a responsabilização criminal das pessoas que concorram para as ocorrências. A propagação de doenças está capitulada no art. 268, Código Penal:

> *"infringir determinação do poder público, destinada a impedir introdução ou propagação de doença contagiosa"*.

Já a periclitação da vida vem disposta no art. 132 do Código Penal:

> *"expor a vida ou a saúde de outrem a perigo direto e iminente"*.

FGTS: Em 31 de março a Caixa Econômica Federal publicou a Circular n. 897/2020, que suspende a exigibilidade do recolhimento do Fundo de Garantia do Tempo de Serviço – FGTS, referente às competências março, abril e maio de 2020, podendo fazer uso dessa prerrogativa todos os empregadores, inclusive o empregador doméstico, independentemente de adesão prévia. A Circular ainda prevê o recolhimento do FGTS daqueles meses em seis parcelas fixas com vencimento no dia 07 de cada mês, com início em julho de 2020 e fim em dezembro de 2020. O empregador e o empregador doméstico permanecem obrigados a declarar as informações, até o dia 07 de cada mês. O empregador que não prestar a declaração relativa ao FGTS até o dia 07 de cada mês, deve realizá-la até a data limite de 20 de junho 2020 para fins de não incidência de multa e encargos devidos, sem prejuízo da aplicação de outras penalidades previstas em Lei e regulamento. Passada a data limite sem a devida declaração, serão consideradas em atraso as competências e terão incidência de multa e encargos devidos na forma do art. 22 da Lei n. 8.036, de 1990. Ocorrendo a rescisão do contrato de trabalho, passa o empregador a estar obrigado ao recolhimento dos valores de FGTS, inclusive aqueles até então com a exigibilidade suspensa, sem incidência da multa e encargos devidos, caso efetuado dentro do prazo legal estabelecido para sua realização.

Em relação ao pagamento do FGTS diferido (parcelamento), a sua inadimplência ensejará o bloqueio do Certificado de Regularidade do FGTS CRF. Os Contratos de Parcelamentos de Débito em curso devem continuar a serem pagos normalmente, sob pena de cobrança de multa e encargos nos termos do art. 22 da Lei n. 8.036, de 1990.

No dia 7 de abril o Governo Federal publicou a MP 946/2020, que permite o saque de até R$ 1.045,00 por trabalhador, da conta vinculada do FGTS. Além disso, o Governo extinguiu o Fundo PIS-Pasep, transferindo todo seu patrimônio para o FGTS.

Alíquotas das contribuições aos serviços sociais autônomos: a Medida Provisória n. 932, de 31 de março de 2020, reduziu as alíquotas das contribuições aos serviços sociais autônomos, até 30 de junho de 2020. Passam estas a terem os seguintes valores:

- SESCOOP: 1,25%
- Sesi, Sesc e Sest: 0,75%
- Senac, Senai e Senat: 0,5%
- Senar: 1,25% da folha de pagamento, 0,125% da receita da comercialização da produção rural por pessoa jurídica e 0,1% da receita da comercialização da produção rural por pessoa física.

Programa Emergencial de Manutenção do Emprego e da Renda – MP 936 de 1º de abril de 2020: o Governo editou esta Medida Provisória com vistas a minimizar os efeitos da calamidade pública, reconhecida pelo Decreto Legislativo n. 6, de 20 de março de 2020, e da emergência de saúde pública de importância internacional decorrente do coronavírus (COVID-19), de que trata a Lei n. 13.979, acabando por ajustar ou esclarecer alguns aspectos inconsistentes da MP 927/2020.

Antes de adentrarmos na explicação da MP, vamos à confusão judicial envolvendo a constitucionalidade desta MP 936/2020

Na data de 6 de abril, o Ministro Ricardo Lewandowski deferiu parcialmente o pedido cautelar feito pelo Partido Político Rede Sustentabilidade, nos autos da Ação Direta de Inconstitucionalidade (ADI) n. 6363, determinando que:

> *"[...] os acordos individuais de redução de jornada de trabalho e de salário ou de suspensão temporária de contrato de trabalho (...) deverão ser comunicados pelos empregadores ao respectivo sindicato laboral, no prazo de até dez dias corridos, contado da data de sua celebração", para que este, querendo, deflagre a negociação coletiva, importando sua inércia em anuência com o acordado pelas partes"*(sic).

Pautada para ser reanalisada pelo Plenário do STF no dia 16 de abril, a decisão desacelerou a aplicação da MP, no que diz respeito aos acordos individuais de redução de jornada de trabalho e de salário, ou de suspensão temporária de contrato de trabalho.

Isso porque, segundo o texto do julgado, para que o acordo individual se convalidasse, seria necessária a concordância expressa do respectivo sindicato laboral, ou seu silêncio, casos nos quais o acordo individual se convalidaria e seus efeitos jurídicos plenos retroagiriam à data do acordo firmado.

Notem que a decisão acima referida, referindo-se aos sindicatos, ainda diz que:

> *"(...) na ausência de manifestação destes, na forma e nos prazos estabelecidos na própria legislação laboral para a negociação coletiva, a exemplo do art. 617 da Consolidação das Leis do Trabalho <u>será lícito aos interessados prosseguir diretamente na negociação até seu final</u>."*

O artigo 617 da CLT que prevê que:

> *"Art. 617 – Os empregados de uma ou mais empresas que decidirem celebrar Acordo Coletivo de Trabalho com as respectivas empresas darão ciência de sua resolução, por escrito, ao Sindicato representativo da categoria profissional, que* **terá o prazo de 8 (oito) dias para assumir a direção dos entendimentos entre os interessados**, *devendo igual procedimento ser observado pelas empresas interessadas com relação ao Sindicato da respectiva categoria econômica.*
> *§ 1º Expirado o prazo de 8 (oito) dias sem que o Sindicato tenha se desincumbido do encargo recebido, poderão os interessados dar conhecimento do fato à Federação a que estiver vinculado o Sindicato e, em falta dessa, à correspondente Confederação, para que, no mesmo prazo, assuma a direção dos entendimentos. Esgotado esse prazo, poderão os interessados prosseguir diretamente na negociação coletiva até final.*
> *§ 2º Para o fim de deliberar sobre o Acordo, a entidade sindical convocará assembleia geral dos diretamente interessados, sindicalizados ou não, nos termos do art. 612".*

A despeito do quanto acima colocado, para muitos, a decisão, neste ponto, trazia uma certa obscuridade.

Nascia a seguinte questão: se a entidade sindical silenciar em 8 (oito) dias *"será lícito aos interessados prosseguir diretamente na negociação até seu final"*, ou o acordo individual deverá ser encaminhado para a Federação ou

Confederação a que aquele Sindicato estiver vinculado, para que então se manifestem, também com prazo de 8 dias, nos termos do artigo 617 acima citado?

Entendemos que o artigo 617 da CLT, citado na decisão cautelar, serve apenas como parâmetro para o prazo no qual a entidade sindical deve se manifestar – 8 (oito) dias. Após isso e havendo silêncio daquela, entendemos que o acordo individual estaria convalidado.

Isso tudo posto, era consenso quase que geral que, após a comunicação ao sindicato, estes teriam 8 dias para manifestar seu "de acordo" e o silêncio implicaria em concordância tácita, sendo que somente após uma dessas ocorrências seria válido e eficaz o acordo individual feito entre empregado e empregador.

Ocorre que, no dia 13 de abril, em decisão sobre os Embargos de Declaração opostos pela AGU nos autos da ADI n. 6363, o mesmo Ministro Ricardo Lewandowski afirmou que:

> "...outra conclusão não é possível se não aquela segundo a qual os eventuais acordos individuais já celebrados – e ainda por firmar – entre empregadores e empregados produzem efeitos imediatos, a partir de sua assinatura pelas partes, inclusive e especialmente para os fins de pagamento do benefício emergencial no prazo estipulado, ressalvada a superveniência de negociação coletiva que venha a modificá-los, no todo ou em parte".

Com esta decisão imprescindível a alteração, ainda que parcial do entendimento anterior.

Hoje, segundo nossa visão, o acordo individual de trabalho é válido e eficaz a partir da sua assinatura, o que somente será revertido se houver expressa oposição em relação a ele, pela entidade sindical respectiva. Em outras palavras, empregado e empregador não precisam esperar a manifestação positiva, ou o silêncio, do sindicato para que o acordo tenha eficácia e possa ser posto em prática, até seu final. Passa a ser válido e eficaz na data de sua assinatura e sua validade e eficácia perder-se-ão apenas se houver uma posterior discordância do sindicato laboral daquela categoria, que deflagre negociação coletiva, ou decisão judicial sobre o caso, inclusive via Dissídio.

Aguardemos os próximos capítulos desta *"novela"* da ADI 6363 com o julgamento previsto para dia 16 de abril.

Salientamos aqui que muitos sindicatos já se anteciparam e decidiram já expor sua concordância com quaisquer acordos individuais firmados pelas empregadoras e empregados a eles submetidos. Vale, portanto, caso a caso, antes de enviar o acordo individual ao respectivo sindicato para manifestação, consultá-lo para saber se já houve algum posicionamento seu sobre o assunto.

Caso a entidade sindical se oponha ao acordo individual, será deflagrada a negociação coletiva e o que constar de tal acordo ou convenção coletiva prevalecerá sobre os acordos individuais.

Não havendo consenso na negociação coletiva, o impasse certamente será tratado no Poder Judiciário.

Importante ter em mente que, havendo oposição das entidades sindicais, caso o empregador siga em frente com a execução do acordo individual desaprovado, poderá ele sofrer ações coletivas ou individuais, nas quais os empregados buscarão, inclusive liminarmente, o reestabelecimento dos contratos de trabalho e os pagamentos de salário da forma que eram anteriormente e, ainda, eventuais danos decorrentes da alteração das condições trabalhistas.

Ainda, em caso de decisão favorável ao empregado, se tais empregados submetidos à redução, ou suspensão contratual, tiverem recebido, do Ministério da Economia, pagamentos a título de Benefício Emergencial de Preservação do Emprego e da Renda, tais valores serão considerados pagamentos indevidos e serão inscritos em dívida ativa, caso não devolvidos. Tal circunstância pode ser mais um pleito a título de danos, dos empregados *"beneficiados"* contra seu empregador.

Passemos agora aos principais temas tratados na MP 936/2020.

Os objetivos deste Programa Emergencial de Manutenção do Emprego e da Renda, instituído pela MP, segundo seu artigo 2º, são:

"I – preservar o emprego e a renda; II – garantir a continuidade das atividades laborais e empresariais; e III – reduzir o impacto social decorrente das consequências do estado de calamidade pública e de emergência de saúde pública", durante a Pandemia do Convid-19, de forma a reduzir o seu impacto social.

São três as medidas tratadas na MP 936: *I – o pagamento de Benefício Emergencial de Preservação do Emprego e da Renda; II – a redução proporcional de jornada de trabalho e de salários; e III – a suspensão temporária do contrato de trabalho.*

- *Do Benefício Emergencial de Preservação do Emprego e Da Renda*: este benefício será pago pela União, mensalmente, a todos aqueles funcionários que tiverem redução proporcional de jornada de trabalho e salário, bem como àqueles que tiverem seu contrato de trabalho suspenso, lembrando que:

> (i) O empregador poderá firmar acordo individual de trabalho para a redução de jornada de trabalho e salário em 25%, com qualquer dos empregados.
>
> (ii) O empregador poderá firmar acordo individual de trabalho para a redução de jornada de trabalho e salário em percentual de 50% ou 70%, com empregados que recebem salários de até três salários mínimos (ou R$3.135,00), inclusive, ou que sejam hipersuficientes, assim considerados os empregados que recebem mais de dois tetos do Regime Geral de Previdência Social (RGPS) (ou R$ 12.202,12), neste último caso, desde que sejam portadores de diploma de nível superior.

Para os empregados que ganham entre R$ 3.135,01 e R$ 12.202,11, reduções superiores ao percentual de 25% apenas podem ser realizadas mediante prévia negociação sindical. Isso vale também para ajuste em quaisquer outros percentuais que não os acima citados.

O percentual de redução de jornada de trabalho e salário, estabelecido no acordo individual de trabalho, impacta no valor do benefício a ser recebido, conforme trataremos mais abaixo.

Para a suspensão temporária do contrato de trabalho, mediante acordo individual do trabalho, para calcular o valor do benefício, o empregador deverá observar algumas condições específicas, de acordo com a receita bruta da empresa no ano-calendário de 2019, o que explicaremos mais adiante.

O empregador deverá informar o Ministério da Economia, no prazo de até 10 dias após a celebração de acordo individual de trabalho com o funcionário, quais alterações foram pactuadas no referido acordo.

A primeira parcela do benefício será liberada no prazo de 30 dias contados da data da assinatura do acordo, e o pagamento durará:

> (i) pelo mesmo período em que tiver sido pactuada a redução proporcional da jornada do trabalho e salário, limitado a 90 (noventa) dias e desde que continue o estado de calamidade pública.
>
> (ii) pelo mesmo período em que tiver sido pactuada a suspensão do contrato de trabalho, limitado a 60 dias, que poderá ser fracionado em até dois períodos de 30 dias e desde que continue o estado de calamidade pública.

O funcionário beneficiado por esse programa, terá estabilidade de emprego pelo período em que durar a redução de jornada de trabalho e salário, ou a suspensão do contrato de trabalho. Ainda, quando da retomada das condições anteriores de trabalho, a estabilidade permanecerá por mais um período futuro igual ao período de estabilidade.

Caso seja desligado imotivadamente durante o período de estabilidade, o empregador deverá pagar as verbas rescisórias acrescidas de uma indenização, nos seguintes percentuais, tendo como base de cálculo o último salário normal a que o empregado teria direito:

> (i) 50% do salário normal, nos casos de redução de jornada e salário em 25% e 50%;
>
> (ii) 75% do salário normal, nos casos de redução de jornada e salário em 75%; ou
>
> (iii) 100% do salário normal, nos casos de redução de jornada e salário superiores a 75%;
>
> (iv) 100% do salário normal, nos casos de suspensão temporária do contrato de trabalho.

O funcionário poderá cumular mais de um recebimento do benefício, caso tenha mais de um contrato formal de trabalho ativo, contudo, não poderá receber o valor do benefício caso esteja recebendo seguro desemprego, benefício do INSS ou da bolsa de qualificação profissional custeada pelo Fundo de Amparo ao Trabalhador (FAT), pela participação em curso ou programa de qualificação profissional oferecido pelo empregador, em conformidade com o disposto em convenção ou acordo coletivo celebrado para este fim.

O valor do benefício a ser pago é variável da seguinte forma:

(i) Se a redução de jornada de trabalho e salário for de 25%, o valor do benefício corresponderá a 25% do valor do seguro desemprego vigente.

(ii) Se a redução de jornada de trabalho e salário for de 50%, o valor do benefício corresponderá a 50% do valor do seguro desemprego vigente.

(iii) Se a redução de jornada de trabalho e salário for de 70%, o valor do benefício corresponderá a 70% do valor do seguro desemprego vigente.

Os empregados que tiverem sua jornada de trabalho e salário reduzidos, via acordos ou convenções coletivos, que venham a estabelecer porcentagem de redução diferente das faixas estabelecidas pela MP, o valor do benefício a que terá direito seguirá as seguintes regras:

– Redução da jornada de trabalho e salário inferior a 25% não dá direito ao recebimento do benefício emergencial;

– Redução da jornada de trabalho e salário igual ou maior que 25% e menor que 50% dará direito ao benefício no valor de 25% do seguro desemprego vigente.

– Redução da jornada de trabalho e salário igual ou maior que 50% e menor que 70% possibilitará o recebimento do benefício no valor de 50% do seguro desemprego vigente.

- Redução da jornada de trabalho e salário superior a 70% possibilitará o recebimento do benefício no valor de 70% do seguro desemprego vigente.

No caso de suspensão do contrato de trabalho, valem as seguintes regras para se calcular o valor do benefício:

(i) para as empresas que não tiverem alcançado a receita bruta de 4,8 milhões, no ano-calendário de 2019, será pago aos funcionários, pelo governo, o benefício no valor de 100% do seguro desemprego a que teria direito se fosse demitido.

(ii) para as empresas que tenham alcançado aquela receita bruta, o benefício será de 70% do valor a que o empregado teria direito como seguro desemprego, sendo que o empregador deverá complementar tal benefício, pagando ao empregado os 30% adicionais.

Esse percentual de 30% será considerado como uma ajuda compensatória por parte do empregador, não integrando o salário e consequentemente, não havendo incidências sobre ela.

O recebimento desse benefício não afetará o recebimento de seguro desemprego, no caso de dispensas futuras e posterior ao período de suspensão do contrato de trabalho.

Ficam excluídos dos benefícios desse programa a administração pública direta e indireta, as empresas públicas e sociedades de economia mista.

Fica também instituído o benefício de R$600,00, para aqueles trabalhadores que tiverem contrato intermitente. Esse benefício não é cumulativo ao número de contratos que o trabalhador tenha, tampouco a outros benefícios emergenciais.

- *Da redução proporcional de jornada de trabalho e salário* temos que colocar ainda o que segue.

Fica possibilitado ao empregador, por meio de acordo individual de trabalho, acordar com seu funcionário a redução proporcional de jornada de trabalho e salário, desde que respeitado o valor do salário hora de trabalho.

O prazo de redução permitido é de até 90 dias, podendo ser restabelecido o contrato original em dois dias corridos, caso o estado de calamidade pública cesse, na data estabelecida no acordo, ou por comunicado de antecipação do regresso ao trabalho normal, pelo empregador.

Antes de assinado, o acordo individual deverá ser encaminhado para o funcionário, com pelo menos dois dias de antecedência, para validação, sendo que, após assinatura, deverá ser encaminhado ao Ministério da Economia, como já explicado acima.

Os percentuais de redução já foram tratados acima.

• Sobre a _suspensão temporária do contrato de trabalho_ falta dizer que é outra possibilidade de medida de preservação do emprego, concedida ao empregador e seus funcionários, pelo prazo máximo de 60 dias, que pode ser dividido em dois períodos de 30 dias.

A suspensão do contrato de trabalho via acordo individual do trabalho somente pode ser feito com empregados que recebem salários de até três salários mínimos (ou R$3.135,00), inclusive, ou que sejam hipersuficientes, assim considerados os empregados que recebem mais de dois tetos do Regime Geral de Previdência Social (RGPS) (ou R$ 12.202,12), neste último caso, desde que sejam portadores de diploma de nível superior.

Para os empregados que ganham entre R$ 3.135,01 e R$ 12.202,11, a suspensão do contrato de trabalho somente poderá ser realizada mediante prévia negociação sindical.

Da mesma forma que no caso de redução de jornada e salário, a para que haja a suspensão do contrato de trabalho, meio de acordo individual de trabalho, nos casos possíveis, o funcionário deverá receber o acordo com antecedência de, pelo menos, dois dias da data de assinatura, para validação.

As hipóteses de cessação da suspensão, também coincidem com as citadas anteriormente para a redução de jornada e salário, sendo que o funcionário deverá retornar às suas atividades em dois dias corridos, no caso de cessação do estado de calamidade, do fim do prazo acordado com o empregador, ou em caso de comunicado antecipado, pelo empregador, para regresso ao trabalho.

Durante o período de suspensão do contrato de trabalho nos termos acima, o funcionário não poderá exercer nenhuma atividade para o empregador, sob pena de restar descaracterizada a suspensão. O funcionário fara jus ao recebimento de todos os benefícios concedidos pelo empregador e, ainda, poderá recolher contribuição para o Regime Geral de Previdência Social, na qualidade de segurado facultativo, contando este tempo para fins de aposentadoria.

Feitas todas estas colocações, somente nos resta dizer que ainda teremos muitas situações a serem enfrentadas na seara trabalhista, em função das alterações legislativas e regulatórias que ainda estão por vir, assim como em função das interpretações jurídicas e decisões emanadas do Poder Judiciário que, não raramente, conflitam com o que os juristas ensinam e até mesmo com o *espírito da lei*.

A nós cabe, portanto, um olhar continuamente atento às alterações trabalhistas do momento e à jurisprudência trabalhista, nos casos envolvendo este momento de pandemia, esta última ainda muito insipiente, já que as ações judiciais relativas a fatos ocorridos neste período tenebroso ainda estão por vir.

Parte XI
DIREITO TRIBUTÁRIO

EFEITOS DA PANDEMIA NO DIREITO TRIBUTÁRIO BRASILEIRO EM 2020 E DEPOIS

TÁCIO LACERDA GAMA

1. INTRODUÇÃO

Acontecimento singular, a Pandemia de 2020 causa intensa transformação social. Nunca, tantas pessoas, de forma simultânea e coordenada, foram obrigadas a mudar o exercício da sua liberdade para proteger a si, ao próximo e aos sistemas de saúde dos seus respectivos países. A recomendação da Organização Mundial da Saúde, sintetizada no "fique em casa", virou palavra de ordem em todo planeta. O mundo "em casa" é um mundo diferente.

Neste artigo, cuidarei das recentíssimas transformações do direito tributário, especialmente aquelas feitas para o enfrentamento dos efeitos da Pandemia. Responderei, sob o ponto de vista do direito tributário, a três provocações que inspiram este livro: quais os principais desafios que a covid-19 impõe? Qual a minha avaliação das medidas que estão sendo tomadas pelos entes da Federação? Que seria recomendável para combater a pandemia? Farei isso a partir de um fio condutor que é a análise da extrafiscalidade. Por minha conta, acrescentarei outras três perguntas: o tributo é instrumento legítimo e eficaz para estimular a atividade econômica? O Estado Brasileiro conseguiria responder aos danos causados pela Pandemia com eficiência se não pudesse usar o tributo para este fim? É desejável usar um momento de crise para justificar reformas estruturais que anulem a capacidade de implementar políticas públicas com o uso de tributos?

O que se demonstrará, ao longo deste artigo, é que o Brasil, assim como todos os demais países do mundo, utilizou, intensamente, o tributo como instrumento de políticas públicas. Esta é a chamada tributação extrafiscal. Este fato indica uma ruptura com o discurso que defendia uma reforma tributária para tornar ilícita a formulação de políticas extrafiscais por parte da União, dos Estados, dos Municípios e do Distrito Federal.

É do que tratarei adiante.

2. A COMPREENSÃO DO TEMA SOB UM ASPECTO RELEVANTE: RECEITA X DESPESAS

A pandemia em 2020 gerou uma paralização da atividade econômica em escala global. Todos os negócios, com a ressalva dos chamados estratégicos, tiveram que suspender suas operações. Na maior parte dos casos, houve abrupta redução de receitas, com manutenção das despesas, provocando crescimento vertiginoso de prejuízo e, nos piores casos, fechamento de empresas. Na sua expressão mais simples, posso indicar que o efeito da Pandemia sobre a atividade econômica é o resultado da bombástica equação: redução de receita com manutenção ou até aumento de despesa.

Que fazer então? Compensar a receita perdida com empréstimo ou reduzir as despesas. Com efeito, posso afirmar que a crise do setor produtivo pode ser combatida, neste primeiro momento, por duas frentes: concessão de créditos privados – empréstimos – e redução de despesas. Esta segunda medida – a redução ou diferimento de despesas – pode ser implementada por meio de instrumentos tributários variados. Estes instrumentos, como outros que concorrem para reduzir despesas, permitem preservação de caixa e, dessa forma, viabilizam a sobrevivência de empreendimentos.

Como definido nas perguntas que responderei, não serão tratadas aqui as formas de crédito privado e do papel do Estado como grande avalista neste momento de crise. Apenas indiretamente falarei da redução de encargos tributários na obtenção de empréstimos por empresários, profissionais autônomos e empregados.

O que discutirei adiante é o manejo do tributo como instrumento de política tributária para induzir a manutenção de empregos, a concessão de empréstimos e a continuidade do comércio internacional e dos próprios negócios em ambiente tão adverso.

Num cenário como o que estamos vivendo, falar em reduzir despesas não é tarefa simples. Cortar despesas significa extinguir relações trabalho, cancelar contratos com fornecedores, parceiros e, até, não pagar tributos. Objetivamente, estamos falando do sustento de famílias, da manutenção de negócios e do próprio financiamento do Estado. Cortar despesas, por isso, não é algo simples de ser feito.

Além de identificar o problema – que despesas reduzir – é necessário agir no tempo certo. Antecipado e atrasado são, igualmente, fora de hora. Ser rápido, reduzindo as despesas corretas que podem viabilizar a vida das empresas é o que se espera dos entes que possuem competência para instituir e cobrar tributos.

É fundamental, por isso mesmo, saber que, muito provavelmente, viveremos dois momentos: um de interrupção da atividade econômica em virtude do isolamento social recomendado por estados e municípios, o "fique em casa" defendido pela OMS. Mas haverá, também, um segundo momento que envolverá um conjunto de estímulos para normalização da economia. Momentos distintos exigem soluções igualmente diversas. Só assim se pode reduzir os custos quando há baixa de receitas e estimular o investimento mediante o adequado arranjo de incidências tributárias. É desta forma que se pode fomentar a atividade produtiva, reduzir o desemprego, assegurar a todos os brasileiros os meios de existência digna, com progressivo aumento de arrecadação e, no horizonte previsível de tempo, o reequilíbrio da atividade financeira do Estado.

3. A EXTRAFISCALIDADE AGORA E NO FUTURO PRÓXIMO COMO PRINCIPAL INSTRUMENTO DE COMBATE À PANDEMIA CAUSADA PELA COVID-19

Com base no arranjo de competências postas à disposição dos integrantes da Federação, temos as seguintes possibilidades:

1) Diferimento de tributos sobre receita;
2) Diferimento de tributos sobre lucro;
3) Diferimento de tributos sobre patrimônio;
4) Diferimento de tributos sobre a folha;
5) Desoneração de tributos aduaneiros sobre bens e serviços necessários ao combate da Pandemia;
6) Desoneração de tributos incidentes na saída de bens essenciais ao combate à Pandemia, considerando, inclusive, o princípio da seletividade;[1]
7) Desoneração serviços necessários ao combate da pandemia;
8) Redução de tributos incidentes sobre o crédito;
9) Suspensão de obrigações acessórias federais, municipais e estaduais;[2]
10) Prorrogação do vencimento de certidões negativas de débito em âmbitos federal, estadual e municipal;
11) Suspensão de prazos processuais administrativos e judiciais;
12) Facilitação da compensação de prejuízos fiscais na apuração de tributação sobre o lucro;[3]

---

[1] De acordo com disposição do art. 155, § 2º, inciso III, da Constituição Federal, o ICMS poderá ser seletivo, "em função da essencialidade das mercadorias e serviços". Há também previsão de seletividade para o IPI, que, nos termos do art. 153, § 3º da CF "será seletivo, em função da essencialidade do produto".

[2] Tais como a Declaração de Débitos e Créditos Tributários Federais (DCTF) e a EFD-Contribuições.

[3] Arts. 42 e 58 da Lei 8.981/1995 e 15 e 16 da Lei 9.065/1995.

13) Ampliação do rol de produtos e serviços que dão direito a crédito na apuração de tributos não cumulativos, considerando-se o ambiente de combate à epidemia e de reestruturação da atividade econômica;

14) Ampliação do rol de despesas aptas a ser deduzidas na apuração de tributação sobre a renda, também tendo em vista o ambiente de combate à epidemia e de reestruturação de atividades;

15) Facilitação e diminuição do tempo necessário à compensação e restituição de tributos federais, estaduais e municipais;

16) Facilitação dos canais de atendimento e de comunicação com as administrações tributárias;

17) Disponibilização de meios digitais simplificados e de fácil acesso para cumprimento de obrigações acessórias e realização de pedidos de restituição e compensação de tributos.

A análise de cada um destes itens passa pelo texto constitucional, pela compreensão das boas práticas desenvolvidas pelos demais países e por aquilo que, pragmaticamente, é útil para assegurar a continuidade dos negócios com preservação de todos os direitos e deveres a eles inerentes.

Num segundo momento, os entes federativos deverão adotar medidas de estímulo ao investimento para fomentar a atividade econômica. Nesta hora, será fundamental evitar o populismo tributário. O Objetivo será estimular a atividade econômica e não resolver problemas estruturais que há anos são objeto de disputas políticas. Deve ser evitada toda tributação que desestimule a realização de investimentos, a manutenção de capital no país e a concessão de empréstimos em patamares competitivos com aqueles oferecidos pelos países que concorrem com o Brasil. Além disso, pelo fato de os desafios que enfrentaremos serem inéditos, deve ser fomentada a cooperação entre entes federativos, com um cadastro único de contribuintes que permita a identificação e a quantificação das renúncias fiscais. Os entes federativos devem cooperar entre si. Mas o fisco e o contribuinte devem buscar formas de entendimento que promovam a segurança jurídica e gerem um ambiente favorável ao investimento.

Com o objetivo bem delineado de fomentar investimentos e promover a retomada do crescimento econômico, medidas de extrafiscalidade deverão ser implementadas. Cito algumas delas:

1) Um plano de desenvolvimento nacional que identifique vocações regionais, diferenciais competitivos, inteligência já acumulada e que possa ser fomentado por políticas tributárias adequadas;
2) Desoneração do investimento em construção de ativos de infraestrutura ampliando figuras como REIDI;
3) Viabilização de ampla forma de compensação entre débitos e créditos para dar eficiência na cobrança de créditos de dívida ativa e, com isso, reduzir o endividamento do Estado brasileiro de forma rápida e eficiente;
4) Criação de cadastro tributário único de contribuintes para identificar, quantificar e qualificar periodicamente as desonerações tributárias de todos os entes federativos;
5) Criação de métricas para avaliar incentivos tributários no País e critérios lineares de limitação, a exemplo do que existe para o ISS;[4]
6) Responsabilização gestores públicos que praticam a extrafiscalidadade ilícita;
7) Aumentar a progressividade do sistema tributário, melhor equilibrando a tributação sobre a renda e patrimônio e reduzindo sobre consumo;
8) Dar efetividade aos fundos setoriais com amplo plano de investimento e empregar os mais de R$ 250 bilhões de reais que vêm sendo represados nos últimos 20 anos;

---

[4] O art. 156, § 3º, II estabelece caber à legislação complementar fixar as alíquotas máximas e mínimas do imposto.

9) Converter contribuições setoriais em dever de investimento setorial.

Essas mudanças tributárias podem ser associadas a muitas outras. É fundamental, porém, evitar o populismo fiscal e acadêmico para evitar a importação a crítica de modelos de tributação, que podem até ter sido bem sucedidos noutros países, mas que são incompatíveis com a complexidade do Estado brasileiro, organizado em uma Federação e tem parte significativa das suas regras criadas pela jurisprudência dos tribunais superiores.

4. A EXTRAFISCALIDADE NO ÂMBITO FEDERAL

A pauta que indiquei no tópico anterior, mesmo com alguma demora, foi em grande parte atendida pelo Governo Federal. Foram dezenas de atos normativos editados num curto espaço de tempo. Cito, abaixo, todos os que foram publicados desde o início de março até 15 de abril deste ano:

MATÉRIA/ TRIBUTO	MEDIDA	ATO NORMATIVO
CPRB	Adia para agosto e outubro de 2020 o prazo para recolhimento da contribuição relativa às competências de março e abril de 2020, respectivamente.	Portaria n. 150/2020
Obrigações acessórias	Prorroga o prazo para apresentação da DCTF e da EFD-Contribuições	IN n. 1.932/2020
PIS/ COFINS/ Contribuições patronais	Adia para agosto e outubro de 2020 o prazo para recolhimento das contribuições relativas às competências de março e abril de 2020, respectivamente.	Portaria n. 139/2020

Parcelamento Simplificado	Adia para 2021 o aumento do valor da parcela mínima	Portaria PGFN n. 8792/2020
IPI	Redução temporária da alíquota a zero para produtos necessários ao enfrentamento da crise, além daqueles previstos no Decreto n. 10.285/2020	Decreto n. 10.302/2020
IRPJ/CSLL – dedução	Exclusão do lucro líquido da ajuda compensatória mensal devida pelo empregados em razão da suspensão temporária do contrato de trabalho	MP n. 936/2020
IOF	Alíquota zero – operações previstas nos incisos I a VII do art. 7º do Decreto 6.306/2007	Decreto n. 10.305/2020
DAA – IRPF	Prorrogação do prazo para entrega da Declaração Anual do IRPF – até 30/06/2020	IN n. 1.930/2020
Sistema S	Redução das alíquotas em 50% por 3 meses	MP n. 932/2020
CND	Prorrogação da validade de CNDs por 90 dias	Portaria Conjunta n. 555/2020
Transação de dívida	Altera a Portaria PGFN n. 7820/2020, prorrogando o prazo para adesão à transação extraordinária até a data final de vigência da MP n. 899/2019	Portaria PGFN n. 8457

Transação de dívida	Estabelece as condições para transação extraordinária na cobrança da dívida ativa da União, em função dos efeitos da pandemia causada pelo coronavírus (COVID-19) na capacidade de geração de resultado dos devedores inscritos em DAU, após a conversão em Lei da MP 899/2019	
Imposto de Importação	Alíquota zero na importação de produtos necessários ao enfrentamento da crise	Resolução n. 22/2020 Resolução Camex n. 17
Exclusão de parcelamento RFB	Suspensão, por 90 dias, do início do procedimento para exclusão de contribuinte de parcelamento por inadimplemento	Portaria RFB n. 543/2020
Suspensão de prazos e atos na RFB	Suspensão de prazos processuais e outros atos	Portaria RFB n. 543/2020
FGTS	Suspensão do pagamento em 3 meses e possibilidade de parcelamento do valor	MP n. 927/2020
IPI	Redução temporária da alíquota a zero para produtos necessários ao enfrentamento da crise	Decreto n. 10.285/2020
Simples Nacional	Prorrogação do pagamento de tributos federais por 6 meses	Resolução CGSN n. 152/2020
Suspensão de prazos e atos de cobrança da PGFN	Suspensão, pela PGFN, por 90 dias, de prazos processuais e de atos de cobrança da dívida ativa	Portaria n. 7821/2020

Exclusão de parcelamento PGFN	Suspensão, por 90 dias, do início do procedimento para exclusão de contribuinte de parcelamento por inadimplemento	Portaria n. 7821/2020
Desembaraço aduaneiro	Procedimento simplificado para produtos necessários ao enfrentamento da crise	IN n. 1927/2020
Transação de dívida	Parcelamento de débitos inscritos em dívida ativa com condições favorecidas	Portaria PGFN n. 7820/2020

5. A EXTRAFISCALIDADE NO ÂMBITO ESTADUAL E MUNICIPAL

Até agora, Estados e Municípios em geral não tomaram as mesmas medidas adotadas pelo Governo Federal, seguindo vigentes, na maior parte daqueles, os deveres de recolhimento dos tributos de suas competências. Especificamente quanto ao ICMS, há dificuldades específicas na concessão de diferimentos e isenções, decorrentes da a necessidade de celebração de convênio CONFAZ especificamente com esse fim.[5]

Apesar disso, é possível apontar algumas soluções tributárias já apresentadas pelo Governo do Estado e pela Prefeitura do Município de São Paulo.

---

[5] Consideradas as disposições do art. 155, § 2º, XII, "g" da Constituição Federal, da Lei Complementar 24/1975 e do Convênio 169/2017. De acordo com este último (cláusula primeira): "A concessão unilateral pelos Estados ou Distrito Federal de moratória, parcelamento, ampliação de prazo de pagamento, remissão ou anistia, bem como a celebração de transação, relativamente ao Imposto sobre Circulação de Mercadorias – ICM – e ao Imposto sobre Operações Relativas à Circulação de Mercadorias e Sobre Prestações de Serviços de Transporte Interestadual e Intermunicipal e de Comunicação – ICMS -, observará as condições gerais estabelecidas neste convênio". O parágrafo único do dispositivo estabelece, então, que "A concessão de quaisquer destes benefícios em condições mais favoráveis dependerá de autorização em convênio para este fim especificamente celebrado".

Por meio do Decreto Estadual n. 64.789/2020, foram suspensos os protestos de débitos inscritos em Dívida Ativa por 90 dias. Além disso, foram prorrogadas as Certidões Positivas com Efeitos de Negativa (CPENs) cujo vencimento ocorreria entre 01/03/2020 e 30/04/2020, por meio da Resolução Conjunta SFP/PGE n. 01/2020.

A prefeitura do Município de São Paulo, por sua vez, suspendeu, por meio do Decreto 59.386/2020, as inscrições em dívida ativa por 30 dias, a inclusão de pendências no CADIN por 90 dias e os protestos de débitos inscritos em Dívida Ativa por 60 dias. Além disso, nesse mesmo ato normativo foi prevista a prorrogação, por 90 dias, das Certidões Negativas de Débitos e das Certidões Positivas com Efeitos de Negativas.

Quanto ao diferimento de tributos, reitero que para as optantes do Simples Nacional houve diferimento do pagamento das parcelas estadual e municipal de março, abril e maio em 90 dias. Quanto às demais empresas, permanecem vigentes todos os demais deveres tributários relacionados ao recolhimento de ISS e ICMS. A tributação de propriedade, doações e transferências permanece também inalterada.

6. AS MELHORES PRÁTICAS INTERNACIONAIS: MEDIDAS EXTRAFISCAIS JÁ ADOTADAS E EM ESTUDO PARA ENFRENTAMENTO DA PANDEMIA EM TODO O MUNDO

A OCDE, em estudo dirigido às administrações tributárias, listou possíveis medidas a serem tomadas para, no âmbito de suas competências, viabilizar essa transição. Dentre elas, cito as seguintes: (i) prorrogação de prazos para cumprimento de obrigações acessórias; (ii) diferimento de tributos; (iii) remissão de penalidades pelo descumprimento de deveres fiscais, bem como redução de juros incidentes nas cobranças por pagamentos realizados em atraso; (iv) planos de moratória e parcelamento de débitos; (v) facilitação de compensação e restituição de tributos; (vi) suspensão de medidas de fiscalização, que exigem apresentação de documentação pelos contribuintes; (vii) facilitação dos canais de comunicação entre fisco e contribuinte e (viii) flexibilização de obrigações, para que possam atender às diferentes dificuldades enfrentadas por cada um deles no cumprimento de obrigações fiscais.[6]

Em outro estudo publicado na mesma data, a organização listou medidas fiscais mais específicas para limitação do dano às atividades produtivas e econômicas, dentre as quais: (i) diferimento do pagamento de contribuições sociais e demais tributos incidentes sobre a folha; (ii) diferimento de tributos incidentes sobre o consumo e sobre a importação, especialmente no caso de bens e serviços necessários ao combate à pandemia; (iii) facilitação de tomada e recuperação de créditos de tributos incidentes sobre valor agregado, acompanhada de medidas para evitar fraudes fiscais; (iv) diferimento de tributos que não levam em conta, em sua mensuração, atividades econômicas correlatas e a capacidade econômica do contribuinte, tais como aqueles incidentes sobre a propriedade; (v) ampliação da possibilidade de compensação de prejuízos fiscais na apuração de tributação sobre a renda; (vi) benefícios fiscais aos setores responsáveis pelo combate à epidemia, em especial, os de serviços e equipamentos médicos e de desenvolvimento e venda de medicamentos; (vii) preparação para a criação de um ambiente fiscal favorável à retomada do crescimento econômico, inclusive por meio de incentivos fiscais e subsídios.[7]

Em estudo sobre medidas que vêm sendo adotadas por países da América Latina para enfrentamento da repentina queda de receita e para da suporte à continuidade das atividades econômicas pelas empresas nesse momento de confinamento e restrições de locomoção, o Banco Mundial também destacou a relevância do diferimento de tributos e de contribuições sociais e a simplificação de procedimentos para pagamentos de tributos, incluindo-se a possibilidade de cumprimento de obrigações acessórias e atendimento remoto pelas administrações tributárias.[8]

---

[6] OECD, Forum on Tax Administration: *Tax administration responses to Covid-19: Support for taxpayers*. 16 mar. 2020. http://oe.cd/fta

[7] OECD, *Immediate tax policy responses to the Covid-19 pandemic – Limiting damage do productive potential*. 16 mar. 2020. Disponível em: www.oecd.org/tax

[8] The World Bank, *The economy in the times of Covid-19*. LAC Semiannual Report; abr. 2020. Washington, DC: World Bank. Disponível em: https://openknowledge.worldbank.org/handle/10986/33555

Vale destacar, também, levantamento do Insper, liderada por Vanessa Canado, sobre medidas fiscais que vêm sendo adotadas em todo mundo.[9] Os pesquisadores demonstram que a maior parte delas envolve diferimento de tributo (50% das medidas analisadas), havendo também redução da carga tributária (15,7%), diferimento de obrigações acessórias (11,4%), redução de encargos moratórios (9.9%), outras diversas (7,8%) e devolução de tributos (5,4%).

Todos estes dados permitem identificar um protocolo internacional de boas práticas da gestão tributária para fazer frente à Pandemia.

7. ANÁLISE CRÍTICA DA EXTRAFISCALIDADE NO COMBATE AOS EFEITOS DA PANDEMIA

O Estado brasileiro possui ampla variedade de incidências tributárias e fez uso intenso destas competências para formulação de uma robusta política fiscal contra o ciclo de depressão econômica. Neste sentido, atendeu ao que se pode chamar de protocolo de boas práticas tributárias. Em termos de incentivo, agiu corretamente ao diferir e não simplesmente isentar tributos. Errou, contudo, ao não incluir o imposto sobre a renda das pessoas jurídicas e a contribuição social sobre o lucro líquido entre os tributos diferidos.

É fator negativo que precisa ser registrado: a impressionante demora em compreender a gravidade da crise e em formular as reações tributárias corretas. Além disso, Estados e Municípios, que não podem emitir dívida para compensar a respectiva redução de receitas, travam disputa com a União. Querem que esta faça frente à futura redução de receita. Ao fazer isso, não cooperam e estão demorando em reagir. A diligência em, corretamente, buscar cumprir os protocolos de distanciamento social não é acompanhada pela eficiência na dispensa de prazos de obrigações tributárias e desoneração dos tributos.

A expectativa, porém, é que nos próximos dias seja aprovada ato legislativo que preveja o dever de a União compensar a perda de estados

---

[9] Disponível em https://www.insper.edu.br/wp-content/uploads/2020/03/Mapeamento-Insper_COVID19-medidas-tribut%C3%A1rias-v7protegida.xlsx

e municípios. Neste caso, esta assimetria de tratamentos tributários deverá ser rapidamente suprida.

Por fim, hoje, ainda não há espaço para a formulação de críticas para as medidas que deverão ser editadas para fomentar a retomada da atividade econômica.

Num caso e outro, o que temos é o amplo uso do tributo como instrumento de implementação de políticas setoriais. Há exercício da, boa velha e tão criticada, extrafiscalidade. É fundamental que, diferente do uso errático e, não raro, irresponsável do tributo, se faça algo eficiente. Para isso, é recomendável que as políticas tributárias sejam de curto prazo, com fiscalização constante e mensuração da sua efetividade. É, ao fim e ao cabo, necessário que se cumpra a Lei de Responsabilidade fiscal e que cada uma das medidas não dure mais do que o tempo estritamente necessário.

8. UMA CONCLUSÃO METAFÓRICA SOBRE A NECESSIDADE DE PRESERVAR A EXTRAFISCALIDADE DA UNIÃO, ESTADOS, MUNICÍPIOS E DO DISTRITO FEDERAL

"Geni e o Zepelim" é uma das mais eloquentes metáforas sobre ingratidão da nossa cultura popular. Esta personagem da música de Chico Buarque de Holanda, Geni, é reiteradamente criticada por alguns por sua excessiva generosidade emocional. Ela sempre estava disponível para todos, todos mesmo, inclusive os mais excluídos. Este comportamento não se justava aos padrões idealizados por alguns. Por isso, "alguns" gritavam, insistentemente, para "jogar pedra na maldita Geni". Um dia, surgiu uma grande ameaça, no Zepelim, que colocou a vida de todos em risco. Foi Geni quem conseguiu lidar com a ameaça, justamente por ser excessivamente generosa, ter de sobra aquilo que era tão criticado. Vencida a crise, tendo partido a ameaça no Zepelim, todos começaram a festejar. Porém, ainda em meio às comemorações, os de sempre voltaram a falar "joga pedra na Geni". Passada a crise, sem que houvesse qualquer reconhecimento por suas virtudes, voltaram-se a criticar a Geni.

Que teria acontecido àquele vilarejo sem Geni?

A extrafiscalidade tem sido a Geni do Sistema Tributário brasileiro. Ser hipercomplexo, possuir contencioso estratosférico, ter risco excessivo e muitas incertezas são alguns dos problemas imputados à extrafiscalidade. Alguns, não entendendo o seu especial modo de existir, se sentem à vontade para "jogar pedras". Há excessos no exercício da extrafiscalidade no Sistema Tributário Nacional. É urgente dar efetividade à regulação que já existe. É necessário separar o seu uso lícito do ilícito. Mas não se deve alterar a Constituição da República para impedir que a União, Estados, Distrito Federal e Municípios usem o tributo para implementar políticas setoriais. Depois de tudo que demonstramos acima, no Brasil e no mundo, é assustador pensar o que poderia acontecer com a atividade econômica brasileira se fosse inconstitucional reduzir tributos; diferir o seu pagamento; tratar diferente contribuintes com necessidades especiais. Se essa proposta já estivesse em pleno vigor, contribuintes em dificuldades teriam que pagar tributo de forma igual. Além disso, incidiriam tributos sobre respiradores, equipamentos de proteção, álcool em gel, medicamentos de todas as espécies, indistintamente. O Brasil seria o único país entre todos os referidos nos protocolos e pesquisas citadas acima que não poderia usar a tributação como medida anticíclica.

Que a reação do Estado brasileiro, seguindo o que de melhor se fez no mundo, fique de lição. Que não voltemos a jogar pedras na extrafiscalidade tributária. É ela quem está nos salvando agora e é, sem dúvida, ela que contribuirá muito para a nossa salvação no futuro.

E mais, para evitar a ingratidão obtusa, tão bem ilustrada por Chico, é necessário repensar o discurso revisionista liberal exaustivamente defendido até fevereiro de 2020. Estes modelos pretendem acabar com a extrafiscalidade sobre o consumo. As medidas exaustivamente demonstradas acima deixam claro que o tributo é um instrumento imprescindível para fomento da atividade econômica. Por isso, seja na crise ou fora dela, a competência para usar tributos na implementação de políticas setoriais deve ser defendida como instrumento fundamental de todos os entes que integram a Federação.

9. CONCLUSÕES

9.1 Quais os principais desafios que a COVID-19 impõe ao Direito Tributário?

A Pandemia causada pela COVID-19 abriu espaço fértil para redenção da extrafiscalidade tributária. Um amplo espetro de competências tributárias foi acionado para desonerar a atividade econômica, estimulando empresários a manter seus negócios, manter contratos de trabalho e, quando necessário, contrair empréstimos. Em sintonia com as medidas adotadas por mais de 50 países estudados e seguindo protocolos de ação editados pelo Banco Mundial e OCDE, o Brasil agiu usando a tributação para combater os efeitos nocivos do isolamento social sobre a atividade econômica.

9.2 Qual a minha avaliação das medidas que estão sendo tomadas pelos entes da Federação no enfrentamento da pandemia?

As medidas tomadas estão corretas. Porém, são insuficientes. Havia possibilidade de suspender os tributos sobre a renda e a contribuição social sobre o lucro líquido que seguem sendo exigidos. Além disso, há enorme falta de coordenação entre os entes federativos. Aquilo que foi feito pela União deveria ter sido seguido pelos Estados, Distrito Federal e Municípios, mas não foi integralmente.

Há duas razões para isso: a primeira é econômico-financeira, pois apenas a União pode emitir título da dívida pública e compensar a perda de arrecadação com empréstimos; a segunda é de ordem tributária e financeira, pois as entidades subnacionais estão submetidas a regras que limitam a extrafiscalidade como as autorizações do Conselho Nacional de Política Fazendária – SEFAZ, a Lei de Responsabilidade Fiscal e as alíquotas mínimas fixadas para os municípios.

O que fica claro em meio a tudo isso é o clima de disputa eleitoral fora de época, que subverte prioridades em prejuízo do combate à Pandemia e dos seus nefastos efeitos para a vida das pessoas e para atividade econômica.

A ausência de liderança e coordenação política projeta consequências ainda mais graves do que foi a lentidão do Governo Federal na compreensão do tema e da sua gravidade.

9.3 Do ponto de vista do direito tributário, o que seria recomendável para combater a pandemia?

É fundamental que todos os entes da Federação ajam de forma coordenada, suspendendo a incidência de tributos de forma seletiva para dar alívio de caixa a quem precisa e seguir tributando quem pode pagar. Trata-se de um diferimento dado no curso do exercício financeiro e não uma renúncia de receitas propriamente dita. Este dado é relevante, pois implica dizer que se mantém parte da receita fiscal prevista para o ano.

Paralelamente, deve-se suspender o dever de entregar obrigações acessórias em todos as esferas de tributação, assim como suspender prazos processuais e tudo mais que possa ser preclusivo e trazer prejuízos para contribuintes e para os próprios entes federativos.

Neste primeiro momento, é necessário que a iniciativa privada perceba no Estado uma fonte de estabilidade e confiança. De onde poderão vir os recursos para isso: reservas internacionais e dúvida pública. O país tem reservas em valores muito superiores aos sugeridos aos países da OCDE. Além disso, o endividamento público interno, com SELIC a 3,75%, nunca foi tão barato.

Num segundo momento, será necessário recompor o equilíbrio financeiro do Estado e estimular a economia a voltar a crescer. Para isso, é imprescindível que haja crédito barato e abundante, além de foco em setores que têm enorme impacto no crescimento de curto e médio prazo como a infraestrutura. Mais do que isso, será necessário rever o ambiente de negócios para dar estabilidade e aumentar a confiança recíproca entre iniciativa pública em privada.

Para contribuir neste sentido, a criação de um cadastro único de contribuintes permitirá, a um só tempo, simplificar a arrecadação de tributos e viabilizar controle da extrafiscalidade por todos os entes da Federação.

Facilitar a quitação de tributos com títulos públicos que sejam líquidos e certos é uma ótima maneira de reduzir o endividamento público e sanear as empresas que estarão muito mais endividadas do que estão hoje.

A articulação de políticas fiscais – extrafiscalidade – será fundamental nesta primeira fase e também na segunda, portanto. Deverá, por isso, ser defendida e acompanhada de perto por todos os entes federativos e pela inciativa privada. As propostas de reforma tributária que pretendam acabar com a extrafiscalidade devem ser submetidas ao teste de realidade e reinventadas para que se possam, efetivamente, mudar o sistema para melhor.

9.4 A extrafiscalidade é um instrumento necessário ao estímulo da atividade econômica?

Mal estudada e compreendida, a extrafiscalidade é um instrumento poderoso de ação estatal. Não raramente, é verdade, pode ser mal empregada. Este fato, porém, não deve justificar emendas à Constituição da República que pretendam suprimir dos entes federativos o poder de usar o tributo para implementar incentivos em variadas áreas da atividade econômica. Que se controle, avalie e fiscalize. É fundamental punir quem age ilicitamente.

Como diz o ditado popular, a diferença entre o remédio e o veneno é a dose. Que a extrafiscalidade seja bem utilizada, pois diante da gravidade da crise eu se anuncia, o Estado Brasileiro não está na posição de quem possa renunciar a qualquer tipo de remédio.

9.5 Sem capacidade de manejar políticas tributárias setoriais o Estado Brasileiro conseguiria responder aos danos causados pela Pandemia com eficiência?

Não. Foi demonstrado que a crise gerada pela Pandemia da COVID-19 consiste, para o setor produtivo, na drástica redução de receitas e manutenção ou aumento de custos operacionais. Esta equação faz surgir prejuízo e inviabiliza a continuidade das empresas.

Há duas formas de combater os efeitos imediatos da crise nas empresas: empréstimos e redução de custos. O tributo é um custo que pode ser reduzido sem gerar desemprego, inadimplência em cadeia e outros efeitos colaterais perversos desta crise. Por isso deve ser instrumento preferencial a ser utilizado pelo Estado.

9.6 É desejável usar um momento de crise para justificar reformas estruturais que anulem a capacidade de implementar políticas públicas com o uso de tributos?

Todo tipo de oportunismo pode surgir nos momentos de crise. Populismos acadêmicos e tributários são muito frequentes. Devem-se evitar com veemência soluções estruturais que tirem a possibilidade de o Estado usar o tributo para estimular a economia e promover emprego e desenvolvimento.

Usos equivocados da extrafiscalidade no passado devem ser corrigidos e aperfeiçoados. No combate à Pandemia precisamos lançar mão de todos, absolutamente todos, os recursos de que dispõe o Estado para salvar pessoas, empregos e empresas. Não é tempo para se valer de fragilidades sociais para restringir a capacidade de ação do Estado. Só a união dos esforços de todos os entes federativos e da iniciativa privada poderá reduzir os feitos perversos desta doença.

Parafraseando Camus, nos próximos meses, teremos apenas a COVID-19 e vítimas; cabe a nós, na medida do possível, não somar forças com o vírus.

10. REFERÊNCIAS BIBLIOGRÁFICAS

OECD. *Immediate tax policy responses to the Covid-19 pandemic – Limiting damage do productive potential*. 16 mar. 2020. Disponível em: www.oecd.org/tax

The World Bank. *The economy in the times of Covid-19*. LAC Semiannual Report. abril de 2020. Disponível em: https://openknowledge.worldbank.org/handle/10986/33555

Insper. *Levantamento completo das principais bases de tributação alteradas e os tipos de medidas implementadas*. Estudo realizado pelos pesquisadores Breno Vasconcelos, Lorreine Messias, Thais Shingai e Letícia Sugahara, sob coordenação de Vanessa Canado. Disponível em: https://www.insper.edu.br/wp-content/uploads/2020/03/Mapeamento-Insper_COVID19-medidas-tribut%C3%A1rias-v7protegida.xlsx

Parte XII
DIREITO URBANÍSTICO

PANDEMIA COMO FATO URBANO

DANIELA CAMPOS LIBÓRIO

1. CONSIDERAÇÕES INTRODUTÓRIAS

No dia 30 de janeiro de 2020, a Organização Mundial da Saúde (OMS) declarou emergência global face à COVID-19 e solicitou que os países adotassem medidas fortes para detectar a doença precocemente, isolar e tratar casos, rastrear contatos e promover medidas de distanciamento social compatíveis com o risco. Além disso, todas as nações ficaram legalmente obrigadas a compartilhar dados completos com a OMS, de acordo com o Regulamento Sanitário Internacional (RSI 2005). Tal declaração foi fato inédito e deflagrou um "sem número" de ações multissetoriais em quase a totalidade dos países que compõe nosso planeta.

Vindo de leste para oeste, o vírus-vilão, uma incógnita para a humanidade, provocou reações de toda ordem e, para o Direito, um tsunami.

No Brasil, a declaração da OMS foi recepcionada pelo Decreto 10.212, de 30 de janeiro de 2020, fazendo a pandemia ser motivo de fato e de direito para acionar as competências constitucionais que se façam ajustadas ao combate, controle e eliminação da doença.

Desde logo, uma nova expressão tomou conta dos noticiários internacionais e nacionais: o isolamento social. Visto com perplexidade quando o Governo chinês decidiu isolar a cidade de Wuham, em 23 de janeiro, não tardou a fazer sentido quando à COVID-19 bombardeou a Itália, a Espanha, a Inglaterra, os Estados Unidos, entre outros, e também o Brasil. Isolamento social e quarentena são expressões hoje cotidianas que, na tentativa de um relaxamento coletivo, tornaram-se os principais alvos de *memes*, *selfies* e *stories*.

Surge, então, a Lei federal n. 13.979/2020, dispondo do enfrentamento emergencial à saúde com objetivo de proteção da coletividade, diante da declaração da pandemia mundial frente à COVID-19. Trouxe a seguinte distinção entre os termos:

> Art. 2º – Para fins dessa lei, considera-se:
> I – isolamento: separação de pessoas doentes ou contaminadas, ou de bagagens, meios de transporte, mercadorias ou encomendas postais afetadas, de outros, de maneira a evitar a contaminação ou a propagação do coronavírus; e
> II – quarentena: restrição de atividades ou separação de pessoas suspeitas de contaminação das pessoas que não estejam doentes, ou de bagagens, contêineres, animais, meios de transporte ou mercadorias suspeitos de contaminação, de maneira a evitar a possível contaminação ou a propagação do coronavírus.

Em 04 de fevereiro, o Presidente da República declarou "estado de emergência" de saúde pública como forma de contenção do vírus. Medida essa, aliás, tomada por diversos países para que se garanta a gestão integrada, coordenada e célere que a pandemia exige, posto que cabe alteração no funcionamento e gestão dos três Poderes além de eventualmente atingir direitos constitucionalmente garantidos. Como essa declaração teve como fundamento a questão da saúde pública, é possível e desejável que se contenham eventuais abusos e arbitrariedades de autoridades públicas que aproveitem da excepcionalidade da situação vigente para restringir direitos indevidamente.

Em um vai e vem de decisões, nossas autoridades federativas não têm tido uma atuação concertada na aplicação desses instrumentos restritivos de direitos. De maneira geral, o Chefe do Poder Executivo federal tem se declarado contra o isolamento social e a quarentena (contrariamente ao que orienta o Ministério da Saúde e a OMS) na justificativa do impacto econômico da medida. Governadores e muitos Prefeitos caminham na direção oposta, decretando quarentena em seus territórios. De igual forma, as decisões judiciais sobre o tema não têm tido alinhamento na compreensão do que abre ou o que fecha e quem pode o que (comércio, serviço e restrição de circulação de pessoas e bens).

Fato é que parte significativa da população está assustada assistindo o número de atingidos crescer e tem procurado restringir seu deslocamento. Por certo que os impactos da restrição de locomoção já são sentidos e seus efeitos se agravarão ou se perpetuarão em alguns casos.

2. FATO URBANO[1]

Diante do cenário posto, é imperioso entender que a pandemia atinge essencialmente seres urbanos. A sociedade contemporânea é urbana e o modelo das cidades desafia permanentemente os profissionais e estudiosos da área para viabilizarem alguma qualidade de vida. Metrópoles,[2] áreas urbanas degradadas e sucateadas, acesso ao saneamento e energia elétrica, excesso de ruído de demais formas de poluição, níveis de violência, ausência ou carência de espaços públicos com áreas verdes, além de dificuldade de locomoção, são alguns dos temas recorrentes nos debates entre urbanistas. A vida na cidade é artificial, pois tudo que é necessário para se viver depende da prestação do serviço público para sua efetividade.

---

[1] Aldo Rossi desenvolve a Teoria do fato urbano, uma tentativa de relacionar de forma sistêmica e eficaz os elementos quantitativos e qualitativos que compõe a cidade para seu bom planejamento. A pandemia estaria ligada à quarta categoria que trata das principais questões da dinâmica urbana e ao problema da política escolhida. *A arquitetura da cidade*. 2ª ed. São Paulo: Martins Fontes, 2001

[2] Conforme aponta Paulo Affonso Cavichioli Carmona, o conceito de metrópole não se confunde com conceitos de regiões metropolitanas, aglomerações urbanas e microrregiões ou ainda megalópole. Metrópole é, pois, o símbolo da urbanização mundial. *In*: Violência x Cidade. São Paulo: Ed. Marcial Pons, 2015, p.162.

A urbanização foi considerada um fenômeno irreversível e há quase um século, em 1933, no Congresso Internacional de Arquitetura, foi elaborado um documento que ficou conhecido como "Carta de Atenas"[3] e que trouxe os eixos fundantes de qualquer cidade, as funções da cidade, como forma de destrinchar as dinâmicas urbanas e bem planejar qualquer que fosse seu cenário. Tais funções são: morar, trabalhar, circular e divertir. Por mais que tenha havido uma substancial mudança na forma de viver desde então, fato é que as cidades permanecem com as mesmas funções, sempre.

A Constituição Federal Brasileira dispõe um capítulo sobre política urbana e traz como objetivo maior o bem-estar de seus habitantes (artigos 182 e 183). O artigo 6º completa e dispõe das funções da cidade, trazendo-as ao lado dos direitos sociais (moradia, transporte, lazer e trabalho). Alinhado com diversos outros dispositivos constitucionais, o direito urbanístico brasileiro possui um marco regulatório bastante substancial.

Se por um lado, o sistema jurídico do direito urbanístico mostra-se vigoroso, por outro, as cidades brasileiras pouco evoluíram. Dados recentes[4] apontam que 48% da população brasileira não tem coleta de esgoto. O crescimento desigual e desordenado das cidades, que impelem a população de baixa renda a uma periferização permanente, expõe outro elemento da desigualdade: o transporte. Poucas linhas de transporte público para áreas longínquas e muito adensadas trazem o dilema do isolamento urbano forçado ante às horas gastas para acessar melhores postos de trabalho e estudo. Belos parques urbanos, praias e lagos bem tratados, ciclovias adequadas, praças com playground, quadra de esporte, elementos culturais gratuitos são repertórios apenas de parte da parcela dos habitantes que vivem nos lugares bem abastecidos de infraestrutura urbana.

A quarentena expõe a (des)estrutura social e econômica, assim como a vulnerabilidade da população. Parte da população sentirá a

---

[3] CIAM. "Carta de Atenas". *Instituto do Patrimônio Histórico e Artístico Nacional*, nov. 1933. Disponível em: http://portal.iphan.gov.br/uploads/ckfinder/arquivos/Carta%20de%20Atenas%201933.pdf. Acesso em: 19/05/2020.

[4] SENADO NOTÍCIAS. Brasil tem 48% da população sem coleta de esgoto, diz Instituto Trata Brasil. 25 set. 2019. Disponível em: https://www12.senado.leg.br/noticias/materias/2019/09/25/brasil-tem-48-da-populacao-sem-coleta-de-esgoto-diz-instituto-trata-brasil.

restrição de locomoção pela impossibilidade de manter seus benefícios e qualidade de vida, outra parte a sentirá por meio do agravamento de suas frágeis condições de vida.

3. ESTADO SOCIAL

A pandemia trouxe o debate do Estado Social para o centro da discussão das medidas a serem adotadas para que a sociedade, e tudo que a compõe, não entre em colapso. Garantir renda para população vulnerável, coibir a circulação de pessoas, ter como foco central o Sistema Único de Saúde (SUS) para deflagrar a política de emergência definida assim como ampliar o número de leitos de hospital para atendimento da população contaminada, preventivamente, são ações claramente focadas em políticas sociais cabendo medidas intervencionistas excepcionais, como proibição de abertura de serviços e comércio.

Celia Lessa Kerstenetzky, do Instituto de Economia da UFRJ, explanou sobre o *"coronavírus e o futuro do welfare state"*[5] abordando a necessidade de auxílio aos mais vulneráveis e que estes estão em vários grupos sociais, tais como trabalhador autônomo, trabalhador informal, além daqueles que estão na faixa de pobreza estrutural, ou seja, que permanentemente necessitam do auxílio do Estado ou de terceiros para sua sobrevivência.

Paolo Colosso, em artigo intitulado *"coronavírus: escancaramento da realidade urbana e saídas possíveis"*,[6] relembra-nos de dados nacionais estarrecedores: 13 milhões de pessoas vivem em favelas; 35 milhões não têm acesso à rede de água e 100 milhões (quase a metade da população do país) não têm acesso à rede de coleta e tratamento de esgoto. E traz a pergunta fundamental: quem não tem casa, se isola onde?

Continuo: quem não tem acesso à água, lava a mão como? Quem mora em favela, mantem como a distância de segurança de eventuais contaminados?

---

[5] Spotify – canal IE-UFRJ – ouvido em 07/04/2020. A expositora está na Itália para pesquisas.

[6] COLOSSO, Paolo. "Coronavírus: escancaramento da realidade urbana e saídas possíveis". *Carta Capital*. 04 abr. 2020

Poder ficar em casa é um privilégio de poucos. A desestrutura do mercado de trabalho da população periférica e sua frágil situação financeira a coloca em uma situação de premente colapso, seja por fome, seja por contaminação e ausência de atendimento médico-sanitário. A redução do número de transportes públicos circulando, medida adotada em vários municípios, agrava o risco de contaminação em razão da superlotação nos veículos além da aglomeração nos terminais, aliado à ausência de saneamento (ou precária situação) além das moradias possuírem alto adensamento.

Ermínia Maricato[7] reforça que o contágio nas periferias se mostra severo e traz à luz a desigualdade social e econômica, a precariedade habitacional e urbanística que existe nas cidades brasileiras. Sugere, inclusive, a criação de uma Comissão Nacional de autoridades reconhecidas pelo setor técnico e científico, pela liderança humanista e pela experiência com situações de desastre.

Nesse compasso, o inciso III do artigo 3º[8] da Constituição Federal torna-se o epicentro das preocupações nacionais: como enfrentar a pandemia diante de um cenário de tanta desigualdade material e econômica? Como proteger (enfim!) os vulneráveis desse triste episódio mundial?

4. AÇÕES DE IMPACTO URBANO

Desde a declaração de estado de emergência inúmeras normas jurídicas têm sido editadas, nas suas diversas matizes e competências: medidas provisórias, leis, decretos, portarias editadas por Prefeitos, Governadores e pelo Presidente da República, além da atuação dos Poderes Legislativo e as decisões do Poder Judiciário. Assim, procuraremos

---

[7] MARICATO, Ermínia. "Coronacrise e as emergências nas cidades". *GGN*. Disponível em: https://jornalggn.com.br. Acesso em: 07/04/2020.

[8] Constituição Federal, art. 3º: Constituem objetivos fundamentais da República Federativa do Brasil:... III – erradicar a pobreza e a marginalização e reduzir as desigualdades sociais e regionais.

trazer algumas das orientações e normas que têm sido encaminhadas no país que possuem um impacto especial nas funções da cidade.

A *moradia* tem sido um foco especial nas medidas e ações deflagradas nessa fase. A suspensão das reintegrações de posse e de despejo tem merecido um esforço das Defensorias Públicas, do Ministério Público assim como de institutos e associações.[9] Tem havido um êxito razoável nas decisões judiciais de demandas nesse sentido. A questão humanitária prevalece trazendo uma relativização temporal da execução de sentenças já proferidas.[10]

Outra medida social excepcional face o direito à moradia refere-se à locação de leitos de hotéis para abrigar população de rua. A Defensoria Pública do Estado de São Paulo recomendou, e a Prefeitura de Jacareí acatou, a requisição de quartos de hotel bem como os serviços de quarto (limpeza) para a população de rua, com custo de R$ 38.000,00 por mês como forma de proteger essa população do contágio pandêmico.

Aliás, a requisição tem sido um instituto bastante utilizado nesse momento emergencial. Pode ser conceituada como um ato administrativo auto-executório pelo qual o estado utiliza de forma compulsória a propriedade móvel ou imóvel privada e/ou serviços privados. Está prevista na Constituição Federal, art. 5º XXV. É pertinente trazer a Lei Orgânica do SUS, lei n. 8.080, no seu artigo 15 que prevê o uso da requisição, assegurada indenização. Por derradeiro, a lei federal n. 13.979/20, reforça em seu art. 3º, VII, a possibilidade do uso da requisição administrativa na fase da pandemia, garantindo pagamento posterior. A ressalva da norma traz limites temporais (enquanto durar a declaração da pandemia) e deve ser fundada em base científica.

---

[9] ANGELO, Tiago. "Juiz do Paraná suspende despejo para que família se mantenha em isolamento". CONJUR, 30 mar. 2020. Disponível em: https://www.conjur.com.br/2020-mar-30/juiz-suspende-despejo-familia-mantenhaisolada;

[10] Decreto do Município de São Paulo n. 59.326, de 02/04/2020, que estabelece carência para o pagamento da retribuição mensal nas hipóteses de permissão de uso de caráter social, a título oneroso, e de locação social de imóveis vinculados aos programas habitacionais de São Paulo.

Quanto à *circulação,* essa foi, efetivamente, a função mais atingida pelas medidas emergenciais. A restrição de circulação tem sido reiterada nas diversas instâncias do país como redução de linhas de transporte, abordagem policial de carros circulando em determinadas áreas, fechamento de vias públicas além da orientação principal de quarentena em todo o país. O impacto de tais medidas podem ser sentidos no agravamento da dificuldade de acesso ao transporte público pela população de baixa renda seja daqueles que não foram liberados de seus trabalhos, ou em razão de necessidades médicas, aquisição de mantimentos ou busca de sustento. No lado oposto, para a classe média e alta tais restrições incomodam, mas não atingem seu sustento ou necessidades básicas. A irritação dessa parte da população pode ser ilustrada com os "panelaços" (bater panela na janela como forma de protesto) que têm ocorrido à noite em diversas cidades do país.[11]

Aliás, a tecnologia andou rápido para esse lado. Diversos países já estão fazendo controle de circulação de pessoas por meio do celular, voluntariamente ou não, com conhecimento ou não das pessoas. A justificativa é saber o quanto a sociedade está colaborando com as medidas de restrição de circulação. Outra justificativa tem sido ter o conhecimento dos lugares que as pessoas contaminadas estão e fazer projeção de contágio.[12] Tais medidas, no nosso entender, não cabem permanecer após a finalização da fase de pandemia.

O *lazer* tem sido desafiador nesse momento. É uma função da cidade de pouco desenvolvimento institucional em nosso país, apesar de ser considerado um elemento chave para a agregação social e equilíbrio das

---

[11] G1. Cidades brasileiras registram panelaço contra Bolsonaro. 16 abr. 2020. Disponível em: https://g1.globo.com/politica/noticia/2020/04/16/cidades-brasileiras-registram-panelaco-contra-bolsonaro.ghtml;

[12] *G1.* "Aplicativo 'Covid19 Paraná' ajuda no controle da circulação do novo coronavírus no estado". 28 mar. 2020. Disponível em: https://g1.globo.com/pr/parana/noticia/2020/03/28/aplicativo-covid19-parana-ajuda-no-controle-da-circulacao-do-novo-coronavirus-no-estado.ghtml; *Folha de São Paulo.* "Estado do Amazonas antecipa monitoramento e aposta em tecnologia contra a Covid-19". 01 abr. 2020. Disponível em: http://estudio.folha.uol.com.br/iniciativas-contra-o-coronavirus/2020/04/1988636-estado-do-amazonas-antecipa-monitoramento-e-aposta-em-tecnologia-contra-a-covid-19.shtml; *Veja.* "Coronavírus: China testa aplicativo de controle social". 2 mar. 2020. Disponível em: https://veja.abril.com.br/mundo/coronavirus-china-testa-aplicativo-de-controle-social/

relações entre as classes. Sua boa gestão traz diminuição da produção de violência urbana. Dentre as medidas tomadas, tem havido proibição de acesso às praias e praças. A proibição de aglomerações suspendeu eventos sociais, cinemas, teatros, festas, shows, bares e atividade de lazer em geral. Restam eventuais caminhadas de até duas pessoas em áreas de baixa densidade.[13]

Para a desacostumada sociedade brasileira, ficar em casa tem sido um desafio que as mídias sociais têm servido de suporte, seja para ilustrar ideias do que fazer quanto para serem palco de exposição pessoal ou profissional. Nunca houve tantas "lives" na agenda nacional.

Entretanto, na periferia das grandes cidades, o cenário é diferente. Acostumados a não ter lazer ofertado pelo Poder Público e sem dinheiro para usufruir o lazer ofertado pelo setor privado, desenvolveram suas próprias atividades de lazer, o que inclui bailes, encontros nas ruas com grandes aglomerações, frequência de bares e igrejas. Apenas essas últimas foram atingidas[14] pois as outras formas de lazer são espontâneas e decididas pelas comunidades a cada episódio. Há um ponto importante a ser considerado no fechamento de cultos na periferia: é, em geral, o único ambiente livre de produção de violência, na qual as famílias podem frequentar com alguma tranquilidade. Seu impedimento pode trazer aumento de violência, inclusive doméstica.

---

[13] *IG - Último segundo*. "Covid-19. 71% dos brasileiros deixaram de frequentar pontos de lazer". 06 abr. 2020. Disponível em: https://ultimosegundo.ig.com.br/brasil/2020-04-06/covid-19-71-dos-brasileiros-deixaram-de-frequentar-pontos-de-lazer.html. PREFEITURA DE MACEIÓ. "Pandemia Covid-19: serviços de esporte e lazer são suspensos". 19 mar. 2020. Disponível em: http://www.maceio.al.gov.br/2020/03/semtel-suspende-servicos-de-esporte-e-lazer-oferecidos-a-populacao/. *A Gazeta*. "Coronavírus: Vitória suspende Ruas de Lazer até o fim de março". 19 mas. 2020. Disponível em: https://www.agazeta.com.br/entretenimento/turismo/coronavirus-vitoria-suspende-ruas-de-lazer-ate-o-fim-de-marco-0320.

[14] FABRINI, Fábio. "Justiça proíbe de novo eventos religiosos durante a pandemia". *Folha de São Paulo*, 2 abr. 2020. Disponível em: https://www1.folha.uol.com.br/equilibrioesaude/2020/04/justica-proibe-de-novo-eventos-religiosos-durante-a-pandemia.shtml. Sobre igrejas e templos religiosos, tem havido um embate entre a vontade do Presidente da República, para abertura para cultos, com Ministério Público Federal sobre a questão. De toda forma, o culto presencial tem sido considerado uma aglomeração de pessoas e parte da igreja tem feito cultos à distância.

Quanto às outras formas de lazer da periferia, a imprensa tem noticiado a manutenção de festas e encontros nas ruas e bares.[15] Lugares que só são lembrados quando a polícia intervém.

O *trabalho*, enquanto função da cidade, refere-se ao seu espaço urbano de ocupação, localização e integração com as outras funções. O decreto 10.282, de 20 de março último, definiu quais são os serviços públicos e as atividades essenciais que estão liberadas durante a declaração de pandemia.[16] A listagem refere aos serviços formais o que, exclui, por sua própria natureza, todas as atividades não formais (o que, obviamente, não significa ilegal).

No cenário atual, em brevíssimas linhas, podemos apontar não só aquelas áreas dispostas no zoneamento urbano como áreas de serviço, comércio ou indústria, como também os ambulantes (street Market) e o mercado informal. Acresça-se a esses a crescente área do "delivery" onde a cidade se move para entregar algo para alguém que não se move. Sob a ótica econômica, sem dúvida, é a função mais atingida, mas sob aspectos diferentes a depender do enquadramento.

Regiões da cidade que estão vazias diante do fechamento do comércio trouxeram um contingente de pessoas que dependiam da circulação de pessoas e veículos para conseguir alimento e trocados. Em geral, moradores em situação de rua. A situação nacional é tão alarmante que eles criaram o Movimento Nacional de População em Situação de Rua (MNPR). Para essa população, a solidariedade e os movimentos sociais têm se mobilizado para minimizar os impactos para essa frágil população.

---

[15] *Folha de São Paulo*. "Periferias de São Paulo têm bailes funk em meio a pandemia". mar. 2020. Disponível em: https://agora.folha.uol.com.br/sao-paulo/2020/03/periferias-de-sao-paulo-tem-bailes-funk-em-meio-a-pandemia.shtml; ELIN, Gabriela. "Coronavírus: moradores das periferias ignoram alerta de quarentena e saem às ruas normalmente". *Metropolitana FM*, 21 mar. 2020. Disponível em: https://metropolitanafm.com.br/coronavirus/coronavirus-moradores-das-periferias-ignoram-alerta-de-quarentena-e-saem-as-ruas-normalmente.

[16] *CNJ*. "COVID-19: Nova determinação suspende prestação presencial de serviços não essenciais". 19 mar. 2020. Disponível em: https://www.cnj.jus.br/covid-19-nova-determinacao-suspende-prestacao-presencial-de-servicos-nao-essenciais/.

Para os outros segmentos, informais ou autônomos, foram criadas linhas de transferência de crédito pelo Poder Público Federal, chamada de auxílio emergencial, pelo tempo que durar a pandemia em um esforço de manter essa população com circulação mínima e que traga o sustento básico durante a pandemia.[17]

5. REFLEXÕES FINAIS

Jack Shenker[18] reflete que a pandemia nos provoca a pensar no modelo de cidade. As cidades compactas são mais adensadas, possuem um preço de metro quadrado mais caro mas geram um custo público menor. Traz a necessidade de haver uma consciência urbana – que possa haver uma equação dos elementos que compõe cada cenário urbano para que os modelos sejam os mais adequados. Traz que haverá a intensificação da infraestrutura digital principalmente em grandes centros. A ideia de *smart cities* se ajusta ao contexto, mapeando o movimento dos pacientes contaminados e antecipando os lugares de contaminação (Coreia do Sul e China).

O pensamento trazido acima pelo autor adianta uma reflexão necessária: o vírus, mais um pouco, será combatível por meio de vacinas e tratamentos adequados. As pessoas adoentadas terão seus destinos resolvidos, para o bem e para o mal. Mas sequelas atingirão diversos elementos: sociais, econômicos e urbanos.

Considerando, como alertado no início desse artigo, que a sociedade contemporânea é urbana, os efeitos econômicos e sociais igualmente ocorrerão na área urbana. Agravamento da pobreza, desemprego, ausência de moradia adequada para a população, dificuldade de acesso à infraestrutura, ao transporte para não apontar a absoluta ausência de programas culturais e de lazer (que poderiam resgatar a autoestima social e melhorar suas condições de vida) são tópicos inafastáveis.

---

[17] GOVERNO FEDERAL. Disponível em: http://desenvolvimentosocial.gov.br/auxilio-emergencial/auxilio emergencial-de-600
[18] Cities after coronavirus: how Covid-19 could radically alter urban life. *The Guardian*, 26 mar. 2020.

Para a dinâmica urbana isso significa que haverá aumento de população nas favelas, aumento de ocupações em áreas vazias, aumento de trabalho informal, de ambulantes significando, igualmente, uma diminuição de captação contributiva para os Municípios. Aumento de população que precisa de atendimento social aumenta o custo público dos programas. Caso não haja, proporcionalmente, aumento de receita pública, não haverá condições de suportar novos programas e atendimento à essa população vulnerável.

É fundamental equacionar o direito à cidade por meio de seus planos, coibindo eficazmente questões como preços abusivos do acesso à terra urbanizada de maneira que seja possível garantir programas habitacionais em áreas com acesso fácil às demandas de uma vida urbana (escola, posto de saúde, postos de trabalho, transporte, saneamento) aliados à programas de geração de renda e capacitação.

Muitas ações estão sendo voltadas para a população de baixa renda e periférica nesse momento. Mas, na medida em que a questão da saúde pública for retirada como motivo de alavancagem das ações sociais urbanas, far-se-á absolutamente necessária a imediata atuação pública para que seja retomado o caminho de efetivação do Estado Social preconizado na Constituição Federal Brasileira.

Se o Estado brasileiro é social por definição, se a sociedade brasileira é urbana, se a cidade deve ser voltada para o bem estar de seus habitantes e, considerando que a declaração da pandemia expôs, mais uma vez, as desigualdades (indesejadas) da população brasileira, é dever do Estado, em todas as instâncias e competências, decidir na direção da diminuição desse quadro. Que as ações sociais públicas emergenciais possam servir de norte para a (re)abertura de uma fase de resgate do direito á cidade.

Parte XIII
FILOSOFIA DO DIREITO

POLÍTICA E DIREITO DA PANDEMIA

ALYSSON LEANDRO MASCARO

O extremo da saúde revela sua verdade. Não há uma saúde média da qual, então, a pandemia seja uma exceção: há uma saúde sempre pandêmica em potencial, que, de quando em quando, perfaz-se em suas possibilidades extremas. Por isso, não se pode opor normal e médio a excepcional como se, na exceção, imperassem ditames que ao caso normal/médio não valessem. A fragilidade do ser humano e da sociabilidade em face da natureza exige que o clamor à saúde que se aceita e se julga válido no extremo também impere no que se chama por normal. Se o Sistema Único de Saúde (SUS) volta a ser valorizado nos dias de pandemia do coronavírus, deveria ter tido – e permanecer tendo – o mesmo valor em situações não-pandêmicas.

Saber a natureza biológica, social, política e jurídica da pandemia é, justamente, determinar quais são as formas e os imperativos socialmente arraigados no campo da saúde, investigando contra o quê se deve lutar e aquilo que se deve almejar. Se toma-se a pandemia como fenômeno anormal da natureza, justifica-se o esmorecimento dos cuidados da saúde nas situações ditas normais. Se toma-se o extremo como sempre possível factualmente e uma margem necessária do fluir da saúde, então o mesmo regime político, jurídico e social da pandemia deveria viger sob as situações não-extremas, dado que as mazelas e seus potenciais extremos sempre se mantêm. Minha proposição é a de fincar, exatamente nos limites últimos da pandemia, a verdade que sirva para orientar o quadro geral da saúde na sociedade.

O NORMAL E O PATOLÓGICO

A mais importante discussão filosófica sobre a saúde foi desenvolvida no século XX por Georges Canguilhem. Em seu livro principal, que leva o nome de *O normal e o patológico*,[1] indaga acerca da natureza da saúde e da doença. Contra toda a base teórica da tradição contemporânea, que ia de Auguste Comte a Claude Bernard, passando por Louis Pasteur, e que se assentava na ideia de que não há diferença entre o estado dito normal e o dito patológico, porque ambos revelariam, entre si, apenas gradações quantitativas, Canguilhem aponta para a noção de uma distinção qualitativa entre saúde e doença. A doença é uma diminuição de potencial vital ao sujeito doente. Assim sendo, identifica-se mediante uma sucessão cronológica: havia uma situação vital que então se diminui. Trata-se de uma mudança qualitativa, não apenas um arranjo quantitativo.

Canguilhem abomina o uso do conceito de normal ou médio em medicina. Não há corpo normal, saúde normal, nem tampouco se pode estabelecer qual a saúde média do ser humano. Atravessados por situações particulares, os seres vivos são específicos, não se podendo dizer que o potencial vital de um seja baliza de uma eventual doença para o outro. Se um atleta tem a capacidade de saúde de correr uma maratona, nem por isso os demais, não sendo atletas, são doentes em face das capacidades daquele. Daí, para Canguilhem, saúde e doença sejam aferições de cada sujeito saudável/doente. Em face de suas próprias condições já dadas, se afeta qualitativamente sua vitalidade, então se tem doença.

Com isso, Canguilhem desponta com uma leitura filosófica sobre a medicina e a saúde de perfil incisivamente progressista. Abomina-se a hipótese – nazifascista – de dizer que há corpos médios ou normais em

---

[1] CANGUILHEM, Georges. *O normal e o patológico*. Rio de Janeiro, GEN-Forense Universitária, 2015.

relação aos quais alguns outros sejam fracassados – ou, então, de que vidas devam ser preferidas a outras, no caso de pandemias que matem mais velhos que jovens. Canguilhem não considera possível inferir a saúde e a doença numa comparação entre os doentes, evitando estigmas sociais. Além disso, para os casos ditos de anomalia, sua proposição é a de que não são doenças. As anomalias – o albinismo, por exemplo – são disposições distintas em corpos variados num mesmo espaço, e não uma sucessão cronológica, no mesmo corpo, entre saúde e doença. Daí, impede-se o tratamento repressivo ao portador de anomalia como se fosse um doente. Não sendo possível fixar um corpo saudável médio do qual os contrastantes fossem doentes, Canguilhem abominará os conceitos de normal e anormal. Decorre disso que a medicina e a política da saúde não têm que se fixar numa condição biológica padronizada, nem num ser humano naturalmente médio: abrem-se à ciência e à técnica, que podem melhorar e ampliar os limites do potencial vital humano. Trata-se da leitura filosófica progressista-crítica da saúde.

Se se avança para além da visão da saúde enquanto média ou normal, então a pandemia nada mais é que uma possibilidade como outras aos corpos humanos. É doença, pois qualitativamente diminuidora das possibilidades vitais, grave e extrema em termos de contágio e implicações sociais, mas não é uma exceção a uma pretensa regra normal da saúde. A presente pandemia não se apresenta filosoficamente, em medicina, como um quadro anormal. Nos campos econômico, social, político e jurídico, o mesmo que a venha a tratar deveria também tratar o demais da saúde.

AS FORMAS E O NORMAL DO POLÍTICO E DO JURÍDICO

É preciso investigar então se nos campos econômico, social, político e jurídico a pandemia se revela como um anormal. A rápida propagação mundial do coronavírus tem o condão de desestruturar uma vasta cadeia sistêmica da vida social costumeira e quotidiana, fazendo com que a dinâmica capitalista sofra revezes. Ocorre que o evento pandêmico revela, exatamente, as contradições sobre as quais se funda tal estrutura: uma sociedade da acumulação depende da saúde mas não a sustenta em suficiência nem pode sustentá-la nos casos extremos, porque é plantada na extração de mais-valor e no lucro; se estes se opuserem à salvação de vidas, serão os interesses econômicos que vigerão. Vida, dignidade e saúde são preceitos e princípios materialmente contraditórios aos termos do capitalismo.

Muitas vezes, os campos político e jurídico se sustentam em ideologias que louvam o ser humano acima da economia. Vida, dignidade humana ou direito à saúde são corolários dos discursos e das normativas constitucionais e legislativas da maior parte dos Estados e dos ordenamentos jurídicos pelo mundo. Mas isto se dá apenas pelo campo da afirmação ideológica. Pelo campo das formas que materialmente erigem Estado e direito, sua natureza é outra. Conforme já classicamente apontava Pachukanis,[2] a forma política estatal e a forma jurídica correspondem à forma mercantil. No capitalismo, só é possível a acumulação mediante um aparato político terceiro aos próprios agentes da produção. Tal aparato, estatal, garante o capital do capitalista. Por sua vez, a exploração se dá mediante o trabalho tornado mercadoria – salariado –, constituindo todos os sujeitos em sujeitos de direito. Esta forma de relação social – forma de subjetividade jurídica – é a base da forma do direito no capitalismo. Em ambas, forma política estatal e forma jurídica, não há um pêndulo em favor da garantia da vida, da dignidade ou da saúde: materialmente, o que se garante é o capital, a extração de mais-valor, o lucro, a acumulação.

É verdade que as formas política estatal e jurídica guardam autonomia relativa em face da forma mercadoria. Suas naturezas derivadas fazem com que sejam formas dependentes da valorização do valor mas, ao mesmo tempo, para que assim o seja, operam um espaço de decisão e consecução parcialmente próprio: o Estado recolhe tributos, impulsiona infraestruturas, provê remédios sociais, enquanto o direito estabelece as hipóteses de vínculos entre os sujeitos. Em todo esse quadro, é possível que, muitas vezes, Estado e direito divirjam do interesse da burguesia

---

[2] PACHUKANIS, Evguiéni. *Teoria geral do direito e marxismo*. São Paulo, Boitempo, 2017.

ou de algumas de suas frações. Pela sua autonomia relativa, o Estado pode ser antagonista ou se posicionar em conflito em relação a alguns interesses do capital. Ocorre que jamais isto se dá num conflito estrutural. A forma Estado é derivada da forma mercadoria, de tal sorte que, no limite, está presa às próprias determinações da acumulação.[3] Em momentos como os de pandemia, em que se estabelecem clivagens mais profundas entre saúde e reprodução do capital, quando um dos lados não prevalece socialmente sobre o outro, o Estado entra em crise estrutural.

A política da saúde e o direito da saúde se fundam na contradição: ao mesmo tempo são sustentáculo da materialidade da reprodução social capitalista, tendo que fornecer condições as mais amplas possíveis de saúde, habitação, transporte, infraestrutura mas, também, são contrapostos aos interesses burgueses individuais ou concorrenciais. O capital almeja a desregulação trabalhista e sanitária como forma de aumento de exploração do trabalho e lucratividade, e tal processo enfraquece a dinâmica da circulação econômica e as condições de reprodução do trabalho. Cada burguês deseja uma menor incidência de tributos contra si, mas a tributação permite uma melhor resposta sanitária à epidemia. Nesta contradição que não é só ideológica, mas é material, dá-se a relação necessariamente instável entre economia, política e direito que determina a saúde no capitalismo.

Não se pode considerar haver um normal político e um normal jurídico, pelos quais então a pandemia lhes seja um evento contrastante. Desde a década de 1970, o capitalismo tem vivido sob o influxo de um modo de acumulação e de um regime de regulação de pós-fordismo. Tanto este não é o padrão intrínseco do capitalismo como também não o fora o fordismo, que se desenvolveu por muito do século XX. Assim sendo, a política de bem-estar social e a de seu desmonte, o direito de garantias individuais e sociais bem como aquele de prevalência da *lex mercatoria* são possibilidades da reprodução social capitalista. Por isso, a pandemia, sendo uma margem extrema da relação entre o social e o natural, encontra uma forma política e uma forma jurídica capitalista

---

[3] *Cf.* MASCARO, Alysson Leandro. *Estado e forma política*. São Paulo, Boitempo, 2013.

que variam entre muitas margens da regulação social. Eventuais mudanças – progressistas e regressivas – podem ser soluções hauridas das próprias formas sociais. O cruzamento de pandemia com contradição social pode ser extremo; não é excepcional. As formas do capitalismo nos extremos sempre se lastreiam.

PANDEMIA E CRISE

O evento pandêmico revela as contradições e os tensionamentos das formas sociais presentes. O pós-fordismo agudizou a retirada de proteções políticas e jurídicas às massas trabalhadoras e pobres. No Brasil, nos anos que se seguiram ao golpe de 2016, o SUS foi desfigurado juridicamente de modo reiterado, com uma série de talhes normativos como o da imposição de um teto constitucional de gastos impedindo seu sustento econômico e, ainda, com privilégio crescente à saúde privada. A pandemia de coronavírus encontra o arcabouço institucional operando em sentido contrário àquele da proteção da saúde coletiva.[4]

Ao mesmo tempo, no campo econômico e no campo do direito do trabalho e da seguridade, o processo de desmonte das instituições sociais avançou em semelhante sentido. No caso do Brasil, a crise econômica exponenciou o número de trabalhadores desempregados. As políticas de neoliberalismo não permitiram a recomposição de postos de trabalho e, ainda, fizeram com que o mercado interno cessasse seu crescimento. Todo esse movimento é concomitante com o desmonte das proteções trabalhistas. A Consolidação das Leis do Trabalho, que remonta ao primeiro governo de Getúlio Vargas, e que vinha num processo de flexibilização desde a década de 1990, foi dilacerada por reformas do governo Michel Temer que se seguiram a outras do governo Jair Bolsonaro. O mesmo desmonte se deu com a previdência social. O coronavírus encontra, no Brasil, um tecido social em retrocesso e em ainda mais alta fragilidade.

---

[4] Sobre a crise e o caso brasileiro, *cf.* MASCARO, Alysson Leandro. *Crise e golpe*. São Paulo, Boitempo, 2018.

POLÍTICA E DIREITO DA PANDEMIA

Também pelo mundo a marcha do capitalismo pós-fordista é de desmonte institucional e desagregação social. Numa escalada de governos de extrema-direita sem paralelo nos anos pós-Segunda Guerra Mundial, promoveram-se políticas de privatização, liberalização econômica e privilégios tributários aos capitais, ao lado de retrocessos constantes no bem-estar social. No caso do complexo industrial da saúde, países como o Brasil se tornam patentemente vulneráveis a uma pandemia, incapazes de produzir insumos básicos como quantidades suficientes de respiradores mecânicos hospitalares ou máscaras ou, mesmo, com recuo no financiamento nas pesquisas de ponta necessárias ao enfrentamento do vírus, como as da Fiocruz no caso pátrio. Tais movimentos são ideologicamente sustentados pelo capital e suas instituições próximas, como meios de comunicação de massa e intelectuais liberais, conservadores e reacionários, e apoiados por setores das massas de feição conservadora, como os religiosos. Os Estados Unidos da América, presididos pelo símbolo político mais extremado de tal política, Donald Trump, vêem-se enfim geopoliticamente confrontados pela China. O tabuleiro do capitalismo mundial, em 2020, sustenta um xadrez de peças tanto deslizando casas quanto desmoronando.

A crise se dá pelas formas do capitalismo, as mesmas que ensejam a reprodução de sua sociabilidade. A acumulação, quando em retrocesso, pode ser ou superada ou recomposta em novos termos. Se se considera a superação, ela demandaria outros regimes de acumulação ou outros modos de regulação – estes, no limite, de feição socialista. Já no caso da recomposição, ela se dá pelas tentativas de fazer da crise uma hipótese de rearticulação da acumulação em mãos de algumas frações do capital contra outras. Neste caso, perdem setores e empresas, ganham outros. Também, geopoliticamente, enfraquecem-se alguns países, fortalecem-se outros. Como insisto em *Estado e forma política* e *Crise e golpe*, o capitalismo não é ocasionalmente falho: ele porta crises estruturalmente, e, nelas, via de regra, recompõe-se a acumulação e se dinamiza a valorização do valor.

Pela coerção das formas sociais, a crise capitalista tende a se resolver em favor da própria reprodução do capital. O neoliberalismo, assim, inclina-se a se fortalecer num momento pós-pandemia. A experiência da crise de 2008 é exemplar: quando o neoliberalismo foi amplamente ferido, ele, mediante uma política do choque, impôs-se de modo ainda mais determinante às sociedades do mundo.

PANDEMIA E POSSIBILIDADES POLÍTICO-JURÍDICAS

Para que a pandemia possa ser enfrentada de modo a ensejar proteção à vida das massas pobres e trabalhadoras do mundo, será preciso superar os padrões de acumulação e regulação existentes. Numa situação como a brasileira, isto representa uma luta social intensa para romper com o regressismo político e jurídico reinante. As instituições jurídicas legitimaram o golpe do impeachment em 2016 e todos os desmontes sociais subsequentes. O aparato militar tem sido defensor de políticas neoliberais e antinacionalistas – desmonte das instituições de bem-estar social, entrega da Embraer aos EUA, esfacelamento da Petrobras como alguns de seus exemplos. Meios de comunicação de massa prosseguem em políticas de *lawfare* contra partidos, movimentos sociais, sindicatos e propostas progressistas. Somente grande luta social poderá romper tal padrão já arraigado.

Os instrumentos políticos e jurídicos mais extremos para se lidar com a situação pandêmica ainda não têm sido reclamados e aventados. Necessárias intervenções estatais na saúde, nacionalizações e estatizações de empresas, reconversões industriais, políticas de manutenção de emprego, nada disso ainda se deu no caso brasileiro. Os juristas – não todos, mas em maioria, neoliberais – ainda buscam sustentar a reprodução pós-fordista apenas com paliativos, do mesmo modo que os economistas que se alinham às políticas econômicas de Paulo Guedes. O agravamento da pandemia fará com que o negacionismo neoliberal seja abandonado e as intervenções ocorram.

Tal processo, no entanto, não se dará pela consciência de capitalistas, governantes, juristas, economistas, intelectuais ou jornalistas. Nem tampouco se dará pela materialidade bruta da fome, do desemprego, da doença, da morte ou do flagelo social. No primeiro caso, tratar-se-ia de uma esperança politicista: haveria, mediante ética ou consciência moral, um câmbio dos agentes econômicos, públicos e sociais, abandonando o lucro em favor da vida. O que se dá é que a sociabilidade capitalista se determina materialmente apenas pela acumulação. No segundo caso, tratar-se-ia de uma esperança economicista: a disfuncionalidade econômica e social faria a mudança social por colapso. Eventos extremos do capitalismo não fizeram, por conta própria, a resolução social de seus termos. Não há registro de pandemia ou de crise social que, por si só, enquanto catástrofes, tenham mudado um modo de produção ou um regime de acumulação. As crises como do velho liberalismo no início do século XX foram transformadas por guerras ou revoluções; o genocídio nazista só foi vencido mediante guerra. Há quarenta anos o neoliberalismo destrói as subjetividades em plano mundial sem estancamento. A fome, a doença e a morte provocadas pela crise do coronavírus não levam, de pronto, à superação. Nem politicismo nem economicismo: é preciso luta social para transformar o modo de produção e sua sociabilidade.

Para que a luta possa fazer frente às necessidades do tempo, o papel das massas é vital. Movimentos mundiais e locais de vanguarda, caso granjeiem impacto e liderem parcelas expressivas da população pobre e trabalhadora, terão o condão de romper rapidamente com o aparato ideológico do capital, o que representa libertar-se do cálculo econômico da propriedade privada e do lucro e, ainda, dos figurinos neoliberais, investindo também em fundamentos racionais e científicos contra religiosismos ou ignorâncias sustentadas em milícias de ódio e redes sociais de internet. No plano político, tal horizonte representa vencer os obstáculos dos governantes e dominantes dos Estados. No plano do direito, tensionar os instrumentos jurídicos ao limite, escancarando a contradição entre a propriedade privada e a vida e a saúde para ultrapassar a forma jurídica. Só assim a ciência da superação da crise poderá ter espaço, porque a sociedade, materialmente, se levantará contra a própria crise. Sem tal luta das massas, a consciência política e jurídica apenas acalma as boas almas, mantendo as almas dominantes no domínio, e a hecatombe social apenas gera novos negócios ao capital.

As características específicas da crise advinda da pandemia de coronavírus revelam impasses para sua resolução. Numa economia capitalista mundial já em baixo crescimento ou mesmo em estagnação ou recessão, o combate ao coronavírus exigirá uma brusca ruptura da produção e da circulação, o que, no curto prazo, ensejará um decréscimo econômico de patamares brutais. O circuito empresarial e de trabalho assalariado pelo mundo sofrerá quebra estrutural. Somente com o impedimento da circulação da população será possível estancar as contaminações, e isto levará a crise a um nível estrutural, do qual, depois, não será possível reavivamento mediante pequenas induções estatais ou paliativos sociais. Ou as doses de intervencionismo estatal no capitalismo se avolumam em elevado grau, no limite com o planejamento econômico se impondo de modo amplo, ou o socialismo será a opção mais plena e factível para a resolução da sociabilidade mundial pós-pandemia.

Para todas essas soluções, as resistências, as contrariedades de interesses e lutas reativas são imensas. A força do capital no âmbito mundial e nos planos nacionais é determinante e praticamente incontornável a partir de seus próprios termos e de suas formas. Exatamente a disrupção de tais termos e formas é que levará à sua superação, num processo que articulará colapsos e enfrentamentos. Doses de desestruturação econômica, política e social se encontrarão com doses de lutas de classes, massas, grupos e movimentos sociais, povos, nações. Tendencialmente a força do capital domina a administração da crise, repondo, ao final, os termos da propriedade privada e da acumulação. Mas também é possível que os circuitos em colapso e as lutas múltiplas instituam outros circuitos de sociabilidade.

O campo político dá a moldura e o conduto imediato das relações sociais e de suas dinâmicas de conservação e superação. A pandemia é o teste da vazão de tais condutos. Geopoliticamente, os EUA buscam afirmar ainda sua dominância imperialista na economia mundial. O Brasil, cujo governo avassalou-se em face dos comandos estadunidenses, tem uma margem estreita de ação. Países mais autônomos e planificados, como a China, crescem no contexto capitalista mundial. Por todos os países, no entanto, o Estado sustenta o capital. Daí, a resolução da crise da pandemia envolve múltiplas fases nas quais autoritarismos e ditaduras se levantarão e, de outro lado, pressões sociais tensionarão, sequencialmente, as coerções e instituições estatais.

POLÍTICA E DIREITO DA PANDEMIA

O campo do direito é o laboratório da superação da crise, tal qual a subjetividade jurídica é a chave da ideologia e a forma do direito é a materialidade que salvaguarda o capital. Os institutos jurídicos reclamados até o momento contra a pandemia de coronavírus são os liberais. Rapidamente serão trocados por outros de perfil intervencionista, mas o grau da intervenção jurídica dependerá da extensão da crise e das lutas sociais. É possível que, em situações-limite, sejam trazidas à tona instituições jurídicas como as da nacionalização, da estatização e da expropriação. Há um termômetro a servir de baliza: o limiar da superação estrutural desta sociabilidade em crise não é apenas a limitação ou controle da liberdade negocial; bem acima disso, é o enfrentamento da propriedade privada.

As formas do direito e da política estatal são as mesmas no regular e no extremo da reprodução capitalista. O coronavírus, ao colapsar a sociabilidade, expõe bilhões de seres humanos aos flagelos de uma vida determinada pela mercadoria. Forma política estatal e forma jurídica tenderão a salvar a forma-mercadoria garantindo o grande capital e, eventualmente, operando paliativos redistributivos às pequenas empresas e às massas. Tudo isso pode ser insuficiente e a luta, numa fresta da história, pode ser maior. O coronavírus não é o anormal da saúde: é o mesmo, apenas mais extremado, da saúde no capitalismo – a vida e a sua cura como dinheiro. Por extremo do mesmo, não muda a política e o direito por si só. Acima da pandemia, a luta sim os transforma, transformando a sociedade.

NOTAS

NOTAS

NOTAS

NOTAS

NOTAS

NOTAS

A Editora Contracorrente se preocupa com todos os detalhes de suas obras! Aos curiosos, informamos que este livro foi impresso no mês de maio de 2020, em papel Pólen Soft 80g, pela Gráfica Copiart.